国家社科基金青年项目:"丝绸之路游艺文化交流研究"(编号:17CZS050)
聊城大学学术著作出版基金资助

丝绸之路
游艺文化交流研究

丛振 著

中国社会科学出版社

图书在版编目(CIP)数据

丝绸之路游艺文化交流研究/丛振著. —北京：中国社会科学出版社，2024.3
ISBN 978-7-5227-3311-1

Ⅰ.①丝… Ⅱ.①丛… Ⅲ.①文娱活动—文化交流—中外关系—研究 Ⅳ.①G241.3

中国国家版本馆 CIP 数据核字(2024)第 058140 号

出 版 人	赵剑英
责任编辑	张 玥
责任校对	王 龙
责任印制	戴 宽

出　　版	中国社会科学出版社
社　　址	北京鼓楼西大街甲 158 号
邮　　编	100720
网　　址	http://www.csspw.cn
发 行 部	010-84083685
门 市 部	010-84029450
经　　销	新华书店及其他书店

印　　刷	北京明恒达印务有限公司
装　　订	廊坊市广阳区广增装订厂
版　　次	2024 年 3 月第 1 版
印　　次	2024 年 3 月第 1 次印刷

开　　本	710×1000　1/16
印　　张	22.5
插　　页	2
字　　数	328 千字
定　　价	119.00 元

凡购买中国社会科学出版社图书，如有质量问题请与本社营销中心联系调换
电话：010-84083683
版权所有　侵权必究

目　录

绪　论 …………………………………………………………（1）
　第一节　选题缘起 …………………………………………（1）
　第二节　研究范畴与方法 …………………………………（5）
　第三节　研究史回顾与述评 ………………………………（14）

第一章　"丝绸之路"游艺文化交流背景研究 ……………（25）
　第一节　"丝绸之路"游艺文化交流的空间基础 …………（26）
　第二节　"丝绸之路"游艺文化交流的时间基础 …………（37）
　第三节　"丝绸之路"游艺文化交流的物质基础 …………（49）
　第四节　"丝绸之路"游艺文化交流的文化基础 …………（58）

第二章　"丝绸之路"游艺文化交流项目研究 ……………（70）
　第一节　"丝绸之路"技艺类游艺项目交流研究 …………（71）
　第二节　"丝绸之路"百戏类游艺项目交流研究 …………（101）
　第三节　"丝绸之路"博弈类游艺项目交流研究 …………（121）
　第四节　"丝绸之路"杂艺类游艺项目交流研究 …………（150）

第三章　"丝绸之路"游艺文化交流人物研究 ……………（180）
　第一节　"丝绸之路"游艺文化的倡导者 …………………（180）
　第二节　"丝绸之路"游艺文化的功利驱动者 ……………（201）

· 1 ·

第三节　"丝绸之路"游艺文化的参与者 …………………… (214)

第四章　"丝绸之路"游艺文化交流场所研究 ……………… (233)
　　第一节　统治阶层游艺文化交流场所 …………………… (234)
　　第二节　社会公共组织游艺文化交流场所 ……………… (250)
　　第三节　非正式游艺文化交流场所 ……………………… (269)

第五章　"丝绸之路"游艺文化交流特征研究 ……………… (287)
　　第一节　"丝绸之路"游艺文化交流的本体特征 ………… (287)
　　第二节　"丝绸之路"游艺文化交流的属性特征 ………… (299)
　　第三节　"丝绸之路"游艺文化交流的社交特征 ………… (313)

结　语 …………………………………………………………… (327)

参考文献 ………………………………………………………… (331)

图版来源 ………………………………………………………… (351)

后　记 …………………………………………………………… (354)

绪　论

第一节　选题缘起

文化的交流总是双向的，既有潜移默化的相互传递，又有多维度的渗透融合。在人类文化交流史上，最能够展现这一特质的，莫过于"丝绸之路"。"丝绸之路"作为一个商贸通道而出现，却把位于亚洲、欧洲、非洲在内的古中国文明、古罗马文明、古伊斯兰文明和古印度文明等联系在了一起，建构起了世界文明网络体系，为东西方不同文化之间的对话搭建了历史通道，带动了众多区域、民族和宗教之间的交流碰撞，直接推动了人类文明的深度融合与多元共生。有鉴于此，"丝绸之路"无论从内涵还是外延上来讲，都远远超过了其本体意义，甚至在某种程度上成为东西方文明交流的代名词。

正是由于"丝绸之路"在东西方文化交流中所起的不可替代的重大作用，使得有关"丝绸之路"的研究一直是国内外学者所关注和讨论的热点。尤其是2013年"一带一路"倡议提出后，立足中华民族优秀传统文化，深入挖掘"丝绸之路"沿线政治、经济、文化等方面的研究成果如雨后春笋般涌现。得益于这些研究成果，"丝绸之路"被冠以更多称谓，以更为鲜活和多元的形象展现出来。有学者称其为"宗教之路"，因为佛教、祆教、摩尼教、景教等各种宗教在"丝绸之路"上得以传播；① 有学者称其为"艺术之路"，雕塑、壁画、造像等石窟艺术，乐器、乐谱、讲唱、舞蹈等乐舞艺术在"丝绸之路"上交相辉映；② 也有学者称其为"玉石之路"，认为玉石，尤其是和田玉是"丝绸之路"上东西方经济文化交流中的重要媒介，是"丝绸之路"发展起来的重要基础；③ 学者们根据"丝绸之路"的其他功用特征，还将其称为"白银之路""香料之路""珠宝之路""彩陶之路""书籍之路"等，此处不再一一赘述。"丝绸之路"的这些别称或者代称，足以说明其经济文化交流的广度和深度。除这些称谓之外，本书认为"丝绸之路"上各种游艺项目开展与交流频繁，东西方的游艺项目在"丝绸之路"均能够寻觅到踪迹，故而"丝绸之路"亦应该可以被称为东西方交流的"游艺之路"。

在现代人的认识领域和视野中，"丝绸之路"无疑是繁盛昌荣、一片欣欣向荣之景，甚至带有些许神秘和浪漫的色彩。但是，在漫长的"丝绸之路"古道上，风雪灾害、旱涝灾害、强盗匪徒，乃至各种疾病，都严重影响着来往商旅的生命财产安全和身体健康，为了确保

---

① 宗教在"丝绸之路"形成和发展过程中发挥重要作用，宗教人士需要商人的经济和物质援助，而商人可以得到他们的精神鼓励和支持。主要研究成果参见周菁葆、邱陵《丝绸之路宗教文化》，新疆人民出版社1998年版；李进新《丝绸之路宗教研究》，新疆人民出版社2008年版；方光华《宗教与丝绸之路》，此文收录在中国敦煌吐鲁番学会"丝绸之路"专业委员会，西安大唐西市历史文化研究中心编《中国敦煌吐鲁番学会丝绸之路专业委员会文集》，陕西师范大学出版总社2015年版，第34—46页；陈凌、马健《丝绸之路的宗教遗存》，三秦出版社2015年版等。

② "丝绸之路"上石窟寺众多，佛教造像、雕塑、壁画等等艺术形象在克孜尔石窟、敦煌莫高窟、麦积山石窟等都有遗存；胡腾舞、胡旋舞、于阗乐、西凉乐、龟兹乐等西域乐舞与中原地区乐舞相互借鉴，交流融合。主要研究成果参见阮荣春主编，姚义斌等撰《丝绸之路与石窟艺术》3卷本，辽宁美术出版社2004年版；郑炳林主编《敦煌与丝绸之路石窟艺术丛书》，甘肃教育出版社2016—2020年版；《新疆艺术》编辑部编《丝绸之路乐舞艺术》，新疆人民出版社1985年版；金秋《丝绸之路乐舞艺术研究》，新疆人民出版社2010年版；孟凡玉主编《丝绸之路乐舞艺术研究资料汇编》，中央民族大学出版社2018年版等。

③ 有学者基于考古资料，提出"丝绸之路"的前身是玉石之路，其形成发展有近6000年的历史，是东西方商贸交流的第一个媒介。主要研究成果参见臧振《丝绸之路的前身——玉石之路》，《丝绸之路》1994年第2期；张得祖《古玉石之路与丝绸之路青海道》，《青海师范大学学报》2008年第5期；莫默、丘志力《中国彩色宝玉石使用的三次高潮及其与古代丝绸之路关系探索》，《中山大学学报》2014年第6期；刘立云《从"玉石之路"到"茶马古道"：论丝绸之路青海道的演变及其意义》，《西藏研究》2018年第1期等。

安全，唐王朝甚至在"丝绸之路"沿途建立了救护站提供医疗服务。① 可以想象得到的是，往来于"丝绸之路"上的商人、僧侣、使者等各色人等的行旅生活必定是充满了艰辛和苦难，如何去释放压抑的心情从而获得精神的愉快，如何在驿站休息或停歇时打发单调乏味的时光，成为摆在他们面前所必须去应对和解决的问题。毫无疑问，游戏娱乐成为了解决这一难题的一剂良方。德国人席勒曾说："人类在生活中要受到精神与物质的双重束缚，在这些束缚中就失去了理想和自由。于是人们利用剩余的精神创造一个自由的世界，它就是游戏。"② 从这段话的表述可知，带有娱乐性质的各种游戏是游艺活动的主体，对于调节和舒缓奔波于"丝绸之路"上的人们的精神和心理状态起到了积极作用，发挥了减压和润滑的功效。也正因为如此，客观来讲，不同民族、区域的人们在"丝绸之路"上相互参加、相互学习各自的游艺项目，促进了游艺文化在"丝绸之路"上的交流和传播，使得游艺文化成为中西文化交流中的重要组成部分。

本书将"丝绸之路"游艺文化交流史作为着力点，旨在学术价值和应用价值两个方面有所贡献。就学术价值而言，旨在拓展"丝绸之路"研究领域，丰富游艺文化内容。一方面是开拓"丝绸之路"文化研究的新视角。本书提出"丝绸之路游艺文化"这一概念，着重研究其交流历史，力图拓展和纵深"丝绸之路"文化研究领域，为"丝绸之路"研究提供新命题和研究视角。另一方面是丰富中国传统游艺文化内容。"丝绸之路"沿线的岩画、砖画、壁画等图像资料以及诸多出土文献中，保留有大量的游艺资料，对其系统研究可为探讨中国传统游艺文化提供新材料。就应用价值而言，意在增强民族文化认同，借鉴历史交流经验。一方面是为探知中华民族多元娱乐和文化认同提供绝佳材料。对"丝绸之路"游艺文化的研究，能够较为深入地把握"丝绸之路"游艺在沿线

---

① 王启涛：《古代丝绸之路的疾病防治及其对"一带一路"战略的启示》，《西南民族大学学报》2017年第4期。

② ［德］弗丽德里希·席勒：《审美教育书简》，冯至、范大灿译，上海人民出版社2003年版，第24页。

不同地区和民族间的碰撞与交融，对解读"丝绸之路"各民族乃至中华民族多元娱乐文化的形成，以及增强"丝绸之路"各民族的文化认同感具有重要的现实意义；另一方面是为当代"丝绸之路"经济文化交流提供有力的历史借鉴。文化的交流和传承是未来"丝绸之路"遗产开发的主题，古代"丝绸之路"游艺文化中蕴含极强的交流因子和创新融合，对其研究可总结历史经验，为"丝绸之路"各国间的经济文化交流及非物质文化遗产的保护、开发提供借鉴。

笔者自硕士阶段起一直把"丝绸之路"游艺文化作为学术兴趣点和着力点，接受了较为系统的学术锻炼。硕士研究生师从李重申和李金梅两位教授，主要进行"丝绸之路"体育文化的相关研究，参与了《丝绸之路体育图录》的资料整理和部分内容撰写工作，其间所接触和使用的"丝绸之路"古代体育文化方面的史料、图像资料等部分可以纳入游艺研究的范畴之中，也是开展本书的基础所在；博士研究生师从樊锦诗研究员和冯培红教授，因笔者所就读的兰州大学敦煌学研究所是国内敦煌学研究重镇所在，在诸位师友的指导下，将研究的方向转向为敦煌游艺文化研究，把敦煌文献和莫高窟壁画中涉及游艺的内容悉数辑出，采用文献与图像相印证的方法，并结合其他史料和今人研究成果，对敦煌游艺按性质的不同分成武功技艺类游艺、岁时节日类游艺、博弈类游艺和儿童游戏类游艺四个主要类型进行讨论，形成最后的研究成果《敦煌游艺文化研究》。在对敦煌游艺文化研究过程中及研究成果出版后，笔者一直觉得对敦煌游艺文化背景的论述显得较为空洞，没有充分地把敦煌游艺放置于整个"丝绸之路"上进行探讨，从而使得研究成果对敦煌游艺活动的地区特色及其所具有的中西文化交流、民族交融等特点阐释得不充分，还有待于进一步提升。有鉴于此，本书将游艺研究的重心从敦煌转到整个"丝绸之路"上来，旨在突破敦煌一隅的局限性，把游艺活动放置于整个"丝绸之路"的纬度和视野去考察，更多地借助了整个"丝绸之路"上的游艺资料，更为充分地运用敦煌文献、吐鲁番文书、阿斯塔纳古墓、新疆多处石窟壁画、墓葬砖画中的游艺资料。与此同时，把"丝绸之路"

游艺文化回归到其本质属性,借助对游艺项目本身、开展游艺的场所、游艺的参与者和表演者等不同内容的释读,力图对游艺文化在"丝绸之路"上的传播、盛行进行系统性、整体性的把握和研究。

第二节 研究范畴与方法

一 相关概念界定

就学术史范畴而言,"丝绸之路游艺文化"并未作为一个专属名词存在,故而有必要对本书所讨论的相关概念和范畴进行界定。

(一)"丝绸之路"的范畴界定

之所以首先对"丝绸之路"进行研究范畴的界定,是因为近年来,随着一带一路倡议的提出,"丝绸之路"这个略带历史厚重感的名词,其内涵和外延都有了新的变化。作为一个众所周知的名词,"丝绸之路"这一概念的提出要远远晚于其出现的时间。[①] 从传统意义上讲,"丝绸之路"是指西汉时期由张骞出使西域"凿空"的,以古长安为起点,经今甘肃、新疆等地,联结中亚、西亚诸国,并延伸到地中海各国的陆上通道,也就是所谓的陆上"丝绸之路"。这也基本上和德国地理学家李希霍芬首次提出"丝绸之路"这一名词时的解释相吻合:"从公元前114到公元127年间,连接中国与河中(指中亚阿姆河与锡尔河之间)以及中国与印度,以丝绸贸易为媒介的西域交通道路。"[②] 其后,德国历史学家霍尔曼将其拓展到地中海西岸和小亚细亚地区。[③] 近些年来,学者们提出,在中国古代还有一条重要贸易通

[①] "丝绸之路"概念的提出及发展演变,学界已有诸多研究成果,诸多研究"丝绸之路"的论著中均对此问题有涉及,本文不展开讨论,主要研究成果可参见雍际春《丝绸之路历史沿革》,三秦出版社2015年版;刘进宝《"丝绸之路"概念的形成及其在中国的传播》,《中国社会科学》2018年第11期;邬国义《"丝绸之路"名称概念传播的历史考察》,《学术月刊》2019年第5期。

[②] Ferdinand Freiherr von Richthofen, *China*: *Ergebnisse eigener Reisen und darauf gegründeter Studien*, Berlin: Verlag von Dietrich Reimer, 1877, Vol. 1, 454 ff.

[③] Albert Herrmann, *Dieal ten Seidenstrassen zwischen China und Syrien*: *Beitrage zur alten Geographie Asiens*, Berlin Weidmannsche Buchhandlung, 1910, 10 ff.

道，它发迹于秦汉，鼎盛于唐宋元，退匿于明清，以广州、泉州、扬州等为港口，沿途经过东南亚、印度洋和阿拉伯海，最终到达阿拉伯世界和亚非其他国家，即"海上丝绸之路"。①"海上丝绸之路"的文化交流也非常丰富，包括宗教、艺术、风俗、历法等。需要说明的是，由于游艺项目的参与进行需要较为宽敞和相对稳定的场所，受到这些条件的限制，游艺文化的传播和交流主要在"陆上丝绸之路"，"海上丝绸之路"中游艺文化的内容相对较少，所以，本书中的"丝绸之路"以"陆上丝绸之路"为主，兼顾"海上丝绸之路"、草原、东北亚和西南"丝绸之路"。

（二）游艺在古代的书写与释义

"游艺"一词古今皆有之，但其内涵和外延却不尽相同，因而有必要对本书中游艺的概念和范畴进行界定，以便于读者了解其发展演变脉络，也避免因研究范畴过大或过小而产生的偏差问题，明晰游艺在本书中的讨论范围。

游艺在古代中国的书写与表达，最广为人知，也是最为经典的莫过于孔子提出的"游于艺"。其语出自《论语·述而》："子曰：'志于道，据于德，依于仁，游于艺。'"② 自此以后，"游于艺"作为一个思想问题进入历代儒学、经学、训诂学家的视野，被不断地从各种角度和层面进行阐述解读，有关"游""艺""游于艺"的注疏纷繁不一、汗牛充栋，③ 逐渐地发展成为一个复杂多元的哲学命题，并不断融入中国古代传统文化中去。当然，对于这么一个庞大的命题，本书无法

---

① "海上丝绸之路"研究主要成果，可参见陈高华等《海上丝绸之路》，海洋出版社1991年版；陈炎《海上丝绸之路与中外文化交流》，北京大学出版社1996年版；龚缨晏等主编《中国"海上丝绸之路"研究百年回顾》，浙江大学出版社2011年版；梁二平《海上丝绸之路2000年》，上海交通大学出版社2016年版；肖宪《海上丝绸之路的千年兴衰》，中国书籍出版社2019年版；宫楚涵、俞冰编《海上丝绸之路历史文化丛书》，文物出版社2019年版。

② 刘宝楠撰，高流水点校：《论语正义》，中华书局1990年版，第257页。

③ 赵子贤在其论文中对历代孔子"游于艺"注疏进行了系统回顾与梳理，对"游"的注释，主要有不可据依、玩物适情、潜玩、游玩等；对"艺"的释读，历代注疏者几乎都沿袭了皇侃的说法，即将"艺"释为"六艺"。参见赵子贤《孔子"游于艺"思想研究》，硕士学位论文，河北师范大学，2017年。

绪 论

做到面面俱到，尽可能通过爬梳对"游于艺"的众多注解与释读，从中遴选出与本书密切相关的具有代表性的论述。

"游"字的含义，东汉经学家郑玄论述为："'游'谓闲暇无事于之游，然则游者不迫遽之意。"① 对于"游"字的书写，一般认为，其应为"遊"，②《说文解字注》中亦载："旗之游如水之流。故得称流也。……引申为凡垂流之称。如《弁师》说冕弁之斿是。又引申为出游、嬉游。俗作遊。"③ 可见，此时的"游"已经带有嬉戏玩耍和游乐的元素。朱熹则阐释为："游者，玩物适情之谓。"④ 由以上对"游"字的经典阐释可以看出，古代对游于艺的认识中是带有休闲、游乐的意蕴的，是与古人的日常生活密切联系在一起的。

"游于艺"中的"艺"是"游"的对象，是其内涵和韵味的具体呈现和展示，皇侃在《论语义疏》中明确提出："艺，六艺，谓礼、乐、书、数、射、御也。"⑤ 朱熹则认为，"艺"是当时人们所必须掌握的生活本领和技能，他提出："艺则礼乐之文，射御书数之法，皆至理所寓，而日用不可阙者也。"⑥ 刘宗周对这一观点做过进一步的阐述：

> 艺谓礼、乐、射、御、书、数六艺。按：《内则》："生六年，教之数与方名；七年，男女不同席，不共食；八年，出入门户及即席饮食必后长者，始教之让；九年，教之数日；十年，出就外傅，居宿于外，学书计；十有三年，学乐，诵《诗》，舞《勺》，

---

① 阮元校刻：《十三经注疏》，中华书局1980年版，第294页。
② 敦煌和吐鲁番出土有多件唐时期的《论语郑氏注》残卷，经研究复原后，确定"志道章"原文为："志於道、据於德、依於仁、遊於藝。"由此可推知"游"原本书写为"遊"。参见陈金木《唐写本论语郑氏注研究》，台北文津出版社1996年版，第827页。
③ 许慎撰，段玉裁注：《说文解字注》，上海古籍出版社1981年版，第311页。对旌旗之游，今人徐复观曾有进一步的解释："旌旗所垂之旒，随风飘荡而无所系缚，故引申为游戏之游。"参见徐复观《中国艺术精神》，春风文艺出版社1987年版，第54页。
④ 朱熹撰，朱杰人、严佐之、刘永翔主编：《朱子全书》第6册，上海古籍出版社、安徽教育出版社2002年版，第121页。
⑤ 何晏注，皇侃疏：《论语集解义疏》，商务印书馆1937年版，第87页。
⑥ 朱熹撰，朱杰人、严佐之、刘永翔主编：《朱子全书》第6册，上海古籍出版社、安徽教育出版社2002年版，第121页。

成童舞《象》，学射御；二十而冠，始学礼，可以衣裘帛，舞《大夏》，惇行孝弟，博学不教，内而不出；三十而有室，始理男事，博学无方，孙友视志。"然则游艺之学，古人生而习之矣。①

由上述文字可以看出"艺"在古人的生活中有着重要的地位和作用，从六岁到三十岁的每一个人生阶段都有需要研习的"艺"，成为伴随他们成长所必不可少的学问，这也恰恰印证了所谓的"生而习之"。

上文对古代"游"和"艺"的书写、释义分别进行了回顾与讨论，此处进一步明晰古代对"游于艺"的解读和阐释。就"游""艺"两者之间的关系而言，蔡节在《论语集说》中提出："游艺则游心于艺，而一动一息之莫不有养也。"② 蔡氏将"游艺"喻为"游心于艺"，旨在说明游艺活动不是功利性的，而是为了追求精神的享受和愉悦。寇慎对此也曾论述道："艺亦是道、德、仁之精所散见，而游特是随志、依、据之中，而玩适非为应务，乃求其理也。此方是志道之全功。"③ 此处，他将游艺活动纳入道、德、仁的考量之中，认为游艺是与之息息相关的重要组成部分，并且贯穿于"志道、据德、依仁"的整个过程之中，是三者的精神载体和实现路径。对于"游于艺"思想更为深入的解读，也是与本书更相关的阐述，来自朱熹在《四书或问》中的论断：

是其名物度数，皆有至理存焉，又皆人所日用而不可无者。游心于此，则可以尽乎物理，周于世用，而其雍容涵泳之间，非僻之心，亦无自而入之也。盖志、据、依、游，人心之所必有而不能无者也；

道、德、仁、艺，人心之所当，志、据、依、游之地，而不可

---

① 刘宗周著，吴光主编，陈剩勇、蒋秋华审校：《刘宗周全集》，浙江古籍出版社2012年版，第341页。
② 蔡节：《论语集说》，《景印文渊阁四库全书》经部第194册，台湾商务印书馆1983年版，第603页。
③ 寇慎撰：《晚照山居参定四书酌言》，齐鲁书社1997年版，第311页。

易者也。以先后之次言之，则志道而后德可据，据德而后仁可依，依仁而后艺可游。以疏密之等言之，则志道者未如德之可据，据德者未若仁之可依，依仁之密乎内，又未尽乎游艺之周于外也。①

通过朱熹的这段论述可知，他认为，游艺在人的修养和道德中是必不可少的，人们对艺的掌握和驾驭应该要达到随心所欲和得心应手的地步，在游艺之中得到生命的彻底自由，以此追求更高级别的人生境界，真正实现由社会属性的人到理想人格和精英模式的人的转变。

综合上述对"游于艺"思想的研读与讨论，可知游艺一词在中国古代主要是用来陶冶情操和提升自我修养，后世逐渐演变为各种艺术或者技艺。这些技艺或者艺术活动，带有鲜明的仪式感和完整的流程，是古代社会传统文化的真实写照，反映出古代的礼仪文化和民风民俗，也折射出各种礼节秩序在人们思想观念中根深蒂固的影响力。尽管古代游艺一词的书写和释义与现在的理解多有不同，但是，应该明确的是，古代游艺活动中其实是蕴含着游戏、休闲和娱乐的成分的，虽然这些只是为了精神追求和实现人生"德盛仁熟"追求所衍生出来的附属存在，但正如李泽厚和刘纲纪所论述的那样："游于艺的'游'固然包含有涉历的意思，同时更带有一种自由感或自由愉悦的含意，其中当然也包含有游息、观赏、娱乐的意思。"② 也正是这些在当时看来隐含其中的休闲娱乐因素，为今天研究游艺文化提供了绝佳的史料和素材。

（三）今人对游艺的定名与阐释

前文讨论了中国古代对于"游于艺"的理解和认识，从中可以看出，古人对游艺文化的讨论主要是集中在思想层面，将游艺作为修身养性、陶冶情操的过程和手段。近世以来，中国时代的巨变引起了社会方方面面的变化，对于文化传统及其哲学命题有了新的认知。在此

---

① 朱熹撰，朱杰人、严佐之、刘永翔主编：《朱子全书》第6册，上海古籍出版社、安徽教育出版社2002年版，第741页。
② 李泽厚、刘纲纪主编：《中国美学史》，中国社会科学出版社1984年版，第120—121页。

种背景下，人们对游艺的内涵和外延也产生了不同于以往的界定。

较早对游艺文化提出新解释的是杨荫深，较之过往对游艺繁杂的阐释和分析，他简洁明了地提出："游艺，就是游戏的艺术，并没有含着什么深奥的意义。"寥寥数字，其实为游艺研究打开了一扇新的窗口，让该领域研究者对游艺文化讨论的焦点不再拘泥于儒家思想的框架中，而是将其解放出来，回归到游艺文化本身，探讨其在当时社会生活中的作用和意义，分析不同游艺项目的渊源流变。学者们从不同的角度和研究领域对游艺进行了定名和阐释，本书对其进行了梳理，将其中具有代表性的观点和内容如表0-1：

表0-1　　　　　　　　　今人对游艺的定名与阐释

时间	研究者	研究领域	定名与阐释
1946年	杨荫深	民俗学	游艺，就是游戏的艺术，并没有含着什么深奥的意义。其词或源于孔子"游于艺"（论语述而）一词[1]
1985年	乌丙安	民俗学	（游艺）在近代才发展成"游乐艺术"的意思，它泛指了各种娱乐活动。我们借用它来做民俗学有关这方面的专有名称是比较贴切的[2]
1995年	王宏凯	历史学	游艺就是游戏的艺术，是各种游戏或娱乐活动的总称，是人们以娱怀取乐、消闲遣性为主要目的进行的一种精神文化活动[3]
1995年	王永平	历史学	游艺，顾名思义，就是娱乐、游玩。通俗一点讲，就是玩耍[4]
2002年	崔乐泉	体育学	游艺的结果会对人的精神产生重要的影响，那就是使人在情绪上感到一种快乐。当经过了一定的游艺活动后，人便会产生愉悦、舒适、兴奋的感觉，便会得到一种精神上的满足[5]

---

[1] 杨荫深：《中国游艺研究》，世界书局1946年版，第1页。
[2] 乌丙安：《中国民俗学》，辽宁大学出版社1985年版，第318页。
[3] 王宏凯：《益智愉心的中国古代游艺》，人民教育出版社1995年版，第3页。
[4] 王永平：《唐代游艺》，西北大学出版社1995年版，第1页。
[5] 崔乐泉：《忘忧清乐——古代游艺文化》，江苏古籍出版社2002年版，第2页。
[6] 陈正平：《唐诗所见游艺休闲生活之研究》，博士学位论文，东海大学，2006年，第6页。

续表

时间	研究者	研究领域	定名与阐释
2006 年	陈正平	文学	悠游、沉浸、涵泳在各项游戏、娱乐、或艺术（技艺、才艺）领域之中，可以让人们以娱怀取乐、消闲遣兴，达到放松、调适身心、增加生活乐趣为主要目的的一种精神文明活动⑥
2012 年	王赟馨	文学	日常生活中闲暇之时用以消遣享受、愉悦身心，以达到强健体魄、调适生活之目的的娱乐活动①
2016 年	李华云 陈文敏 罗历辛	文学	人们于节日或闲暇时所从事的具有一定游戏、享乐性质，同时又带有丰富的礼仪与艺术特性的文化娱乐活动②

由表中所列内容可知，民俗学、历史学、体育学和文学等不同领域的专家学者对游艺在其所属学科内容的概念、内涵和外延进行了诸多有益探讨，虽然表述不尽相同，但是有一点值得注意的是今人对游艺的解读中，无一例外地都把精神上的愉悦和满足作为游艺活动的落脚点。基于各领域学者对游艺的分析，结合本书的实际，将本书中的游艺界定为：古代人们在满足了基本的生存需要后，在岁时节日、日常生活等闲暇时间进行的，形式多样、内容丰富的，以愉悦身心、休闲娱乐为主要目的，兼具文化、礼仪、艺术和社会属性的精神文明活动。

需要说明的是，体育学，尤其是中国古代体育史的研究中，有的也使用了游艺这个称谓。据此可知，古代体育和游艺是密切相关的，两者的研究对象中有很多的重合性内容，很多古代体育的项目都能被纳入游艺项目的范畴中去。但是，本书认为，古代体育及其研究更多的是侧重其项目本身及其竞技属性；而游艺活动及其研究则更多地关注到其隐藏的文化属性和社会属性，在古代体育的竞技中呈现出鲜明的观赏性和艺术文化特征。在表中也可以看到，2016 年，李华云等人提出，游艺兼具休闲娱乐和礼仪艺术的双重属性，这也是本书特别关注的内容，因为游艺文化的产生和发展与其所处的社会生活是息息相

---

① 王赟馨：《唐代游艺与诗歌》，博士学位论文，吉林大学，2012 年，第 7 页。
② 李华云、陈文敏、罗历辛：《唐前游艺赋研究》，四川大学出版社 2016 年版，第 5 页。

关的，探讨游艺文化和交流传播时，必须从当时的时代背景和历史场景出发，才能更好地把握根植于游艺文化背后的历史细节，从而全方位、多角度地讨论"丝绸之路"游艺文化传播交流的路线、方式、人物等众多因素。

（四）"丝绸之路"游艺的界定与范畴

对"丝绸之路"游艺概念的界定和研究范畴的确立是本书的立足点和关键点所在。前文对游艺一词在古今的不同内涵和外延进行了讨论，以列表的形式展示了现代研究者在不同领域对游艺的解读，并确定了游艺在本书中的概念。综合上述讨论，本书把"丝绸之路"游艺界定为：盛行于中国古代"丝绸之路"（以"陆上丝绸之路"为主，兼顾海上、草原、东北亚和西南"丝绸之路"）及其沿线各区域，在岁时节日抑或日常生活等闲暇时间进行的，形式多样、内容丰富，并不断交流融合，以愉悦身心、休闲娱乐为主要目的，兼具文化、礼仪、艺术和社会属性，能够为"丝绸之路"各民族带来精神享受的精神文化活动，客观上促进了不同区域、民族之间文化交流。需要说明的是，游艺文化的交流与"丝绸之路"的兴衰密切相关，故而本书中对汉唐时期"丝绸之路"游艺文化交流着力较多，魏晋、宋元和明清等其他历史时期也有所涉及，受制于材料较少等客观条件，故而内容相对较少。

游艺研究范畴的确立呈现逐渐扩大的趋势，杨荫深在《中国游艺研究》中把游艺的研究范围归纳为杂技、弈棋和博戏三种类型，[①] 王永平在杨氏基础上又增加了球戏、武术、儿童游戏、宴集和节日游艺等内容，[②] 崔乐泉从百戏杂艺、技艺竞技、益智赛巧、休闲雅趣、童趣嬉戏、民俗游艺六个方面对游艺进行了分类。[③] 其他著述中对游艺范畴的界定和讨论也大同小异，只是根据研究领域的不同各有侧重。

基于上述讨论和前文中对"丝绸之路"游艺概念的界定，本书把"丝绸之路"游艺的研究范畴确定为：在"丝绸之路"及其沿线区域

[①] 杨荫深：《中国游艺研究》，世界书局1946年版，第1—2页。
[②] 王永平：《唐代游艺》，西北大学出版社1995年版，目录页。
[③] 崔乐泉：《忘忧清乐——古代游艺文化》，江苏古籍出版社2002年版，目录页。

盛行的技艺类游艺、百戏类游艺、博弈类游艺、杂艺类游艺四种类型。技艺类游艺对活动参与者的身体素质和竞技水平有着较高的要求，主要有马球（击鞠）、蹴鞠、射艺、拔河等项目。百戏类游艺侧重观赏者的视觉感受，游艺活动的技巧性和娱乐性色彩更为显著，主要有杂技、幻术、角抵、兽戏等项目。杂艺类游艺在"丝绸之路"游艺活动中占有很大比例，其活动丰富、生动而多元，是时人最重要的休闲娱乐方式之一，主要有投壶、斗鸡、灯戏和儿童游戏等，人们在杂艺游艺中更是借此来休养生息、放松心情，缓解人们的生活压力。博弈类游艺是"丝绸之路"游艺活动中的重要类型，其显著特征便是能在一定程度上启迪人们的思维与智慧，此部分着重讨论樗蒲、双陆、围棋、藏钩等项目。总而言之，本书力图通过对"丝绸之路"上这四种类型游艺项目的阐释，进而深入地探究交流的人物和场地，最大限度地对"丝绸之路"上的游艺文化交流展开全面、系统地讨论，以此揭示"丝绸之路"游艺文化交流带来的中外文化交流融合、民族交往共荣、宗教世俗共生等内容。

二　研究方法

本书的研究对象以"丝绸之路"游艺文化相关的文献和图像资料为主，涉及不同区域、不同民族间的游艺文化交流，故而研究方法较为多元，主要运用了以下几种历史学和社会学的研究方法。

一是文献分析法。文献分析是历史学研究最基本的研究方法之一，在本书中尤为重要，因为本书所使用的材料，很大程度上源自敦煌和吐鲁番文献，需要对这些材料详加细读；同时，本书还运用出土文献和传世文献相结合的方法，对敦煌文献、吐鲁番文献及其他传世文献中的游艺资料进行整理，尽可能做到对文本文献的竭泽而渔，使得研究在充分占有史料的基础上进行。

二是图像法。图像法是近年来历史学研究常用的方法，其倡导"图像证史"，试图通过遗存的历史形象还原历史场景。本书所指向的图像视野较为广泛，但凡与"丝绸之路"游艺相关的文物、遗迹、碑刻、壁画等均纳入研究范畴。本书还运用文本文献与图像资料相印证的方法，借助辑录整理的"丝绸之路"游艺图像资料对文字资料进行释读，反之亦是以文释图，通过"二重证据法"，达到文字和图像的相互印证，最终实现研究成果的图文并茂。

三是比较研究法。历史比较研究的方法越来越得到史学研究者的重视，其宗旨是分析异同，揭示本质，寻找规律。本书中，既有对"丝绸之路"不同时期游艺活动的纵向历史比较，又有同一时期的横向历史比较；既有对整个"丝绸之路"游艺活动的宏观历史比较，又有对敦煌、吐鲁番、长安等不同区域的微观历史比较。其目的是探究"丝绸之路"上游艺文化传播和交流的途径和规律。

四是系统研究法。系统研究法源于自然科学领域，而后引用到社会科学领域，即把研究对象作为一个系统进行综合研究。就本书而言，力图将"丝绸之路"游艺作为一个系统，从"丝绸之路"游艺与不同的游艺项目、"丝绸之路"游艺与不同的表演者和参与者、"丝绸之路"游艺与不同的活动场所等关系中，分析"丝绸之路"游艺文化传播和交流所受到的影响因素和所蕴含特征。

五是其他研究方法。除了上述提及的基本书方法之外，考虑到"丝绸之路"游艺文化所涉及对象的多样性，本书还将综合运用社会学、人类学、考古学、美术学、体育学等多学科领域交叉的研究方法，此处不再一一阐述。

第三节 研究史回顾与述评

"丝绸之路"游艺文化研究尚未出现系统性的研究成果，更多的是散见于中西交通史、"丝绸之路"文化、传统游艺文化、中国古代体育文化、"丝绸之路"体育文化等诸多领域。故下文将国内外研究成果依据时间顺序和与本课题的关联程度进行梳理，将其大致分为三个阶段：

绪 论

第一阶段（1949年之前），部分游艺项目作为个案进入治西域史、中西交通史、社会文化史等学者的研究视野，呈现以利用文献资料为主的特征。老一辈的历史学者较早注意到"丝绸之路"上盛行的一些游艺项目，如向达（1933）在《唐代长安与西域文明》一书中即提出了马球运动源于波斯，并通过"丝绸之路"传入中原；[①] 常任侠（1941）在《汉唐间西域百戏之东渐》中更是直接论述了西域百戏在汉唐时期的传入和传播；[②] 白鸟库吉（1941）《西域史研究》中提及了某些游艺活动的事例；[③] 杨荫深（1946）《中国游艺研究》一书成为游艺研究的发端，在其书中述及了部分游艺项目由西域交流而来的史实。[④] 当然还有其他一些研究成果对此也有提及，此处不一一列出，仅择其要者进行了叙述。总体上看，这一时期对"丝绸之路"游艺文化交流的讨论虽然以单个项目为主，但多是开山之作，如向达的研究成果至今仍是马球起源和传播研究的经典之作，杨荫深对游艺项目发展交流的解读为游艺研究提供了理论思路和史料参考，可以说，这些成果提出了一个新的研究命题和切入点，同时也为后续的研究打下了坚实的基础，在某种意义上说颇具开创之功。

第二阶段（1949—1976年），这一时期国内相关研究成果较少，国外学者在讨论中外文化交流和西域文化时涉及某些游艺项目。值得一提的是，这一时期图像资料较之以往，得到一定程度的有效利用。国外研究中，最具代表性的当属 Edward H. Schafer（1963）所著 The Golden Peaches of Samarkand: A Study of T'ang Exotics，书中专门探讨了西域传入中原的游艺表演者，甚至还提到了供贵妇人玩乐的宠物狗，并附有遗存于"丝绸之路"的图像；[⑤] 另外，岸边成雄（1952）

[①] 向达：《唐代长安与西域文明》，商务印书馆2015年版。
[②] 常任侠：《汉唐间西域百戏之东渐》，《青年中国季刊》1941年第2期。
[③] 白鸟库吉：《西域史研究》，东京岩波书店1944年版。
[④] 杨荫深：《中国游艺研究》，世界书局1946年版。
[⑤] Edward H. Schafer, The Golden Peaches of Samarkand: A Study of T'ang Exotics, Oakland: University of California Press, 1963. 中文译本参见［美］爱德华·谢弗《唐代的外来文明》，吴玉贵译，陕西师范大学出版社2005年版。

《在西域乐东传中胡人来朝的意义》中讨论了西域和中原的部分游艺项目。① 我国研究成果主要有：刘伯骥（1952）在《中西文化交通小史》一书中提到了西域文化对中原文化在娱乐游戏方面的影响，同时也讨论了中原娱乐文化在西域的传播；② 任半塘（1958）《唐戏弄》一书中在论述戏剧问题时对角抵、马戏等有所提及；③ 谢成侠（1959）所著的《中国养马史》中对"丝绸之路"上的舞马、马技和马球等内容进行了研究。④ 这一时期与前一时期相比，亦没有专门研究"丝绸之路"游艺文化交流的成果出现，但保持了该领域研究的持续性和发展性，为后续研究积攒了力量，促进了后续研究的蓬勃发展。

第三阶段（1977年至今），"丝绸之路"游艺文化及其交流史在传统游艺、"丝绸之路"文化、"丝绸之路"体育等研究领域得到较多关注，呈现多样化的研究态势，取得了较为丰硕的研究成果。此时期学术史可从三个方面进行阐述：

其一，传统游艺文化研究中使用了部分"丝绸之路"游艺材料，是对正史资料的有益补充，丰富了传统游艺的研究内容。这其中代表性的论述如下：乌丙安（1985）在《中国民俗学》中对游艺民俗进行了分析，其中使用了"丝绸之路"游艺的部分材料，⑤ 而后郑重华，刘德增（1991）在《中国古代游艺》一书中讨论了马球、眩术等游艺项目的起源和传播，⑥ 李建民（1993）所著《中国古代游艺史——乐舞百戏与社会生活之研究》较为深入地分析和讨论了汉代乐舞百戏中中原和西域的交流；⑦ 王永平（1995，2010）对这一问题的研究取得了突破性进展，其代表成果《唐代游艺》《游戏、竞技与娱乐——中古社会生活透视》两书中都有部分章节论述了汉唐中国与中亚、西亚

---

① 岸边成雄：《西域樂東流に於ける胡樂人来朝の意義》，《歷史学研究報告》（1），东京大学教养学部历史学研究室1952年版，第67—90页。
② 刘伯骥：《中西文化交通小史》，台北正中书局1953年版。
③ 任半塘：《唐戏弄》，作家出版社1958年版。
④ 谢成侠：《中国养马史》，科学出版社1959年版。
⑤ 乌丙安：《中国民俗学》，辽宁大学出版社1985年版。
⑥ 郑重华、刘德增：《中国古代游艺》，山东教育出版社1991年版。
⑦ 李建民：《中国古代游艺史——乐舞百戏与社会生活之研究》，东大图书公司1993年版。

绪 论

诸国文化交流中的游戏、竞技与娱乐，为本书提供了诸多参考和借鉴；① 崔乐泉（2002）《忘忧清乐——古代游艺文化》亦是本领域研究的代表之作，其在使用部分"丝绸之路"游艺史料时图文并茂，较为翔实，也是本书的重要参考文献之一；② 陈正平（2006）在其博士学位论文《唐诗所见游艺休闲活动之研究》中以唐诗中的游艺为主题，使用了诸多唐代"丝绸之路"游艺活动的史料，把研究内容拓展到诗词领域，颇为值得借鉴；③ 另外，王宏凯（2010）、李涌（2013）、王赟馨（2016）、李华云、陈文敏、罗历辛（2016）、丛振（2019）、金爱秀（2019）等论著中亦有相关内容，或多或少使用和述及了"丝绸之路"游艺文化的项目。④ 此部分的研究成果，大多数是在将游艺作为一个整体概念讨论时使用了"丝绸之路"游艺的部分项目活动和交流史料，对本书思路的开拓及史料的选取具有重要的指导意义，如王永平和崔乐泉研究中的图文结合，陈正平对唐诗的使用等，这些都对本书的学术视野产生了重要影响，使得本书可以涉猎更多的相关知识和内容形式，掌握和使用更多文献资料。

其二，"丝绸之路"研究和"丝绸之路"文化研究中对游艺文化的涉及，在这些研究中关注到了"丝绸之路"上的游艺活动，部分讨论了这些活动之间的交流和互动。⑤ 这其中代表性的是新疆人民出版社组编的《丝绸之路研究丛书》，此套丛书共有30本，较为系统和全面地汇集了20世纪90年代至21世纪初学术界有关"丝绸之路"的研

---

① 王永平：《唐代游艺》，西北大学出版社1995年版；王永平：《游戏、竞技与娱乐——中古社会生活透视》，中华书局2010年版。

② 崔乐泉：《忘忧清乐——古代游艺文化》，江苏古籍出版社2002年版。

③ 陈正平：《唐诗所见游艺休闲活动之研究》，博士学位论文，东海大学，2006年。

④ 王宏凯：《中国古代游艺》，中国国际广播出版社2010年版；李涌：《中国游艺民俗文化》，中原农民出版社2013年版；王赟馨：《唐代游艺与诗歌》，吉林大学出版社2016年版；李华云、陈文敏、罗历辛：《唐前游艺赋研究》，四川大学出版社2016年版；丛振：《敦煌游艺文化研究》，中国社会科学出版社2019年版；金爱秀：《汉代游艺活动研究》，河南人民出版社2019年版。

⑤ 有关"丝绸之路"及其文化交流的研究，成果丰硕，具体参见国家图书馆主编、刘波编《丝绸之路研究论文目录》，学苑出版社2019年版；国家图书馆主编《丝绸之路研究论著叙录》，学苑出版社2019年版。

究成果。① 丛书中和"丝绸之路"游艺文化关联度较高的，如周菁葆（1987）在《丝绸之路的音乐文化》中讨论西域音乐的东渐时涉及了游艺文化；② 李强（2009）所著《丝绸之路戏剧文化研究》，其中提及了百戏、马戏、猴戏等流行于"丝绸之路"上的游艺项目；③ 吴芳思（2008）在《丝绸之路2000年》中介绍了"丝绸之路"上个别游艺项目的表演者，提到了他们的出身和角色；④ 另有金秋（2002）、陆晖（2009）、郭晓东（2012）、李永平（2017）、沈爱凤（2019）、任先行（2020）等论著中也有与"丝绸之路"游艺相复合的部分。⑤ 与游艺文化研究中对"丝绸之路"游艺文化资料作为辅助使用的方式不同，"丝绸之路"研究中更多的是对"丝绸之路"游艺文化的本体研究，将其置于"丝绸之路"整体范畴的研究之内，内容针对性更强，为本书讨论"丝绸之路"视域内的游艺交流提供宏观视野，同时也提供了诸多文献和图像资料，使本书有更广泛的讨论空间和领域。

其三，"丝绸之路"体育文化研究中和"丝绸之路"游艺文化密切相关的研究成果，前文中提到了两者在某些研究对象和方法上存在可借鉴性，因此这一部分研究成果尤为值得关注，且该领域的成果相对丰硕，⑥ 根据研究主体和侧重点的不同，此处将其分为三个方向，进行较为细致的论述：

一是与本书最为直接、关系最为密切的"丝绸之路"体育交流研

---

① 钱云、金海龙等编著：《丝绸之路研究丛书》，新疆人民出版社2012年版。
② 周菁葆：《丝绸之路的音乐文化》，新疆人民出版社1987年版。
③ 李强：《丝绸之路戏剧研究》，新疆人民出版社2009年版。
④ 吴芳思：《丝绸之路2000年》，山东画报出版社2008年版。
⑤ 金秋：《古丝绸之路乐舞文化交流史》，上海音乐出版社2002年版；陆晖：《丝绸之路戏曲研究》，新疆人民出版社2009年版；郭晓东：《丝绸之路西域文明文化精萃：新疆民间游艺》，新疆美术摄影出版社2012年版；李永平：《丝绸之路与文明交往》，陕西师范大学出版社2017年版；沈爱凤：《丝绸之路东西方文化交流和北方草原艺术》，四川美术出版社2019年版；任先行：《丝绸之路驿站探索研究》，中国财政经济出版社2020年版。
⑥ 薛更新对1988—2018年间"丝绸之路"体育研究的论文及著作进行过综述性的回顾，此文涉及的领域比较多，如"丝绸之路"体育项目及其特征、体育断代史、体育经济和旅游等方面，参见薛更新《近三十年国内丝绸之路体育研究的回顾与展望》，《体育研究与教育》2020年第3期。

究。此时期，对这一问题研究取得较大突破和进展的是唐代"丝绸之路"体育的交流，具体成果如：罗普云、罗普磷（1999）；高朝阳、曾玉华（2003）；曾玉华、许万林（2004）；许万林、曾玉华（2005）；王永平、孙岳（2009）；刘阳、曾玉华（2013）；王天军（2014）；田文林（2015）；蒲实、徐传明（2017）；季春美、叶飞凤（2018）等，他们从人物、项目、文化等方面讨论了"丝绸之路"上的体育交流，选取的切入点和对材料的使用都有了较大提高，研究成果也颇为厚实，尤其是对九姓胡、粟特人对唐代体育影响的研究较为新颖。[①] 对汉代"丝绸之路"体育交流研究关注较早的是赵杰、刘怀祥（2000），他们对汉代"丝绸之路"上的体育文化交流进行了讨论，认为源自中原的蹴鞠在西域曾流行过，西域的骑马射箭和摔跤也在中原受到欢迎。[②] 需要指出的是，此文的论述较为单薄，中原的摔跤和骑马是否来自西域值得商榷，对史料的运用和处理也存在薄弱之处。张骞凿空西域对汉代体育交流的影响是一个热点和重点话题，学术期刊《兰台世界》曾连续刊发与此主题相关的文章，主旨思想是张骞出使西域带动的东西方文化交流背景下体育的交流，选题也有新意，但是，发表的几篇文章叙述的内容较多，对史料的把握也有所欠缺。[③] 后续研究成果中刘

[①] 罗普云、罗普磷：《浅析丝绸之路体育对唐代马球运动的影响》，《西安体育学院学报》1999年第2期；高朝阳、曾玉华：《九姓胡对唐代体育的影响》，《西安体育学院学报》2003年第4期；曾玉华、许万林：《丝绸之路上的粟特人对唐代长安体育文化的影响》，《体育文化导刊》2004年第8期；许万林、曾玉华：《丝绸之路陇右文化与唐代长安体育的繁荣》，《体育科学》2005年第5期；王永平、孙岳：《马毬与唐代东西方文化交流》，《学习与探索》2008年第3期；刘阳、曾玉华：《龟兹文化对唐代长安体育的影响》，《体育文化导刊》2013年第1期；王天军：《古代西域民族体育及其文化交流研究》，《西江月》2014年第3期；田文林：《"波斯球"的传入对唐代体育运动的影响》，《兰台世界》2015年第9期；蒲实、徐传明：《唐宋时期丝绸之路体育文化的发展嬗变》，《中华文化论坛》2017年第4期；季春美、叶飞凤：《唐朝丝绸之路上的体育文化交流》，《体育文化导刊》2018年第10期。

[②] 赵杰、刘怀祥：《汉代时期丝绸之路的体育文化交流》，《南京体育学院学报》2000年第1期。

[③] 宋志伟：《张骞"凿空"西域对汉代民族体育文化的影响》，《兰台世界》2013年第33期；徐超：《考证张骞"凿空"对西汉体育的影响》，《兰台世界》2014年第9期；顾克鹏、胡光霞：《张骞"凿空"西域对中国民族体育文化发展的影响》，《兰台世界》2014年第24期；张向辉、金承哲：《张骞"凿空"西域与东西方"文体"交流》，《兰台世界》2014年第27期。

向阳、肖存峰（2014）；陈正权（2016）也都撰文讨论过此问题，但整体突破性不大。① 杨绍华（2017）以汉代画像石中的体育形象为切入点，讨论了中国和"丝绸之路"沿线国家双向、互动的体育交流，具有一定的意义。② 张显运（2018）讨论了汉唐"丝绸之路"上的体育文化交流，用力较深，史料使用和论述较为扎实；黄二宁（2019）从竞技比赛、宴会典礼、外交礼物等角度，讨论了13—14世纪"丝绸之路"东、西方和各民族之间频繁的体育文化交流；罗帅呈、王兴怀（2019）则是对高原"丝绸之路"吐蕃体育文化的交流进行了探讨，其对藏汉两种文献资料的使用，值得借鉴。③ 此外，刘金生、李旭天、朱梅新、熊飞（2009）；石金亮（2009）；程鹏（2011）；郭春阳（2015）等人以地域为关键点，其研究对象有武艺、健身等内容，探讨了西域与中原等地方因素对"丝绸之路"两端的影响，从而使其呈现不同的体育文化特征。④ 另外需要提及的是，新疆大学王天军主持的国家社会科学基金项目"丝绸之路体育文化交流"已于2021年2月结项，尚未见到研究成果，笔者将持续关注。由上可见，"丝绸之路"体育交流的研究成果中，有诸多与"丝绸之路"游艺相关的内容，在一定程度上为本书提供了文本资料和研究范式，值得反复研读和充分吸收借鉴。

二是与本书联系较为紧密，能够给本书提供资料支持和帮助的"丝绸之路"体育本体、项目和文化研究。这一领域的研究同样取得

---

① 刘向阳、肖存峰：《汉代丝绸之路上体育文化的传播与交流》，《兰台世界》2014年第36期；陈正权：《汉代丝绸之路上体育文化的传播与交流》，《"丝绸之路"视野》2016年第13期。

② 杨绍华：《秦汉时期中国与"丝绸之路"沿线诸国体育文化的交流——以汉画像石为考察对象》，《西安体育学院学报》2017年第3期。

③ 黄二宁：《13—14世纪丝绸之路与东西方体育文化交流的内容、方式及影响》，《北京体育大学学报》2019年第12期；罗帅呈、王兴怀：《高原丝绸之路吐蕃体育文化交流研究》，《西藏大学学报》2019年第4期；张显运：《试论汉唐与丝绸之路沿线国家体育文化的交流》，载于杨崇汇主编《河洛文化与华夏历史文明的传承及创新》，河南人民出版社2018年版，第337—348页。

④ 郭春阳：《"丝绸之路"文化背景下的古代中西武艺交流与分化》，《武汉体院学院学报》2015年第6期；刘金生、李旭天、朱梅新、熊飞：《古代西域体育活动与中原地区体育发展略考》，《体育成人教育学刊》2009年第1期；石金亮：《地方因素与敦煌壁画文书中古代体育文化源考》，《兰台世界》2009年第23期；程鹏：《西域与中原健身文化的融合——隋唐时期的健身文化解析》，《体育科技文献通报》2011年第12期。

了较为丰硕的研究成果，其中代表性较强的是以李重申、李金梅为主的兰州理工大学"丝绸之路"文化研究所诸位老师的著述。① 查阅李重申、李金梅等老师的成果，可知他们对"丝绸之路"上不同类型的体育项目进行了较为详细的论述，尤其是对敦煌体育文化的研究更为深入，其成果中使用了诸多敦煌莫高窟壁画中有关体育图像的资料，为学界提供了参考。② 同样关注到敦煌体育文化研究这一领域的还有陈康（2012）；胡同庆、王义芝（2012）；耿彬（2012）等人，他们从不同的角度出发，对敦煌体育项目、敦煌的游戏娱乐、敦煌体育文化特征等进行了研究，也颇有建树，为本书提供了诸多素材。③ 近年来，此研究取得的代表性成果是孙麒麟、毛丽娟、李重申所著《从长安到雅典：丝绸之路古代体育文化》，此书图文并茂，从历史和地域的维度去探寻"丝绸之路"体育文化，充分阐释了"丝绸之路"沿线不同时期、不同区域的体育文化，构建起了一本"纸上体育博物馆"，可以说对"丝绸之路"体育文化做了全方位的诠释。④ 除此之外，雷力（1988）；庞锦荣、刘志刚（1999）；李彤（2004）；张颖（2021）等研究者对"丝绸之路"体育的形态特征、人体意象等本体问题做了较为深入

---

① 兰州理工大学"丝绸之路"研究所的著述丰富，此处仅列举主要成果：李重申：《敦煌古代体育文化》，甘肃人民出版社2000年版；兰州理工大学"丝绸之路"文史研究所编：《丝绸之路体育文化论集》，中华书局2005年版；路志峻：《论敦煌文献和壁画中的儿童游戏与体育》，《敦煌学辑刊》2006年第4期；李重申、李金梅：《忘忧清乐——敦煌的体育》，甘肃教育出版社2007年版；李金梅、李重申：《丝绸之路体育图录》，甘肃教育出版社2008年版；兰州理工大学"丝绸之路"文史研究所编：《丝绸之路体育文化论集（续）》，甘肃教育出版社2008年版；李小惠：《丝绸之路上的驿传与体育》，《体育文化导刊》2010年第12期；张有：《丝绸之路河西地区魏晋墓彩绘砖画——六博新考》，《敦煌研究》2011年第2期；李重申等：《敦煌古代体育图录》，甘肃教育出版社2011年版；李小唐、林春、李重申：《丝绸之路岁时节日民俗体育图录》，甘肃教育出版社2017年版。

② 敦煌体育文化研究是"丝绸之路"体育文化研究的重要组成部分，2012年前相关的研究成果可参考丛振《敦煌体育史研究回顾与述评》，《2012年敦煌学国际联络委员会通讯》，第108—123页。

③ 陈康：《敦煌体育研究》，中国社会科学出版社2012年版；胡同庆、王义芝：《敦煌古代游戏》，甘肃少年儿童出版社2012年版；耿彬：《中晚唐五代时期敦煌地区的民间体育活动——以吐蕃为例》，《宁夏社会科学》2012年第3期。

④ 孙麒麟、毛丽娟、李重申：《从长安到雅典丝绸之路古代体育文化》，甘肃教育出版社2017年版。

的讨论；① 郭仁辉、董敏慧（1999）；王晓（2006）；董茜（2012）；邓李娜、王兴茂（2017）等就"丝绸之路"节令民俗体育、民族体育、佛教体育等进行了不同程度的研究；② 曾玉华、许万林（2006）；唐海（2010）；郑志刚、李重申（2016）等则对"丝绸之路"体育研究延伸的城市发展、体育文化区、体育场地空间分布等进行了相对深入的考究，角度新颖，具有较高的学术价值。③"丝绸之路"体育本体文化的研究，涉及"丝绸之路"体育文化的方方面面，其内容涵盖更为丰富，在一定程度上可以看作是"丝绸之路"游艺项目的载体所在，能够为本书深入地探讨游艺项目的渊源流变、交流融合等提供更多的史料和图像参考，是本书所需要详细研读的成果。

三是与本书有一定联系，各类中外文化交流史、体育通史和断代史、地方体育文化等相关论著中涉及的"丝绸之路"体育文化和交流等研究。中外文化交流的系统研究中基本上都会涉及体育文化的交流，论述过程中有些会使用到"丝绸之路"体育文化和交流的材料，如周一良（1987）；徐振保（1996）；王介南（2004）；杨瑾（2018）等研究者就利用了"丝绸之路"体育交流的相关史实来讨论中外文化交流及其对当时社会生活的影响。④ 就体育史研究而言，郭希汾（1935）；程登科（1945）较早对中国、世界体育史进行了探讨，其中提到了历

---

① 雷力：《试论"丝绸之路"对我国古代体育发展的影响》，《西安体育学院学报》1988年第1期；庞锦荣、刘志刚：《对丝绸之路体育文化三个问题的再认识》，《北京体育大学学报》1999年第4期；李彤：《丝绸之路原始体育形态与意蕴考析》，《体育文化导刊》2004年第12期；张颖：《丝绸之路艺术品中的体育人体意象研究》，《新"丝绸之路"》2021年第1期。

② 郭仁辉、董敏慧：《丝绸之路节令民俗体育文化初探》，《西安联合大学学报》1999年第1期；王晓：《中国古代丝绸之路地区民族体育文化新探》，《成都体育学院学报》2006年第6期；董茜：《甘肃丝绸之路少数民族传统体育文化研究》，《运动》2012年第21期；邓李娜、王兴茂：《佛教文化对丝绸之路体育的影响》，《东方收藏》2017年第12期。

③ 曾玉华、许万林：《唐代长安的城市发展与体育文化的嬗变》，《北京体育大学学报》2006年第10期；唐海：《唐代西域丝绸之路新北道体育文化区研究》，硕士学位论文，新疆师范大学，2010年；郑志刚、李重申：《丝绸之路古代游戏、娱乐与竞技场地空间分布考研》，《敦煌学辑刊》2016年第4期。

④ 周一良：《中外文化交流史》，河南人民出版社1987年版；徐振保：《中外文化交流记趣》，复旦大学出版社1996年版；王介南：《中外文化交流史》，书海出版社2004年版；杨瑾：《汉唐文物与中外文化交流》，陕西人民出版社2018年版。

史上西域和中原的体育交流，为后续的研究提供了史料参考和思路启示；① 李季芳、周西宽、徐永昌（1984）；成都体育学院体育史研究所（1985）；林伯原、谷世权（1989）；郑振坤（1989）；杨向东（2000）等人在体育史研究和教材编撰的过程中注意到中国古代的中外体育文化交流，尤为重要的是，他们在讨论这个问题时使用了部分"丝绸之路"体育文化交流的材料，充实了体育文化交流的内容，也为"丝绸之路"游艺文化交流提供了较为丰富的佐料；② 相比之前体育史中"丝绸之路"体育交流研究侧重对文献资料的运用，杨向东（2000）；刘秉果（2003）；崔乐全（2008）；王俊奇（2009—2015）；崔乐泉（2019）等研究中加强了对图像资料的使用，如崔乐泉等主编的 8 卷本《中国体育通史》和王俊奇撰写的 8 卷本《中国体育文化史丛书》中都使用了"丝绸之路"体育项目及交流的文本材料和图像材料，内容丰富详细，可以看作是对之前研究成果的归纳总结式使用，对于论述中国体育史的发展发挥了较为重要的作用。③ 这一类研究呈现出以对"丝绸之路"体育资料使用为主的特征，成果也是非常丰富，但是，整体上呈零散状态，是作为体育史或体育文化研究的附属而存在，未充分对这一专题展开论述。

综上所述，"丝绸之路"游艺文化交流的相关研究成果较为丰富，

---

① 郭希汾：《中国体育史》，商务印书馆 1935 年版；程登科：《世界体育史纲要》，商务印书馆 1945 年版。

② 李季芳、周西宽、徐永昌主编：《中国古代体育史简编》，人民体育出版社 1984 年版；成都体育学院体育史研究所《体育史》教材编写组：《体育史》，成都体育学院教材 1985 年版；林伯原、谷世权编著：《中国体育史》，北京体育学院出版社 1989 年版；郑振坤：《中国古代体育思想史纲要》，人民体育出版社 1989 年版。

③ 杨向东：《中国古代体育文化史》，天津人民出版社 2000 年版；刘秉果：《中国体育史（插图本）》，上海古籍出版社 2003 年版；崔乐泉总主编：《中国体育通史》，人民体育出版社 2008 年版；王俊奇：《宋代体育文化史》，北京体育大学出版社 2009 年版；王俊奇：《宋代体育文化史》，北京体育大学出版社 2009 年版；王俊奇：《唐代体育文化史》，北京体育大学出版社 2010 年版；王俊奇：《魏晋南北朝体育文化史》，北京体育大学出版社 2010 年版；王俊奇：《辽夏金元体育文化史》，北京体育大学出版社 2011 年版；王俊奇：《秦汉三国体育文化史》，北京体育大学出版社 2012 年版；王俊奇：《先秦体育文化史》，北京体育大学出版社 2013 年版；王俊奇：《明朝体育文化史》，北京体育大学出版社 2015 年版；崔乐泉主编：《中国古代体育项目志》，天津社会科学院出版社 2019 年版。

有相当数量的论文和著作相继发表，尤其是与之密切相关的"丝绸之路"体育文化及其交流研究成果丰硕，为本书提供了资料支持。需要说明的是"丝绸之路"体育和"丝绸之路"游艺无论是在内涵还是外延上是有所不同的，同时，已有成果侧重的是对体育项目、形态等本体的研究，而"丝绸之路"游艺文化及其交流则注重对其存在发生的主体进行讨论。通过上述研究现状的评述，可知"丝绸之路"游艺文化交流研究还较为分散，与其应有的地位和被重视程度仍存在一定的差距，已有研究也存在一些薄弱之处，主要表现为：一是迄今未见对"丝绸之路"游艺文化及其交流史进行系统性的专题研究，也未有专著出版；二是"丝绸之路"游艺文化交流中的民族属性、宗教色彩、参与主体、传播场所等方面的研究还需进一步拓展和深入。因此，本书认为，"丝绸之路"游艺文化交流史研究标志性成果的出现和研究范畴的亟待拓展是该领域的研究趋势，也是本书力图实现的目标所在。

第一章 "丝绸之路"游艺文化交流背景研究

"丝绸之路"游艺文化交流是"丝绸之路"文化交流中的重要组成部分,也是本书的核心所在。但是,正如《文化符号学》中所论述的:"文化是一个社会中所有与社会生活相关的符号活动的总集合。"[①] "丝绸之路"游艺文化的产生和发展也必然与"丝绸之路"社会生活息息相关。更进一步讲,必须清醒地认识到,游艺文化交流最早的动机可能并不是游艺活动本身,其可能是贸易往来的附属品,亦可能是外交朝贡的衍生物,其发展与演变必然受到"丝绸之路"沿线的交通环境、地理地貌、政治经济、社会风俗、宗教信仰等各个方面的影响,而这些影响因素正是"丝绸之路"游艺文化得以传播和交流的基础,对其发展演变发挥着至关重要的作用,也促成了"丝绸之路"游艺文化丰富多彩的特征,使其呈现出独一无二的交流景象。因此,本章从"丝绸之路"游艺文化交流的空间基础、时间基础、物质基础、文化基础等背景出发,力图探寻隐藏在"丝绸之路"游艺文化交流背后的影响因素,将游艺文化交流置于"丝绸之路"整体格局中,勾勒出游艺文化交流的宏大时代场景。

---

① 赵毅衡:《文学符号学》,中国文联出版公司1990年版,第89页。

第一节 "丝绸之路"游艺文化交流的空间基础

文化的传播与交流离不开人的迁徙与流动,对于"丝绸之路"游艺文化而言,其交流的前提条件和制约因素无疑是"丝绸之路"交通路线的开凿与通畅。在某种意义上说,正是因为有了"丝绸之路"上的道路交通、驿馆驿站、节点城市等较为完善的交通系统作为基础设施,才使得"丝绸之路"游艺文化交流构建起了系统的空间框架,为其传播与交流提供了可靠保障。

一 游艺文化交流的先决条件:"丝绸之路"的开凿与兴盛

众所周知,"丝绸之路"的开凿与张骞密切相关,也正是由于"凿空西域"的壮举,使张骞的名字在中国历史上留下浓墨重彩的一笔,同时也频繁出现在现代研究者的视野中。[①] 无疑,汉武帝时所开通的"丝绸之路",对于古代中国沟通东西方物质、文化交流发挥了不可替代的作用,经久不息。尤其是"一带一路"倡议的提出,古老的"丝绸之路"又一次生机勃勃地展现在世人的眼前,继续见证和助推着文化的传播与交流。对于"丝绸之路"所做出的卓越历史贡献,已有研究从政治、军事、经济等不同角度进行了较为充分的讨论,但是,其对游艺文化交流发展的作用却鲜有关注。故而本书提出,"丝绸之路"的开凿与兴盛,是"丝绸之路"游艺文化交流的先决条件,为"丝绸之路"游艺文化交流提供了可能性和可行性。从游艺发展史的角度,完全可以说,"丝绸之路"为中国多元游艺文化的形成打下了坚实的基础,确立了中国游艺文化"亚欧互动、东西融合"的新格局。

之所以说"丝绸之路"的开通促成了中国游艺文化新格局的出

[①] 有研究提出早在张骞凿空西域前,东西方就已经开始交流,亚历山大东征和希腊化世界也在客观上促进了"丝绸之路"的开通。参见杨巨平《亚历山大东征与丝绸之路开通》,《历史研究》2007年第4期。

现，主要是因为在此之前，先秦时期的游艺文化体系中，存在着相对独立的、有较为明显区别的游艺文化区，即以修身养性为主的中原礼乐类游艺和以乐舞骑射为主的西域竞技类游艺。①

更应该看到的是，游艺文化区的背后折射出来的是两种文化区的差异。所谓文化区，指的是"社会经济系统和文化组成部分具有相对类似特点的地理区域"②。根据这一概念可以得知，"丝绸之路"沿线，尤其是两端地区的文化属性相差较大，无论是政治制度、语言文字，还是生活风俗、宗教信仰等，都体现出明显的不同，正是由于这些不同构成了"丝绸之路"上多样化的文化区。"丝绸之路"上这些文化区之间是如何相互影响的呢？威斯勒的观点为这一问题的研究提供了理论基础，他认为居住生活在文化区边界区域的群体，拥有混合文化和边缘文化两种特征，这两种特质的形成至少来源于两种以上的文化中心。③也就是说，每个文化区必定有各自的中心区域和边缘区域，本区域的文化由中心位置向外进行传播，越是远离中心的区域越容易受到其他文化区的影响，其特征越不明显。

有这个理论做支撑，就很容易理解"丝绸之路"上文化区之间的交流和融合了。依此类推，"丝绸之路"上的不同游艺文化区，受到"丝绸之路"开通和日益繁盛的影响，处于边缘游艺文化区的交流越发频繁，他们虽然与中心区域的游艺文化大体相同，但是，由于和其他文化内游艺文化的相互借鉴和吸收，导致其游艺文化内涵有了或多或少的变异，而正是这种变异促成了"丝绸之路"游艺文化带的形成和发展。

---

① 史兵较早对中国的体育文化区进行了讨论，提出了陕西体育文化区、新疆体育文化区和齐鲁体育文化区等板块划分；姚如好等认为受地理因素等天然屏障的影响，中国先秦体育存在两大板块，即北方草原民族重视功利的骑射文化和南部农业文明强调健身娱乐的礼乐文化。本书有关中国游艺文化区这一观点的提出，受上述内容启发，特此说明。参见史兵《中国体育文化区探微》，北京线装书局2008年版；姚如好、曾玉华、许万林《张骞"凿空"与西汉民族体育大发展的现代启示》，《体育科技》2012年第3期。

② 汝信主编：《社会科学新辞典》，重庆出版社1988年版，第924页。

③ [美] 克拉克·威斯勒：《人与文化》，钱岗南、傅志强译，商务印书馆2004年版，第53—57页。

上文讨论了"丝绸之路"游艺文化区形成和划分的理论基础，可以看到，"丝绸之路"作为沟通中西交通的重要渠道，确实在游艺文化交流中起到了至关重要的作用，这也意味着"丝绸之路"上的地理因素在游艺文化交流中有着重要的影响。"丝绸之路"游艺文化区的空间组织、区域形态等共同构建起了"丝绸之路"游艺地理学的概念体系和框架（图1-1）。[①] 此处，依据和借鉴罗雷（John Rooney）所创设的体育文化空间形态的地理学解释框架，[②] 结合"丝绸之路"游艺文化交流的实际情况，本书勾勒了"丝绸之路"游艺文化交流的空间形态及其地理学解释框架，以此来说明"丝绸之路"作为游艺文化交流先决条件的必要性：

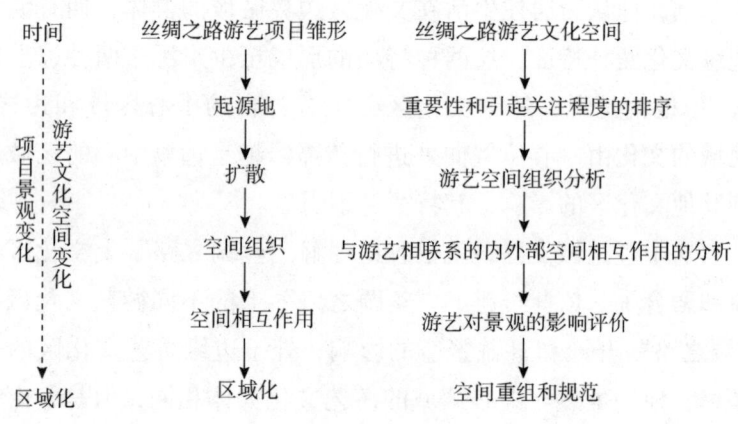

图1-1 "丝绸之路"游艺文化交流的地理学解释框架

由图1-1中"丝绸之路"游艺文化交流的地理学逻辑关系及前文的文化区理论可以得知，"丝绸之路"游艺文化的形成与空间扩散，

[①] "丝绸之路"游艺地理学的观点，是本人在阅读唐海《唐代西域丝绸之路新北道体育文化区研究》一文中，根据该文中所引用的美国俄科拉哈马州立大学罗雷（John Rooney）提出的体育地理学的概念体系和解释框架，特此说明。参见唐海《唐代西域丝绸之路新北道体育文化区研究》，硕士学位论文，新疆师范大学，2010年，第7页。图1-1：自制。

[②] J. Rooney, "Sport from a geographic perspective", in D. W. Ball and J. Loy（eds.）*Sport and Social Order*, Addison Wesley, 1975, p. 56. Fig. 1.

是中原游艺文化和西域游艺文化相互作用形成合力的结果。"丝绸之路"沿线的主要城市节点，如长安、敦煌、吐鲁番等地是游艺活动开展的最佳区位选择，故而活动内容丰富多彩；尤其是敦煌和吐鲁番，处于两大游艺文化区的边缘地带，所以形成了兼具东西方游艺文化的特征，这也充分印证了游艺地理学解释框架中游艺景观的区域差异及由此带来的游艺文化的空间重组和规范。

正是这种空间重组和规范，进一步阐释了本书提出"丝绸之路"开通作为游艺文化交流的先决条件合理性，这也有相关的史料进行佐证，如成书于明代的《三才图会》中所记载的那样："百戏起于秦汉，有弄瓯、吞剑、走火、缘竿、秋千，如前高絙等类不可枚举，今宫中之戏亦如之，大率其术皆西域来耳。"[①] 虽然这段文字中没有明确吞剑、走火等百戏是通过"丝绸之路"传播而来，但"大率其术皆西域来"的表述显然隐喻了明代人也认为，乐舞百戏是汉代张骞出使西域时经"丝绸之路"带入中原的，切切实实反映出"丝绸之路"的开通对游艺文化交流的重要影响。诸如此类的事例散见于众多史料之中，此处不详细论述，但无论是这些史实例证，还是前文的游艺文化区理论，无一例外地都表明了一个事实，那就是"丝绸之路"的开通和繁盛，构成了"丝绸之路"游艺文化交流的先决条件。

二 游艺文化交流的重要保障："丝绸之路"驿站驿馆的建立

驿站在中国古代的交通中占据着重要地位，它的主要作用是为传递官府文书和军事情报的人或来往官员沿途中的食宿和马匹供给、更换等提供一个固定场所。驿站在古代中国出现很早，具有悠久的历史传承和文化内涵，我国也是世界上最早建立完整的驿站体系的国家之一。对于驿站相关内容研究，学界从考古、民俗、地理、建筑、文学

---

① 王圻、王思义编集：《三才图会》，上海古籍出版社1988年版，第1797页。

等不同学科角度出发,取得了较为丰硕的成果。①

"丝绸之路"的畅通繁荣与驿站息息相关,在某种意义上可以说,驿站的设置挺起了"丝绸之路"的脊梁,"丝绸之路"游艺文化的交流很大程度上也得益于驿站和驿馆所提供的保障。② 自汉代开始,"丝绸之路"上的驿站数量不断增加,并日渐繁荣:"列邮置于要害之路,驰命走驿,不绝于时月,商胡贩客,日款于塞下。"③ 有唐一代更是取得了空前的盛况,正如诗人岑参在《初过陇山途中呈宇文判官》中所描述的:"一驿过一驿,驿骑如星流。平明发咸阳,暮及陇山头。"④ 可以说,唐代中央王朝正是借助其在"丝绸之路"上完备的驿站和馆驿体系,实现了对广大西域地区的有效治理。

关于"丝绸之路"上这些驿站的情况,杨希义、唐莉芸等曾对"丝绸之路"上长安至敦煌间的馆驿分布进行过讨论,就都城驿、临皋驿、磁石驿、陶化驿、温泉驿、槐里驿、马嵬驿、望苑驿、武功驿、龙尾驿、凤翔驿、分水驿、秦州驿、武阶驿、金城临河驿、凉州馆、乌氏驿、巩笔驿、玉关驿、悬泉驿、鱼泉驿等40多个驿站馆驿,从名称、方位及驿道的经行路线等方面对其基本情

---

① 对古代驿站的整体研究成果较多,主要参见刘广生主编《中国古代邮驿史》,人民邮电出版社1986年版;马楚坚《中国古代的邮驿》,商务印书馆国际有限公司1997年版;臧嵘编著《中国古代驿站与邮传》,商务印书馆1997年版;王子今《邮传万里:驿站与邮递》,长春出版社2008年版;王忠强编著《古代驿站与邮传》,吉林出版集团有限责任公司2010年版;唐博主编《小史系列·驿站小史》,山西教育出版社2015年版。对古代驿站诗歌的研究成果,主要参见刘广生编选《中国古代邮亭诗钞》,北京邮电学院出版社1991年版;张大卫主编《邮驿诗词选》,中州古籍出版社2009年版;对驿站建筑的研究成果,主要参见曹伟编著《中国古代邮驿建筑》,中国建筑工业出版社2017年版。

② "丝绸之路"上的驿站研究近些年开始得到关注,但整体来讲相对薄弱,已有成果散见于西域交通史研究中,系统性成果较少,取得的部分研究成果,参见愚人、陈富荣主编《丝绸之路驿站诗词选》,甘肃人民出版社2016年版;吴淑玲《驿路唐诗边域书写中的"丝绸之路"风情》,《河北师范大学学报》2020年第2期;任先行《丝绸之路驿站探索研究》,中国财政经济出版社2020年版。需要说明的是,2020年举行了"从金城关到嘉峪关:河西走廊丝绸之路驿站文化研讨会",2021年举行了"简置悬泉:驿站中的丝绸之路与汉帝国",这两次学术论坛的召开也说明"丝绸之路"驿站及其相关问题研究在当下"丝绸之路"学术界视野中得到较多关注。

③ 范晔撰,李贤等注:《后汉书》,中华书局1965年版,第2931页。

④ 彭定求等编:《全唐诗》,中华书局1960年版,第2024—2025页。

况进行了描述。① 由这些长安至敦煌间馆驿的分布情况可知，唐代"丝绸之路"上的驿站无论是数量还是布局上都趋于合理。乜小红在参阅了陈国灿、马俊民、严耕望等诸位学者研究成果的基础上，综合敦煌和吐鲁番出土的唐代馆驿文书，认为"丝绸之路"上的驿站馆驿从瓜州到伊州再到西州，一直蔓延到葱岭地区。② 由上述内容可以得知一个明确的信息，就是"丝绸之路"上的这些驿站为来往的人员提供了极大的便利和保障，这也得益于唐代较为完善的馆驿制度。对此，《唐六典》中有明确的记载：

> 凡三十里一驿，天下凡一千六百三十有九所：二百六十所水驿，一千二百九十七所陆驿，八十六所水陆相兼。若地势险阻及须依水草，不必三十里。每驿置驿长一人，量驿之闲要，以定其马数。都亭七十五匹，诸道之第一等减都亭之十五，第二、第三皆以十五为差，第四减十二，第五减六，第六减四，其马官给。③

据此可知，唐代驿站的数量是非常多的，除了陆驿，还有水驿，并且每个驿站都设有专门的驿长，配置相应的马匹等物品。结合前文所讨论的"丝绸之路"上驿站的情况，可以推知往来人员途经驿站频繁，"丝绸之路"上的驿站在大部分时间内都处于一派繁忙景象，这也在客观上促成了驿站附近人口的聚集和据点的发展。以秦州驿为例，杜甫的《秦州杂诗二十里》中即有对此现象的描写："州图领同谷，驿道出流沙。降虏兼千帐，居人有万家。"④ 安史之乱后，秦州驿被重新设置在秦州治所（今甘肃省秦安县西北），并且人口也颇具规模。类似的驿站在"丝绸之路"上应该不在少数，这些驿站有场所、有往

---

① 杨希义、唐莉芸：《唐代丝绸之路东段长安至敦煌间的馆驿》，《敦煌研究》1994年第4期。
② 乜小红：《试论唐代马匹在"丝绸之路"交通中的地位和作用》，杜文玉主编《唐史论丛》第9辑，三秦出版社2007年版，第153—154页。
③ 李林甫等撰，陈仲夫点校：《唐六典》，中华书局1992年版，第163页。
④ 彭定求等编：《全唐诗》，中华书局1960年版，第2417—2418页。

来人员、有消费，这也在一定程度上为游艺活动的开展提供了可能性，也就是本书所说的为游艺文化交流提供了重要保障。岑参的《玉门关盖将军歌》中便提及了"丝绸之路"驿站中的游艺：

盖将军，真丈夫。
行年三十执金吾，身长七尺颇有须。
玉门关城迥且孤，黄沙万里白草枯。
南邻犬戎北接胡，将军到来备不虞。
五千甲兵胆力粗，军中无事但欢娱。
暖屋绣帘红地炉，织成壁衣花氍毹。
灯前侍婢泻玉壶，金铛乱点野酡酥。
紫绂金章左右趋，问著只是苍头奴。
美人一双闲且都，朱唇翠眉映明矑。
清歌一曲世所无，今日喜闻凤将雏。
可怜绝胜秦罗敷，使君五马谩踟蹰。
野草绣窠紫罗襦，红牙缕马对樗蒱。
玉盘纤手撒作卢，众中夸道不曾输。
枥上昂昂皆骏驹，桃花叱拨价最殊。
骑将猎向城南隅，腊日射杀千年狐。
我来塞外按边储，为君取醉酒剩沽。
醉争酒盏相喧呼，忽忆咸阳旧酒徒。①

玉门关也设有玉门驿，诗中提到了"军中无事但欢娱"，"欢娱"的内容和形式就是进行各种游艺活动，如"红牙缕马对樗蒱"，就是玩一种名为樗蒱的博戏；而"骑将猎向城南隅"则说的是出行狩猎，也是游艺活动的一种。这些游艺活动在"丝绸之路"驿站馆驿上的展开，也恰恰说明了"丝绸之路"驿站为游艺文化的交流起

---

① 彭定求等编：《全唐诗》，中华书局1960年版，第2058—2059页。

到了重要的支撑保障。

三 游艺文化交流的核心支撑:"丝绸之路"沿线城市的繁荣

"丝绸之路"的开通和驿站的建立为游艺文化的交流传播提供了前提条件和基础保障,而"丝绸之路"沿线城市的繁荣发展则为游艺文化的交流提供了最核心的支撑。众所周知,"丝绸之路"沿线自然环境十分恶劣,理论上讲并不具备产生和形成较大规模城市的基础与可能,或者说发展城市的条件先天不足。但是,根据美国学者芒福德有关城市起源、演变的相关理论,可以得知城市的发展是交流的结果,城市的出现是交流扩大到一定阶段的产物,这种交流包括物质交流和文化交流的双重属性。[①]"丝绸之路"沿线城市的出现是对芒福德理论最好的诠释和注脚:汉代"丝绸之路"开通之后,打破了中原和西域地区相对独立的封闭状态,中西之间的贸易往来实现了资源流动,"丝绸之路"沿线的物质和文化交流日趋频繁,大大小小的城市应运而生,拓展了"丝绸之路"沿线各民族和往来人员的生存空间。反过来,也为交流提供了广阔的场域。这些城市呈点状分布,以带状相连,规模较大的有长安、洛阳、张掖、武威、敦煌、吐鲁番、龟兹、和田等,它们构成了"丝绸之路"上的主要节点。

有鉴于"丝绸之路"沿线众多的城市,刘士林等学者提出:"从历史上看,丝绸之路沿线很早就具有了城市群的特征。"[②] 这其中既有长安、洛阳这类的大都市,可以带动并辐射周边区域经济社会文化的发展;又有敦煌、吐鲁番这类性质和功能上相近或互补的中小城市,这些城市的文化因大批异域人口的迁入而呈现出开放性的特征,客观上促进了"丝绸之路"沿线城市生活方式的多元化和国际

[①] Lewis Mumford, *The City in History*: *Its Origins*, *Its Transformations*, *and Its Prospects*, Boston: Houghton Mifflin Harcourt, 1968; Lewis Mumford, *The Culture of Cities*, New York City: Harcourt Brace Jovanovich, 1970.

[②] 刘士林等:《中国丝绸之路城市群叙事》,东方出版中心2015年版,第20页。

化，为"丝绸之路"游艺文化的交流提供了稳定的空间基础和互动场所。

此处，以"丝绸之路"重要的节点城市——敦煌为例，简要论述城市对"丝绸之路"游艺文化交流的促进作用和影响机制。敦煌是"丝绸之路"重要的中转站和交通要道，正是由于得天独厚的地理位置，季羡林称其是中国和印度、希腊以及伊斯兰四种文化交流汇集的唯一地方，① 游艺文化在这里也得到了发展，敦煌本地游艺文化盛行，从地区统治者到民间僧俗，都有参与，如岑参所作的《敦煌太守后庭歌》中描写道：

敦煌太守才且贤，郡中无事高枕眠。
太守到来山出泉，黄砂碛里人种田。
敦煌耆旧鬓皓然，愿留太守更五年。
城头月出星满天，曲房置酒张锦筵。
美人红妆色正鲜，侧垂高髻插金钿。
醉坐藏钩红烛前，不知钩在若个边。
为君手把珊瑚鞭，射得半段黄金钱。
此中乐事亦已偏。②

诗中详细地叙述了敦煌太守及宾客在酒宴上藏钩游艺的场景，"不知钩在若个边"就是要猜测钩子藏在左右哪只手中，"射得半段黄金钱"中"射"即是猜度的意思，"黄金钱"貌似指代的金钩，生动形象地反映了敦煌地方首领参与游艺活动的画面。

敦煌民间百姓参加游艺活动的热情也非常高涨，如端午节时，城中的孩童、女子往往齐聚斗花，相互比较花草的品种、数量和质量，这种雅致的游艺活动在敦煌莫高窟112窟西壁壁画中就有生动的体现。壁画中，身着彩衣的孩童或采花，或理花，整理完毕后便高举自己的

---

① 季羡林主编：《敦煌学大辞典》，上海辞书出版社1998年版，第19页。
② 彭定求等编：《全唐诗》，中华书局1960年版，第2056页。

"参赛作品"相互比较,充分说明了游艺活动在敦煌的普及。

敦煌上元节的灯戏游艺,则更能表现出敦煌城市的游艺活动具有广泛的民众基础和参与热情。《正月十五日窟上供养》中描绘了敦煌当时的统治者归义军政权在上元节燃灯、观灯的壮观场面:

> 三元之首,必燃灯以求恩;正旦三长,盖缘幡之佳节。宕泉千窟,是罗汉之指踪;危岭三峰,实圣人之遗迹。所以敦煌归敬,道俗倾心,年驰妙供于仙岩,大设馨香于万室。振虹(洪)钟于笋檐,声彻三天。灯广车轮,照谷中之万树;佛声接晓,梵响以(与)箫管同音。宝铎弦歌,唯谈佛德。观音妙旨,荐我皇之徽猷;独刹将军,化天兵于有道。①

上文中"敦煌归敬、道俗倾心"的表述,可知此次燃灯、观灯参与人员相当广泛,既有僧众人士,也有普通百姓;"馨香于万室""声彻三天""照谷中之万树"等场景,虽是夸张之手法,但也从侧面映衬了此次灯戏活动规模之大。举办类似的活动,必然需要大量的财力物力支持:《祈愿文》中记载:"广设香油,燃千尭银烛晃耀。"②《斋文》中记载:"燃灯千树,食献银盘,供万佛于幽龛,奉千尊于杳窟。"③ 由以上两则材料可知,灯戏游艺所需要的香油等物品数量较大,经济消费较高。就当时的经济水平而言,一般的百姓难以负担,故而需要集体进行,敦煌文献《社司转帖》中对此有较为详细的叙述:

> 社司转帖。右缘年支正月燃灯,人各油半升,幸请诸公等,帖至,限今月廿一日卯时,于官楼兰若门前取齐。捉二人后到

---

① 上海古籍出版社、法国国家图书馆编:《法藏敦煌西域文献》第24册,上海古籍出版社2001年版,第118页。
② 上海古籍出版社、法国国家图书馆编:《法藏敦煌西域文献》第22册,上海古籍出版社2001年版,第325页。
③ 上海古籍出版社、法国国家图书馆编:《法藏敦煌西域文献》第24册,上海古籍出版社2001年版,第277页。

者，罚酒一角；全不来者，罚酒一瓮。其帖速递相分付，不得（下空）。①

此件文书中提到了正月燃灯需要"人各油半升"，也就是参与者都需要做出贡献，并且有一定的惩罚措施，最后到的两人需要罚酒一角，而未能前来的则要罚酒一瓮。也正是这种较大额度的支出，敦煌出现了燃灯社这样的民间组织，如《博望坊巷女社规约》中就记录了当时燃灯社的详细情况：

> 丙申年四月廿日，博望坊巷女人因为上窟燃灯，众坐商仪（议）。一齐同发心，限三年。愿满。每年上窟所要物色代（带）到，录事帖行，众社齐来，停登税聚。自从立条已后，便须齐齐锵锵，接礼歌欢，上和下睦，识大敬小。三年满后，任自取散，不许录事三官把勒。众社商量，各发好意，不坏先言，抹破旧条，再立条。日往月来，此言不改。今聚集（纸背）得一十三人，具列名目已后。②

此则材料明确了燃灯社成员的身份"博望坊巷女人"，也就是社员都是女子，规约中要求每位社员"每年上窟所要物色代（带）到"，这里的"所要物色"便是上元节燃灯所需要的物品材料，并且消耗量较大。

上文以"丝绸之路"的重要城市敦煌为例，并辅以敦煌上元节灯戏为佐证，论述了敦煌社会经济的繁盛，才足以支撑类似灯戏这样的游艺活动的举行。由此可以推知，正是类似于敦煌这样的"丝绸之路"城市的存在与昌盛，才为游艺文化在"丝绸之路"上提供了更为

---

① 上海古籍出版社、法国国家图书馆编：《法藏敦煌西域文献》第24册，上海古籍出版社2001年版，第277页。
② 该件文书的录文及研究参见黄霞《北图藏敦煌"女人社"规约一件》，《文献》1996年第4期。

宽广的交流和展示舞台，也印证了本书所提出的"丝绸之路"城市的发展是"丝绸之路"游艺文化交流的核心支撑。

第二节 "丝绸之路"游艺文化交流的时间基础

游艺活动开展的一个重要因素就是要有充足的时间基础，在中国古代以农业为主的社会生活中，为了生存和生计，绝大多数普通百姓必须参加繁重的劳动，根本无暇从事游艺活动。当然，随着不同历史时期社会生产力的不断发展进步，劳动生产率也日渐提高，满足生活必需品的劳动时间有所减少，可以相对自由支配的非劳动时间不断延长，岁时节日、休沐假日以及闲暇时光等成为游艺活动进行的主要时间节点，有力地促进了游艺活动的开展，这一点在"丝绸之路"游艺文化交流中得到淋漓尽致的体现。

一 游艺文化交流的助推器："丝绸之路"沿线岁时节日的娱乐化

中国古代的时间观念，经历了从月令向岁时的重要转变，这两种时间表述有着根本的区别，折射出了古人对时间观念认知及其背后反映的生活方式的不同。如果把月令比作"政治时间"，[①] 那么岁时则可以被看作是"作为地方民众岁时生活的实录，它揭示的是一种地方性、世俗性的平民时间"[②]。正因为岁时观念逐渐地深入人心，岁时在古代中国和节日节庆文化密切结合，岁时节日成为约定俗成的表述，对此，钟敬文有过较为深入的解读："岁时节日，主要是指与天、物候的周期性转换相适应，在人们的社会生活中约定俗成的、具有某种风俗活动内容的特定时日。"[③] 岁时节日在中国古代社会生活中有着重要的作

[①] 薛梦潇：《早期中国的月令与"政治时间"》，上海古籍出版社2018年版。
[②] 萧放：《〈荆楚岁时记〉研究——兼论传统中国民众生活中的时间观念》，北京师范大学出版社2000年版，第160页。
[③] 钟敬文主编：《民俗学概论》，上海文艺出版社1998年版，第131页。

用，在一定程度上可以说是古代中国人修养身心的绝佳时刻，从古至今得到了众多文人学者的高度关注，是社会生活史研究中的一个重要学术领域，也取得了较为丰硕的研究成果。①

参阅已有的研究成果，可以探知岁时节日在中国古代一个显著的发展趋势，即是蕴含在其中的休闲娱乐因素所占比重越来越大，此种变化的主要时间节点出现在六朝，这一时期："人们主动地利用人文节日，对农业生产与社会生活进行积极有效的服务、调节，岁时民俗因之获得前所未有的发展，并出现了娱乐化的新趋势。"② 唐宋时期中国重要的传统节日基本出现并定型，岁时节日中的娱乐成分得到更进一步地发挥，尤其是有唐一代"堂而皇之地把那个时代对生活的新认识和新要求添加了进去，从而使那些节日原先的种种实际功利目的变得模糊起来，淡薄起来，而使这些节日本来就富含的充满浪漫气息的全民狂欢性质，大大发展起来，突出起来"③。从此开始，岁时节日里的娱乐活动种类越来越多，民众的参与范围也越来越广，节日变得越来越欢快愉悦，大量游艺项目得以有专门的时间来开展。长此以往，"其更为集中地出现在了民众的节日生活中"，④ 岁时节日与游艺的结合愈加紧密，成为游艺活动表演的最佳时段，岁时节日的娱乐化程度日益加强。

---

① 古代学人对岁时节日文化就已经有意识地整理，如：成书于南北朝时期的《荆楚岁时记》、唐代的《岁华纪丽》、南宋时期的《岁时广记》《古今岁时杂咏》、清朝的《帝京岁时记胜》等，参见宗懔《荆楚岁时记》，山西人民出版社1987年版；韩鄂撰《岁华纪丽》，中华书局1985年版；陈元靓编《岁时广记》，中华书局1985年版；蒲积中编，徐敏霞校点《古今岁时杂咏》，辽宁教育出版社1998年版；潘荣陛等《帝京岁时记胜》，北京古籍出版社1981年版。今人对岁时节日的研究成果也颇为丰富，代表性的可参见杨荫深编著《岁时令节》，世界书局1946年版；柳田国男《岁时习俗语汇》，东京国书刊行会1950年版；艺文印书馆著《岁时习俗研究资料汇编》（全30册），艺文印书馆股份有限公司1970年版；娄子匡编著《中国民俗岁时日》，台北正中书局1987年版；乔继堂、朱瑞平主编《中国岁时节令辞典》，中国社会科学出版社1998年版；李道和《岁时民俗与古小说研究》，天津古籍出版社2004年版；常建华《岁时节日里的中国》，中华书局2006年版；刘晓峰《东亚的时间——岁时文化的比较研究》，中华书局2007年版；霍贵高《宋代岁时节日民俗文献辑述》，光明日报出版社2013年版；常建华《中国古代岁时节日》，中国工人出版社2020年版。

② 萧放：《岁时记与岁时观念》，华中师范大学出版社2019年版，第171页。

③ 程蔷、董乃斌：《唐帝国的精神文化——民俗与文学》，中国社会科学出版社1996年版，第67—68页。

④ 张兆林：《传统美术类非物质文化遗产项目生产标准探微》，《文化遗产》2020年第6期。

"丝绸之路"沿线地区和民族岁时节日丰富多彩、种类繁多，同样呈现出强烈的娱乐化倾向，成为游艺文化交流融合的助推器。现将"丝绸之路"沿线岁时节日主要游艺活动列简表如表1-1，以便读者有更为清晰和直观的感触：

表1-1　　"丝绸之路"沿线岁时节日及主要游艺活动简表

岁时节日	主要游艺活动
元日（正月）	岁祭、结坛、踏舞、印沙
上元	燃灯、赛祆、赛天王、赛金鞍山神
二月八日	舞狮、踏舞、行像
寒食、清明	踏舞、郊游、马球、蹴鞠、秋千、气球
四月八日	赛神、马戏、马球、相扑、赛祆、赛金鞍山神
端午	登鸣沙山、滑沙、赛驼马神、赐扇、竞渡
七夕	乞巧、设乐舞蹈、造花树
仲秋	网鹰、塞社、赛神、印沙
重阳	设宴、胡腾舞、赛神、登高、赏菊、茱萸会
冬至	宴饮、数九、乞麻
腊八	燃灯、藏钩、结坛
岁除	驱傩、舞蹈

由表1-1可知，"丝绸之路"沿线岁时节日众多，而每一个节日中几乎都可以寻觅到游艺活动的踪迹，这也进一步对应了前文所论述的岁时节日的娱乐化特征。下文将以"丝绸之路"上的寒食节为例，阐释岁时节日娱乐化对游艺活动开展和交流的助推作用。

寒食节在古代中国是非常重要的节日，唐代之后逐渐和清明节融为一体。[1] 在这几天的节日中，人们的生活可谓多姿多彩，种类繁多。敦煌文献《寒食篇》中对此便有生动的记载：

画阁盈盈出半天，依稀云里见秋千。

---

[1] 有关寒食节和清明节的研究成果诸多，在研究中国古代岁时节日的成果中皆有体现，亦有专著性的成果，如：侯清柏、张培荣《介之推与寒食清明节》，山西人民出版社2009年版；金波主编《寒食节》，明天出版社2017年版。

>　　来疑神女从云下，去似恒娥到月边。
>　　金闺待看红妆早，先过陌上垂杨好。
>　　花场共斗汝南鸡，春游遍在东郊道。
>　　千金宝帐缀流苏，簸琼还坐锦筵铺。
>　　莫愁光景重窗暗，自有金瓶照乘珠。
>　　心移向者游遨处，乘舟欲骋凌波步。
>　　池中弄水白雕飞，树下抛球彩莺去。
>　　别殿前临走马台，金鞍更送彩球来。
>　　球落画楼攀柳取，枝摇香径踏花回。
>　　良辰更重宜三月，能成昼夜芳菲节。
>　　今夜无明月作灯，街衢游赏何曾歇。
>　　南有龙门对洛城，车马倾都满路行。
>　　纵使遨游今日罢，明朝尚自有清明。①

此首诗中对寒食和清明节中的游艺活动进行了详细描述："依稀云里见秋千"指的是荡秋千；"花场共斗汝南鸡"说的是斗鸡游艺；"春游遍在东郊道"指的是春游；"树下抛球彩莺去"讲的是抛球游艺；"金鞍更送彩球来"指的则是击鞠，也就是打马球活动，这些游艺活动足以见得寒食、清明节中休闲娱乐因素所占比重较大，切实反映了当时岁时节日的娱乐化趋势。

敦煌作为"丝绸之路"上的重镇，寒食、清明节时也开展了众多游艺活动，施萍婷对此曾论证："寒食节期间，百姓'踏歌'，军人'蹴球'，敦煌非常热闹。"② 由此可见，踏歌和蹴鞠是"丝绸之路"岁时节日中非常盛行的游艺活动。以踏歌为例，谭蝉雪提出敦煌的踏歌受到西域的影响比较大，③ 汤君等学者则认为，敦煌寒食节的踏歌

---

① 上海古籍出版社、法国国家图书馆编：《法藏敦煌西域文献》第26册，上海古籍出版社2001年版，第74页。
② 施萍婷：《本所藏〈酒帐〉研究》，《敦煌研究》1983年创刊号。
③ 谭蝉雪：《敦煌民俗——丝绸之路传风情》，甘肃教育出版社2006年版，第42页。

与西域的泼寒胡戏密切相关，其在东传的过程中逐渐融入寒食等节日中去。[①] 一个值得注意的现象是，敦煌的踏歌时间和中原地区有着明显的差别，唐代长安寒食和清明节踏歌一般为三五天，而敦煌的踏歌则可以从三月初一直到四月底，这一时期在敦煌乃至"丝绸之路"上均可视作寒食清明季节，[②] 可以从事春游、踏歌等各种游艺活动。

另外，端午节时举行龙舟竞渡也曾在"丝绸之路"沿线流行。龙舟竞渡起源于中国，但在今乌兹别克斯坦撒马尔罕古城大使厅遗址北墙上发现的壁画（The Afrasiab Paintings），经意大利学者康马泰、法国学者葛乐耐等诸多学者考证、判断、复原，为武则天乘龙舟与唐高宗猎豹图，这也是目前发现的唯一一件描述唐代端午节的艺术作品。大使厅"墙面由垂直水面分成两部分：左半边是湖水，龙舟上乘坐着巨大尺寸的武则天，伴随着宫女，正在向水中投掷粽子……右半边是巨大尺寸的唐高宗，正带着随从在上林苑猎豹"[③]。而就绘画的构图以及画中元素本身而言，日本学者影山悦子认为，应是粟特画家参考汉地绘画手法进行绘制的结果。[④]

通过上述论证，可以看到"丝绸之路"沿线地区在寒食、清明以及端午节时所进行的游艺，既有中原地区传统娱乐的因素，又受到西域娱乐文化的影响，融入了异域色彩，这也充分说明了"丝绸之路"沿线岁时节日娱乐对于游艺文化的双向交流具有较为直接和明显的推进作用。

二 游艺文化交流的加速器："丝绸之路"沿线休沐假期的常态化

中国古代休沐假期常态化的起源，可以追溯到商周时期的祭祀活

[①] 李斌城主编：《唐代文化》，中国社会科学出版社2002年版，第835页；汤君：《敦煌燕乐歌舞考略》，《文艺研究》2002年第3期。

[②] 韩养民：《邮票上的节日长安》，西安地图出版社2018年版，第82页。

[③] 康马泰：《唐风吹拂撒马尔罕·粟特艺术与中国、波斯、印度、拜占庭》，毛铭译，漓江出版社2016年版，第9页。

[④] 参见 E. Kageyama, "A Chinese way of depicting foreign delegates discerned in the painting of Afrasia", in *Iran：Questions et connaissances. Actes du IVe congrès européen des études iraniennes*, Paris, 6–10, 1999, Vol. I, cahier 25, études sur l'Iran ancien, éd. Ph. Huyse, Paris：Peeters Publishers, 2002, pp. 309–323.

动，每当祭祀节日到来之时君王会进行各种祈祷活动，在此期间各级政府也停止工作，自然也就形成客观意义上的休假。此外，据《三国志》中的记载："周官则备矣，五日视朝，……及汉之初，依拟前代……宣帝使公卿五日一朝。"① 可知在周代已有"五日一休"的假期制度。秦统一后，常态化的休息制度得以传承，《史记·高祖本纪》中记载："高祖为亭长时，常告归之田。"② 汉高祖刘邦曾经在秦朝担任泗水亭长，经常请假回家，可见，秦朝的假期休息制度已经存在，并得到了较为有效的实施。

汉代休沐制度继续完善，已形成一套初具完备的制度化体系，《初学记·假第六》中记载："自冯野王始也，休假亦曰休沐。汉律：吏五日得一下沐，言休息以洗沐也。"③ 由此则材料可知，汉代官员每工作五日得以返家休息一次。关于汉代休沐时间的具体功用，《史记》《汉书》和《后汉书》中均有着详细的记载。《史记·万石张叔列传》中记载："建为郎中令，每五日洗沐归谒亲，入子舍，窃问侍者，取亲中裙厕牏，身自浣涤，复与侍者，不敢令万石君知，以为常。"④《史记·汲郑列传》记载："孝景时，为太子舍人。每五日洗沐，常置驿马长安诸郊，存诸故人，请谢宾客，夜以继日，至其明旦，常恐不遍。"⑤《后汉书·宋均传》亦载有："均以父任为郎，时年十五，好经书，每休沐日，辄受业博士，通《诗》《礼》，善论难。"⑥ 由上述三则史料可以看出，汉代的各类官员均享受休沐制度带来的休闲时间，在假期休闲时间内除了进行返乡探亲外，还有宴请宾客、拜师学习等各类活动。在尹湾汉简《元延二年日记》详细记录了作者师饶（东海郡太守府一名属吏）全年的出行活动，⑦ 王小明对此进行了研究，并

---

① 陈寿撰，陈乃乾校点：《三国志》，中华书局1959年版，第415页。
② 司马迁撰：《史记》，中华书局1959年版，第346页。
③ 徐坚等辑，韩放主校点：《初学记》下册，京华出版社2000年版，第149页。
④ 司马迁撰：《史记》，中华书局1959年版，第2765页。
⑤ 司马迁撰：《史记》，中华书局1959年版，第3112页。
⑥ 范晔撰，李贤等注：《后汉书》，中华书局1965年版，第1411页。
⑦ 连云港市博物馆、东海县博物馆、中国社会科学院简帛研究中心、中国文物研究所：《尹湾汉墓简牍》，中华书局1997年版，第61—67页。

做了详细表格（表1-2）①。

表1-2　　　　　郡吏师绕元延二年上半年工作休沐情况简表

师绕休沐日期	师绕工作日期
正月初六日至正月初十	正月十一日至正月十五
正月十六日至正月十七	正月十八日至正月三十
二月初一日至二月初五	二月初六日至二月十三
二月十四日至二月十五	二月十六日至三月初六
三月初七日至三月十三	三月十四日
三月十五日至三月十八	三月十九日至六月初四
六月初五日至六月十一	六月十二日
六月十三日至六月廿一	六月二十二日至六月二十五
六月二十六日至七月初九	

根据表中所整理的汉简内容可见官吏师饶在一年中的工作与休沐的时间分配，这也说明了汉代的休沐时间较多，并且较为固定，官吏阶层有相对充裕的闲暇时间进行休闲娱乐等活动。

除休沐外，在秦汉时期的制度性休假还有因事、因病休假的"告假"以及因父母去世而返乡服丧的"宁期"。中国古代的假期，可以按照古代汉语中"节假"的字义，分为"节"与"假"两种类型。二者有着较为明确的区分。"节"通常是指"元日""中秋""上元"等时令节日。《唐六典》对于"节"中官吏的休息有着明确的记载：

> 内外官吏则有假宁之节，谓元正、冬至各给假七日，寒食通清明四日，八月十五日、夏至及腊各三日。正月七日。十五日、晦日、春。秋二社、二月八日、三月三日、四月八日、五月五日、三伏日、七月七日。十五日、九月九日、十月一日、立春、春分、立秋、秋分、立夏、立冬、每旬，并给休假一日。②

---

① 王小明：《〈元延二年日记〉所反映的西汉休沐制度》，《长治学院学报》2015年第3期。
② 李林甫等撰，陈仲夫点校：《唐六典》，中华书局1992年版，第35页。

由此可见，在唐代的岁时节日中均有官吏休假的规定，并且对于"节"的休息时间管理细致且规模较大，仅在《唐六典》中所记录的进行休息的"节"就有四十余种。① 此外，节日所带来的休息时间在唐代也有所延长。除上文所提"自今已后，寒食通清明，休假五日"。② 贞元六年（790），唐德宗"寒食清明，宜准元日节，前后各给三日"③，将休息时间延长到七天。

有唐一代，由"假"所带来的休息时间也逐渐增多，如旬休、皇帝生日以及部分约定俗成的休息时间也被规定为"假"的范畴。唐初，由休沐制度逐渐发展而来的旬休制度逐步在全国得到推广。《资治通鉴·唐文宗太和五年》中记载有："是日，旬休。一月三旬，遇旬则下直而休沐，谓之旬休，今谓之旬假是也。"④ 据此可知，一个月每十天便有一日休息。皇帝生日也被作为假期，唐玄宗时皇帝的生日作为国家规定的假期开始推行。《唐会要》记载开元十七年（729）八月五日，左右丞相上疏："请以是日为千秋节……休假三日。"⑤ 唐玄宗回复并颁布《答百僚请以八月五日为千秋节手诏》："八月五日，当朕生辰，感先圣之庆灵，荷皇天之眷命，卿等请为令节……自我作古，举无越礼，朝野同欢，是为美事。"⑥ 由此可知，在唐玄宗开元十七年后，唐玄宗的生日作为"千秋节"进行全国性的休假。当然，唐玄宗后的多位唐朝皇帝生日之时也均有休假的时间，此处不再赘述。

唐代官员结婚也可享受假期，《唐六典》："婚假，九日，除程。周亲婚假五日，大功三日，小功一日，不给程。"⑦ 可以得知唐代官员享受九天婚假，其亲属结婚则根据血缘关系的远近享受时间长短不同的休假。敦煌文书《下女夫词》其中在男主人公表明身份的时候提及

---

① 杜莉莉：《唐代假日休闲研究》，硕士学位论文，东北师范大学，2011年，第10页。
② 王溥撰：《唐会要》，中华书局1955年版，第1518页。
③ 王溥撰：《唐会要》，中华书局1955年版，第1518页。
④ 司马光编著，胡三省音注：《资治通鉴》，中华书局1956年版，第7875页。
⑤ 王溥撰：《唐会要》，中华书局1955年版，第545页。
⑥ 王钦若等编：《册府元龟》，中华书局1960年版，第21页。
⑦ 李林甫等撰，陈仲夫点校：《唐六典》，中华书局1992年版，第35页。

"本是长安君子、进士出身、选得刺史",而此文采用男女对答的形式描述了唐代"丝绸之路"上婚礼欢闹、热烈的场面。① 可以看出这一时期官员婚假带来的休闲时间对于民众习俗产生的促进作用。

唐代佛教盛行,四月八日是释迦牟尼的诞辰,此日在唐代被称为"浴佛节",官员在这一天也可享受一日的休假。《唐会要》载,天宝五年二月十三日,太清宫使门下侍郎陈希烈上奏:"大圣祖以二月十五日降生,请同四月八日佛生之时休假一日。"② 此处的"大圣祖"指李耳,即老子。唐尊老子为始祖,玄宗于天宝元年追封老子为"大圣祖玄元皇帝"。陈希烈将李唐始祖老子与佛教教祖释迦牟尼并列,也能够从侧面体现出唐代浴佛节的重要性。前文所引《唐六典》中亦有"四月八日……并给休假一日"的记录。③

"丝绸之路"上由宗教活动而产生的休假也有体现,如《应管内外都僧统贴》记载了四月八日大会的宗教活动:"今者四月大会,准常例转念三日,应有僧尼大众,除枕疾在床,余者总需齐来。"可见在此日由管理宗教事务的长官在休假时间统领广大僧人参加释迦牟尼诞辰大会,并且"诸寺寺宇扫(略)掠,不令恶秽",进行卫生清扫,节日气息和氛围浓厚,游艺活动也得到广泛开展。④

我国古代休沐假期的常态化,不仅为政府官吏提供了充足的休息游玩时间,在这一过程中也带动了节假日期间休闲娱乐活动向社会各个阶层的发展,极大地促进了整个社会的假期休闲娱乐的风气,制度化的休假带动了广大民众对于娱乐生活的需求,为游艺文化交流提供了时间上的保障,对"丝绸之路"沿线的文化交流产生了巨大的推动作用。可以说,唐代国力的强盛、文化高度繁荣更为游艺文化交流提供了有利的物质保障。

---

① 谭蝉雪:《敦煌婚嫁诗词》,《社科纵横》1994年第4期。
② 王溥撰:《唐会要》,中华书局1955年版,第1519页。
③ 李林甫等撰,陈仲夫点校:《唐六典》,中华书局1992年版,第35页。
④ 黄永武主编:《敦煌宝藏》第32册,台北新文丰出版公司1981年版,第103页。

三　游艺文化交流的稳定器："丝绸之路"沿线闲暇时间的扩大化

闲暇时间在人们的认知领域里，更多地被认为是一种现代表述，美国学者凡勃伦提出："闲暇时间指人们除劳动外用于消费产品和自由活动的时间。"① 可以认为，闲暇时间是与工作时间和劳动时间相对应的，是受制于工作和劳动时间，以得到剩余时间为前提条件，从事非生产性活动的时间。严格意义上来讲，中国古代是没有闲暇时间这一特定称谓的，但是，闲暇一词在古代中国却有悠久的历史和文化，并且颇具意境，其不仅仅是一个时间观念，更是蕴含着休闲放松、愉悦身心的心境状态。

我国有着悠久的闲暇生活史，对此，林语堂曾说："中国人是闻名的伟大的悠闲者。"② 中国古代人们对闲暇时间的态度是比较纠结的，一方面，闲暇作为生活的重要组成部分，要充分享受；另一方面，又因为闲暇时间的易于流逝而对其进行排斥。这在先贤哲人们的思想中有鲜明体现：《庄子·刻意》中有云："就薮泽，处闲旷，钓鱼闲处，无为而已矣；此江海之士，避世之人，闲暇者之所好也。"③ 这说明以庄子为代表的道家学派对闲暇生活的向往，以此追求精神和心灵的自由；《孟子·公孙丑》中的观点则与之恰恰相左："今国家闲暇，及是时，般乐怠敖，是自求祸也。"④ 孟子的这种思想也切实反映了一部分儒家人士对闲暇有可能导致祸端的忧虑，正是这种思想的主导，闲暇生活在古代长期内受到非议和排斥，甚至被认为是不登大雅之堂。当然，也有对闲暇生活客观、辩证的认识，如《礼记·学记》中记载道："故君子之于学也，藏焉，修焉，息焉，游焉。夫然，故安其学而亲其师，乐其友而信其道。"⑤ 此种思想主张将修业立德与闲暇娱乐结

---

① ［美］凡勃伦：《有闲阶级论——关于制度的经济研究》，蔡受百译，商务印书馆2009年版，第21页。
② 林语堂：《生活的艺术》，越裔汉译，湖南文艺出版社2016年版，第148页。
③ 陈鼓应：《庄子今注今译》，中华书局1983年版，第423页。
④ 阮元校刻：《十三经注疏》，中华书局1980年版，第2690页。
⑤ 阮元校刻：《十三经注疏》，中华书局1980年版，第1522页。

合起来，在闲暇生活中修心养性，劳逸结合。这种观点较为科学地阐释了工作和闲暇之间的关系，在今天看来，仍然有一定的积极意义。

尽管古人对闲暇生活的观点有所不同，甚至表现为对立状态，但事实上，中国古代的闲暇生活一直存在，并且呈现日益扩大的趋势，是游艺活动稳定、常态开展的重要前提和时间保障。闲暇思想在我国源远流长，早在先秦时期便有记载，《诗经》之《卫风·竹竿》中有云："籊籊竹竿，以钓于淇。岂不尔思，远莫致之。泉源在左，淇水在右。女子有行，远兄弟父母。淇水在右，泉源在左。巧笑之瑳，佩玉之傩。淇水滺滺，桧楫松舟。驾言出游，以写我忧。"[①] 这首诗描述了一位远嫁他乡女子的思乡之情，令她昔日最为怀念和印象最深的，是离家之前的钓鱼、荡舟等嬉戏场景，这就反映了当时人们已经有了闲暇生活，并且开展了形式多样的游艺活动。

先秦以后，随着生产力和生产效率的不断提高，越来越多的人在土地上被解放出来，从事更多元的生产劳动，中国古代的闲暇时间和闲暇阶层进一步扩大，闲暇时间所从事的游艺活动也多元化。这种现象不仅在历代正史文献中多有记载，"我们还可以从《楚辞》《汉赋》《唐诗》《宋词》《元曲》以及清代及民国时期的作品中，看到中国文人雅士、王公贵族的衣食住行、诗词歌赋、琴棋书画、提笼鸟架、骑马射箭等休闲生活方式"[②]。这段引文阐述了古代上层社会的闲暇休闲生活，里面提及了游艺文化，但是，更值得关注的则是，古代民间闲暇时间的常态化和对游艺活动的积极影响。[③] 此处以两则敦煌歌辞为例，试探古代民间闲暇生活中的游艺娱乐。

---

① 程俊英译注：《诗经译注》，上海古籍出版社2014年版，第82页。
② 冯铁蕾：《人类为什么休闲》，浙江工商大学出版社2018年版，第137—138页。
③ 中国古代民间闲暇生活与休闲生活密切相关，故而相关研究成果更多是以休闲研究的称谓出现，可参见龚斌《中国人的休闲》，上海古籍出版社1998年版；刘耳《中国古代休闲文化传统》，《自然辩证法研究》2001年第5期；张玉勤《试论中国古代休闲的"境界"》，《广西社会科学》2005年第10期；莫运平编著《诗意里的休闲生活》，岳麓书社2006年版；卢长怀《中国古代休闲思想研究》，博士学位论文，东北财经大学，2011年；谢珊珊《古代审美的休闲文化与人性的生态建构》，《江西社会科学》2011年第2期；吴志才《中国古代休闲活动发展演变规律探析》，《人文地理》2012年第4期；李红雨《关于休闲、休闲学以及中国古代休闲娱乐史》，《博览群书》2014年第3期。

抛球是唐宋时期聚会行酒时常常进行的一项游艺活动，其规则类似于今天的"击鼓传花"：当音乐响起时，宾主相互抛球、传球，而当音乐停止时，持球者就需要饮酒或表演节目。游戏时的曲子及唱词又被称作"抛球乐"，敦煌歌辞《抛球乐·上阳家》就是其中之一："宝髻钗横缀鬓斜。殊容绝胜上阳家。蛾眉不扫天生绿。莲脸能匀似早霞。无端略入后园看。羞煞庭中数树花。"① 此篇歌辞通俗易懂、流畅自然、朗朗上口，具有浓厚的世俗生活意味，显然这一游艺项目并非仅仅面向文人墨客或官僚士族，充分说明了古人闲暇生活中游艺活动的普及和盛行。

斗蟋蟀是敦煌民间的另一种"雅戏"。《菩萨蛮·归不归》中记有："香消罗幌堪魂断。唯闻蟋蟀吟相伴。"② 和抛球一样，斗蟋蟀也是古代闲暇生活中人们乐于开展的游艺项目，辞中因思念丈夫而"香消罗幌堪魂断"的女子无人可见、无事可做，只好玩弄蟋蟀聊以慰藉。从中也不难看出游艺活动与闲暇时间二者的密切联系。

"丝绸之路"沿线地区和民族的闲暇时间同样在不断地增加和扩大，尤其是"丝绸之路"上商业贸易兴盛，来往的商旅人士等在紧张的旅途中，更需要充足的休息，这无疑也增加了"丝绸之路"沿线人们的闲暇时间。以"丝绸之路"上盛行的博弈类游戏六博为例，崔乐泉提出："随着汉代'丝绸之路'的开辟，六博戏也传了出去。东晋、十六国时已传至印度。"③ 自从在"丝绸之路"上传播开以后，六博便成为"丝绸之路"闲暇生活中的重要游艺项目，这在"丝绸之路"沿线石窟壁画和墓葬砖画及其出土文物中有所体现，充分说明了六博游艺在"丝绸之路"上的广泛开展。④ 除了六博之外，还有诸如双陆、

---

① 任半塘编著：《敦煌歌辞总编》，上海古籍出版社2006年版，第267页。
② 任半塘编著：《敦煌歌辞总编》，上海古籍出版社2006年版，第635页。
③ 崔乐泉：《中华文明史话·体育史话》，中国大百科全书出版社2003年版，第110页。
④ 六博在"丝绸之路"上曾广为流行，研究成果较为丰硕，可参见崔乐泉《最早的六博棋盘石雕局》，《体育文史》1994年第1期；祝中熹《彩绘木雕六博俑》，《丝绸之路》1999年第3期；张有《甘肃魏晋墓遗存的"博戏"图辨析》，《成都体育学院学报》2011年第3期；张有《丝绸之路河西地区魏晋墓彩绘砖画——六博新考》，《敦煌研究》2011年第2期。

击鞠、蹴鞠等诸多游艺项目在"丝绸之路"人们的闲暇生活中出现，反过来说，也正是"丝绸之路"沿线闲暇时间的日益增加，使得更多的游艺项目可以在"丝绸之路"上开展、传播和交流，促成了"丝绸之路"上游艺项目的盛行。

第三节 "丝绸之路"游艺文化交流的物质基础

"丝绸之路"游艺文化在不同区域间有不同的表现样态，但是伴随着"丝绸之路"的开通与运营，各区域间游艺文化发生沟通与交流，他们的影响范围逐渐扩大。从某种程度而言，游艺文化的扩散是对其他地区的娱乐方式、社会文化生活的丰富与更新。作为文化传播的物质基础，文化通过不同的媒介载体得以传播流动。游艺文化传播的主要方式有经济层面的商品贸易、政治意味浓厚的朝贡、军事层面的武力角逐。通过不同的载体与传播途径，"传播路径随时间不断更替，表现出显著的时空演变特征"[1]。因此，"丝绸之路"上各地的游艺文化得以往来沟通。

在"丝绸之路"这极具地缘政治优势的地区，战争与政治争夺频发，从普通民众的生存状态与日常生活而言，与他们关系最为密切的则是生存与生活，那么作为物资生产与交换的贸易往来及生活文化，则是窥探游艺文化得以存在的基本社会文化语境，更是可以作为当时的一种"一般的知识、思想与信仰"[2]的底色。此外，"丝绸之路"沿线地区存在着不同族群、政权，朝贡往来及军事竞逐，在一定程度上对民众而言是一种常态，更是可以作为一种游艺文化传播的物质社会背景。[3]

---

[1] 薛东前、石宁、段志勇、郭晶、李玲：《文化交流、传播与扩散的通道——以中国丝绸之路为例》，《西北大学学报》（自然科学版）2013年第5期。

[2] 此处借用葛兆光在《中国思想史》中提出的"一般知识、思想与信仰"的概念，将游艺文化互动的产生背景视为一种基本的社会物质文化土壤。

[3] "丝绸之路"上的古代东西方世界的物质文化交流频繁，可参见陈凌、莫阳《丝绸之路与古代东西方世界的物质文化交流》，三秦出版社2015年版。

一 贸易昌盛:"丝绸之路"游艺文化交流的经济基础

马克思指出:"物品生产出来不仅是为了供生产者使用,而且也是为了交换的目的。"① 商品生产流通交换促成了贸易的发生和发展,不同地区的生产方式与资源禀赋各异,面对各地不同的物资需求,交换贸易应运而生。根据已有研究可知,早在"丝绸之路"开通之前,中外之间就存在贸易往来,随着"丝绸之路"的开通,欧亚内陆间的贸易走廊基本得以贯通,形成相对稳定的交通路线,为大规模的东西方贸易创造了有利条件。② 此后"丝绸之路"沿线国家与地区的交流愈加频繁,各区域间的经济联系愈加密切,"丝绸之路"经济贸易成为"丝绸之路"得以长期维系发展的持久动力之一。对"丝绸之路"商品贸易而言,这是不同经济形态与生产方式的区域之间必要的物资交换。游牧经济与定居的农耕经济各经济区的物资并非是完全自给自足的,对于生产与生活资料的需求与交换是必然存在的。

"丝绸之路"贸易得以发展的关键在于不同区域间的物资需求与经济往来,但隐含其中的不仅仅是简单的商品流动,商品本身所凝结的文化理念与精神内涵同样伴随着商贸往来得以流播。在"丝绸之路"跨境或长途贸易中,贸易商品多为奢侈品,诸如玻璃器、宝石、大麻纺织品、毛毡、萨珊波斯金币、拜占庭大氍毹、汗血宝马、狮子、麝香、奇珍异宝等。这些物品一部分是作为交换商品流入中原,另一部分是作为外国朝贡的进献礼品。另有香料、金桃、银桃、葡萄、石榴、胡桃、芝麻、胡瓜、胡萝卜、无花果等新的物种传入中国,逐渐得以广泛种植。中原的丝绸、漆器、瓷器、茶叶等物产

---

① 马克思、恩格斯著,中共中央马克思恩格斯列宁斯大林著作编译局编译:《马克思恩格斯选集》第三卷,人民出版社2012年版,第752页。
② "丝绸之路"贸易研究是"丝绸之路"研究的本体和核心所在,已有成果相当丰硕,代表性的可参见李明伟主编《丝绸之路贸易史研究》,甘肃人民出版社1991年版;蒋致洁《丝绸之路贸易与西北社会研究》,兰州大学出版社1995年版;杨蕤《回鹘时代:10—13世纪陆上丝绸之路贸易研究》,中国社会科学出版社2015年版。

及冶铁、造纸等技术相继西传。在这种昌盛的商品贸易的影响下，"丝绸之路"形成主要的三条通道：东段是从长安至玉门关、阳关；中段是从玉门关、阳关西到葱岭的路线；西段自葱岭西至中亚西亚地区，接续中段路线往西延长。在商业往来的交流与互动中，所销售商品中蕴含的地域或人文信息也在潜在传播，基于这个考虑，可以认为，"丝绸之路"商业贸易的这三条通道也是西域文化与中原文化交流沟通的主要路线。同样地，"丝绸之路"贸易商品的往来促进经济繁荣与游艺文化的兴盛，"丝绸之路"贸易的交通路线是"丝绸之路"游艺文化的重要传播途径，研究"丝绸之路"交通史更是"丝绸之路"游艺文化的传播史，正是"丝绸之路"贸易线路为游艺文化的沟通提供空间基础。伴随商贸物品与商人的流动，与他们相关的娱乐方式也随之传播，同时一些交换的物品还是游艺文化的重要物质载体。以唐朝传入中国的一种小狗——猧子为例，猧子入华之后，成为唐朝儿童和贵族仕女娱乐生活的一种娱乐方式，更是"丝绸之路"游艺文化交流的典型代表。[①]

"丝绸之路"贸易兴盛促进"丝绸之路"游艺文化发展的另一个重要方面，是其带动了"丝绸之路"沿线城镇的兴起，无论是经济交往，还是军事驻防都促使"丝绸之路"沿线城镇人口的聚集以及地区经济的开发。据《沙州图经》中记载，仅敦煌周围就设有数个驿站以安顿沿途商旅使节等，河西走廊各城镇由原本的军镇属性逐渐向贸易走廊演变。以敦煌和吐鲁番为例，这两地的贸易市场具有双重的功能，一方面为本地区居民进行商品交易提供场所；另一方面又为外来商品的中转提供了市场，贸易市场的国际化程度逐渐提高。[②] 又如，武威成为贸易路线的一个重要据点之后，"称为富邑，通货羌胡，市日百合，每居县者，不盈数月，辄致丰积"[③]。可以说，"河西地区因其特

---

① 丛振：《西域"猧子"与唐代社会生活》，《新疆师范大学学报》2012年第6期。
② 杨洁：《百年来敦煌吐鲁番商业贸易研究回顾》，《敦煌学国际联络委员会通讯》，2012年，第64—79页；郑炳林、徐晓丽：《论晚唐五代敦煌贸易市场的国际化程度》，《中国经济史研究》2003年第2期。
③ 范晔撰，李贤等注：《后汉书》，中华书局1965年版，第1098页。

殊的地理位置，在汉代以来的'丝绸之路'贸易上占有重要地位，河西城镇的兴衰更与'丝绸之路'贸易的盛衰互为消长。"① 正是"丝绸之路"贸易的繁荣带动诸如武威等沿线城镇的壮大与开发，"是时中国盛强，自（长安）安远门西尽唐境万二千里，闾阎相望，桑麻翳野，天下富庶者无如陇右"②。此则史料言辞虽有夸张之意，但沿线贸易的盛况可见一斑，这也就为游艺文化的开展提供了空间基础。最主要的原因是这些城镇中的贸易市场内分布着规模不等的商业区，商业区内的交易场所不仅有固定的商铺，还有些空地以供表演游戏杂耍，这些空间可以视为民间的公共场所，节日时节的庙会与祭祀等文化活动在此空间基础上表演，因此作为"丝绸之路"贸易的交易场所同样是游艺文化的展示空间。

"丝绸之路"贸易的兴盛为游艺文化提供了交换和空间等经济基础，使得游艺文化的表演类型繁复多样。唐代长安盛行的游艺文化就是绝佳的例证。"在民俗上，长安每年正月十五布置西域格调的灯轮，狂欢的士民与皇家贵族一同共庆节日。长安上层贵族喜好由波斯传来的马球，民间则流行'互相泼水、鼓乐伴舞'的乞寒胡戏与'苏摩遮'，源于西域的杂技幻术也获得长安百姓的欢迎。"③ 凡此种种，都足以说明"丝绸之路"贸易往来为促进"丝绸之路"游艺文化的形成与传播提供了以经济为主的物质基础条件。

二 进奉朝贡："丝绸之路"游艺文化交流的官方行动

如果说"丝绸之路"商业贸易中的游艺文化传播多为民间自发流行与互动，那么进奉朝贡活动中的游艺文化交往则更多体现为官方色彩。朝贡也称作"通贡""朝献"，不同于平等交换的商品

---

① 杜常顺：《民族贸易与西北地区城镇的发展》，《北方民族大学学报》2012年第5期。
② 司马光编著，胡三省音注：《资治通鉴》，中华书局1956年版，第6919页。
③ 葛承雍：《胡汉中国与外来文明·绵亘万里长·交流卷》，生活·读书·新知三联书店2019年版，第23页。

市场贸易，朝贡是一种价值不对等的政治色彩浓厚的交往方式。①"这种集政治、经济贸易和文化交流于一体的多功能输出活动是中国历朝历代政权与周边民族交往的主要形式。"② 朝贡这一政治行为蕴含着重要经济交往，在双方的物资互赠中实现交换，朝贡的物品中不仅有珍稀商品，更有彰显朝贡国家地方特色的器物、文化产品等。朝贡使团可以携带货物在中原王朝允许下与民间进行贸易往来，因此朝贡贸易也便应运而生。朝贡贸易充分体现双方的政治地位，中央王朝怀柔远人的政治目的是其优先目标，逐利的经济意义则为次要，故而在中外交往中，有很多外来物产是域外人主动输出的，这一现象即使在相对开放的唐朝也有体现，杜文玉认为："唐朝因其强大的国力、先进的文化，对各国形成很大吸引力；而唐朝在这方面的主动性不足，即使对外派出一些使者，更多的也是为了提高政治声威，满足统治者的虚荣心以及统治者对奢侈品的需求。"③ 中原王朝彰显这一优越感与文化自信的最佳途径便是朝贡活动，在贡赐中对藩属国施加恩惠，这也是中华文化主动向外传播的主要表现方式，而游艺文化在朝贡互动过程中也得以实现进一步传播与交流。

"丝绸之路"上的朝贡历朝历代络绎不绝，蔚为壮观。④ 有关"丝绸之路"朝贡的情况，择其要者进行叙述。张骞凿空西域后，西域各国纷纷与中原交好，"使者相望于道，诸使外国辈大者数百，少者百余人"。三国时期，"（曹）魏兴，西域虽不能尽至，其大国龟兹、于

---

① 有关朝贡的研究，可参见付百臣主编《中朝历代朝贡制度研究》，吉林人民出版社2008年版；李云泉《万邦来朝：朝贡制度史论》，新华出版社2014年版；康灿雄《西方之前的东亚：朝贡贸易五百年》，陈昌煦译，社会科学文献出版社2016年版；莫翔《"天下—朝贡"体系及其世界秩序观》，中国社会科学出版社2017年版；李叶宏《唐朝域外朝贡制度研究》，中国社会科学出版社2021年版。

② 程旭：《"丝绸之路"画语：唐墓壁画中的"丝绸之路"文化》，陕西人民出版社2016年版，第103页。

③ 杜文玉：《唐代社会开放的特点与历史局限》，《河北学刊》2008年第3期。

④ 张文德：《朝贡与入附：明代西域人来华研究》，兰州大学出版社2013年版；王永新：《寻访北丝绸之路朝贡道》，吉林文史出版社2017年版；王禹浪、王俊铮、王天姿：《东北亚丝绸之路的形成与早期发展——兼论室韦"朝贡道"》，《河南师范大学学报》2019年第5期。

寘、康居、乌孙、疏勒、月氏、鄯善、车师之属，无岁不奉朝贡"①。如肃慎国"献其国弓三十张，长三尺五寸，楛矢长一尺八寸，石弩三百枚，皮骨铁杂铠二十领，貂皮四百枚"②。五凉时期，吕光出征西域后，一段时间内西域诸国贡使接连来朝，"凡六十有二王，皆遣使贡其方物"③。北魏太武帝时重新疏通西域路线，"太延中，魏德益以远闻，西域龟兹、疏勒、乌孙、悦般、揭盘陀、鄯善、焉耆、车师、粟特诸国王始遣使来献"④。北魏末年至北周期间，"嚈哒人派往中国的朝贡使节使臣达22次之多"，⑤北魏政府也曾两次遣使至嚈哒。唐代朝贡兴盛，"自典籍所纪，声教所及，三代不能至者，国家尽兼之矣"⑥。

在这当中，隋炀帝时期的万国来朝颇为值得一提。大业五年（609），隋炀帝出于宣扬国威、有效控制西域的政治考量，自洛阳一路西行，穿过祁连山，到达河西走廊的张掖郡。隋炀帝会见高昌、伊吾等国王，他们进献珍宝及"西域数千里之地"，这一政治姿态意味着他们向隋王朝表示臣服。趁此时机，隋炀帝设置西海、河源、鄯善、且末四郡县，表示中原王朝对于西域地区的行政管控。炀帝在观风行殿设宴邀请前来朝贡的二十七国国王或使节，如此盛大的政治仪式足以展现中原王朝的权威与深厚的影响力。此次盛会"盛陈文物，奏九部乐"，也就是不仅有物品的展览，同时还有盛大宴会及舞乐、杂技百戏表演等，音乐歌舞的表演展示的并非仅仅中原文化，更是包含西域风格的舞蹈、九部乐等。九部乐中有来自西域的康国伎、疏勒伎、龟兹伎、西凉伎等，还演出汉朝时从西域传入中国的杂技幻术"鱼龙曼延"。除此之外，"其冬，帝至东都，矩以蛮夷朝贡者多，讽帝令都下大戏。征四方奇技异艺，陈于端门街，衣锦绮、珥金翠者，以十数

---

① 陈寿撰，陈乃乾校点：《三国志》，中华书局1959年版，第840页。
② 陈寿撰，陈乃乾校点：《三国志》，中华书局1959年版，第149页。
③ 房玄龄等撰：《晋书》，中华书局1974年版，第2904页。
④ 魏收撰：《魏书》，中华书局1974年版，第2259—2260页。
⑤ 余太山：《嚈哒史研究》，齐鲁书社1986年版，第122—124页。
⑥ 司马光编著，胡三省音注：《资治通鉴》，中华书局1956年版，第6524页。

万。又勒百官及民士女列坐棚阁而纵观焉。皆被服鲜丽，终月乃罢。又令三市店肆皆设帷帐，盛列酒食，遣掌蕃率蛮夷与民贸易，所至之处，悉令邀延就坐，醉饱而散。蛮夷嗟叹，谓中国为神仙。"[1] 可以说，隋代虽短，但中外文化交流频繁，尤其是朝贡大会，是"丝绸之路"多元文化的集中展示，不仅是隋王朝展现其政治实力与在河西及西域话语权的绝佳机会，更是异域文化展演的最佳表演空间，在观赏与流动中，"丝绸之路"游艺文化传播范围更广，交流程度更深。

朝贡对"丝绸之路"游艺文化具有重要作用，其绝非仅局限于周边政权向中原王朝的进贡献礼，朝贡使团沿途和地方政权的交往，以及到达目的地之后的系列活动，也为游艺文化的交流提供了很好的契机。例如在归义军时期，周边民族或政权与之互动频繁，在敦煌文献中对此多有记录。如敦煌遗书《官酒户马三娘龙粉堆蹀》中曾记载：光启三年（887）二月至四月间，归义军府衙门就接待过西州、庭州使团、楼兰地区萨毗使、凉州、肃州蕃使、西州回鹘使、凉州咀末使、肃州使等诸多使节。[2]《儿郎伟》中记有："西州上贡宝马，焉耆送纳金钱。"[3]《儿郎伟》虽是民间驱傩仪式的唱曲词，不乏夸大之词，但是，其中所记诸多使团作为朝贡贸易的官方贸易代表的基本事迹，亦当是对当时事实的客观反映。另外，隋朝曾专门设立四方馆来管理朝贡事务，其职责是"以待四方使客，各掌其方国及互市事"。可以说，"四方馆是外交、外贸结合在一起的中央外事机构。"[4] 唐王朝则是安排鸿胪寺官员负责接待朝贡使团。作为外来人士的聚居区，自然是域外文化的聚集地，他们在闲暇时间寻找休闲娱乐方式，自然是玩耍自身熟悉的具有自身特色的游艺文化，这也吸引了更多中原民众的观看与参与。

---

[1] 魏徵、令狐德棻撰：《隋书》，中华书局1973年版，第1581页。
[2] 李明伟主编：《丝绸之路贸易史研究》，甘肃人民出版社1991年版，第72页。
[3] 上海古籍出版社、法国国家图书馆编：《法藏敦煌西域文献》第25册，上海古籍出版社2002年版，第231页。
[4] 魏悦：《中国对外贸易思想的发展与演变》，哈尔滨工业大学出版社2010年版，第9页。

三 冲突融合:"丝绸之路"游艺文化交流的客观因素

"东西方文化之间的相互影响和两种美学精神之间的相互交流是要通过各种各样的途径来实现的。一般而言,主要有四种途径:战争、通商、留学、传教。'丝绸之路'就是融合了这四种途径的贯通东西方文化的桥梁。"① "丝绸之路"两千多年的发展过程中,和平交流和相互合作是主流,并且对"丝绸之路"的畅通繁荣起到了决定性的作用,但是,"丝绸之路"上的冲突与动荡也时有发生,经常会切断"丝绸之路"商品贸易往来,阻断"丝绸之路"文化交流。"丝绸之路"的交往和冲突史,决定了其在不同的历史时期畅通和阻断起起伏伏,这背后的原因错综复杂,是由多种因素造成的,并且即使是同一阶段也是繁荣抑或衰落交替而行,导致这种情况出现的一个最主要原因便是冲突的持续发生。

从历史发展轨迹来看,不是所有的文化交流都是一帆风顺的,"在一个民族相互免不了接触的世界上,当集团利益发生冲突而不同的存在及行为方式又无法相互认同时,只有一种语言是共同的,这种语言就是战争,是政治、经济、军事力量的较量"②。众所周知,"丝绸之路"上地方政权林立,少数民族区域分布广泛,人口、水草和绿洲是争夺的主要资源,因此,"一旦某些地方政权和民族强大,就会发动战争占领其他的城邦或独立出来"③。资源争夺的背后,隐含着诸多政治、经济因素,更是文化层面的冲突和较量。西汉时期,为了确保"丝绸之路"的稳定和畅通,西汉政府联合西域诸国进击匈奴;东汉时期,西域诸国各自为战,相互混战,"丝绸之路"被迫改道;魏晋南北朝,西域政权更迭频繁,"丝绸之路"时断时续;隋唐时期,

---

① 《大汉辉煌》编委会:《大汉辉煌:丝绸之路的盛大开拓》,电子科技大学出版社2018年版,第136页。

② 吴方:《图说中国文化史》,生活·读书·新知三联书店2019年版,第150—151页。

③ 《大汉辉煌》编委会:《大汉辉煌:丝绸之路的盛大开拓》,电子科技大学出版社2018年版,第412页。

中原王朝与突厥时战时和,"丝绸之路"昌盛;宋代以后,经济重心南移,海上"丝绸之路"兴起……一部"丝绸之路"的发展史,冲突时有发生,连续不断,但在研究的过程中也不得不正视这种冲突在特定的历史时代和空间场域中的客观作用,"不只是不同文化在生存竞争中一较高下,还有交往、交流、交融。交融是最终的结果。即便最初的形式,文明的竞争以流血开始,最后的结果还是相互融合。即便是失败的一方,也还向胜利的一方输送了某些生命基因与生存的智慧和经验"[1]。这种冲突式的融合,在"丝绸之路"游艺文化交流中也有体现,客观上促进了"丝绸之路"游艺项目的多元发展,也促进了游艺项目规则、形式等内容的创新发展。

伴随着"丝绸之路"上的战争和冲突,军事武艺类游艺在"丝绸之路"上的开展相对较多,主要是因为这一类型的游艺活动更多的是被视为军事技能训练的方法,故而在"丝绸之路"上的军旅中十分流行。这类游艺活动的开展,一方面,可以缓解军士因长期征战而导致的压抑和焦躁情绪,让他们在游艺娱乐中得到身心放松;另一方面,也可以借助游艺活动的开展保持身体机能,提高军士的反应速度和敏捷能力。以"丝绸之路"上的蹴鞠游艺为例,其在汉代被当作行军训练的重要手段,刘向曾在《别录》中论述:"蹴鞠,兵势也,所以练武士,知有材也,皆因嬉戏,而讲习之。今军士无事,得使蹴鞠。"[2]刘歆《七略》中亦有云:"蹋鞠,其法律多微意,皆因嬉戏以讲练士,至今军士羽林无事,使得蹋鞠。"[3] 由此可见,汉代对于蹴鞠在军事训练中的作用是十分重视的。《汉书·枚皋传》中记载了枚皋跟随汉武帝出行时的场景,其中有:"游观三辅离宫馆,临山泽,弋猎、射驭、狗马、蹴鞠、刻镂,上有所感,辄使赋之。"[4] 枚皋作为当时著名的汉

---

[1] 阿来:《一团美玉似的敦煌》,《青年作家》2018 年第 1 期。
[2] 刘向、刘歆撰,姚振宗辑录,邓骏捷校补:《七略别录佚文·七略佚文》,上海古籍出版社 2008 年版,第 68 页。
[3] 刘向、刘歆撰,姚振宗辑录,邓骏捷校补:《七略别录佚文·七略佚文》,上海古籍出版社 2008 年版,第 153 页。
[4] 班固撰:《汉书》,中华书局 1962 年版,第 2367 页。

赋家，其作品中记载了汉武帝巡视时的盛况，其中便有蹴鞠，可见汉武帝对蹴鞠游艺的热爱。可以说，汉代的帝王将相，对蹴鞠游艺都有着独特的喜爱并积极参与。

最能反映军事类游艺在"丝绸之路"冲突中融合的事例，同样与汉武帝有关。晋人徐广《弹棋经序》中记载了这样一则故事："昔汉武帝平西域，得胡人善蹴鞠者，尽衒其便捷跳跃，帝好而为之，君臣不能谏。"[①] 由此则史料可知，汉武帝在"丝绸之路"上的战争冲突中，俘虏了一些胡人，这些胡人中就有擅长蹴鞠游艺的，汉武帝非常喜欢他们，让他们尽情施展表演，这也成为"丝绸之路"游艺文化交流的有力例证。当然，汉武帝对蹴鞠游艺近乎痴迷的表现，也引起了当时大臣们的担忧，"侍臣东方朔因以此艺进之。帝乃舍蹴鞠而上弹棋焉"[②]。因为蹴鞠游艺相对激烈，故而东方朔将弹棋游艺进献给武帝，以此来替代蹴鞠，这也是弹棋起源的典故之一。"丝绸之路"上类似的由冲突带来的游艺交流不在少数，诸如击鞠（马球）、骑射等，反映出由冲突产生的融合是"丝绸之路"游艺文化交流的客观因素。

第四节 "丝绸之路"游艺文化交流的文化基础

一种文化的流变是要受到多种形而上学或文化载体等因素的影响。上一节论述了"丝绸之路"游艺文化交流的物质基础，除此之外，"丝绸之路"的畅通也让其沿线原本封闭的文化空间获得了相互沟通的机会和可能。就"丝绸之路"游艺文化而言，"丝绸之路"上的宗教传教活动、民族迁徙与贸易、使节的往来等都是游艺文化传播的重要载体。宗教仪式与节庆为游艺提供了文化舞台，多民族迁徙与贸易与政权间的外交使节往来则为游艺的文化网络进一步蔓延产生了极其重要的影响。

---

① 李昉等撰：《太平御览》，中华书局1960年版，第3350页。
② 李昉等撰：《太平御览》，中华书局1960年版，第3350页。

一　共荣共生：宗教与"丝绸之路"游艺文化的相互成就

"丝绸之路"除了是一条商旅之路，同时也是一条传教之路。如佛教、祆教、景教、摩尼教都由"丝绸之路"进入中国。马克斯·韦伯认为："由始以来，一方面宗教就一直是艺术创造取之不尽的源泉；另一方面，则是通过因袭传统而使艺术创作风格化。"① 在"丝绸之路"的东西方文化大交流中，宗教在一定程度上承担了文化传播使者的无声角色。另外，"丝绸之路"岁时节日民俗游艺的初始形态与宗教活动相辅相成、不可分割，它主导着社会的风俗民情，在一定程度上影响着历史的进程，部分礼仪制度突出了宗教祭祀、人际交往与游艺娱乐的内容。古代游艺与宗教的关系主要体现在这些各种形式的礼仪、社祭之中。其中"社"是先于周而产生的一种古老祭礼，它在先秦礼制中有着重要的地位。由殷商出土的甲骨文卜辞可知，"土"即"社"。"社"的概念正是出自初民对土地的亲情和感激，并由此扩大到对天和神的祈求、对丰收的期望，出现了各种形式的祭祀活动，社祭同时也演变成为各种游艺活动表演的舞台。

各种外来宗教沿"丝绸之路"传入中国，伴随西方宗教而来的文化交流也对中国内部文化产生深远影响，这使得众多的学者对"丝绸之路"与宗教传播、发展之间的关系颇为关注。② 其中有相当一部分学者对宗教与"丝绸之路"游艺文化关系相关内容的探讨，姜伯勤通过对敦煌相关宗教的文本、图像的多方面印证中，其中对"变文"

---

① ［德］马克斯·韦伯：《经济·社会·宗教：马克斯·韦伯文选》，郑乐平编译，上海社会科学院出版社1997年版，第101页。
② 林梅村：《西域文明：考古、民族、语言和宗教新论》，东方出版社1995年版，其中世界五大宗教在中国等4篇均与"丝绸之路"和中西文化交流有关；元文琪：《二元神论：古波斯宗教神话研究》，中国社会科学出版社1997年版，作为中国第一部在此领域独立研究的著作，本书对于深入研究波斯宗教文化在"丝绸之路"上的传播与影响具有重要参考价值；高永久：《西域古代民族宗教综论》，高等教育出版社1997年版，对古代西域流行过的琐罗亚斯德教、佛教、摩尼教和景教的历史与影响进行了较为全面的论述，是研究"丝绸之路"宗教文化及民族文化的重要著作。

"令舞""傩礼"的新解,探讨了雅俗文化的互动。①李小唐、林春、李重申等人对"丝绸之路"上岁时节日,特别是社祭、赛袄、赛社以及其他宗教节日上的游艺活动进行了研究。②

在诸多外来宗教之中,影响最大的宗教莫过于佛教。佛教进入中国与"丝绸之路"的畅通密不可分,事实上,佛教也正是通过"丝绸之路"传入中国。关于佛教传入中国内地的记载,最早见于两汉魏晋时期的诸多史籍:西汉元寿元年(前2年),皈依佛教的大月氏王派遣使臣伊存到西汉国都长安,博士弟子景卢(《释老志》作秦景宪)曾向他学《浮屠经》。东汉明帝曾"后孝明帝(58—75年在位)夜梦金人,项有日光,飞行殿庭,乃访群臣,傅毅始以佛对。帝遣郎中蔡愔、博士弟子秦景等使于天竺,写浮屠遗范。"③汉明帝派遣使者沿"丝绸之路"去西域求取僧人经书,并在洛阳兴建白马寺。到了魏晋南北朝时期,由于战乱频频,百姓急需寻找精神归宿,这就为佛教的发展提供了绝好机会,正所谓"南朝四百八十寺,多少楼台烟雨中"。到了隋唐时期,佛教受众进一步扩大,"唐代节日宗教祈福游憩活动一改前代庄重神秘的色彩,甚至出现俗化和娱乐化迹象,其根本原因是唐代宗教信仰自由。各教在争夺信众、政府资源与发展空间上竭力迎合社会各个阶层的需要。"④佛教寺庙的大肆修建不仅增加了娱乐逸兴的节目,还提供了信徒用来宿会、游览以及出入世的场所、资源和自由空间,这一系列举动使唐代节日宗教祈福游憩活动既具备宗教信仰的功能,也同时具备了参观参与宗教文化和节日活动的作用。

佛教经典中保留了大量关于游艺的相关记载。再以蹴鞠为例,分析宗教在蹴鞠发展演变中所起的重要作用。敦煌文献《涅槃经》《瑜伽师地论》等佛教经卷中也提到"鞠"的游戏。蹴鞠自汉唐以来,不仅得到了极大的发展,而且还出自人们生理和心理的娱乐需要,加之

---

① 姜伯勤:《敦煌艺术宗教与礼乐文明》,中国社会科学出版社1996年版。
② 李小唐、林春、李重申:《丝绸之路岁时节日民俗体育图录》,甘肃教育出版社2017年版。
③ 魏收撰:《魏书》,中华书局1974年版,第3025页。
④ 刘勋:《唐代节日游憩活动类型及特征述略》,《旅游论坛》2019年第6期。

迁移原理，蹴鞠演变为击鞠（马球）、木射（地滚球）、步打球（曲棍球）、捶丸（高尔夫球）等球类游戏，以及蹀（踢毽子）和蹴球之戏。① 基于上述认识，完全可以认为蹴鞠在"丝绸之路"上的流行，既是其军事、娱乐和社交的功能应然，同时也是"丝绸之路"上政治经济、生产生活和宗教文明等相互交叉、相互影响的历史实然。

通过"丝绸之路"传来的不只是佛教，自魏晋到隋唐时期，西亚的祆教、摩尼教、景教、伊斯兰教先后传入中国，使古代"丝绸之路"成为印度、希腊、伊斯兰文明交汇的文化带。比如祆教就在"丝绸之路"的诸多小国拥有众多信众，如"康国在米国西南三百余里，一名萨末鞬，土沃人富，国小，有神祠名祆。"② 在中国的凉州、长安、洛阳等地在唐代也皆有祆祠。再如景教这些外来宗教——佛、道、祆、摩尼、景教等各种宗教兼容，总体上说，和睦相处。这种包容融洽的宗教气氛，为各种宗教岁时节日活动频繁奠定了文化沉淀，也进一步为游艺、娱乐和竞技提供了发展契机。特别是伴随各种宗教传入的岁时节日、社祭仪式等为"丝绸之路"游艺活动提供了成长的土壤。或出于人类心理需要，再加之模仿与宗教仪式的两相混合，产生了礼仪化的宗教游艺。如来自西域信仰祆教的胡商们在举行赛祆仪式时，会表演幻术，在"每岁商胡祈福"并且"酣歌醉舞，酹神之后"，选择一个胡人为祆主来进行幻术表演，首先祆主"以刀刺腹，乱扰肠肚流血"，然后"喷水咒之"，人身体恢复如常。凉州城表演的赛祆幻术则是"祆主以铁钉从额上钉之，直洞腋下，即出门，身轻若飞，须臾数百里。"根据《旧唐书·乐志》"大抵《散乐》杂戏多幻术，幻术皆出西域"③，《朝野佥载》"西域之幻法"④ 等记载可以得知，杂戏中

---

① 富察敦崇著《燕京岁时记》载："十月以后，寒贱之子，琢石为球，以足蹴之，前后交击为胜。"这种蹴石球之戏，也属蹴鞠的转型。引用文章收录于郑炳林主编《佛教艺术与文化国际学术研讨会论文集》，三秦出版社2009年版。
② 杨建新：《古西行记选注》，宁夏人民出版社1987年版，第133页。
③ 刘昫等撰：《旧唐书》，中华书局1975年版，第1073页。
④ 刘𬪩、张鷟撰，程毅中、赵守俨点校：《隋唐嘉话·朝野佥载》，中华书局1979年版，《朝野佥载》，第64—65页。

所表演的"幻术"在来自西域的祆教徒之间流传颇广。表演者在表演中的身体活动就带有祭礼性质,并把宗教仪式中的某些动作融入其中。正如林悟殊所言:"敦煌这种祈赛风俗,实际上是融合了中国的传统风俗、当地民间信仰、西域胡俗、佛教礼仪等而成。"①

总而言之,以佛教为代表的多个宗教通过"丝绸之路"对中国传统文化影响深远,它们和中国古代本土文化在长时期内交流借鉴、相互融合,充实、丰富和发展了中国传统文化,使其呈现出新的特征和面貌,对包括百戏、技艺、岁时、博戏、杂艺在内的游艺民俗增添了新的内容,进一步激发了其生命力和活力。

二 五色交辉:民族融合与"丝绸之路"游艺文化的相辅相成

古"丝绸之路"不仅是一条通商易货之道,也是一条各族人民、各国人民的友谊之路、文化之路。费孝通认为,中华民族的形成过程就是"是由许许多多分散存在的民族单位,经过接触、混杂、联结和融合,同时也有分裂和消亡,形成一个你来我去、我来你去,我中有你、你中有我,而又各具个性的多元统一体"②。李吉和也认为:"民族是文化的载体,民族的迁徙过程实际上也是民族文化的流动过程。"③ "丝绸之路"通过的西北地区,也正地处内地与西北边疆联系、多个民族交错杂居之地。在这条数千公里长的古道上,中古时期,除了少数时间的战争、动乱,各民族之间在较长的时间内保持着和平、友善的贸易、通婚、遣使的互动,形成了一种互通有无,相互交流的动态。在古代有限的技术条件下,"丝绸之路"的开辟不仅使东西方之间有了物质贸易和往来,也让众多原本封闭的文化空间获得了相互沟通和认识的机会。在这条纵横万里的陆地长廊

---

① 林悟殊:《波斯琐罗亚斯德教与中国古代的祆神崇拜》,余太山主编《欧亚学刊》第1辑,中华书局1999年版,第202—222页;收入傅杰编《二十世纪中国文史考据文录》下册,云南人民出版社2001年版,第1906页。
② 费孝通:《中华民族多元一体格局》,中央民族大学出版社1999年版,第3页。
③ 李吉和:《先秦至隋唐时期西北少数民族迁徙研究》,民族出版社2003年版,第9页。

上，来自农耕与游牧两大文明体系的多民族有政治的对话、军事的冲撞、经济的交往和文化的互动。

古"丝绸之路"上较为活跃的民族有北狄、匈奴、塞种人、月氏、乌孙、粟特等族。这些民族或因政治、军事的目的以举族西迁，或因经济贸易往来留驻于"丝绸之路"。这些民族经"丝绸之路"逐步迁入了西亚，甚至沿里海、高加索、黑海北岸，最终进入了西欧。长期以来，史学界对民族移民、征战等在"丝绸之路"文化传播中的影响进行过一定程度的探讨。[①] 其中，樊保良认为："中国的物质文明伴随着他们（少数民族）的马鞍和驼驮，逐渐传到了西方。"[②] 很多学者已经关注到民族迁徙、贸易对文化的影响。[③] "丝绸之路"不仅成为他们交换的广阔市场，还是他们迁徙融合的活动舞台。在史籍可查的"丝绸之路"通行期内，伴随着民族迁移等活动产生的多个民族大交流、大融合，都对中华文化的发展带来巨大影响和无穷活力，为国家民族的强盛和繁荣发展带来持久动力。

"丝绸之路"的民族迁移、交流，客观上也令一些民族充当了文化传播的使者，特别是游艺文化的传播使者。其中居功甚伟的便是粟特一族。粟特人，唐宋时期的传统史籍中常称之为昭武九姓，是中亚地区的一个印欧语系的古老民族。此民族极其善于经商，汉唐史籍中所指的胡商绝大一部分都是由粟特人构成。粟特人"善商贾，好利，

[①] 关于"丝绸之路"上的民族研究，成果较多，既有总体性论著，也有针对某个民族的专门著作。较为代表性的有樊保良《中国古代少数民族与丝绸之路》，青海人民出版社1994年版；樊锦诗、才让、杨富学主编《丝绸之路民族文献与文化研究》，甘肃教育出版社2015年版；荣新江《中古中国与粟特文明》，生活·读书·新知三联书店2014年版；杨铭、李锋《丝绸之路与吐蕃文明》，商务印书馆2017年版；杨蕤《回鹘时代10—13世纪陆上丝绸之路贸易研究》，中国社会科学出版社2015年版。

[②] 樊保良：《中国古代少数民族与丝绸之路》，青海人民出版社1994年版，第7页。

[③] 霍巍对中古时期的吐蕃与粟特的棺椁葬具上的图像比较研究，既看到了某些西域共同文化传统，也可以观察到通过西北"丝绸之路"中原汉文化的影响，霍巍：《西域风格与唐风染化——中古时期吐蕃与粟特人的棺板装饰传统试析》，《敦煌学辑刊》2007年第1期。曾玉华、许万林则认为粟特人"再造了唐代体育的文化个性"，曾玉华、许万林：《丝绸之路上的粟特人对唐代长安体育文化的影响》，《体育文化导刊》2004年第8期。刘军丽研究认为回鹘人的贸易活动直接推动了茶与茶文化在亚洲腹地的传播，刘军丽：《丝绸之路上的粟特、回鹘民族与茶叶在亚洲腹地的传播》，《农业考古》2021年第2期。

丈夫年二十去旁国，利所在无不至"。① 在中国古代的史籍中，粟特人一直作为善于筹算、精于商业的形象而存在。"歌舞助兴，当垆买酒"更是常态，可见粟特商人靠独具民族特色的歌舞游艺来吸引眼球、招徕顾客，以促使商业活动的顺利开展。大量粟特人经"丝绸之路"来到长安、洛阳等大都市，并在其首领萨保的带领下于此定居，并对沿线地区的游艺文化产生深远影响。元稹所作的《和李校书新题乐府十二首·法曲》中有云：

　　自从胡骑起烟尘，毛毳腥膻满咸洛。女为胡妇学胡妆，伎进胡音务胡乐。
　　火凤声沉多咽绝，春莺啭罢长萧索。胡音胡骑与胡妆，五十年来竞纷泊。②

据此可知，以粟特人为首的胡人来长安洛阳定居将绿洲游艺文化融入中原游艺文化中后，对当时游艺文化的影响。"丝绸之路"沿线，特别是边疆地区的民族游艺也保留了汉唐间不同民族交流融会的痕迹。伴随物质产品的相互交易，与之相联的生产技艺、材料、造型、纹样等程式化、习俗化、艺术化等多种文化内容也随之发生互动。特别是宗教、艺术等思想层面的交流与传播更为深远，效果更为显著。在"丝绸之路"上已出土的文物、文献，遗存的石窟壁画、墓葬壁画中记录了古代人们丰富多彩的社会生活，留下了不可多得的古代游艺的实录，"丝绸之路"各民族按照自己的审美要求和游戏、娱乐、竞技的情趣，改造和创造出内容丰富的游艺习俗。

此处，以塔吉克族古老竞技游艺马球为例，来分析民族因素对"丝绸之路"游艺活动所产生的影响。在帕米尔高原上长期居住着一个民族，他们以马背上的民族而著称，这就是塔吉克族，游牧是他们主要的生活方式，出行主要靠骑马。当地流行的体育运动是打马球，

---

① 欧阳修、宋祁撰：《新唐书》，中华书局 1975 年版，第 6244 页。
② 彭定求等编：《全唐诗》，中华书局 1960 年版，第 4617 页。

打马球是他们的传统体育活动，在他们的宗教节日、民族节日通常都会举办这一活动。塔什库尔干塔吉克自治县位于新疆维吾尔自治区西南部，历史上，塔吉克自治县是我国"丝绸之路"通往中亚和西亚的重要通道，也是中外文化交流的重要渠道，根据向达的考证，马球在唐代由波斯经阿拉伯传至吐蕃（今西藏），① 后来传入中原地区时，塔什库尔干是必经之道。② 在塔什库尔干塔吉克自治县的各个乡镇都有马球游戏的竞技活动，一般由骑马的人手握马球棍，用马球棍把马球打进球门。马球比赛是一项大众娱乐游戏的竞技活动，有十多人上场，分成两小队，每个小队2—4人或者4—6人都可以。比赛时，参加者服装随意，不做统一要求。比赛过程中，手鼓和鹰笛伴随着，以增加热烈气氛，既可鼓舞参赛者努力争取获胜，又可使马在这种氛围中变得更加活跃。

世界著名探险家斯文·赫定曾这样写道："可以毫不夸张地说，这条交通干线是穿越整个旧世界最长的路。从文化—历史的观点看，这是连接地球上存在过的各民族和各大陆的最重要的纽带。"③ 中亚地区自古以来便是包括中国在内的亚欧大陆腹地各民族迁徙交流的通衢，活跃在这一地区的民族广泛而深刻地创造、影响着亚欧大陆的历史。因此，"丝绸之路"的开拓自始便伴随着广泛的民族迁徙，为亚欧大陆的民族交流提供了广阔的平台。"丝绸之路"沿线民族所建立的文明以及存留的遗迹也在世界文明史上留下了浓墨重彩的一笔。在这样的大背景下，各种游艺活动也随之而兴，呈现出民族性、区域性等多个侧面。

三 驼铃声声：各国使者与"丝绸之路"游艺文化的相得益彰

"丝绸之路"作为古代经济文化交流的重要路线，为东西方的交

---

① 向达：《唐代长安与西域文明》，商务印书馆2015年版，第79—87页。
② 钟廷雄、莫福山主编：《国家级少数民族非物质文化遗产集解》，中央民族大学出版社2014年版，第266页。
③ ［瑞典］斯文·赫定：《丝绸之路》，江红、李佩娟译，新疆人民出版社2013年版，第204页。

往和文化的传播建立起沟通桥梁。千百年来，在古老的"丝绸之路"上，清脆的驼铃声不绝于耳，那彩旗缤纷、满载贡品的热闹一幕，正是载物累累的商队将中原与西域之间的货物往来运送的生动场景。《丝绸之路辞典》指出，使者作为"受命出使之人，由政府指派，负有政治、军事、外交、经济贸易等明确的使命"①。古人对使者格外重视，这是一个政权处理对外关系的喉舌与门面。孔子曰："行己有耻，使于四方，不辱君命，可谓士矣。"②"不辱使命"是使者的职责所在，但使命所能达成其背后更是国家力量的体现。国力的强盛与否也在一定程度上决定了古代中国与域外文明之间遣使畅通与否。古代中外双方想要通过"丝绸之路"互派使节以促成政治、经济、文化交流，则必然要求中原地区被一个强盛王朝所统治。同时，使者的频繁来往也反映出和睦的边疆环境与友好的国际关系并深刻影响到了经济文化等其他层面的交往。当前史学界对使者群体的研究多集中于对历史细节的讨论，特别是某位使者出使路线、见闻、影响的考证。③

汉唐两朝对外遣使最为频繁。汉代"丝绸之路"的开辟当首推张骞，张骞及其所率领的汉使团队"道可使，使遗之他旁国……因分遣副使使大宛、康居、大月氏、大夏、安息、身毒、于寘、扜罙及诸旁国……于是西北国始通于汉矣"。④ 向西出使的道路已开，其后使者接踵西行者不计其数，两汉时期人们也竞相争当西行使者，班固在《汉书》中如此记载：

---

① 周伟洲、王欣主编:《丝绸之路辞典》，陕西人民出版社2018年版，第208页。
② 朱熹撰，朱杰人、严佐之、刘永翔主编:《朱子全书》第6册，上海古籍出版社、安徽教育出版社2002年版，第184页。
③ 荣新江通过对墓志等新见史料对张弼史迹进行考证，荣新江:《唐贞观初年张弼出使西域与"丝绸之路"交通》，《北京大学学报》（哲学社会科学版）2020年第1期。孟宪实对张骞出使西域目的没有达成的原因进行历史地理学的论证，孟宪实:《张骞的"不得要领"与丝绸之路的开通》，《西域研究》2020年第4期。颜世明、刘兰芬则对甘英出使大秦的闻见录以及出使路线进行考证，颜世明、刘兰芬:《甘英出使大秦:研究述评与再审视》，《西北民族大学学报》（哲学社会科学版）2015年第6期。李宗俊则利用新材料，对唐代王玄策出使取道"吐蕃—泥婆罗道"与西域古丝道的路线问题，以及相关事迹进行考证，李宗俊:《唐敕使王玄策使印度事迹新探》，《西域研究》2010年第4期。
④ 司马迁撰:《史记》，中华书局1959年版，第3168—3169页。

使者相望于道，一辈大者数百，少者百余人，所赍操，大放博望侯时。其后益习而衰少焉。汉率一岁中使者多者十余，少者五六辈；远者八九岁，近者数岁而反……自骞开外国道以尊贵，其吏士争上书言外国奇怪利害，求使。天子为其绝远，非人所乐，听其言，予节，募吏民无问其所从来，为具备人众遣之，以广其道。①

上述文字生动地记录了两千多年前"丝绸之路"上使者奔走往来的繁忙景象。周永卫认为，两汉对外交往的一个重要时期便是"汉使时期"②。使者来往频繁，昭示着国家之间、民族之间政治友好宽松的气氛，这种环境对于游艺等文化的传入是有很大的包容度的，也有利于域外文明深入中原。西域各国的"珍奇异物"输入了中国：葡萄、苜蓿、石榴等物产以及幻术、舞蹈、胡乐等游艺文化，都是随着"丝绸之路"外交的繁荣和畅通而传入中国的。官方使者所带来外来物质、文化等的传入，很大程度上取决于官方上层权贵的好恶倾向，据史书记载："（汉）灵帝好胡服、胡帐、胡床、胡坐、胡饭、胡箜篌、胡笛、胡舞，京都贵戚皆竞为之。"③ 其中胡箜篌、胡笛、胡舞等，反映出当时汉代以灵帝为首的上层社会对域外游艺文化的接纳。

在经历了南北朝的长时间战乱割据之后，隋唐时期，南北重新统一，中原王朝的统治者又重新考虑通过"丝绸之路"派遣使节以求与域外重新建立新的联系。隋炀帝杨广好大喜功，常招徕西域各国使者，并加以款待，并亲自西巡，在张掖大会西域各国使者，"宴高昌王、吐屯设于殿上，以宠异之"④。张掖大会上云集了当时西域各国使者，有"伯雅、吐屯设等及西域二十七国谒于道左"，并在宴会上表演九部乐等游艺，"焚香奏乐，歌舞喧噪"，⑤ 以此取乐。唐朝国力之盛不

---

① 班固撰：《汉书》，中华书局1962年版，第2694—2695页。
② 周永卫：《蜀商·汉使·胡人——试论两汉中外文化交流的三个时期》，《历史教学问题》2011年第2期。
③ 范晔撰，李贤等注：《后汉书》，中华书局1965年版，第3272页。
④ 魏徵、令狐德棻撰：《隋书》，中华书局1973年版，第73页。
⑤ 司马光编著，胡三省音注：《资治通鉴》，中华书局1956年版，第5644页。

亚于隋朝，更喜于利用"丝绸之路"与外国沟通交往，以宣扬国风，"盖德泽洽，则四夷可使如一家"①。唐朝建立后向西派遣使节出使西域诸国、吐蕃、天竺等地。以天竺为例，根据张远的考证，唐初唐太宗李世民就与天竺的戒日王于公元641—648年间互派使节达六次。②

"丝绸之路"上的使者不仅是为国事奔波的参与者，更是见识多国风情、领略各国文化的旁观者，特别是游艺活动的旁观者。如王永平就对王玄策出使天竺时所见到的"王为汉人设五女戏，其五女传弄三刀，加至十刀。又作绳技，腾虚绳上，着履而掷，手弄三仗刀楯枪等种种关伎"进行考证，认为王玄策此次出使天竺与幻术在唐代传播有着密切联系。③ 隋唐时期的边塞诗人，其官方身份很大一部分为对外使节，记录了他们在出使途中以及回途时的所见所闻所感。如岑参曾两次出使西域，留下了众多边塞诗歌，前文部分内容已经提及。岑参的主要身份为朝廷派出使者，其在官方饮宴之中看到游艺舞蹈也是独具特色：

美人舞如莲花旋，世人有眼应未见。
高堂满地红氍毹，试舞一曲天下无。
此曲胡人传入汉，诸客见之惊且叹。
慢脸娇娥纤复秾，轻罗金缕花葱茏。
回裾转袖若飞雪，左鋋右鋋生旋风。
琵琶横笛和未匝，花门山头黄云合。
忽作出塞入塞声，白草胡沙寒飒飒。
翻身入破如有神，前见后见回回新。
始知诸曲不可比，采莲落梅徒聒耳。
世人学舞只是舞，恣态岂能得如此。④

---

① 司马光编著，胡三省音注：《资治通鉴》，中华书局1956年版，第6216页。
② 张远：《古代丝绸之路上的中印交流——以唐初六次遣使时间及唐使官阶为重心的回顾》，《甘肃社会科学》2016年第5期。
③ 王永平：《王玄策使印与天竺幻术在唐朝的传播》，《河北学刊》2013年第6期。
④ 彭定求等编：《全唐诗》，中华书局1960年版，第2057页。

岑参作为中原王朝派遣而来的使者，在观看西域游艺舞蹈时，也不禁写诗称赞，发出了"恣态岂能得如此"的赞叹。岑参在诗文中，对表演者"左铤右铤""翻身入破"等动作细节进行细致入微的描写。这一行为也间接为西域舞蹈、游艺向东传播提供了传播媒介。可以看到，频繁的使者往来密切了中国和"丝绸之路"沿途各国政治上的关系，随着政治关系的发展，又加强了中外各国之间经济、文化交流，正是中外使者建立的纽带，将中国和世界纳入同一个视野中。使者通过"丝绸之路"，在各国军事、政治、贸易、外交、文化等交流往来中起着重要的作用，这一重要地位得到了众多文人学者的关注。

正是由于"丝绸之路"沿线物质基础、空间基础和时间基础的持续扩展，各种类型的游艺项目才得以有了充分交流和融合的保障，游艺活动的参与人员才得以有了充分施展和演绎的舞台，游艺活动举行所需要的场地空间才得以有了专门化和简易化的进展，这些基础条件的运行机制以及它们是如何在"丝绸之路"游艺文化交流中发挥作用也是本书的重点所在，将在下文中进行深入、具体的阐述。

第二章 "丝绸之路"游艺文化交流项目研究

"丝绸之路"游艺项目是"丝绸之路"游艺文化交流的载体,也正是种类繁多的游艺项目的盛行,才构成了"丝绸之路"上色彩斑斓的游艺生活。需要说明的是,"不同民间艺术形式之间并不是孤立地存在"① 由于"丝绸之路"上的游艺项目丰富多彩,目前学术界也没有形成统一的分类标准,要对其进行精确的归类或者分类较为困难,故而本书结合前文对中国传统游艺的分类以及"丝绸之路"游艺活动开展的实际情况,将其划分为技艺类游艺、百戏类游艺、博弈类游艺和杂艺类游艺四个主要类型。在这四个主要类型中,每一个类型又分别选取了五个左右的具体游艺项目,确定这些具体游艺项目的原则是它们的活动形式、规则技巧等方面所体现的中西文化交流因素更明显、更直接,事例也更鲜明。同时,在分析"丝绸之路"游艺文化交流具体项目的时候,本书不同于以往就"项"论"项"的方式,力图突破对某一项目的泛泛而谈和面面俱到,侧重对项目交流事例、形式等内容方面的讨论,使得对"丝绸之路"游艺文化交流的阐释直观形象,将"丝绸之路"不同游艺文化之间相互影响、互动发展和融为一体的演进过程较为清晰地展现出来。

---

① 张兆林:《分工与互惠:中国民间艺术生产的协作实践——基于聊城木板年画内部生产关系考察》,《民族艺术》2022年第1期。

第一节 "丝绸之路"技艺类游艺项目交流研究

技艺类游艺是"丝绸之路"上最为盛行的一类游艺项目,此类项目"以投射、球戏和各种赛力技艺活动为代表",① 在游艺活动发展历程中出现较早,具有悠久的历史和传统,经过长时期的交流融合,内容和形式不断得以丰富,部分项目还成为古代军事训练、礼仪文化和六艺教育的重要组成部分。"丝绸之路"上的技艺类游艺项目交流尤为频繁,其中最具代表性的当属马球、蹴鞠、射艺和拔河,这几种游艺项目的技巧属性强,尤其是在"丝绸之路"上参与度和流行度高,所蕴含的游艺文化交流的因子也最为显著,故而下文将择其交流中最为充分之处进行论述,彰显技艺类游艺在"丝绸之路"上的交流风范。

一 马球

马球,顾名思义,就是参与者骑在马背上,用长柄球杖将球击入球门中,需要参与者具备高超的技术和强大的心理素质,也被称为"击鞠""击毯"或"打毯"。马球具有激烈的对抗性和突发的惊险性,能够给观看者带来强烈的视觉冲击和感官刺激,故而在古代中国风靡一时,在宫廷、军队和民间都能找寻到其踪迹。② 有关马球的起源,众说纷纭,代表性的观点有"波斯起源说""西藏起源说""中原起源说"和"西

---

① 王辉编著:《中国古代娱乐》,中国商业出版社2015年版,第69页。
② 马球一直是国内外体育史、社会生活史研究的热点,成果丰硕,有关中国古代游艺的论著中或多或少都涉及了对马球的讨论,此处不再赘述。就马球研究个案而言,李重申等所著的《中国马球史》对中国马球发展进行了系统性梳理,是该领域的重要论著,另有罗香林、李金梅、高原、金开诚、孙海鸥、赖骏玮等学者的研究成果也颇具代表性。参见李重申、李金梅、夏阳《中国马球史》,甘肃教育出版社2009年版;罗香林《唐代文化史研究》,商务印书馆1946年版;李金梅主编《中国马球史研究》,甘肃人民出版社2002年版;高原《唐代马球运动考:兼述敦煌文献马球资料》,硕士学位论文,兰州大学,2006年;张志编著,金开诚主编《别具一格的蹴鞠与马球》,吉林出版集团有限责任公司2011年版;孙海鸥《我国古代马球流变历程研究》,硕士学位论文,哈尔滨师范大学,2015年;赖骏玮《唐代马球文化探微》,博士学位论文,中兴大学,2016年。

北游牧民族起源说"等。① 虽然马球的起源尚未有明确定论，但是，马球在"丝绸之路"上的盛行却是公认的事实，同时也是最能够体现中西游艺文化交流的项目之一。

有研究者提出，"丝绸之路"畅通的汉代、隋唐等时期，恰好与马球运动发展的几个高峰时期相契合，② 从已有文献资料和出土文物等多元数据信息来看，确实能体现出马球在"丝绸之路"上的交流，这在马球游艺所使用的物品和活动的场景中有明显体现。

球是马球游艺所必不可少的物品，其在"丝绸之路"两个重要的节点城市敦煌和吐鲁番都曾被发现。现存于敦煌博物馆的西汉球形实物，发掘于敦煌马圈湾汉代烽燧遗址，"此球体积为5.5厘米，内填丝绵，外用细麻绳和白绢揉成绳捆扎成球"，③ 无独有偶，吐鲁番鄯善洋海墓地1号墓也出土有三件皮囊球状实物，通过对比和识别，基本可以判别这两种球状实物无论是材质还是形体都非常类似，其大小正符合中原文献中马球"大小如拳"的表述，也都是毛织品，呈圆形状态。同时，考虑到成书于汉代的《风俗通义》中记载有："丸毛谓之鞠"④，而《唐韵》中则将"毛丸"解释为："球，毛丸，打者也。"⑤ 据此，大概率可以推知汉代的"鞠"或"球"是这种用

---

① 有关马球起源的争论已久，向达是波斯起源说的代表者；美籍德国人劳佛尔、阴法鲁、王尧等人通过藏语语音史料力证西藏起源说；唐豪、李松福等人则提出了东汉起源说；戴伟谦、袁愈光独辟蹊径提出起源于西北游牧民族；参见向达《长安打毯小考》，载向达《唐代长安与西域文明》，商务印书馆2015年版；劳佛尔《藏语中的借词研究》，《通报》1916年卷，生活·读书·新知三联书店1957年版；阴法鲁《唐代西藏马毬戏传入长安》，《历史研究》1959年第6期；徐寿彭、王尧《唐代马球考略——藏族人民在体育上的贡献》，《中央民族学院学报》1982年第2期；唐豪《东汉到六朝的中国马球》，中华人民共和国体育运动委员会编《中国体育史参考资料》第7、8辑，人民体育出版社1959年版；李松福《我国古代马球是唐初从波斯传来的吗？》，《体育文史》1983年第1期；戴伟谦、袁俞光《中国古代马球运动起源论断的比较》，《体育学院论丛》2002年第1期。

② 孙有智、许万林：《丝绸之路马球运动的生态因子分析》，《山东体育学院学报》2010年第9期。

③ 吴礽骧等释校，甘肃省文物考古研究所编：《敦煌汉简释文》，甘肃人民出版社1991年版，第296页。

④ 应劭著，王利器校注：《风俗通义校注》，中华书局1981年版，第616页。

⑤ 成书于日本平安时代承平年间（794—1192年）的《倭名类聚抄》（又名《和名钞》）中，为了说明"打球"的来源，引用了《唐韵》中有关"毛丸"的记述。参见日本国立国会图书馆数字馆藏：源顺撰《倭名类聚抄》，那波道圆，元和三年刊本，第4页。

毛织品攒起来的球状实物，"打"是其主要功用，这与前文提到的敦煌和吐鲁番出土的球状实物相吻合，是"丝绸之路"早期马球交流的重要证据。

另外，在吐鲁番阿斯塔那187号墓中还出土了一件彩绘泥塑打马球俑。俑全高29.2厘米，长38厘米，人俑为持杖骑马状，打球者蓄八字胡，戴幞头，着圆领绦色窄袖长袍，蹬皮靴，作挥杖击球状；马俑则通体乳白，线条流畅，强健有力，极富动感。这种对于打马球时人物与马匹神态、动作的了解程度之高，形象刻画之自然、细致，显然可以说明唐代新疆地区打马球运动的盛行。

吐鲁番阿斯塔那古墓群据考证应为公元3—8世纪（西晋初至唐中期）时高昌城的公共墓地。公元9世纪中叶，高昌回鹘王国崛起，而与高昌回鹘同一时期建立，并一度与之共存的位于今新疆、中亚地区的喀喇汗王朝（唐宋时期西域地方政权）也同样流行马球。王朝早期，文学家优素甫·哈斯·哈吉甫在所著之回鹘语长诗《福乐智慧》中有着"国君若狩猎、打马球、出巡"和"（使节）要善打马球"的描述。① 王朝晚期，语言学家麻赫穆德·喀什葛里在所编纂的以阿拉伯语注释突厥语的《突厥语大词典》中亦收录了"qoɣən（马球）""talas（赛马和打马球时，在赛场边上拉的绳子）""tasal（为规定马球场的范围而划定的界线）""bandal（从木头上镑出的像肩胛骨的木片。孩子们晚上燃点木片的头儿互相投掷着玩耍。做马球游戏时玩）"等专业词汇，以及"ol maŋa qoɣən əgdixdi（他帮我弯了马球棍）""ol anïŋ birlə qoɣən urdï əmləxü（他和他以裤子为赌注玩马球）"等含有马球运动的例句。② 这些珍贵的突厥—回鹘语史料也能够充分证明唐宋时马球在西域诸国上层社会的流行。

文献中还有西域诸国向唐朝廷进贡马球和专用于打球的马匹的记

---

① 优素甫·哈斯·哈吉甫：《福乐智慧》，郝关中等译，民族出版社2003年版，第336、343页。

② 原词分别见：麻赫穆德·喀什葛里：《突厥语大词典》，校仲彝等译，民族出版社2002年版，第424、384、413、507、202、262页。

载。《新唐书·东安传》中有载:"开元二十二年,(东安国王笃萨波提)献波斯骤二、拂菻绣氍毹一、郁金香、石蜜等,其妻可敦献柘辟大氍毹二、绣氍毹一。"①《新唐书·龟兹传》中记有:"上元中,(龟兹王)素稽献银颇罗、名马。"②《新唐书·吐蕃传》中亦有:"显庆三年,(吐蕃)献金盎、金颇罗等。"③有学者认为,"氍毹""颇罗"是西域对马球的称谓,④《册府元龟》记有:"吐蕃赞普遣使来请婚,仍献金球羁及牦牛尾。"⑤将马球作为贡品从侧面反映出马球游艺在西域和中原都广受欢迎。除此之外,打球的马也是朝贡的物品,《册府元龟》中载有:"于阗国遣使献打球马两匹",⑥安禄山也曾向朝廷进献"打毯士生马三十匹",⑦由此可见,因为马球游艺的盛行,打球用的良驹宝马也随之成为进贡的时尚物品。

"丝绸之路"上马球游艺活动的频繁开展,也是其交流融合的充分说明。《封氏见闻记》载:

> 闻西蕃人大好为打球,比亦令习,曾一度观之。昨升仙楼有群胡街里打球,欲令朕见。此胡疑朕爱此,骋为之。以此思量,帝王举动,岂宜容易,朕已焚此球以自戒。⑧

通过唐太宗的此番言论可以得知,他对打马球这项游艺活动是接受并喜欢的,但是,因帝王身份不但不能尽兴参与,还要以此为戒。不过,从这段史料中可以解读出当时的唐国都长安,来自西域胡人打马球的活动较为常见,贵为天子的唐太宗在安福门升仙楼的街道上即

---

① 欧阳修、宋祁撰:《新唐书》,中华书局1975年版,第6245页。
② 欧阳修、宋祁撰:《新唐书》,中华书局1975年版,第6232页。
③ 欧阳修、宋祁撰:《新唐书》,中华书局1975年版,第6075页。
④ 张清文:《飘飘拂画毯——唐代马毯文物拾羽》,载王明明《大匠之门》,广西美术出版社2016年版,第219页。
⑤ 王钦若等编:《册府元龟》,中华书局1960年版,第11498页。
⑥ 王钦若等编:《册府元龟》,中华书局1960年版,第11405页。
⑦ 姚汝能撰,曾贻芬点校:《安禄山事迹》,中华书局2006年版,第80页。
⑧ 封演撰,赵贞信校注:《封氏闻见记校注》,中华书局2005年版,第53页。

可见到。

马球还促进了中原王朝与西域政权之间服饰文化的交流。沈括在《梦溪笔谈》中提到:"窄袖、绯绿短衣、长靿靴、有蹀躞带,皆胡服也……窄袖利于驰射,短衣长靿皆便于涉草。"① 而在陕西乾县章怀太子墓墓道西壁中发现的唐代上层多人打马球的图像(图2-1),② 画中骑马人物均着窄袖袍,着长筒靴,显然是吸收了西域胡服的元素。

图 2-1 章怀太子墓《马球图》(局部)

此外,在伊朗国家博物馆中还藏有一幅唐人与波斯人打马球图(图 2-2)。③ 该图原为波斯史诗《列王纪》的插图,15 世纪 40 年代

---

① 沈括撰,张富祥译注:《梦溪笔谈》,中华书局 2009 年版,第 8—9 页。
② 图 2-1 源自李小唐、林春、李重申《丝绸之路岁时节日民俗体育图录》,甘肃教育出版社 2017 年版,第 208 页。
③ 图 2-2 源自李小唐、林春、李重申《丝绸之路岁时节日民俗体育图录》,甘肃教育出版社 2017 年版,第 213 页。

时绘成。从人物面部胡须特征可以看出,画中人物既有波斯人也有唐人。比赛双方高擎球杆,驾马争球,同时场边亦有两国观众,直接、生动地反映了"丝绸之路"上马球游艺的交流。

图 2-2 《列王纪》插图

宋代,马球运动继续受到统治阶级的欢迎和重视。《宋史·礼志》中就曾生动地记载了宋太宗主持并参与宫廷马球比赛时的场景:

三月，会鞠大明殿……帝乘马出，教坊大合《凉州曲》，诸司使以下前导，从臣奉迎。既御殿，群臣谢，宣召以次上马，马皆结尾，分朋自两厢入，序立于西厢。帝乘马当庭西南驻。内侍发金合，出朱漆球掷殿前。通事舍人奏云：御朋打东门。帝击球，教坊作乐奏鼓。球既度，飐旗、鸣钲、止鼓。帝回马，从臣奉觞上寿，贡物以贺。赐酒，即列拜，饮毕上马。帝再击之，始命诸王大臣驰马争击。旗下擂鼓。将及门，逐厢急鼓。球度，杀鼓三通。球门两旁置绣旗二十四，而设虚架于殿东西阶下。每朋得筹，既插一旗架上以识之。帝得筹，乐少止，从官呼万岁。群臣得筹则唱好，得筹者下马称谢。凡三筹毕，乃御殿召从臣饮。又有步击者、乘驴骡击者，时令供奉者朋戏以为乐云。①

从此次马球比赛的参赛人员来看，可以说，宋代的马球运动得到了统治阶级的喜爱和重视。从比赛的各个环节亦可以看出，宋代马球运动的发展已经相当成熟，其中包括入场仪式、比赛规则以及赛中配乐等均有着清晰、明确的制式。

宋时的马球运动还与军事训练联系紧密，甚至与手搏、剑道、技击、连弩等一同被收入兵书之中，成为宋代日常练兵以及选拔军事人才的标准之一，《宋史》中亦有"打球，本军中戏"的记载。② 而同一时期，北方的辽国由于自身马背民族的特性，也对马球的军事作用有着深刻的认同，甚至将马球尊为本国"国球"。不过，辽国的马球并非异域文化影响的结果，而是中原政权进献的产物。如辽穆宗应历元年十二月甲辰日，北汉皇帝刘崇献"弓矢、鞍马"；应历三年三月丁酉日，刘崇复献"球衣及马"等。③

但值得注意的是，辽虽崇尚马球，但却严格限制能够接触到这项

---

① 脱脱等撰：《宋史》，中华书局1977年版，第2841—2842页。
② 脱脱等撰：《宋史》，中华书局1977年版，第2841页。
③ 脱脱等撰：《辽史》，中华书局1974年版，第69、71页。

运动的社会阶层。如华裔宋史学家刘子健所说："在契丹帝国，马球的贵族性质变得非常明显，只有特权阶层才可以进行"①，这种限制在对于渤海国遗民的政策中表现得最为明显。

渤海国是由粟末靺鞨、高句丽等少数民族政权在今中国东北、朝鲜半岛东北以及俄罗斯远东部分地区建立的少数民族政权，俗喜马球，骁勇善战。公元926年，辽灭渤海国，而在此之后的渤海遗民仍然喜爱马球，出于巩固统治的需要，辽廷下令禁止渤海遗民学习、练习马球，以达到削弱其军事实力、避免叛乱的作用。辽兴宗重熙七年（公元1038年），萧孝忠出任东京（今辽阳）留守，而这一地区正是前渤海国辖地。由于"时禁渤海人击球"，萧孝忠便向辽兴宗提出："东京最为重镇，无从禽之地，若非球马，何以习武？且天子以四海为家，何分彼此？宜弛其禁。"②重熙十年，兴宗"以东京留守萧撒八言，驰击球之禁"，③自是渤海马球禁令始开。但此次开禁仅持续了短短五年，《辽史》载，重熙十五年，兴宗再次"禁五京吏民击鞠"，④辽代的"马球禁令"至此由局部地区拓展到全国。

辽代虽禁止吏民打马球，但统治阶级依然将马球视为重要的休闲娱乐方式。辽共传九帝，根据《辽史·游幸表》的统计，穆宗、圣宗、兴宗三帝在位时均有打马球的记录，其中最典型的则要数于重熙七年始颁"马球禁令"的辽兴宗耶律宗真。兴宗在位共24年，其中有8年时间均参加了打马球活动，并且就在其限制渤海人打马球的前后数年间，自己却以每年两次的频率连续进行了四年共计八次马球运动，并且在颁布全国性马球禁令的次年，兴宗再次于七月和十月两次打马球，可以说是一个不折不扣的"马球迷"。⑤

金代时，马球运动迅速恢复，《金史》载："击球之戏，亦辽俗

---

① James T. Liu, "Polo and Cultural Change: From T'ang to Sung China", *Harvard Journal of Asiatic Studies*, 45, No.1 (1985), pp.203–224.
② 脱脱等撰：《辽史》，中华书局1974年版，第1285页。
③ 脱脱等撰：《辽史》，中华书局1974年版，第225页。
④ 脱脱等撰：《辽史》，中华书局1974年版，第233页。
⑤ 本段数据统计自脱脱等撰《辽史》，中华书局1974年版，第1037—1076页。

也，金因尚之。"靖康二年，金军南下攻破宋都，在虏徽、钦二宗回北方的过程中，斡离不"请徽庙看打球……罢，行酒，少倾侍中刘彦宗具传太子之意，跪奏云：闻上皇圣学甚高，欲觅一打球诗。其请颇恭，徽庙云：自城破以来，无复好怀。遂作一诗，写付彦宗，曰：锦袍骏马晓棚分，一点星驰百骑奔。夺得头筹须正过，无令绰拨入邪门"①。这是宋徽宗最后一次以马球为题材作诗，虏至金廷后，徽宗最终"终马足之祸"。正隆六年春，完颜亮"令海滨侯与天水侯（宋徽宗）各领一队兵马为击鞠"，为了羞辱宋徽宗，又令"左右兵马先以赢马易帝壮马"。比赛开始后，"有胡骑数百自场隅而来，直犯帝马首。褐衣者以箭射（耶律）延禧，贯心而死于马下。帝顾见之，失色堕马。紫衣者以箭中帝，帝崩，不收尸，以马蹂之土中"②。

上述马球游艺交流的事例以西域诸国和中原王朝为主，但事实上，唐亡之后，除宋、辽以及之后的金朝外，以马球文化为代表之一的唐文化亦对渤海以东的朝鲜产生了较大的影响，不过，马球这项运动却并未能够如中原王朝一般较好地传承下来。《武艺图谱通志》引《龙飞御天歌注》载："高丽时，每于端午节预选武官年少者及衣冠子弟，击球于九逵之旁，设龙凤帐殿。"③贺光中认为："高丽史中，（在蒙古时代以前）自太祖元年甲午习仪于球庭……前后所记，不下五十一处……（自蒙古时代起）李朝前期，实录尚有可稽。自孝宗以下，不复记载，则（马球）亦式微矣。"④ 对于"蒙古时代"（大致为公元13世纪）前后马球文化影响力的变化，刘子健亦认为："这和中国从南宋以来的情形相仿。蒙古时代，马球反倒消失。"⑤

不过，刘子健"蒙古时代，马球反倒消失"的观点，对于中国本土来说，其实并非完全准确。南宋以后，马球运动的发展确有颓势，

---

① 曹勋编次：《北狩见闻录（及其他三种）》，中华书局1985年版，第6页。
② 辛弃疾：《窃愤续录》，中华书局1991年版，第23—24页。
③ 李德懋、白东修撰：《武艺图谱通志》卷4，正祖十四年（1790年）刊，韩国国家图书馆藏，第46页。
④ 贺光中：《汉城读书记》，《华冈学报》1967年第4期。
⑤ 刘子健：《南宋中叶马球衰落和文化的变迁》，《历史研究》1980年第2期。

但并未"完全消失",元、明、清三代,马球运动虽不如前时流行,仍能在一些诗、词、曲、画等文学作品中见到关于马球的记载,从寻得见马球运动的踪迹。如元代乃贤《羽林行》:"东园击球夸意气,西街走马扬飞尘"①;明代王绂《端午赐观骑射击球侍宴》:"马蹄四合云雾集,骊珠落地蛟龙争"②,以及清代袁启旭《竹枝词》:"谁家儿郎绝纤妙,马上探丸花里笑"③ 等。画作如明代商喜《明宣宗行乐图》、清代顾洛《钟馗击鞠图》等。明清时期的文人墨客以马球为题作文绘画,或在记录现实生活的同时提及马球之乐,也从侧面反映了马球运动在明清时期的发展状态。

有研究者认为:"马球运动是游牧世界的'骑'与农耕世界的'球'联姻后的产儿。"④ 诚如所言,往来于"丝绸之路"上的人们热爱马球游艺,据不完全统计,现存的马球文物,大多出土于"丝绸之路"沿线地区,这些文物沿着"丝绸之路"逐次分布,验证了马球在"丝绸之路"上的交流传播,⑤ 基于马球在"丝绸之路"上的传播与交流,在一定程度上,甚至完全可以把"丝绸之路"称之为"马球之路"。

二 蹴鞠

蹴鞠,又称"蹋鞠""蹴球""炽圆"等。蹴意为踢,鞠意为球,顾名思义,蹴鞠就是踢球的意思。如果说现代足球是全球体育界最具影响力的单项体育运动,那么蹴鞠在中国古代的流行程度有过之而无不及。可以说,蹴鞠是中国古代最具代表性的游艺活动之一,对现代

---

① 乃贤著,叶爱欣校注:《乃贤集校注》,河南大学出版社2012年版,第248页。
② 王绂:《王舍人诗集》,《景印文渊阁四库全书》集部第176册,台湾商务印书馆1983年版,第113页。
③ 杨米人著,路工编选:《清代北京竹枝词(十三种)》,北京古籍出版社1982年版,第6页。
④ 张元:《马球——游牧文化与农耕文化"联姻"的宁馨儿》,《体育文化导刊》1993年第2期。
⑤ 张清文:《飘飘拂画毯——唐代马毯文物拾羽》,载王明明《大匠之门》,广西美术出版社2016年版,第223页。

足球的发展也有着较为深远的影响。① 蹴鞠在中国出现较早，在马王堆汉墓中，考古人员发现一件帛书，即《经法·十大经·正乱》。这件帛书专门记载了黄帝大战蚩尤的事件，其中有一段内容与蹴鞠的起源密切相关："黄帝身禺之尤，因而禽之……充其胃以为鞠，使人执之，多中者赏。"② 这段文字的大意是黄帝打败蚩尤后，为了发泄愤怒，把蚩尤的胃里塞满了毛发，让士兵们当作球踢，射门有赏。③ 先秦时期，蹴鞠在享有"足球起源地"的淄博兴盛，据《史记》载，苏秦"说齐宣王曰"："临淄甚富而实，其民无不吹竽鼓瑟，弹琴击筑，斗鸡走狗，六博踏鞠者。"④ 由此可见，早在战国齐宣王时期，蹴鞠就已流行于齐国。

汉代，蹴鞠得到初步发展，其技术和规则走向规范，出现了研究蹴鞠的专业书籍——《蹴鞠二十五篇》，上至达官贵人，下至平民百

---

① 蹴鞠，作为与现代足球息息相关的古老运动，备受学界关注，研究成果颇丰。宋兆麟在《蹴鞠：中国古代的足球》一书中，对蹴鞠的起源、发展、规则以及其他球戏都做了非常详细的论述；岳长志、马国庆所著的《中国蹴鞠》系统性论述了蹴鞠的发展历程、文化内涵及其特色。除此之外，在很多有关中国古代游艺的文章中，都提到过蹴鞠的发展概况，在此不再赘述。李重申、李金梅、李小唐、顾坤、刘向阳、彭华、刘艳芹、张晏行等学者的研究成果有一定的学术价值。具体参见李金梅、李重申《论敦煌古代的游戏、竞技与娱乐》，《南方文物》2010年第3期；李重申、李小唐《丝绸之路民族传统体育考古研究》，载郑炳林、花平宁主编，兰州大学敦煌学研究所、麦积山石窟艺术研究所编《麦积山石窟艺术文化论文集·2002年麦积山石窟艺术与丝绸之路佛教文化国际学术研讨会论文集》，兰州大学出版社2004年版；李小唐《丝绸之路体育考古研究》，《体育文化导刊》2005年第10期；顾坤《我国蹴鞠的起源与发展及消亡研究》，《体育科技文献通报》2019年第12期；刘向阳、肖存峰《汉代丝绸之路上体育文化的传播与交流》，《兰台世界》2014年第36期；彭华《蹴鞠：足球在古代中国》，《江苏科技大学学报》2015年第4期；刘艳芹《汉代丝绸之路中外体育文化互鉴》，硕士学位论文，中国矿业大学，2017年；张晏行《中国蹴鞠的演变——以汉、唐、宋为主》，硕士学位论文，东吴大学，2017年。

② 国家文物局古文献研究室：《马王堆汉墓帛书（壹）》，文物出版社1980年版，第67页。

③ 关于蹴鞠的起源，学界众说纷纭，主要有黄帝、殷代及战国三说。文中的蹴鞠起于黄帝之说，在西汉以后历朝历代的相关著作中，被多次引用。如明陈继儒的《太平清话》言："踢鞠，始于轩后军中练武之剧，以革为圆囊，实以毛发，今则鼓之以气。"近代一些历史学家也持此观点。如1919年郭绍虞所著我国第一部《中国体育史》就断言，蹴鞠"创始于黄帝无疑"。但是马王堆汉墓所出帛书《十大经·正乱》，据有关考证，写成时代已是战国中期。此时，人们对蹴鞠的起源已不能作确定的说法，至少说明蹴鞠在西汉以前很久就已出现了。关于"黄帝所作"的说法，缺乏其他的佐证材料，并且黄帝大战蚩尤的情况也有待进一步考证，故而将帛书《正乱》所载看作蹴鞠起源，需要谨慎对待。

④ 司马迁撰：《史记》，中华书局1959年版，第2256—2257页。

姓，都十分推崇这项运动，传播范围很广。汉朝时，张骞、班超出使西域，卫青、霍去病北击匈奴，在此过程中，蹴鞠伴随经济文化交流、军队作战训练沿"丝绸之路"向西域传播。这其中最具代表的当属霍去病，《史记》所载，霍去病十分热衷蹴鞠运动："其在塞外，卒乏粮，或不能自振，而骠骑（霍去病）尚穿域蹋鞠。"① 他不仅将其作为娱乐方式，也将其作为军事训练的手段。霍去病认为，练习蹴鞠是士兵在恶劣环境下保持军事素养的胜利法宝，在此指导下，霍去病的军队往往战无不胜，因此，蹴鞠运动引起匈奴军队的重视，许多匈奴将领在军队中开始对士兵进行蹴鞠练习。蹴鞠是极富趣味性的运动，在训练过程中演化出一些新玩法，对抗性作用相对变弱，逐渐广受欢迎。

汉代蹴鞠在西域的传播绝非仅依靠战争方式。中西方商人在"丝绸之路"上和平的文化交流、平等互利的商品交换也是蹴鞠能够在"丝绸之路"沿线地区广泛传播的重要原因。晋人徐广在《弹棋经序》中有言："昔汉武帝平西域，得胡人善跳鞠者，盖衒其便捷跳跃。"② 从这里可以看出，伴随"丝绸之路"进入西域的蹴鞠，已在普通百姓间流传开来，并且西域人十分擅长这项体育运动，中原对西域体育运动影响十分深远。

蹴鞠在西传的过程中也受到了突厥人的热爱。《隋书·突厥传》载：

> 突厥之先，平凉杂胡也……男子好樗蒲，女子踏鞠，饮马酪取醉，歌呼相对。③

可以看出，蹴鞠是深受突厥人喜爱的体育运动，妇女们参与到蹴鞠运动中享受其乐趣。后来突厥分裂，西突厥发展至地中海边，蹴鞠亦随之向西传播，直到地中海沿岸，影响的地域更加广泛。

唐代，蹴鞠先后传入朝鲜、日本。《旧唐书·东夷》载："（高句

---

① 司马迁撰：《史记》，中华书局1959年版，第2939页。
② 李昉等撰：《太平御览》，中华书局1960年版，第3350页。
③ 魏徵、令狐德棻撰：《隋书》，中华书局1973年版，第1863—1864页。

丽)……好围棋、投壶之戏，人能蹴鞠……颇有箕子之遗风。"①《北史·百济传》另载："(百济)有……投壶、摴蒲、弄珠、握槊等杂戏。"② 其中的"弄珠"即为蹴鞠。此外，朝鲜史籍《三国遗事》中亦有"庾信与(新罗)春秋公……蹴鞠于庾信宅前"的记录，原注云："罗人谓蹴鞠为弄珠之戏。"③

蹴鞠传入日本后，与日本传统文化充分融合，进一步减少原有的军事性和竞技性，同时更注重游艺时的"雅致"，与其传统的和歌并称"歌鞠两道"。成书于明治时代的《古今著闻集·蹴鞠第十七》中就记载了十则与蹴鞠有关的故事，其一便开门见山地指出蹴鞠传入日本的时间："蹴鞠之逸游者，前庭之壮观也。文武天皇大宝元年，此兴开始。"④ 其中的"文武天皇大宝元年"即公元701年，此时的中国正处大唐盛世，唐文化自信、开放、包容，以唐朝为中心的东亚文化圈亦在这一时间正式形成。因此，蹴鞠在这一时间传入日本也是完全有可能的，换言之，《古今著闻集》中关于蹴鞠传入日本时间的记述具有较高的可信度。不过，在一些日本学者的著述或一些官方网站中，往往认为日本蹴鞠滥觞于更早的天智天皇于皇极三年(公元644年)正月在法兴寺进行的"打毬"。⑤ 但是关于"打毬"是否确为"蹴鞠"还有待进一步考证。虽然两种主要说法相距约50年，但有一点可以肯定：蹴鞠确是在唐代传入日本。

---

① 刘昫等撰：《旧唐书》，中华书局1975年版，第5320页。
② 李延寿撰：《北史》，中华书局1974年版，第3119页。
③ 一然撰，全锡焕、陈蒲清译：《三国遗事》，岳麓书社2009年版，第83—84页。
④ 永积安明、岛田勇雄校注：《古今著闻集》，东京岩波书店1966年版，第323页。
⑤ 此种观点可参见渡边融《蹴鞠の展开についての一考察——江戸时代の争论を中心として，蹴鞠における家元制について》，《体育学纪要》1966年第3号；渡边昌史《蹴鞠の系谱に関する一考察》，《スポーツ史研究》2006年第19卷；飞田范夫《蹴鞠についての造园的考察》，《造园雑誌》1988年第52卷第5号。以及日本宫内厅《蹴鞠》，https：//www.kunaicho.go.jp/culture/kemari/kemari.html，2023年3月4日；天理大学附属天理参考馆《蹴鞠の鞠》，https：//www.sankokan.jp/selection/life_and_culture/kemarinomari.html，2023年3月4日；みずめ《蹴鞠はただの遊びじゃなかった！伝统的なしきたりと仪式の侧面も併せ持つ不思议なスポーツ》，2021年1月21日，https：//mag.japaaan.com/archives/137328，2023年3月4日。

前文所提到日本蹴鞠的"雅致",一是表现在其采用的蹴鞠玩法是8人制的"白打"而非直接或间接的"对抗"形式,二是一般在贵族或武士的庭院进行,根据《内外三时抄》的记载,庭院中的鞠场为正方形,"宽窄无定分,因屋而所",不过一般边长为"二至三丈",即6.9米左右。① 地面则更为考究,"掘地10尺,下面5尺埋盐,上面5尺敷土",② 与前文所提之唐代驸马以油洒地筑马球场有一定的相似性。另外,鞠场东北、东南、西南、西北分别栽种樱花、柳树、枫树和松树,象征春、夏、秋、冬四季,③ 也为庭院增添了一丝情趣。平安时代末期(南宋时期)的《年中行事绘卷》中就有贵族在这种制式的庭院中蹴鞠的场景。④

宋代,蹴鞠还被广泛应用于统治阶级的大型仪式和外交活动之中,逐渐走向程序化、礼仪化。如在册封亲王、节度使、使相等官职时,就应"由乾元门西偏门出至门外;马技骑士五十人,枪牌步兵六十人,教坊乐工六十五人,及百戏、蹴鞠、斗鸡、角抵次第迎引,左右军巡使具军容前导至本宫"⑤。此外,在接待使者等重要的外事场合,蹴鞠也扮演着外交"润滑剂"的作用。如《宋史·礼治》"金国聘使见辞仪"条记载:宋高宗"使人到阙宴席,凡用乐人三百人,百戏军七十人,筑球军三十二人,起立球门行人三十二人,旗鼓四十人,并下临安府差"⑥。从中可以看出,宋高宗之所以能够采用蹴鞠、百戏等表演欢迎金国使者,并且金国使者亦能够欣然接受,一个重要的客观原因就是蹴鞠在宋、金等国的流行。

金、元两代,蹴鞠受到社会各阶层特别是底层官吏以及平民百姓的欢迎。金代名医张子和曾在其中医学著作《儒门事亲》中记载了这

---

① 飞田范夫:《蹴鞠についての造園的考察》,《造園雑誌》1988年第52卷第5号。
② 东京教育大学体育史研究室编:《图说世界体育史》,东京新思潮社1974年版,第202页。
③ 仓田实:《絵巻で見る 平安時代の暮らし 第4回『年中行事絵巻』卷三「蹴鞠」を読み解く その1》,2013年5月25日,https://dictionary.sanseido-publ.co.jp/column/emaki5-2,2023年3月7日。
④ 飞田范夫:《蹴鞠についての造園的考察》,《造園雑誌》1988年第52卷第5号。
⑤ 脱脱等撰:《宋史》,中华书局1977年版,第2669页。
⑥ 脱脱等撰:《宋史》,中华书局1977年版,第2812页。

样一个案例："蹙踘张承应，年几五十，腹如孕妇，面黄食减，欲作水气。"① 其中的"承应"，据关树东所考，应为金代较为普遍的官职，包括各类护卫、近侍、管理各种玺印的符宝郎、承担杂役的"祗候"，甚至还可以是太医、厨师或者百戏艺人，品级普遍不高，更有甚者没有具体的职务分工，仅在需要时陪人抚琴、下棋甚至聊天等。② 可以推测，此处寻医问药的"蹙踘张"也应是宫中的一个小蹴鞠艺人，而非统治阶级。另外，考古发掘过程中所发现的金代磁州窑蹴鞠瓷枕（图2-3）等日常生活用品，③ 亦可以证明金代蹴鞠在社会各阶层的普及与流行。

图2-3　金　腰圆白地黑花童子蹴鞠纹枕

元代杂剧发达，而杂剧向来反映市井生活风貌。一如《逞风流王焕百花亭》第一折中的一幕就详细地记载了当时青少年之间流行的各种闲时游艺，其中就包括蹴鞠：

---

① 张从正撰，张海岑等校注：《儒门事亲校注》，河南科学技术出版社1984年版，第430—431页。
② 关树东：《金朝宫中承应人初探》，《民族史研究》1999年第00期。
③ 图2-3源自李小唐、林春、李重申《丝绸之路岁时节日民俗体育图录》，甘肃教育出版社2017年版，第198页。

（正末扮王焕引家僮六儿上，云）小生姓王名焕，字明秀，方年二十二岁，本贯汴梁人氏。自父亲辞逝，来此洛阳叔父处居止。为小生通晓诸子百家，博览古今典故，知五音，达六律，吹弹歌舞，写字吟诗，又会射箭调弓，抡枪使棒，因此人皆称为风流王焕。时遇清明节令，不免到城外陈家园百花亭上游玩一遭。（做行科，云）你看这郊外，果然是好景致。只见香车宝马，仕女王孙，蹴鞠秋千，管弦鼓乐，好不富贵也呵！（唱）①

这一幕生动地描绘出了一幅"清明踏青图"。清明时节，一位富家公子前往城外游园玩赏踏青，只见园中"仕女王孙"，或"蹴鞠秋千"，或"管弦鼓乐"，好不热闹。而从后文王小二对王焕的介绍中也能够看出，王焕不仅善于蹴鞠，还会"围棋递相，打马投壶，撇兰撅竹，写字吟诗"，"作画分茶，拈花摘叶，达律知音"，可谓"九流三教事都通，八万四千门尽晓。端的个天下风流，无出其右"。②

另外，不仅民间喜好蹴鞠，元时官家亦以蹴鞠为戏。乔孟符在《杜牧之诗酒扬州梦杂剧》中便托名"隋炀帝幸广陵"，再现了元代扬州的风土人情：

江山如旧，竹西歌吹古扬州……平山堂，观音阁，闲花野草；九曲池，小金山，浴鹭眠鸥；马市街，米市街，如龙马聚；天宁寺，咸宁寺，似蚁人稠……看官场，惯鞔袖，垂肩蹴鞠；喜教坊，善清歌，妙舞俳优。③

在当时众多的游艺项目之中，乔孟符单将蹴鞠与教坊乐舞列出，可见，蹴鞠在元代社会各阶层中的盛行，甚至将蹴鞠称为当时休闲游艺文化的代表也毫不为过。

---

① 姜丽华整理：《元人杂剧选》，复旦大学出版社2013年版，第269页。
② 姜丽华整理：《元人杂剧选》，复旦大学出版社2013年版，第271页。
③ 姜丽华整理：《元人杂剧选》，复旦大学出版社2013年版，第241—242页。

明清时期，蹴鞠则更加倾向娱乐性。商喜所绘制的《明宣宗行乐图》中就有着宣宗观球的场景。清代蹴鞠更是演变出"冰上蹴鞠"的新花样，而在这种玩法中似乎也可以看到早期蹴鞠军事性与竞技性的影子。高士奇在《金鳌退食笔记》中就曾记录了一场冰上蹴鞠比赛：

> 又于冰上作掷球之戏。每队数十人，各有统领，分伍而立，以革作球，掷于空中，俟其将堕，群起而争之，以得者为胜。或此队之人将得，则彼队之人蹴之令远。欢腾驰逐，以便捷勇敢为能，本朝用以习武。所着之履，皆有铁齿，行冰上不滑也。[1]

这段文字也大致记载了冰上蹴鞠的规则：将球抛起，在球触冰之前，抢到者为胜。为了增加比赛的趣味性和难度，一旦一方球员将要得手，另一方便可找准时机将球踢出从而扭转局势。这种比赛方式恢复了汉代蹴鞠中身体对抗的要素，并且，高士奇也明确地指出冰上蹴鞠"用以习武"的军事功能。这种功能大概与满族发源于白山黑水之间有关。东北地区冬季气温低，河湖常常结冰，冬季行军时往往穿冰而过，这种冰上蹴鞠的训练有助于克服冰上行军、打猎的困难以及准备有可能发生的冰上作战。同时就冰上运动本身来讲，其对于提高体质、增强体能也有着较好的作用。

在西域，女子也会参与蹴鞠运动，女子蹴鞠的起源可追溯自汉代。东汉起，中国古代女子就参与到蹴鞠活动中，目前发现的许多汉画石像中有女子参与蹴鞠舞蹈的场景（图2-4）；[2] 唐代时，唐太宗、唐玄宗十分热爱蹴鞠，宫中有女子蹴鞠活动，再加上唐代时蹴鞠制作工艺提高，球体更加轻盈；民风开放，妇女解放程度高，女子参与蹴鞠的热情在这一时期进一步提高；宋代更是延续这一传统，女子蹴鞠渐渐由中原传向西域，使蹴鞠运动不受性别束缚，成为男女皆宜的体育运

---

[1] 高士奇撰：《金鳌退食笔记》，中华书局1985年版，第2页。
[2] 图2-4源自李小唐、林春、李重申《丝绸之路岁时节日民俗体育图录》，甘肃教育出版社2017年版，第194页。

动。据相关文献记载,明朝时,敦煌附近的肃州一带有一种女子蹴鞠活动,人们将水牛的膀胱做成圆球,数名女子组成队伍,根据音乐节拍用脚背踢球,不能使球落地,也不能借助手的力量去接触球,同时又规定一个区域,不能把球踢到这个区域之外。

图2-4 汉 蹴鞠画像石

作为西域重镇的敦煌,留存至今的石窟壁画以及藏经洞的文献浩如烟海,其中不乏对于蹴鞠的相关记载。敦煌文献《丈夫百岁篇》中有言:

一十香风绽藕花,弟兄如玉父娘夸。
平明趁伴争球子,直到黄昏不忆家。[①]

文中描写少年争相玩蹴鞠,夜幕降临也迟迟不肯回家的场景,反映出唐朝时蹴鞠在民间的盛行。在敦煌文献《涅槃经》《瑜伽师地论》等佛教经卷中也提到了"蹴鞠"的游戏。

伴随传播的深入,蹴鞠运动在西域与其他游艺相结合,玩法多样,更有趣味性和参与性。在敦煌文献《书仪一卷·召蹴鞠书》中有如下

---

① 中国社会科学院历史研究所、中国敦煌吐鲁番学会敦煌古文献编辑委员会、英国国家图书馆、伦敦大学亚非学院合编:《英藏敦煌文献》第4卷,四川人民出版社1991年版,第260页。

描写：

　　阴沉气凉，可以蹴鞠释闷，时哉！时哉！垂情幸降趾。不宣。谨状。

　　《答书》：雨后微凉，纤尘不起，欲为打戏，能无从乎！苑勒咨迎，枉驾为幸。不宣。谨状。①

　　可以看出，蹴鞠是当时人们在闲暇时经常选择的解闷运动。除文献史料记载外，在"丝绸之路"沿线城市考古发掘过程中，也可看到蹴鞠的身影，这亦是蹴鞠游艺在"丝绸之路"上传播的力证。在吐鲁番考古过程中发现的《随葬衣物疏》中，记载了"踏鞠囊"这一物品。"踏鞠囊"与蹴鞠息息相关。学界对"踏鞠囊"的理解有很多种。崔乐泉认为："'踏鞠囊'所指的是专门盛球的袋子。而且所蹴之鞠还有用白绢制成的，有的小到能放到衣袖管里去，可见形式的多样。"② 王启涛、徐华详细解释踏鞠囊是"击球或踢球、踩球时用的球网"，③ 蒋礼鸿认为："蹹麹囊、蹹臼囊、久囊、合究囊，都是同一样东西，蹹麹即蹴鞠，踢毯"；④ 周艳萍也认为蹹麹囊就是当时西域地区的蹴鞠。⑤ 而常萍则认为，"踏麹囊"是一种保护腿部的护腿，一般用皮制成，也有绢质的，人们在穿浅帮鞋履时，佩戴"踏鞠囊"来保护腿部。之所以用"踏鞠"命名，可能这种用具最早是蹴鞠活动时保护腿脚的。⑥ 无论其真正用途如何，从"踏鞠囊"这一物品可以看出蹴鞠在西域地区的风靡，以及西域人民对蹴鞠的热情，通过发明创造相

---

① 上海古籍出版社、法国国家图书馆编：《法藏敦煌西域文献》第26册，上海古籍出版社2002年版，第181页。
② 崔乐泉：《〈随葬衣物疏〉与古代高昌地区的蹴鞠活动》，《体育史》1995年第1期。
③ 王启涛、徐华：《吐鲁番出土疑难词语新诠》，《四川大学学报》2008年第1期。
④ 蒋礼鸿：《〈吐鲁番出土文书〉第一册词释》，载《敦煌语言文学论文集》，浙江古籍出版社1988年版，第32页。
⑤ 周艳萍：《吐鲁番出土随葬衣物疏探索》，硕士学位论文，陕西师范大学，2009年，第25页。
⑥ 常萍：《再论吐鲁番出土随葬衣物疏中的"蹹麹囊"》，《敦煌学辑刊》2013年第2期。

关器具使人们能够更好地加入蹴鞠运动中来。

三 射艺

射艺，亦可称射礼，是中国传统的射箭运动。射艺的具体过程在《礼记》中有着较为明确的记载："射者，进退周还必中礼。内志正，外体直，然后持弓矢审固。持弓矢审固，然后可以言中，此可以观德行矣。"[1] 除此之外，据《仪礼》记载，射礼还可以分为乡射礼、大射仪两类。[2] 同时，在《周礼》中，射礼又可分为：大射、乡射、燕射及宾射四种，但是，其基本过程与《礼记》所记载的基本一致，只是比赛规则和准备工作有所不同，[3] 这也说明射艺具有一定的传承性，并随着不断的实践、发展，逐渐丰富完善游艺的各个环节。

关于射艺的起源，目前已知最早的记载便是《礼记》，弓箭的使用却可以追溯到黄帝时期。成书于战国时期的《世本》中记载："（黄帝命）夷牟作矢，挥作弓。"[4] 这从文献史料层面说明黄帝时期便出现了弓箭。

但若继续从考古学这一角度向前溯源，最终可以将弓箭出现的时间确定在旧石器时代晚期。1963 年夏初，中国科学院古脊椎动物与古人类研究所山西工作组在山西朔县峙峪村附近发现了一处旧石器时代文化遗址，遗址中出土的石簇，经年代测定，距今两万八千余年。[5] 峙峪遗址发掘报告中这样描述这件石簇："这是一件很特殊的标本，

---

[1] 阮元校刻：《十三经注疏》，中华书局 1980 年版，第 1686 页。
[2] 阮元校刻：《十三经注疏》，中华书局 1980 年版，第 993、1027 页。
[3] 关于射礼的分类同时也存在三种说法。如清人朱大韶《实事求是斋经义》卷一，《续修四库全书·经部》，上海古籍出版社 2002 年版，第 270 页认为：射礼分大射、乡射及燕射。燕射的记录仅出现于《周礼》，存在诸多不确切之处。关于大射与乡射的关系，小南一郎及彭林都认为两者的程序基本相同，但大射礼比乡射礼整体级别高。参见小南一郎《射の儀礼化をめぐって》，《中国古代礼制研究》，京都大学人文科学研究所 1995 年版，第 47—116 页；彭林《中国古代礼仪文明》，中华书局 2004 年版，第 150 页。此外小南一郎还指出，最早先有乡党组织内部的乡射礼，此后逐渐向上层建筑渗透，才慢慢形成了适合统治阶级的大射礼。
[4] 宋忠注，秦嘉谟等辑：《世本八种》，商务印书馆 1957 年版，《雷学淇校辑本》，第 79 页。
[5] 杜水生：《中国北方的石叶类遗存》，《中国历史文物》2005 年第 3 期。

原料为燧石,用非常薄的长石片制成,一端具有很锋利的尖;一侧边缘经过很精细的加工;另一侧则保持石片原来的锋利的边缘,只是靠近尖端的部分稍经修理,以使尖端更为周正。与尖端相对的一端(底端)左右两侧均经修理使之变窄,状似短短的簇梃。"① 由上述文字记载和出土文物可知,射艺在古代中国有深厚的历史沉淀,是古代游艺中极富文化内涵的项目之一。

然而,射艺并非中国古代中原政权所独有的技艺,早在春秋战国时期,我国北方游牧民族便掌握了骑射这一技艺,所谓骑射,便是骑马射箭技艺。据《战国策·赵策》记载,这一技艺在赵武灵王时,由赵武灵王颁布"胡服骑射"的改革诏令而传入中原。而骑射这一技艺亦可能并非我国北方游牧民族的独创。已知最早的骑射图像出自亚述浮雕,而后本与亚述结盟的斯基泰人于公元前7世纪晚期倒戈并伙同巴比伦人、米底人推翻了亚述。此后斯基泰人的步伐从高加索至叙利亚,又覆盖了从中南欧到蒙古高原的广大地区,赵武灵王所学习的河套地区的林胡极有可能受到过斯基泰人的影响,这亦是较早的东西方射艺的交流,其地理路径正是后来的"丝绸之路"。

汉代时,匈奴等边境少数民族经常侵犯汉朝边境。汉朝步兵和骑兵作为汉代的主要武装力量,后来逐渐学习了匈奴的骑射,以应对匈奴的进攻,对此,《史记》曾记载道:

> 广居右北平,匈奴闻之,号曰"汉之飞将军",避之数岁,不敢入右北平。广出猎,见草中石,以为虎而射之,中石没镞,视之石也。因复更射之,终不能复入石矣。广所居郡闻有虎,尝自射之。及居右北平射虎,虎腾伤广,广亦竟射杀之。②

可见,当时李广的射箭技术十分高超,震慑了匈奴,也能从侧

---

① 贾兰坡、盖培、尤玉桂:《山西峙峪旧石器时代遗址发掘报告》,《考古学报》1972年第1期。

② 司马迁撰:《史记》,中华书局1959年版,第2871—2872页。

面看出，骑射在汉代军事战争中占有十分重要的地位。汉武帝时期，为联合大月氏夹击匈奴，汉武帝曾派遣张骞出使西域，张骞由东向西凿空西域，不仅加深了中国与中亚的联系，还真正开辟了联络中西的伟大的"丝绸之路"。射艺这一技艺并非只是单向的由外传入，而是双向交流。西汉宣帝时期，设置了西域都护府，以郑吉为首任都护，坐镇乌垒，西域尽皆臣服。在强盛的汉帝国的庇护下，"丝绸之路"畅通无阻，繁华一时无二。

在中原与中亚、西亚游艺文化交流的中枢新疆地区，这种双向的文化、经济交流的表现则更为明显。1995年10月，中日尼雅遗址学术考察队在今新疆民丰县城北缘尼雅遗址考察时发现了一处新的95MNI号墓地，其中的8号墓经判定为魏晋前凉时期墓葬，其中出土的随葬品"一弓四矢"有力地证明了"丝绸之路"上中外射艺文化的交流。[1]

从弓与箭的形制来看，尼雅遗址95MNIM8出土的弓箭为流行于塔里木地区的复合弓，带有明显的西域文化特点，而此种类型的弓，经林梅村考证，在幼发拉底河流域的贝格霍兹古墓中也有出土，并且与图拉真石柱上帕提亚战士与罗马军队对抗时所使用的复合弓一致，[2]由此可见，95MNIM8出土的"一弓"应是受游牧民族文化影响，由中亚、西亚等地区传入新疆。

与域外形制的"一弓"不同，墓中出土的"四矢"则具有明显的中原文化特征。"四矢"为木制，箭头呈圆形而非尖状，而这种非尖头箭头多出土于河南，年代较久远的距今约四千年。[3] 陈星灿指出，尼雅遗址中出土的此种箭头与中原地区的同类箭头具有相同的作用，即是在重创猎物的同时获得完整的皮毛。[4]

---

[1] 新疆文物考古研究所：《新疆民丰县尼雅遗址95MNI号墓地M8发掘简报》，《文物》2000年第1期。

[2] 林梅村：《丝绸之路考古十五讲》，北京大学出版社2006年版，第124页。

[3] 张弛：《尼雅95MNIM8随葬弓矢研究——兼论东汉丧葬礼仪对古代尼雅的影响》，《西域研究》2014年第3期。

[4] 陈星灿：《考古随笔》，文物出版社2002年版，第14页。

此外，就"一弓四矢"本身来说，《后汉书》中有着如下记载："东园武士执事下明器……彤矢四，轩輖中，亦短卫。彤矢四，骨，短卫。彤弓一。"① 其中的"彤弓一""彤矢四"实际上就是95MNIM8中出土的"一弓四矢"。这种在魏晋时期西域墓葬之中出现东汉中原贵族丧葬礼制的现象，无论从时间层面还是空间层面来看，都能够直接证明射艺这一技艺在"丝绸之路"上的双向传播与交流，更可以看出中国古代的射艺及其所形成的射礼等礼仪制度受到了"丝绸之路"沿线诸国的尊崇与热爱。

魏晋南北朝时期，游牧民族内迁，出现了一批由游牧民族建立的政权，这些游牧民族都或多或少地受到了经由"丝绸之路"传来的中亚、西亚的射艺的影响，在他们入主中原后，两种射艺进行了互鉴与融合。据《北齐书·綦连猛传》记载：

> 元象五年，梁使来聘，云有武艺，求访北人，欲与相角。世宗遣猛就馆接之，双带两鞬，左右驰射。兼共试力，挽强，梁人引弓两张，力皆三石；猛遂并取四张，叠而挽之，过度。梁人嗟服之。②

从这一记载可以看出，南朝梁国所代表的中原射艺与北朝齐国所代表的游牧民族射艺存在着渐趋融合的趋势。隋朝时，射艺也同样作为一种展示国力和接待外宾的方式受到统治阶级的重视。据《隋书》记载：

> 尝遇突厥入朝，上赐之射，突厥一发中的。上曰："非贺若弼无能当此。"于是命弼。弼再拜祝曰："臣若赤诚奉国者，当一发破的。如其不然，发不中也。"既射，一发而中。上大悦，顾

---

① 范晔撰，李贤等注：《后汉书》，中华书局1965年版，第3146页。
② 李百药撰：《北齐书》，中华书局1972年版，第540页。

谓突厥曰："此人，天赐我也！"①

《北齐书》和《隋书》的这两处记载都是表明在政府接受外族朝见的场合下，以射艺来展示国力和彰显两方的友谊，其中突厥作为曾活跃在蒙古高原和中亚地区的游牧民族集团，隋王朝与其进行的有关射艺的较量，正是"丝绸之路"上有关射艺交流的一个侧面表现。有隋一代，不只有外族入朝比试技艺，隋朝大臣也会入突厥展示射艺。据《隋书》记载：

> 宣帝时，突厥摄图请婚于周，以赵王招女妻之……因遣晟副汝南公宇文神庆送千金公主至其牙。前后使人数十辈，摄图多不礼，见晟而独爱焉，每共游猎，留之竟岁。尝有二雕，飞而争肉，因以两箭与晟曰："请射取之。"晟乃弯弓驰往，遇雕相攫，遂一发而双贯焉。摄图喜，命诸子弟贵人皆相亲友，冀昵近之，以学弹射。②

唐代"丝绸之路"更加畅通繁荣，也进一步促进东西方游艺文化交流。唐朝前期，射礼一度颇为盛大，特别是在唐太宗时期射礼步入了巅峰。"（贞观四年十月）辛丑，（太宗）校猎于贵泉谷。甲辰，（太宗）校猎于鱼龙川，自射鹿，献于大安宫……（贞观）五年正月癸酉，（太宗）大蒐于昆明池，蕃夷君长咸从。丙子，（太宗）亲献禽于大安宫……九月乙丑，（太宗）赐群官大射于武德殿……十二月……癸卯，（太宗）猎于骊山。"③ 这样连续坚持举行射礼在唐代仅太宗朝一例，由此也可以看出，唐太宗对射礼的重视，而这种重视不仅是唐太宗本人的尚武精神的影响，更是唐太宗借助射礼对"丝绸之路"诸国与四夷的一次威慑，同时这种威慑也从侧面促进了射艺的交流与传播。

---

① 魏徵、令狐德棻撰：《隋书》，中华书局1973年版，第1345—1346页。
② 魏徵、令狐德棻撰：《隋书》，中华书局1973年版，第1329—1330页。
③ 刘昫等撰：《旧唐书》，中华书局1975年版，第40—41页。

射艺文化不仅对中亚、西亚地区产生了深远的影响,还经由海上"丝绸之路"向东传入隔海相望的朝鲜。根据吉林集安高句丽古墓群长川1号墓北壁发现的高句丽王率众骑射题材的壁画可以得知,[①] 早在高句丽时期,朝鲜先民们就已经掌握了射箭技巧,但中原射艺文化真正融入朝鲜传统文化之中则要到了李氏朝鲜时期。李朝《国朝五礼仪》中规定:"国家行乡饮、乡射礼,乡饮则每十月,乡射则三月三日,九月九日行之。"[②] 而作为礼制固定下来,同时又作为政令推行开来的三月三、九月九射礼,在朝中两国的文献中均有记录。如《东国岁时记》载:"南原俗,州人当春于龙潭若栗林饮酒射侯以为礼⋯⋯以行饮射之礼,秋节又如之。"[③] 又如宋《演繁露》载:"壬辰三月三日,在金陵预阅李显忠马司兵,最后折柳,环插球场,军士驰马射之。"[④]

射艺作为中国古代历史悠久且具有特殊政治文化意义的活动,可以说其从一开始便诞生于"丝绸之路"诸国文化与技艺相互交流的过程,而后经过历朝历代的"丝绸之路"诸国的交流与发展,射艺曾一度成为"丝绸之路"诸国共同尊崇的,乃至于成为可以代表国家荣誉体面的一项运动,射艺及其所代表的射礼等礼制文化为中华文化的传播与发展以及"丝绸之路"诸国的友好交往做出了重要贡献。

四 拔河

拔河,也被称为"牵钩""扯绳""钩索"或"拖钩",是一项集力量和技巧于一体的集体对抗性游艺,参与的双方人数必须相等,相互牵引对拉一根绳子,将对方拉过事先约定的标记或超过中点线即可

---

① 壁画共绘猎者二十余人,或围捕或包抄,姿态各异、生动形象,画中另绘有虎、熊、鹿等野兽。
② 《朝鲜王朝实录·成宗实录》,首尔:国史编纂委员会1986年版,第647页。
③ 洪锡谟:《东国岁时记》,首尔朝鲜汉文会1911年版,第24页。
④ 程大昌撰,许逸民校证:《演繁露校证》,中华书局2018年版,第909页。

算取得胜利。① 根据史料记载，拔河是我国古代出现较早的一项游艺活动，在春秋时期就有开展，主要用于军事训练，其直接来源是《墨子·鲁问》中的一段记载：

> 昔者楚人与越人舟战于江。楚人顺流而进，迎流而退，见利而进，见不利则其退难。越人迎流而进，顺流而退，见利而进，见不利则其退速。越人因此若埶，亟败楚人。公输子自鲁南游楚，焉始为舟战之器，作为钩强之备，退者钩之，进者强之，量其钩强之长，而制之为兵。楚之兵节，越之不兵节，楚人因此若埶，亟败越人。②

通过释读这则材料，可知"钩强"是影响楚越之战胜败的重要因素。楚人为了使士兵能够有足够的力气来拉动"钩强"，便准备了用竹皮制作而成的竹索，并把士兵分成两队，分别拉住竹索的一端，相互拉扯，既不让敌船靠近己方，又不让敌船逃脱，以此反复演练。久而久之，这种军事训练逐渐转向为娱乐游戏，成为拔河游艺，③ 在宫廷、军队和民间都广为流行。

拔河游艺在唐代得到了长足的发展，拔河的称谓也正式定名，在"丝绸之路"游艺文化交流中也能寻觅到其踪迹。拔河作为游艺文化

---

① 对于中国古代拔河的研究，未见专门的著作，已有成果多是散布于中国古代体育史、游戏史和民俗学等研究领域。对拔河起源、演变等问题的讨论以期刊和学位论文为主，主要有：崔加秀、王其慧：《拔河的起源和发展》，《武汉体育学院学报》1984年第3期；林琳：《拔河的起源和唐代拔河运动》，《文史杂志》2001年第5期；杨万娟、单文建：《拔河源自楚地考据》，《江汉考古》2006年第2期；陈小英、商执娜：《中国古代"拔河戏"考略》，《体育科技文献通报》2009年第11期；张固也：《唐代拔河新考》，《民俗研究》2010年第4期；乔孟杰：《唐代拔河考析》，《体育文化导刊》2015年第7期；韩帅帅：《中国民俗体育拔河运动的竞技化和当代价值研究》，硕士学位论文，山西大学，2018年；刘红：《东北亚地区的拔河游戏研究》，硕士学位论文，大连外国语大学，2017年。
② 吴毓江撰，孙启治点校：《墨子校注》，中华书局1993年版，第739页。
③ 南朝宗懔所撰的《荆楚岁时记》中较早提及了拔河的游艺化："施钩之戏，以绠作篾缆相胃，绵亘数里，鸣鼓牵之。求诸外典，未有前事。公输子游楚为舟战，其退则钩之，进则强之，名曰钩强，遂以时越。以钩为戏，意起于此。"参见张华等撰，王根林等校点《博物志·外七种》，上海古籍出版社2012年版，第158页。

交流的项目，主要表现在两个方面：一是作为表演项目供"丝绸之路"各民族欣赏；二是在"丝绸之路"沿线区域得到传播，并且流传至今。《封氏闻见记》中记载了唐玄宗时期一场耗资巨大、声势浩大的拔河游艺史料，生动形象地再现了当时拔河的场景：

> 拔河，古谓之牵钩，襄、汉风俗，常以正月望日为之……中宗曾以清明日御梨园球场，命侍臣为拔河之戏……玄宗数御楼设此戏，挽者至千余人，喧呼动地，蕃客士庶观者，莫不震骇。进士河东薛胜为《拔河赋》，其辞甚美，时人竞传之。①

此则史料可以释读出几个重要信息：一是拔河之名由"牵钩"向"拔河"的转变；二是拔河游艺在唐代皇室中受到欢迎；三是由"蕃客士庶"的表述可知，当时有来自西域的人一同观看了这场气氛浓烈的拔河游艺。在欣赏拔河游艺的观众中何以会出现西域人的身影，翻阅上文材料中所提及的薛胜《拔河赋》一文，可以解答这个疑惑：

> 皇帝大夸胡人以八方平泰，百戏繁会。令壮士千人，分为二队。名拔河于内，实耀武于外。……千人抃，万人哈；呀奔走，垒尘埃。超拔山兮力不竭，信大国之壮观哉！……天子启玉齿，以璀璨散金，钱而莹煌。胜者皆曰："予王之爪牙，承王之宠光。"将曰："拔百城以贾勇，岂乃牵一队而为刚。"于是匈奴失筋，再拜称觞。曰："君雄若此，臣国其亡。"②

《拔河赋》辞藻华丽，在当时得到人们的追捧，并争相传诵，由其文中所述的"皇帝大夸胡人以八方平泰""名拔河于内，实耀武于外""于是匈奴失筋，再拜称觞"等语句，可以推知唐玄宗邀请西域人观看拔河游艺的一个主要目的就是以此展示唐王朝的力量，宣扬泱

---

① 封演撰，赵贞信校注：《封氏闻见记校注》，中华书局2005年版，第54—55页。
② 李昉等编：《文苑英华》，中华书局1966年版，第367—368页。

泱大国的气势。唐玄宗的这一举动虽是为了炫耀国威，但在客观上却促进了拔河游艺在"丝绸之路"上的交流。

拔河游艺在"丝绸之路"交流的另一个重要表现就是从内地传到了"丝绸之路"沿线的各个地区，得到了广泛开展，直到现在依然是部分地区重要的节庆游艺活动，甘肃省甘南藏族自治州临潭县的元宵节万人拔河活动，就是其中的典型例子。

临潭拔河的起源与中唐著名将领李晟有着密切的关系。李晟，临潭人，自幼爱好骑射，入伍从军后屡败吐蕃、平定藩镇叛乱，为唐王朝立下赫赫战功。作为部队将领，李晟的生活方式必定受到当时军旅生活的影响，《新唐书·兵志》中记载道："六军宿卫皆市人，富者贩缯彩、食粱肉，壮者为角抵、拔河、翘木、杠铁之戏。"① 由此则材料可知，唐中后期士兵们乐于拔河，以此作为日常娱乐和军事训练的手段。李晟的部队长期在西北地区活动，军队在无战事，处于休整期时，大概率也会进行拔河等活动，尤其是战事结束后，会留下大批守军和西迁移民，这些人与当地居民的经济、文化生活不断交流，类似于拔河这样的游艺文化也就顺理成章地由"军中之戏"变为"民间之戏"了，在一定意义上说，也就是临潭拔河最初的源头了。

清朝光绪年间张彦笃所撰的《洮州厅志》之《风俗》卷中对临潭县的拔河盛况有较为详细的描写：

> 每岁正月元旦及岁时各节皆无异俗，惟正月初五日午后有扯绳之戏。其俗在西门外河滩，以大麻绳挽作二段，长数十丈。另将小绳连挂大绳之末，分上下二朋，两钩齐挽。少壮咸牵绳首，极力扯之，老弱旁观，鼓噪声可撼岳。以西城门为界，上下齐扯，凡家居上者上扯，家居下者则下扯，胜者踊跃欢呼，负者亦以为失意。其说以为扯势之胜负，即以占年岁之丰歉焉。相沿已久，不知所自，按襄汉拔河之举，上古牵钩之俗，此殆其遗意欤！②

---

① 欧阳修、宋祁撰：《新唐书》，中华书局1975年版，第1327页。
② 张彦笃修，包永昌等纂：《洮州厅志》，成文出版社1984年版，第177—178页。

上文生动地还原了临潭拔河游艺的场景,在谈及拔河所使用的绳子和准备姿势时,使用了"以大麻绳挽作二段,长数十丈""另将小绳连挂大绳之末,分上下二朋"这样的语句进行表述,而在《封氏闻见记》中亦有类似的表述:"古用篾缆,今民则以大麻絙,长四五十丈,两头分系小索数百条,挂于胸前。分二朋,两相齐挽。当大絙之中,立大旗为界,震鼓叫噪,使相牵引。以却者为胜,就者为输,名曰'拔河'。"① 封演为唐朝人,他记载当时拔河所用的绳子和赛前情况"大麻絙,长四五十丈""两头分系小索数百条""分二朋,两相齐挽"与清朝张彦笃在《洮州厅志》中所使用的词句非常相近,尤其是"按襄汉拔河之举,上古牵钩之俗,此殆其遗意欤",明确指出临潭的拔河是对唐代甚至更早时期拔河游艺的传承,② 据此也可以推知拔河在历史上自中原经"丝绸之路"传入到临潭,并在此落地生根。

　　游艺文化交流的最高境界无疑是文化的融合和认同,临潭拔河就是一个非常鲜明的例子。拔河起源之初有祈盼丰收的意蕴,《隋书·地理志(下)》对荆襄拔河旧俗记载为:"俗云以此厌胜,用致丰穰。"③ 唐玄宗所作《观拔河俗戏》诗序中亦有云:"俗传此戏。必致年丰。"④ 千百年来,人们把拔河赋予农业生产兴旺的观念一直传承,《洮州厅志》中所记载的"其说以为扯势之胜负,即以占年岁之丰歉焉"。由此可见,对丰收的期盼,正是拔河游艺在"丝绸之路"上交流、融合和传承的见证和例证。更难能可贵的是,这种认同不仅是对拔河游艺的历史传承,更是各民族在拔河游艺中形成的齐心协力,"按照当地约定俗成的规则,参加比赛的人员按照居住地域划分组队,即上片居住的民众向上扯、下片居住的民众向下拉。又由于当地各民族交错杂居,

---

① 封演撰,赵贞信校注:《封氏闻见记校注》,中华书局2005年版,第54页。
② 有学者根据《明太祖实录》提出临潭拔河源自明初的沐英平叛,当时拔河作为士兵军事训练的内容,后来部分将士留在了洮州,拔河也由军队传播到了民间。参见曾智娟《传统民俗对构建地方和谐民族关系的功能研究:以临潭万人拔河民俗为例》,硕士学位论文,兰州大学,2011年;刘玉忠《临潭万人扯绳及文化探微》,《甘肃高师学报》2011年第4期。
③ 魏徵、令狐德棻撰:《隋书》,中华书局1973年版,第897页。
④ 彭定求等编:《全唐诗》,中华书局1960年版,第32页。

彼此之间长久发生密切的交往和交流,因此,在同一竞技阵营中,往往能够看到队友中包含着回族、汉族、藏族等多个民族的成员"①。

　　以拔河祈盼丰收的形式同样流行于朝鲜半岛,并且融合了其本土传统的生殖崇拜观念,进一步丰富了拔河运动的内涵。现今可见朝鲜半岛最早的有关拔河的文献记载是成书于15世纪的《东国舆地胜览》,其中提出了相对于北部,拔河更加流行于朝鲜半岛南部的观点。这种观点在之后的文献中也可得以作证,如《五洲衍文长笺散稿》中提到的崇州、《东国岁时记》中记载的忠清道、京畿道、济州岛等。根据《东国岁时记》的记载,李氏朝鲜时期,"岭南俗有葛战,以葛作索,大可四五十把,分队相引以决胜,谓之占丰"②。

　　此外,与临潭拔河相同,朝鲜半岛的拔河亦是自我国中原地区传入。《蔚山府邑志》中"马头戏,每年五月五日,邑人分东西曳索争勇,以占丰凶。西胜年丰,东胜年凶,以决胜负……盖仿唐时拔河之类也"的记载可以有力地证实这一观点。③ 朝鲜半岛的拔河一般在正月十五和八月十五举行,哪一方胜利,就象征着哪一方来年会获得丰收。如前文所述,拔河也与生殖崇拜有着密不可分的关系,因此拔河所用的绳索也具有明显的两性交合的象征意义:绳索"分雌绳和雄绳,雌雄绳各由一条主绳和若干条子绳构成。雌绳绳头围成一个圆环,象征女性生殖器;雄绳绳头被围成稍显椭圆的形状,象征男性生殖器"。相对地,参加拔河的村民亦分为"雄绳队"和"雌绳队","拔河时,村民分两队将雄绳绳头插入雌绳绳头内,用栓木从雄绳绳头穿过拴紧后奋力后拉,努力将对方绳头拉过规定界限。"④ 不过,由于农耕时代的半岛人民所信奉的"大地之神"通常为女性,而为了取悦女

---

① 满珂、刘春艳:《民族文化交融的原因、途径探析——基于甘肃省临潭县的调查研究》,《云南民族大学学报》2020年第6期。
② 洪锡谟:《东国岁时记》,首尔朝鲜汉文会1911年版,第13页。
③ 张成男:《中国古代体育文化在朝鲜半岛的传播及影响研究》,硕士学位论文,延边大学,2020年,第14页。
④ 蔡艺、郑燕:《朝鲜半岛岁时体育风俗研究》,《湖南工业大学学报》(社会科学版)2019年第1期。

神、祈求丰收,"雄绳队"往往会稍稍示弱,让"雌绳队"取得胜利。

可以说,拔河游艺在"丝绸之路"上得到了各民族的参与和认同,密切了"丝绸之路"上各民族的交往和合作,融合了各民族的传统文化,其演变和传承也是各民族游艺文化交流的结果。

第二节 "丝绸之路"百戏类游艺项目交流研究

以杂技、兽戏、幻术等游艺项目为代表的百戏类游艺,是"丝绸之路"上较为流行的游艺类型。早在先秦时期,幻术、兽戏等许多西域的游艺项目就零星传播到了中原地区,成为早期中外文化交流的重要媒介。汉代"丝绸之路"开辟后,各种外来百戏类游艺大量进入宫廷,成为宫廷百戏舞乐的重要组成部分,并与中原地区的艺术审美取向相调和,是"丝绸之路"上文化交流的重要典范。同时,一些西域百戏类游艺项目随着僧人、商旅等群体进入民间社会,从民间社会的维度促进了"丝绸之路"间的文化融合。

一 杂技

在古代中国,杂技常常与幻术并列为百戏,而杂技又有绳技、杆技等多种门类,成为中古时期在亚洲地区较为流行、普遍存在的一种表演游艺。通常意义上讲,学界普遍认为,杂技经由"丝绸之路"传入中原,学者们对此多有关注,从不同视角进行了探讨,取得了诸多丰硕成果,[①]也有学者提出杂技起源于"中华原始文化",但同时也受

[①] 常任侠在《丝绸之路与西域文化艺术》中专列"汉唐间西域杂技艺术的东渐"一编,对西域杂技在中原的传播情况进行了初步介绍;在此之后,周吉则对东传中土技巧类杂技、持具类杂技、模拟类杂技等"西域百戏"进行了考证;杨絮飞、李国新对汉画砖像中的杂技形象进行考察,注意到了武帝、宣帝以杂技作为联系汉与西域各民族的纽带;丁玲辉则在探究唐蕃文化交流时,也以杂技百戏为例,探讨了其对吐蕃体育发展的影响;王永平曾对"嘉兴绳艺"在中外交流中的源流、发展进行过历史学考察,并认为其应从印度经过海上"丝绸之路"传至中国。参见常任侠《丝绸之路与西域文化艺术》,上海文艺出版社1984年版,第215—246页;周吉《西域百戏初考》,《西域研究》2008年第1期;杨絮飞、李国新《从汉画像砖看汉代(转下页)

到了西域及其他周边地区杂技艺术的影响。① 尽管杂技的源头存有争议，但是，"丝绸之路"在杂技传播和交流中的桥梁作用却是得到了学术界的一致认可。

早在两汉时期，中国内地的杂技表演就已经带有了较为明显的域外风格。秦汉时期的宫廷宴会上就出现了"以两绳系两柱间，相去数丈，两倡女对舞，行於绳上，相逢切肩不倾"的"绳艺"杂技表演。② 东汉张衡所作《二京赋》，里面托名汉武帝时期的故事，实际是对其所处时期大型百戏表演的生动描写，其中记载了当时杂技的盛景："乌获扛鼎，都卢寻橦，冲狭燕濯，胸突铦锋。跳丸剑之挥霍，走索上而相逢……尔乃建戏车，树修旃，侲僮程材，上下翩翻，突倒投而跟絓，譬陨绝而复联。"③ 文中提到的"都卢寻橦""跳丸"等带有明显的外来文化因素和中外文化交流的痕迹。"都卢寻橦"应该是一种竿技（图2-5），④ "都卢"，即"夫甘都卢"，为国名，"其人体轻而善缘也。"⑤ 根据日本学者藤田丰八的考证，应该为西南夷的小国之一⑥，另据《文选》中李善引《汉书》所载，都卢国应在"合浦（郡）南"⑦，即今缅甸南部卑谬城附近，这种文化联系也充分说明了东汉时期合浦、徐闻等西南"丝绸之路"海上航线的繁荣。此外，《邺中记》中所记载石虎在宴会上欣赏杂技表演的场景，涉及了部分杂技交流的内容：

虎正会殿前作乐，高絙、龙鱼、凤凰、安息五案之属，莫不

（接上页）杂技艺术》，《杂技与魔术》2005年第3期；丁玲辉《唐蕃文化交流对吐蕃体育的影响》，《中国藏学》2012年第2期；王永平《从〈嘉兴绳技〉看唐代中印文化交流》，《河北学刊》2012年第3期。

① 傅起凤、傅腾龙：《中国杂技史》，上海人民出版社2004年版，第2页。
② 杜佑撰，王文锦等点校：《通典》，中华书局1988年版，第1928页。
③ 萧统编，李善注：《文选》，中华书局1977年版，第48—49页。
④ 图2-5源自李金梅、李重申《丝绸之路体育图录》，甘肃教育出版社2008年版，第131页。
⑤ 马端临撰：《文献通考》，中华书局1986年版，第1289页。
⑥ ［日］藤田丰八：《中国南海古代交通丛考》，何健民译，山西人民出版社2015年版，第101页。
⑦ 萧统编，李善注：《文选》，中华书局1977年版，第41页。

毕备。有额上缘橦，至上鸟飞，左回右转。又以橦著口齿上，亦如之。设马车，立木橦，其车上长二丈，橦头安横木，两伎各坐木一头，或鸟飞，或倒挂，又衣伎儿作猕猴之形，走马上，或在马胁，或在马头，或在马尾，马走如故，名为猿骑。①

图2-5　唐　莫高窟第85窟《橦技图》

以上文字详细描写了后赵政权在举行宴会时的橦技表演的诸多细节，形式多种多样。其中石虎所欣赏的"安息五案"，根据傅起凤的考证，其表演形式应当是表演者在叠案上进行倒立表演，具体的表演方式在内蒙古发现的和林格尔东汉壁画墓中可以略知一二。在"五

---

① 李昉等撰：《太平御览》，中华书局1960年版，第2572页。

案"前冠之以"安息"二字，则表明这项杂技来自于安息国，即今天的伊朗一带。安息为"丝绸之路"上的重要地区，早在汉武帝时期就已经通过"丝绸之路"与汉帝国建立了初步联系，在此之后，安息经常派遣使者前来中原王朝进行外交活动，在史书中屡见不鲜，如东汉和帝时"安息国遣使献师子、扶拔"，[①] 北周时"突厥、吐谷浑、安息等国并遣使朝贡"[②]。据此可推知"安息五案"很有可能便是通过"丝绸之路"传播进入中国的。

大约在东晋十六国时期，杂技随佛教一同传入高句丽，这一传播从南北朝时期水山里高句丽古墓壁画中有所记载。壁画由墓主人和百戏演员两大部分构成：左侧是三位正在表演杂技的艺人，"一人踩高跷手拿道具似在进行幻术表演。一人抛起六个圆球，也在跳七丸。还有一人抬头望着斜前方旋转的轮子在进行舞轮表演"[③]。墓主人则着华服居画幅中间偏右，神态自然，再右有一仆人为其擎伞。从墓主人所穿的服饰来看，应是受到了中原汉文化的影响；而从艺人表演杂技的种类来看，则应是受到了中原以及西域杂技百戏的影响。

隋唐时期，包括中原王朝在内，当时"丝绸之路"沿线的很多政权都往往会在较为正式的宴会场合安排一些杂技的相关表演，以活跃外交宴会的气氛，促进外交活动的顺利进行。如《旧唐书》中记载唐睿宗接待婆罗门进献的场景：

睿宗时，婆罗门献乐，舞人倒行，而以足舞于极铦刀锋，倒植于地，低目就刃，以历脸中，又植于背下，吹筚篥者立其腹上，终曲而亦无伤。又伏伸其手，两人蹑之，施身绕手，百转无已。[④]

---

① 范晔撰，李贤等注：《后汉书》，中华书局1965年版，第168页。
② 李延寿撰：《北史》，中华书局1974年版，第354页。
③ 耿铁华：《高句丽壁画研究》，吉林大学出版社2017年版，第168页。
④ 刘昫等撰：《旧唐书》，中华书局1975年版，第1073页。

通过以上两则文献可以看出在隋唐时期，杂技已经逐渐演变成为一种宴会之时的欣赏游艺，无论是中原王朝的使臣前往外邦进行外交活动，还是周围政权来至唐王朝进行朝贡觐见，各种外交宴饮的场合中都可见杂技表演的影子。此时的杂技表演不仅有文化上的艺术性，还有着隐约其间的政治表达：有外邦对唐帝国的殷切与臣服，也有唐王朝统治者对进贡邻邦的怀柔远人的政治意图。

清李斗在《虹桥录》中以"杂耍之戏，来自四方，集于堤上"开头，详细记载了当时瘦西湖畔表演的种种杂技：

> 立竿百仞，建帜于颠，一人盘空拔帜，如猱升木，谓之"竿戏"……长绳高系两端，两人各从两端交过，谓之"走索"。取所佩刀令人尽力刺其腹，刀摧腹蟠，谓之"弄刀"。置盘竿首，以手擎之，令盘旋转；复两手及两腕、腋、两股及腰与两腿，置竿十余，其转如飞。或飞盘空际，落于原竿之上，谓之"舞盘"。戏车一轮，中坐数女子，持其两头摇之，旋转如环，谓之"风车"。一人两手执箕，踏地而行，扬米去糠，不溢一粒，谓之"簸米"。置丈许木于足下，可以超乘，谓之"躧高跷"。①

可以说，清时瘦西湖畔的这些杂技，正是"丝绸之路"上四方杂技的融汇，生动反映了古代"丝绸之路"上杂技文化的交流与融合，是千年"丝绸之路"杂技文化的缩影。

二 幻术

幻术俗称变戏法，主要是江湖术士眩惑观看者的一种法术，和现代的魔术有异曲同工之处。幻术的起源众说纷纭，当前学界对"丝绸之路"幻术研究主要集中于其在中原的传播、幻术与宗教之间的关系

---

① 李斗撰，汪北平、涂雨公点校：《扬州画舫录》，中华书局1960年版，第264页。

等方面。① 本书认为，其起源应当是多元的，但在中外各地形成各自的幻术后，通过"丝绸之路"等交流渠道，互相汲取对方的幻术技巧形成"你中有我，我中有你"的艺术特色。

早在春秋战国时期的文献中就有关于域外幻术来至中原的记载。《列子·周穆王》中有叙述："周穆王时，西极之国有化人来，入水火，贯金石；反山川，移城邑；乘虚不坠，触实不硋，千变万化，不可穷极。"所谓"既已变物之形，又且易人之虑。"②以上文献中描绘了"西极之国"的幻术师所表演的幻术，其中有水火不侵、移山挪城、贯穿金石等。可见，幻术作为一种新奇的表演很早成为中外文化交流的媒介之一，也为两汉"丝绸之路"开辟后，域外幻术对中国本土幻术的影响打下了基础。

中国本土也有独特风格的幻术表演，本土幻术常常与道教、阴阳五行等神秘学较重的知识联系密切。汉代刘歆《西京杂记》记载："余所知有鞠道龙，善为幻术，向余说古时事，有东海人黄公，少时为术，能刺御虎，佩赤金为刀，以绛缯束发，立兴云雾，坐成山河。"③ 很明显中国本土幻术重点在于营造奇幻的意境，表现超自然的力量，能够"立兴云雾，坐成山河"，具有较强的观赏性。

张骞出使西域，"凿空""丝绸之路"后，来自安息、黎轩的幻术也随着"丝绸之路"来到了中国，《史记·大宛列传》载："汉使至安息，安息王令将二万骑迎于东界……汉使还，而后发使随汉使来观汉广大，以大鸟卵及黎轩善眩人献于汉。"④ 所谓的"善眩人"便是幻术

---

① 尚永琪以鸠摩罗什的传教活动为线索，探究幻术在外来僧人传教中的地位；何志国则研究了东汉时期的外来幻术与佛像，特别是与佛教行像活动之间的关系；张黎明曾对汉魏六朝外国幻人来华的历史史实进行考辨，认为外国幻术表演者于先秦时已来到中原，但于汉武帝时影响力开始扩大；李永平结合"丝绸之路"上的宗教，以祆教为代表，讨论了西域幻术的东传。参见尚永琪《西域幻术与鸠摩罗什之传教》，《山西大学学报》2012年第5期；何志国《东汉外来杂技幻术与佛像关系及影响》，《民族艺术》2016年第1期；张黎明《汉魏六朝外国幻人入华考辨》，《大连海事大学学报》2019年第4期；李永平《丝绸之路与文明交往》，陕西师范大学出版总社2020年版，第88—130页。

② 列御寇撰，张湛注：《列子》，中华书局1985年版，第77页。

③ 葛洪撰，周天游校注：《西京杂记》，三秦出版社2006年版，第120页。

④ 司马迁撰：《史记》，中华书局1959年版，第3172—3173页。

表演者，并且这些来自黎靬的幻术表演者曾跟随汉武帝刘彻到东方巡狩，统治者将幻术表演者的东来视作招徕异邦的一种手段。

自此之后，两汉、魏晋乃至南北朝时期的数百年间常有外国幻术师来华，并带来了一些西域流行的幻术节目。如《后汉书·陈禅传》提及：

> （安帝刘祐）永宁元年（公元120年），西南夷掸国王献乐及幻人，能吐火，自支解，易牛马头。明年元会，作之于庭，安帝与群臣共观，大奇之。①

文中的"掸国"是当时的西南夷小国，在今缅甸掸邦一带。汉安帝时掸国所献"幻人"所表演的吐火、易牛马头等节目甚至进入到了汉朝宫廷的皇帝于元旦朝会群臣的元会上，这表明域外幻术在中原地区已经流行开来，成为宫廷的官方娱乐，而从掸国献乐时经由的道路本身则可以看出，早在汉朝时期，"西南海上丝绸之路"就已经初步形成并取得了一定的发展。

同时，朝廷君主对域外幻术的欣赏和青睐也吸引了大量域外幻术表演者来华表演，一些西域小国也投中原君主喜好，在朝贡觐见时往往进献一些幻术表演者。如《北史》记载：

> （悦般国）遣使朝献，并送幻人，称能割人喉脉令断，击人头令骨陷，皆血出数升或盈斗，以草药内其口中，令嚼咽之，须臾血止，养疮一月复常，又无痕瘢。世祖疑其虚，乃取死罪囚试之，皆验。②

域外幻术的东来，统治者将其视作域外邦国对其朝贡的表现之一。两汉到魏晋时期的外来幻术表演者大多也都是周边小国通过"丝绸之

---

① 范晔撰，李贤等注：《后汉书》，中华书局1965年版，第1685页。
② 李延寿撰：《北史》，中华书局1974年版，第3220页。

路"朝献而来。中原王朝的统治者们将这些西域幻术安排至朝会娱乐之间,除了有自身的喜好因素之外,还具有一定程度上的政治象征作用。在中国古代,君主将自己王朝对周边政权的影响力格外重视,为此不惜诉之于武力,以达到周边政权臣服。而西域各国的朝献之物乃是表明其对中原王朝臣服关系的载体,中原王朝的君主通过展示经过"丝绸之路"朝献而来的幻术师们的表演,宣扬自身地位与功绩,表明王朝镇中原而四夷服的政治地位。

北魏时期,幻术曾一度遭到禁止。太武帝于太平真君五年便发布诏令明令禁止佛教、幻术等文化、艺术的传播:

> 愚民无识,优惑妖邪,私养师巫,挟藏谶记、阴阳、图纬、方伎之书;又沙门之徒,假西戎虚诞,生致妖孽.非所以壹齐政化,布淳德于天下也。自王公已下至于庶人,有私养沙门、师巫及金银工巧之人在其家者,皆遣诣官曹,不得容匿。限今年二月十五日,过期不出,师巫、沙门身死,主人门诛。明相宣告,咸使闻知。①

到了唐代,统治者亦对域外幻术呈现出复杂态度。高宗时,"自断手足""刳剔肠胃"等幻术盛行一时,与中原本土幻术的"立兴云雾,坐成山河"节目形成了鲜明对比。唐高宗"恶其惊俗",下诏"敕西域关令不令入中国"②。《唐大诏令集》中记载:

> 如闻在外有婆罗门胡等,每于戏处,乃将剑刺肚,以刀割舌。幻惑百姓,极非道理,宜并发遣还蕃,勿令久住,仍约束边州,若更有此色,并不须遣入朝。③

---

① 魏收撰:《魏书》,中华书局1974年版,第97页。
② 刘昫等撰:《旧唐书》,中华书局1975年版,第1073页。
③ 李希泌主编,毛华轩等编:《唐大诏令集补编》,上海古籍出版社2003年版,第1245页。

唐高宗认为，婆罗门表演的幻术容易蛊惑百姓，所以要严加禁止，并且要将这些表演者遣返回国，下令边境诸州也对此等表演者严加审查，不得令其入朝。但是，唐高宗对婆罗门幻术的严加禁止并没有阻止其在中原传播，事实上，其对域外"残断手足"等幻术的明令禁止，在不久之后就变成了一纸空文。如在之后的玄宗等朝的百戏演艺中仍然可见幻术表演。唐代宗大历年间在蜀地任官的张延赏就曾在宴饮集会上见过胡僧难陀表演幻术：

张魏公在蜀时，有梵僧难陀，得如幻三昧，入水火，贯金石，变化无穷……又尝在饮会，令人断其头，钉耳于柱，无血。身坐席上，酒至，泻入胚疮中。面赤而歌，手复抵节。会罢，自起提首安之，初无痕也。时时预言人凶衰，皆谜语，事过方晓。①

唐懿宗咸通初年亦有来自西南"黔巫"之地的幻人于长安表演幻术的记录：

咸通初，有布衣爨，忘记其名。到京辇，云黔巫间来王公之第，以羊挺炭三十斤，自出小锯并小刀斧，剪截其炭，叠成二楼，数刻乃成。散药末于上，下用火烧之，药引火势，斯须即通彻二楼，光明赫然。望其檐宇窗户，雕楹刻桷并阑槛，罔不周备。又有飞桥连接二楼，有人物男女若来往其上。移时后，炭渐飞扬成灰，方无所睹。②

此外，咸通年间的另一场幻术表演与高宗时明令禁止的"残断手足"相比，可以说是有过之而无不及：

咸通中，有幻术者，不知其姓名，于坊曲为戏。挈一小儿，

---

① 段成式撰，曹中孚校点：《酉阳杂俎》，上海古籍出版社2012年版，第31页。
② 尉迟偓纂：《中朝故事》，中华书局1985年版，第11—12页。

年十岁已来,有刀截下头,卧于地上,以头安置之,遂乞钱,云:"活此儿子。"众竞与之,乃叱一声,其儿便走起。明日又如此,聚人千万。钱多后,叱儿不起,其人乃谢诸看人,云:"某乍到京国,未获参拜,所有高手在此,致此小术不行,且望纵之,某当拜为师父。"言讫,叱其小儿,不起。俄有巡吏执之,言:"汝杀人,须赴公府。"其人曰:"千万人中,某固难逃窜。然某更有异术,请且观之,就法亦不晚。"乃于一函内取一瓜子,以刀划开臂上,掏瓜子于其中,又设法起其儿子,无效。斯须露其臂,已生一小甜瓜子在臂上。乃曰:"某不欲杀人,愿高手放斯小儿起,实为幸矣。"复叱之,不兴。其人嗟叹曰:"不免杀人也。"以刀削其甜瓜落,喝一声,小儿乃起如故。众中有一僧,头欻然堕地。乃收拾戏具,并小儿入布囊中,结于背上,仰面吐气一道,如匹练上冲空中,忽引手攀缘而上,丈余而没,遂失所在。其僧竟身首异处焉。①

其中表演砍头种瓜的无名表演者虽未像咸通初年的爨氏一般自报家门,但从"某乍到京国"的叙述中也不难推测出他也应为西域或西南人士。

梵僧术士、民间艺人表演的幻术不仅有"断头钉耳""残断手足",还有"预言凶衰""入水火""植瓜种豆",等等,这些表演者的宗教身份与流动性更为其幻术表演增添了一丝神秘感。无论是如难陀、爨氏等民间幻术表演者,还是如西域诸国对黎靬眩人的朝献,都通过"丝绸之路"进入中国内地,为中原地区的幻术注入了一股域外之风,极大地促进了中国本土幻术在技艺与表演上的改进与改良。

三 角抵

角抵,是一种表演性较强的格斗游艺,其产生于商周时期民间

---

① 尉迟偓纂:《中朝故事》,中华书局1985年版,第9—10页。

的兽角文化息息相关，参与者两两相抱角力互摔，又称"角抵""手搏"等。角抵作为一种发源于中国本土、搏击性较强的游艺活动，自春秋战国开始经历了漫长的发展历程。如1955年陕西长安县就曾出土过战国时期的角抵纹铜饰（图2-6）。①铜饰生动刻画了两位角抵力士相互握抱的场景，两侧还刻有马匹，马背置鞍，据笔者推测应为力士坐骑。

图2-6 战国 角抵纹透雕铜饰

国内对角抵的研究主要集中于角抵的历史溯源以及利用汉砖画或莫高窟壁画等历史图像对角抵的形式进行考证复原等方面。②本节将

---

① 图2-6源自孙麒麟、毛丽娟、李重申《中国古代体育图录》，甘肃教育出版社2015年版，第282页。
② 卜键所作《角抵考》对角抵的源头进行考证，认为角抵应为源于中国本土的一项游艺，并指出"其与商周社乐、春秋战国武乐有着最直接的血缘关系"。林友标、王颀二人则是关注角抵在汉朝一代的发展历程，梳理了角抵在发端、罢黜、复兴汉代的历史过程；路志峻、张有则利用莫高窟现存壁画等图像资料对敦煌地区的角抵遗存进行探究；李重申、李金梅等学者更加发掘莫高窟中的角抵壁画，并进行系统性的研究、分析；海梦楠的研究以敦煌壁画中的角抵为切入点，从服饰、发饰、竞技姿态等角度对敦煌壁画中的角抵和射猎进行了比较研究；程浩则整理了一批汉代"角抵"画像砖，并通过汉画像砖的图像看出角抵表演性格斗的本质。参见卜键《角抵考》，《文学遗产》2000年第2期；林友标、王颀《汉代角抵考》，《体育文化导刊》2008年第5期；路志峻、张有《中国角抵戏的本体发展与历史演进》，《敦煌研究》2008年第4期；李重申、李金梅、李小惠、李小唐《敦煌莫高石窟与角抵》，《体育文化导刊》2002年第1期；海梦楠《跨区域体育文化的比较研究——以高句丽与敦煌壁画中的角抵、射猎为例》，《社会科学家》2020年第10期；程浩《重塑尚武精神：汉代"角抵"画像砖赏析》，《文物鉴定与鉴赏》2011年第6期。

在已有研究成果的基础上继续发掘角抵这一游艺项目在"丝绸之路"这一中外文化交流平台上的地位与角色。

角抵很早进入到了宫廷百戏的表演之列,并在接待外国使臣的诸多场合上进行表演。特别是汉武帝在位时期,角抵得到了长足的发展,《汉武故事》记载说:"角抵之戏……汉兴,虽罢然犹不都绝,至上,复采用之,并四夷之乐,杂以奇幻,有若鬼神。"① 李昉编纂《太平御览》时,特引用此段记录以强调汉武帝对角抵的推动与改进,即表演角抵时用四夷之乐来进行助兴演奏。汉武帝之所以会用"四夷之乐",与其观看角抵的场合有关,这一点在《史记·大宛列传》里可窥见其中奥秘:

> 是时上方数巡狩海上,乃悉从外国客……於是大觳抵,出奇戏诸怪物,多聚观者,行赏赐,酒池肉林,令外国客遍观仓库府藏之积,见汉之广大,倾骇之。及加其眩者之工,而觳抵奇戏岁增变,甚盛益兴,自此始。②

以上文字可以看出,观看角抵的不仅仅是汉武帝和朝臣,更有外国客跟随其间。《苏氏演义》中亦提及:"(武帝元封)三年作角抵戏,以享外国朝献者,而三百里内皆观之。"③ 而角抵本身就有"讲武"的属性,再结合"遍观仓库府藏之积"的举动,不难猜测其中也蕴含着汉武帝对周边外邦炫耀国力的意图。桓宽在《盐铁论》中注意到了这一点并对此展开批评:"今乃玩好不用之器,奇虫不畜之兽,角抵诸戏,炬耀之物陈夸之,殆与周公待远方殊。"④ 外国使者在汉武帝时观看角抵表演,客观上也促进了角抵等格斗表演的对外交流和传播。

晋代还曾进行过一次中原力士与西域"建胡"角力的"国际性"角抵比赛。晋人"庾阐……父东,以勇力闻",武帝年间,"有西域健

---

① 李昉等撰:《太平御览》,中华书局1960年版,第3352页。
② 司马迁撰:《史记》,中华书局1959年版,第3173页。
③ 苏鹗撰:《苏氏演义(外三种)》,中华书局2012年版,第39页。
④ 桓宽撰,王利器校注:《盐铁论校注》,中华书局1992年版,第437页。

胡䟽捷无敌，晋人莫敢与校。帝募勇士，惟（庾）东应选，遂扑杀之，名震殊俗。"① 尽管这次对决结果较为惨烈，但仍然可以称为中西角抵游艺文化交流的一次珍贵史料。

其后的隋唐时期，外国使者也常常在长安或洛阳得见皇帝举行的角抵表演，如《北史》："丁丑，角抵大戏于端门街，天下奇伎异艺毕集，终月而罢。（隋炀）帝数微服往观之。"② 唐代角抵更为普及，无论是宫中、军中抑或是民间，均可见到角抵的场面。如"上元元年，高宗御含元殿东翔鸾阁观大酺。时京城四县及太常音乐分为东西两朋，帝令雍王（李）贤为东朋，周王（李）讳为西朋，务以角胜为乐。"③ 有趣的是，唐朝还流行一种黑人摔跤，不过此处的"黑人"具体来自何方、是何人种尚未定论，但"黑人"来自异域是可以确定的。《角力记》中记录了唐人谢建所写之《题墙上画相扑者》一诗，诗云："愚（黑）汉勾却白汉项，白人捉却愚（黑）人骰。如人莫辨输赢者，直待墙隈始一交。"④ "黑人唐人称'黑厮'，亦称'昆仑'"，徐连达认为，"（黑人）常作为奴仆，供消遣差使，其身体壮健，选为相扑手，确是很相宜的。"⑤

辽、夏、金三代，出于游牧民族的文化特质，角抵亦得到了足够的重视。辽代，角抵作为重要宴会中不可或缺的观赏性表演受到辽、宋等国的热爱。契丹统治者充分吸收了汉族传统的礼乐文化，《辽史》载："辽有国乐，有雅乐，有大乐，有散乐，有铙歌、横吹乐。" 每年元旦群臣朝贺时，便会"用大乐；曲破后，用散乐；角抵终之。" 册封皇后时，亦"呈百戏、角抵、戏马以为乐"。皇帝生辰日以及宴请外国使者时，角抵更是作为压台节目使用。如"皇帝生辰乐次"："酒七行，歌曲破，角抵"；"曲宴宋国使乐次"："酒九行，歌，角抵"。⑥

---

① 房玄龄等撰：《晋书》，中华书局1974年版，第2385页。
② 李延寿撰：《北史》，中华书局1974年版，第454页。
③ 刘昫等撰：《旧唐书》，中华书局1975年版，第2799页。
④ 调露子：《角力记》，中华书局1985年版，第9页。
⑤ 徐连达：《隋唐文化史》，安徽文艺出版社2017年版，第401页。
⑥ 脱脱等撰：《辽史》，中华书局1974年版，第881—893页。

角抵往往伴随着激烈的肢体冲突，角抵力士在表演过程中伤残甚至死亡亦时有发生。为了保护力士的人身安全，西夏王朝在《天盛改旧新定律令》中订立了"诸人相扑而致死者，以相扑不死人之法而大意无理之，徒三年。若曰他人相扑，有故意指使者，使相扑者致死，则令相扑者徒年，相扑者以从犯法判断"的法律条文。①

金沿辽俗，兼纳宋文化，因此，角抵亦继续在社会各阶层中流行（图2-7）。② 章宗明昌年间，蒙古逐渐崛起，属国时有投敌，加之金室内部也出现腐朽、离心之势，为了攘外安内，金章宗开始禁止汉人角抵，"制定民习角抵、棍棒罪"③，但同时令女真加强训练，与辽兴宗禁止渤海遗民打马球有着异曲同工之处。不难看出角抵在金代时重要的军事意义。

图2-7 金 相扑俑

① 史金波等译注：《天盛改旧新定律令》，法律出版社2000年版，第503页。
② 图2-7源自李金梅、李重申《丝绸之路体育图录》，甘肃教育出版社2008年版，第117页。
③ 脱脱等撰：《金史》，中华书局1975年版，第228页。

角抵作为起源于中国本土的游艺活动，具有"讲武"的文化属性。诸如此类的官方举办的角抵表演场合，其间固然有君主的政治意图与文化喜好等多方面因素影响。但值得注意的是，角抵的中原风格自然对通过"丝绸之路"而来的诸多域外使臣产生影响，并以此产生文化上的交融。

关于角抵的对外传播情况，可以在"丝绸之路"沿线遗址中发现的壁画里窥见一二。高句丽贵族在宴请宾客时，往往也仿效中原进行角抵。如在今朝鲜境内黄海道安岳邑发现的安岳三号墓——典型的东晋风格墓葬中发现的角抵图。画中角抵双方均仅着短裤，上身赤裸，作热身状。而在敦煌莫高窟第175窟中亦发现了描绘唐代角抵场景的壁画。图上的二人几近赤裸，仅着短裤，摆出将要进行角抵格斗的架势，旁边另有一人打扮与二人类似，应该也是角抵参与者（图2-8）。[①]敦煌作为"丝绸之路"上的重要城市，大量的商人、僧侣、使者往来于此，中原地区的部分游艺活动也在此地盛行。敦煌莫高窟壁画对角抵游艺的描绘，则透露出发源于中原的角抵游艺随着"丝绸之路"上的交流活动传入敦煌地区，也表明了"丝绸之路"的交流影响是双向互动的。

图2-8 唐 莫高窟第175窟 相扑图

[①] 图2-8源自李金梅、李重申《丝绸之路体育图录》，甘肃教育出版社2008年版，第121页。

四 兽戏

兽戏是"丝绸之路"上广为传播的一种百戏类游艺，包括舞狮、舞马、舞象、舞犀等诸多具体项目，其中与"丝绸之路"文化交流最为密切的为舞狮与舞马，学者们围绕舞狮的起源与历史发展脉络、古代舞马的相关史实，以及兽戏背后所隐含的政治、经济、文化、社会等诸多要素运作进行了诸多有益的探究与梳理，硕果颇丰。[①] 可以说，兽戏作为中国古代百戏中一种别具一格的游艺表演活动，其背后离不开"丝绸之路"上的外来物种（如狮、西域马等）、人员以及宗教文化等元素往来。

兽戏在中国的盛行与"丝绸之路"的开辟和畅通密不可分。首先是兽戏中所需要的动物往往是经过"丝绸之路"来到中国。中国本土并不产狮子，汉唐人所见到的狮子往往来自西域诸国的进贡，如《汉书·西域传》中说："自是（张骞凿空）之后，明珠、文甲、通犀、翠羽之珍盈于后宫，蒲梢、龙文、鱼目、汗血之马充于黄门，巨象、师子、猛犬、大雀之群食于外囿。"[②]《后汉书》中也记载有"月氏国遣使献扶拔、师子"，[③] "安息国遣使献师子、扶拔"，[④] "疏勒国献师子、封牛"，[⑤] 通过这样的表述也可以看出西域诸国进贡狮子的行为意

[①] 王敏婷认为，舞狮是西域狮子舞跟汉朝百戏中的彩扎戏结合的产物；丁保玉、解乒乒对汉代至明清舞狮的发展进行历史梳理，并认为，早期舞狮很大程度上受到了西域元素的影响；韩顺发则利用各类图像资料对隋唐时期的舞马表演形式与规模进行考证；钱松、赵玉霞则关注"丝绸之路"上的舞马与马舞艺术，以此探究中西文化交流；逯克胜从吐谷浑遣使朝贡舞马的行为探究其与南北朝各政权的关系。参见王敏婷《汉代传统舞狮产生的历史因素研究》，《兰台世界》2013年第3期；丁保玉、解乒乒《舞狮文化解读》，《山东师范大学学报》2010年第6期；韩顺发《中国古代马戏考》，《中原文物》2004年第5期；钱松、赵玉霞《丝绸古道上的舞马与马舞艺术》，《新疆艺术学院学报》2004年第4期；逯克胜《从遣使朝贡舞马看吐谷浑与南北朝各政权的关系》，《青海师范大学学报》2018年第3期。
[②] 班固撰：《汉书》，中华书局1962年版，第3928页。
[③] 范晔撰，李贤等注：《后汉书》，中华书局1965年版，第158页。
[④] 范晔撰，李贤等注：《后汉书》，中华书局1965年版，第168页。
[⑤] 范晔撰，李贤等注：《后汉书》，中华书局1965年版，第263页。

在表示对汉唐等中原政权的臣服之意，而这一举动也使得狮子这一外来物种进入宫廷，成为君主以及王公大臣欣赏的奇珍异兽之一，也为戏狮、舞狮的发展提供了必需条件。

隋唐时期盛行的舞马，其马匹也多来自西域，其中以青海骢、康国马等良马居多。青海骢是吐谷浑出产的一种良马。早在南北朝时期，吐谷浑就已经开始向中原政权进献马匹。《宋书》记载，吐谷浑国王于南朝宋孝武帝大明五年"遣使献善舞马、四角羊。皇太子、王公以下上《舞马歌》者二十七首"[1]。《梁书》中，南朝梁武帝普通元年，吐谷浑王"遣使献马及方物"[2]。西魏文帝大统初年，吐谷浑"再遣使献能舞马及羊、牛等"[3]。按今日的行政区划来看，吐谷浑地处今青海、甘肃一带，也就是当时的"西域"。其能够顺利地向南朝、北朝政权进献舞马，实际上也在一定程度上反映了南北朝以来至隋唐时期古"丝绸之路"南线"青海道"上朝贡、贸易的繁荣。

关于康国马，《唐会要》中记载："康国马，康居国也，是大宛马种，形容极大。武德中，康国献四千匹。今时官马，犹是其种。"[4]《明皇杂录》曰："玄宗尝命教舞马四百蹄，各为左右，分为部目……时塞外亦有善马来贡者，上俾之教习，无不曲尽其妙。"[5] 可见当时康居所进贡的一部分康国马很有可能被用来作舞马之用。玄宗朝的宫廷宴会则有舞马之表演，表演时"以马百匹，盛饰分左右，施三重榻，舞《倾杯》数十曲，壮士举榻，马不动"[6]。以西域康居之贡马，加之以《倾杯》中原名曲伴奏，舞马这一兽戏表演生动展示了"丝绸之路"上的中外文化交流。

马戏还广泛应用于外交场合。元人陈及之所绘《便桥会盟图》中就体现了马戏的元素。便桥会盟即渭水之盟，也就是玄武门之变以后，

---

[1] 沈约撰：《宋书》，中华书局1974年版，第2373页。
[2] 姚思廉撰：《梁书》，中华书局1973年版，第63页。
[3] 李延寿撰：《北史》，中华书局1974年版，第3187页。
[4] 王溥撰：《唐会要》，中华书局1955年版，第1306页。
[5] 郑处诲、裴庭裕撰，田廷柱点校：《明皇杂录·东关奏记》，中华书局1994年版，第45页。
[6] 欧阳修、宋祁撰：《新唐书》，中华书局1975年版，第477页。

唐太宗李世民与突厥颉利、突利可汗的结盟。《便桥会盟图》反映的就是颉利可汗于桥头求和的场景。

另外，"丝绸之路"为兽戏表演者提供了来往渠道。汉代就有一些所谓象人经过"丝绸之路"来到长安、洛阳。孟康在给《汉书·礼乐志》中的"象人"作注时说："若今戏虾鱼、师子者也。"① 兽戏进入中原宫廷，经过中国文化的本土改良，成为隋唐宫廷表演的重要项目。《旧唐书》中谈到唐代宫廷宴会中所表演的舞狮："《太平乐》，亦谓之五方师子舞。师子鸷兽，出于西南夷天竺、师子等国。缀毛为之，人居其中，像其俯仰驯狎之容。二人持绳秉拂，为习弄之状。五师子各立其方色。"② 此时的舞狮，已经采用人扮狮子的形式。隋唐时期的西凉伎经常进行舞狮表演，白居易的《西凉伎》一诗中详细描写了胡人表演舞狮的场景：

> 西凉伎，西凉伎，假面胡人假狮子。
> 刻木为头丝作尾，金镀眼睛银帖齿。
> 奋迅毛衣摆双耳，如从流沙来万里。
> 紫髯深目两胡儿，鼓舞跳梁前致辞。
> 应似凉州未陷日，安西都护进来时。
> 须臾云得新消息，安西路绝归不得。
> 泣向狮子涕双垂，凉州陷没知不知。
> 狮子回头向西望，哀吼一声观者悲。
> 贞元边将爱此曲，醉坐笑看看不足。
> 享宾犒士宴监军，狮子胡儿长在目。③

白诗所描绘的舞狮游艺中的狮子乃是胡人佩戴面具扮演的假狮子，并且有刻木、金镀以装饰其上，表演时模仿狮子的行为来舞蹈。表演

---

① 班固撰：《汉书》，中华书局1962年版，第1075页。
② 刘昫等撰：《旧唐书》，中华书局1975年版，第1059页。
③ 彭定求等编：《全唐诗》，中华书局1960年版，第4701页。

者的长相为紫髯深目，很明显为西域胡人面孔。诗词中有"应似凉州未陷日，安西都护进来时。须臾云得新消息，安西路绝归不得"一句，这些舞狮胡人应该是唐帝国安西都护府尚在，西域畅通时进入内地，随着唐帝国国力衰退，特别是贞元六年（公元790年）吐蕃攻陷了唐朝的凉州，其势力逐渐控制了原安西都护府辖地，"丝绸之路"的通畅情况受到了破坏，故胡儿有"安西路绝归不得"之叹，也侧面说明了"丝绸之路"的畅通对于兽戏表演者的往来交流有着极大的重要性。

在今西藏地区古格王国遗址白殿中亦发现了舞狮图像（图2-9）。① 图中演员扮演狮子的方式与《太平乐》所记"缀毛为之，人居其中"的装扮方法如出一辙，② 这也可以佐证舞狮在高原"丝绸之路"上的传播与"丝绸之路"沿线人民对于舞狮的热爱。

图2-9 古格王国庆典乐舞壁画（局部）

---

① 图2-9源自孙麒麟、毛丽娟、李重申《中国古代体育图录》，甘肃教育出版社2015年版，第94页。

② 刘昫等撰：《旧唐书》，中华书局1975年版，第1059页。

除最为流行的舞狮与舞马之外，舞象与舞犀也是历史悠久并且广受欢迎的两种兽戏，由驯象和驯犀演变而来。早在两汉时期的画像石以及铜俑中就可以见到胡人驯象、驯犀的形象。

唐代，舞象和舞犀更加流行，成为每年千秋节——玄宗生辰时的固定节目。《新唐书·礼乐志》载："每千秋节，舞于勤政楼下……内闲厩使引戏马，五坊使引象、犀，入场拜舞。宫人数百衣锦绣衣，出帷中，击雷鼓，奏《小破阵乐》，岁以为常。"① 但是，由于象、犀本非中原动物，这种远距离运输往往会影响贡兽的健康，若逢岁寒，便更容易出现贡兽死亡的现象。白居易就曾在《驯犀》一诗中同情贡犀遭遇，感叹"为政之难终"：

驯犀生处南方热，秋无白露冬无雪。
一入上林三四年，又逢今岁苦寒月。
饮冰卧霰苦蜷跼，角骨冻伤鳞甲蹜。
驯犀死，蛮儿啼，向阙再拜颜色低。
奏乞生归本国去，恐身冻死似驯犀。
君不见建中初，驯象生还放林邑。
君不见贞元末，驯犀冻死蛮儿泣。
所嗟建中异贞元，象生犀死何足言。②

兽戏表演也推动并促进了"丝绸之路"上的中外宗教文化交流。佛教作为一种自东汉时期从天竺传入中国的外来宗教，其在传教过程中就有通过舞狮表演以招徕信徒的举动，如成书于北魏的《洛阳伽蓝记》所记载的洛阳长秋寺在进行行像活动中就用到了舞狮，"四月四日此像常出，辟邪师子导引其前……像停之处，观者如堵。迭相践跃，常有死人。"③ 南北朝时期佛教盛行中原，洛阳是当时各种佛教寺庙的

---

① 欧阳修、宋祁撰：《新唐书》，中华书局1975年版，第477页。
② 彭定求等编：《全唐诗》，中华书局1960年版，第4696页。
③ 杨衒之撰，范祥雍校注：《洛阳伽蓝记校注》，上海古籍出版社1958年版，第43页。

聚集之所。狮子在佛教中往往有着特殊的意象，佛教始祖释迦牟尼常常被人称作"人中狮子"，佛的坐席也被称作"狮子床"，在进行佛像游行中舞狮这种游艺表演自然也就成为传播佛教文化的一种载体，对"丝绸之路"上的宗教文化传播起到了促进作用。

第三节 "丝绸之路"博弈类游艺项目交流研究

博弈类游艺种类繁多、源远流长、雅俗共赏，可以说是"最具中国特色的娱乐活动，也是中国古人崇尚哲学思想并将其融入休闲活动的一种体现"[①]。博弈类游艺因其简单易行，对场地和器具的要求都较低，主要是对参与者智力的考验。在游艺的过程中不仅需要博弈参与者沉心静气，同时还存在一定的运气成分，部分项目甚至带有赌博的成分，能够给参与者带来较为强烈的心理刺激，故而在古代社会得到各阶层人士的喜爱。博弈类游艺适用于解闷消遣，正是这一特征使其为漫漫"丝绸之路"上枯燥的行旅生活增添了些许休闲娱乐的气息。博弈类游艺项目众多，此处选取了在"丝绸之路"上具有较强影响力的弹棋、樗蒲、双陆、围棋和藏钩五种游艺活动进行讨论，以此窥视"丝绸之路"博弈类游艺的盛行和交流。

一 弹棋

弹棋，中国古代的一种博戏，游艺时有棋盘、棋子和固定规则。弹棋的棋盘，清人倪璠在《庾子山集注·象戏赋》中有较为清晰的说明："其局以石为之，方五尺，中心高，似盖，形如覆盂，上圆下方。"[②] 据此可知，弹棋的棋盘底座为方形，顶部为圆形，中间高四周低，整体呈现隆起状，两端分别凿有一个圆形洞口。弹棋的具体玩法，时日已久已不能完全明晰，但根据一些古籍也能推衍其规则，《艺经》

[①] 王巍编著：《隐式人机交互》，西安电子科技大学出版社2015年版，第92页。
[②] 庾信撰，倪璠注，许逸民校点：《庾子山集注》，中华书局1980年版，第69页。

记载有:"弹棋二人对局,白黑各六枚,列棋相当,更先弹也,局以石作焉。"① 从此则材料可知,弹棋的参与者一般为两人,对战双方分别使用白色和黑色的棋子,"根据对方所摆棋势,采用报、拨、捶、撇等技术,弹开对方棋子,将自己的棋子弹入对方的圆洞,同时调动自己的棋子,布下阵势,阻止对方棋子攻入、先将六枚棋子全部弹入对方洞中者为获胜方"②。通过这段文字描述,可以探知弹棋的比赛方式与现代的台球或者桌上足球有相似之处。

在有关弹棋起源的观点里,确实也与蹴鞠有关,《西京杂记》中对此种观点有较为明确的记载:

> 汉成帝好为蹴鞠,群臣以此劳体,非至尊所宜。帝曰:"朕好之,择似此而不劳者奏之。"时刘向乃作弹棋以献,帝甚悦,赐青羔裘紫丝履服以朝觐焉。③

由此可见,弹棋的产生与蹴鞠关系密切,极有可能是对蹴鞠进行改良之后发展起来的。这则史料和观点并不是孤证,还有一则史料也与之相关,只不过主人公换成了汉武帝。这则材料的大致意思是汉武帝平定西域,"丝绸之路"畅通,得到善于蹴鞠的胡人,汉武帝尤为喜爱,但鉴于蹴鞠易损伤龙体,东方朔为劝止汉武帝,进献弹棋雅戏以免损伤龙体。④ 由这两种材料可知,弹棋源自汉代的说法得到了较多的认可。⑤《世说新语》中记载了弹棋起源的另一种说法:"弹棋始

---

① 江少虞:《宋朝事实类苑》,上海古籍出版社1981年版,第687页。
② 张丽君:《魏晋南北朝赌博研究》,硕士学位论文,江西师范大学,2009年。
③ 葛洪撰,周天游校注:《西京杂记》,三秦出版社2006年版,第104页。
④ 李昉等撰:《太平御览》,中华书局1960年版,第3350页。
⑤ 弹棋起源于汉代这一事实可以在一些文献中得以证实,如杨荫深的《中国游艺研究》中就有大量的史料予以系统性的梳理与分析。除此之外,像付善民的《弹棋盛衰史考》也对于弹棋的起源问题进行分析。参见杨荫深《中国游艺研究》,世界书局1946年版,第55页;付善民《弹棋盛衰史考》,《体育文化导刊》2014年第3期;江婷《唐代游艺赋研究》,硕士学位论文,江西师范大学,2014年;赵来春《〈梵网戒本疏日珠钞〉所载博戏新考》,硕士学位论文,华中师范大学,2017年。

自魏，宫内用妆奁戏。文帝于此戏特妙，用手巾角拂之，无不中。有客自云能，帝使为之。客著葛巾角，低头拂棋，妙逾于帝。"① 此段材料提出弹棋游艺始自三国曹魏，为后宫之戏。尽管起源有争议，但可以确定弹棋在汉唐社会是比较流行的。

弹棋这一雅戏自出现之时，便成为各民族共同喜好的游艺。早在汉朝的关中三辅地区，便有类似的记载："当时匈奴喜好的角力、赛马等运动也流传至长安。秦人的投石、超距，西域的弹棋，关东的斗鸡、走狗，赌博的格五、樗蒲和百戏杂技的表演，在关中三辅样样俱全，成为风俗。"② 文中的三辅地区大致在今天的陕西地域内，而"西域的弹棋"也从侧面印证了弹棋在"丝绸之路"上已经有所交流。将视野放眼到异域之地，则会看到弹棋这一雅戏在'丝绸之路'沿线区域传播的些许痕迹，以甘肃为例，"汉朝的建立以及'丝绸之路'的形成，对甘肃文化、体育产生了重大的影响。从汉代史书和文物来看，汉代盛行的蹴鞠、百戏、导引，以及投壶、六博、弹棋、秋千等体育活动，在甘肃省境内盛行。"③ 如当时的武威郡、张掖郡（甘州）、酒泉郡（肃州）、临洮郡等，均是"丝绸之路"上的重要节点，由此也可以看出弹棋在当时"丝绸之路"沿线地带较为宽泛的交流与传播。

十六国后秦时期的《大般涅槃经》中出现了弹棋的记载："除供养佛，樗蒲、围棋、波罗塞戏、弹棋、六博、拍毱、掷石、投壶、八道行成，一切戏笑，悉不观作。"④ 众所周知，佛经是由印度通过"丝绸之路"进行传播的，而在其文字中出现了弹棋，也能说明弹棋在"丝绸之路"上的盛行。无独有偶，还有诸多佛经中也提及了弹棋，对此有研究者提出："汉译佛经中的'博弈'应是译者在不影响原文

---

① 徐震堮：《世说新语校笺》，中华书局1984年版，第384页。
② 中华文化通志编委会编，葛承雍撰：《中华文化通志：秦陇文化志》，上海人民出版社1998年版，第132页。
③ 闫艺：《西北少数民族传统体育变迁与发展趋势研究》，厦门大学出版社2013年版，第20页。
④ 刘吉主编，孙连治、汪智副主编，国家体委文史工作委员会、中国国际象棋协会编：《中国国际象棋史》，武汉出版社1997年版，第10页。

精神的基础上，加入一些有中国特点的东西，或把印度一些游戏以中国人所熟悉的'博弈弹棋'之类代之。不过，汉译佛经的译者多是来自印度、尼泊尔及西域诸地的高僧，这至少说明，这些高僧到中国后，逐渐熟悉了中国的博戏。"[1] 这一记载说明，在十六国时期甚至更早，弹棋便在"丝绸之路"的交往中通过僧人等传入印度等南亚地区，这也是史料中记载弹棋游艺与外域交流的重要史料。

弹棋的棋盘和棋子也是"丝绸之路"游艺文化交流的重要物品。唐代诗人李颀《弹棋歌》中有云：

> 崔侯善弹棋，巧妙尽于此。蓝田美玉清如砥，白黑相分十二子。联翩百中皆造微，魏文手巾不足比。缘边度陇未可嘉，鸟跂星悬危复斜。回飙转指速飞电，拂四取五旋风花。坐中齐声称绝艺，仙人六博何能继。一别常山道路遥，为余更作三五势。[2]

由此可见，当世之人对于弹棋这一活动的喜爱和赞赏，其中"蓝田美玉清如砥"一句可知，很多的弹棋棋子皆由"蓝田美玉"而制作，而在唐代"蓝田美玉"的开采更离不开新疆地区，这也是弹棋游艺通过"丝绸之路"进行交流的重要典证。《梵网戒本疏日珠钞》中亦载有："棋有二十四枚，十二赤十二白。白，以象牙为之；赤，两植所造。"[3] 这里提到的弹棋棋子由象牙制作而成，象牙也不是古代中国中原的产物，故而应为进贡而来，也从侧面说明了弹棋的交流史实。

除文人墨客对于弹棋颇有志趣之外，驻守于"丝绸之路"和边塞的军人也对弹棋这一活动有着浓厚的兴趣。唐代著名边塞诗人岑参曾在《北庭贻宗学士道别》中写下"十年只一命，万里如飘蓬""饮酒对春草，弹棋闻夜钟"[4] 的诗句，从诗中也不难看出，当时边疆战事

---

[1] 何云波：《黑白之旅》，山西出版集团书海出版社2008年版，第95页。
[2] 彭定求等编：《全唐诗》，中华书局1960年版，第1357页。
[3] 高楠顺次郎、渡边海旭发起，小野玄妙等编辑校勘：《大正新修大藏经》第62册，台北佛陀教育基金会出版部1990年版，第218页。
[4] 彭定求等编：《全唐诗》，中华书局1960年版，第2033页。

颇多，而军人在边塞以漂泊之身无以度过苦难岁月，便借"弹棋闻夜钟"来自娱自乐，消磨时光。边塞作为"丝绸之路"上重要节点，弹棋在边塞的兴盛也印证了"丝绸之路"上游艺文化的相互交流与传播。

弹棋还向东传入日本，成书于江户时代的《雅游漫录》中就记录了当时弹棋棋盘的形制。

弹棋，作为古代一种颇具盛名的博弈，在一段时代引起过较为广泛的关注和认同，在中原与西域的文化交流和传播中，其本身的游艺文化价值也在诸多史料中有着充分的体现，"丝绸之路"上以弹棋为代表的博弈文化，也为中华文化的输出和传播作出了巨大贡献。

二 樗蒲

樗蒲，从字面上看，很难推敲出这种游艺的活动形式，但其实质就是一种博弈类的娱乐活动，从"蒲"字来分析，"蒲"即是"博"字的音转，[①] 由此可以很自然联想到另外一种博弈类游艺"六博"；而樗则是一种今天名为臭椿的植物，[②] 可以推知樗木是用来制作樗蒲所需器具的原材料。樗蒲的器具有五木、枰、矢、马，其玩法则分为了简易玩法和正规玩法，该项游艺活动根据学界研究大约起始于西汉时期，在魏晋时期尤为流行，至宋朝而逐渐衰落。[③] 在樗蒲广为流行的

---

① 张秀春：《挂榜山文集·敦煌变文名物研究》，西南交通大学出版社2015年版，第9页。
② 中国科学院中国植物志编辑委员会：《中国植物志》，科学出版社1997年版，第43页。
③ 樗蒲作为在汉唐时期流行的博弈类娱乐活动，一直受到社会生活史研究的广泛关注，由于篇幅原因，本文在此不再进行过多的研讨。对于樗蒲的形制规则和详细的演变历史，史良昭所著的《枰声局影——中国博弈文化》和李洪岩所写的《樗蒲考略》都有详细的梳理，是研究樗蒲的重要论著。此外戈春源、李金源、李重申、大谷通顺、赵庆伟和高国藩等学者对樗蒲的研究成果均有一定的代表性。参见史良昭《枰声局影——中国博弈文化》，上海古籍出版社1991年版；李洪岩《樗蒲考略》，《体育文史》1989年第4期；戈春源《中国社会民俗史丛书——赌博史》，上海文艺出版社1995年版，第18—19页；李金梅、李重申《丝绸之路体育图录》，甘肃教育出版社2008年版，第264—265页；大谷通顺《中国古代游戏"樗蒲"在世界游戏上的定位》，《新世纪文化交流与汉语教学国际学术研讨会论文集》，2000年，第21—27页；赵庆伟《中国社会时尚流变》，湖北教育出版社1999年版，第118—125页；高国藩《敦煌民俗学》，上海文艺出版社1989年版，第508—510页。

时期，上至皇帝贵族下至黎民百姓都参与到此项游艺中去。

关于樗蒲的起源有多种观点，这些有关其起源和流传的争论，本身就体现了"丝绸之路"上中原游艺文化与西域游艺文化的交流。这些争论的焦点主要包括"'老子化胡'派""六博演变说"和"西域起源说"等。其中笔者所认可的观点为"西域起源说"，并对其进行过详细的论证：樗蒲产生于西域，与"丝绸之路"地区的胡人有关。① 如东汉马融在《樗蒲赋》中的另一句话："枰则素旃紫罽，出乎西邻"，② 意即樗蒲所需的棋盘是由素色或紫色的毛毡制成的，而这种毛毡产自西域，而非中原。可以说，樗蒲在中原文化区域的出现本身就体现了游艺文化在"丝绸之路"上的交流，因为出自西域的博弈类活动同时蕴含着草原游牧文化和中原地区文化元素。

在某种意义上可以说，博弈类的本质就是"赌"，这种赌性的游戏是在豪放的草原游牧文化中可以孕育出来的，而樗蒲在儒家文化下实际上没有滋生的土壤，并且是一直受到部分儒士的抵制和鄙视的，如东晋陶侃就曾将其形容为"牧猪奴戏"，③ 这也能从侧面印证樗蒲产生于西域的观点。当然，在樗蒲游艺中也不难窥见中原地区游艺文化的影子，如在樗蒲游戏中，如果掷出黑色代表着对自己的有利，而与之相对应的则是白色，黑白相对与我国古代的阴阳思想不谋而合；另外，秦朝统治时期和西汉统治的前期，古人对黑色是十分崇尚的，樗蒲作为流传而来的游戏，在游戏中对黑色的崇尚与当时秦汉相同，其中的文化交流耐人寻味，故而樗蒲本身就是"丝绸之路"游艺文化充分交流应运而生的一个产物。

樗蒲出现后，经过两汉和魏晋的发展影响逐渐壮大，逐渐传播和影响到"丝绸之路"上的各个民族和区域，成为他们生活中的"重头戏"。公元 6 世纪中叶，也就是南北朝时期，突厥民族自甘肃兴起，

---

① 丛振：《敦煌游艺文化研究》，中国社会科学出版社 2019 年版，第 107—108 页。
② 欧阳询撰，汪绍楹校：《艺文类聚》，上海古籍出版社 1982 年版，第 1278 页。
③ 房玄龄等撰：《晋书》，中华书局 1974 年版，第 1774 页。

《隋书》有载："突厥之先，平凉杂胡也……男子好樗蒲，女子踏鞠。"① 从"好"字可以看出当时樗蒲在突厥男子之中受欢迎的程度。另外，在今甘肃省高台县许三湾魏晋时期壁画墓中，亦发现了二人樗蒲的图像（图2-10），② 这也从另一个角度证明了《隋书》中的记载：至少在魏晋时期，樗蒲就已经广泛流行于这一地区并且受到了当地先民的喜爱。

图2-10　魏晋　许三湾壁画墓《樗蒲图》

樗蒲的交流不仅仅局限于社会生活，甚至也包含政治生活。有两则史料能够给予例证，第一则是隋文帝时期的一段史料：

> 雍虞间与玷厥举兵攻染干，尽杀其兄弟子侄，遂度河，入蔚州。染干夜以五骑与隋使长孙晟归朝。上令染干与雍虞间使者因头特勤相辩诘，染干辞直，上乃厚待之。雍虞间弟都速六弃其妻子，与突利归朝，上嘉之。敕染干与都速六樗蒲，稍稍输以宝物，用慰其心。③

---

① 魏徵、令狐德棻撰：《隋书》，中华书局1973年版，第1864页。
② 图2-10源自孙麒麟、毛丽娟、李重申《中国古代体育图录》，甘肃教育出版社2015年版，第122页。
③ 魏徵、令狐德棻撰：《隋书》，中华书局1973年版，第1872页。

从这则史料可以看出，隋文帝能够想到用樗蒲来作为宽抚少数民族领袖的器物，必然首先自己是对樗蒲有所了解，才能够考虑樗蒲在突厥民族社会生活中的重要地位，樗蒲器具本身并没有太大的价值，显然这时的樗蒲已经成为一种政治交流的工具；同时也可以看出，一个部落的可汗能够接受樗蒲作为抚慰他的一个象征也是再一次印证了樗蒲在突厥民族生活中的重要地位。另一则是后凉时期的史料："吕光太安二年，龟兹国使至（后凉），献宝货、奇珍、汗血马。光临正殿，设会文武博戏。"① 这则史料则记载了龟兹国使臣到达后凉进献宝物之后皇帝在正殿设置宴会，文武百官和龟兹国的使臣一起进行博戏的场景，因为樗蒲在魏晋南北朝时期风行一时，所以可以推断，此则材料中的"博戏"就是樗蒲。不同区域的人员之间进行一种博弈类游戏，必然要遵循同样的规则，这场"文武博戏"不仅仅是两国友谊的见证，更是樗蒲文化在两国之间充分交流的一个证明。

除此之外，还可以通过佛经和诗词窥见当时樗蒲在"丝绸之路"上的交流。但需要注意的是，交流并不一定能够让双方相互交融，交流的过程也有可能产生对交流事物的抵制。樗蒲作为一种博弈类的游艺活动又能够从中获取钱财，很容易导致人上瘾，敦煌文献《王梵志诗残卷》中有云：

<blockquote>
男年十七八，莫遣倚街衢，
若不行奸盗，相构即樗蒲。
……
饮酒妨生计，樗蒲必破家。
但看此等色，不久作穷查。②
</blockquote>

---

① 李昉等撰：《太平御览》，中华书局 1960 年版，第 3345 页。
② 中国社会科学院历史研究所、中国敦煌吐鲁番学会敦煌古文献编辑委员会、英国国家图书馆、伦敦大学亚非学院合编：《英藏敦煌文献》第 5 卷，四川人民出版社 1992 年版，第 69 页。

在诗僧王梵志的认知中,樗蒲成为青年相聚后除了奸盗之外的不二选择,将沾染樗蒲和"破家"打上了等号,这反映了樗蒲在交流过程中已经遭到一些人士的警觉和敌视。敦煌文献《梵网经佛说菩萨心地戒品》中有云:"善佛子……不得樗蒲、围棋、波罗塞戏、弹棋、六博、拍鞠、掷石、投壶。"[①] 该佛经片段能说明两点:首先是将成为善佛子的标准与是否进行樗蒲游戏挂钩,仅凭一个游戏能影响僧侣是否能够成为"善佛子",这说明了佛教对于樗蒲的"敏感"和坚决的抵制态度,另外一项游艺娱乐被抵制,必然说明其已经在现实生活当中大为流行且影响极大,即便苦行如僧侣,也有人已沾染樗蒲的习气,反映了樗蒲在交流的时候对当地文化的冲击。

同样是在隋唐时期,樗蒲传入朝鲜半岛,并逐渐融入其节日文化之中。高丽诗人李穑的《牧隐诗稿》载:"风俗由来重岁时,白头翁媪作儿嬉。团团四七方圆局,变化无穷正与奇。拙胜巧输尤可骇,强吞弱吐亦难期。老夫用尽机关了,时复流观笑脱颐。"[②] 李氏朝鲜时期,除夕时人们也往往会以樗蒲消磨时间,并借此祈愿来年风调雨顺。如赵显命《归鹿集》中就曾记载:"每岁迎新送故日,少年知乐岂知哀。樗蒲席上朋俦集,栢酒尊边长老陪。"[③]

樗蒲在"丝绸之路"游艺文化的交流中产生,凭借"丝绸之路"这个媒介和载体得以在中原王朝和"丝绸之路"沿线各国、各民族之间不断交流,成为当时颇具"国际化"特征的游艺项目。樗蒲的交流不仅仅具有文化意义,也具有充分的政治意义和经济意义,在"丝绸之路"盛极一时。到了宋朝,这项从汉朝兴起盛行于魏晋和隋唐的游戏最终被其他游艺项目所取代,李清照诗云"打马爱兴,樗蒲遂废",[④] 由此可见,樗蒲几乎仅存于诗人的词赋中,风光不再。

---

① 黄永武主编:《敦煌宝藏》第 1 册,新文丰出版公司 1981 年版,第 519 页。
② 李穑:《牧隐诗稿》,首尔国立中央图书馆 1974 年版,第 827 页。
③ 赵显命:《归鹿集》,首尔民族文化推进会 1998 年版,第 212 页。
④ 徐北文主编:《打马赋》,《李清照全集评注》,济南出版社 1990 年版,第 263—264 页。

三 双陆

双陆，中国古老的博弈类游艺项目之一。[①] 因为其游戏过程中所使用的棋盘共十二道前后各有六路而得名，亦被称为"双六"或"双六棋"。在游戏中，双方于棋盘各有棋子，率先把棋子移离棋盘的玩者获得胜利，而棋子的移动依掷骰子所得点数决定。洪遵在《谱双》中对谱双规则有详尽的记载："双陆率以六为限，其法：左右各十二路，号曰梁。白黑各十五马，右前六梁，左后一梁，各布五马；右后六梁二马，左前二梁三马。白黑相偶，用骰子二。各以其彩行……马先出尽为胜，胜而他马未归梁，或归梁而无一马出局则胜双筹。凡赏罚之筹，唯所约，无有定数。"[②] 骰子点数决定移动的规则使得整个对局复杂多变，游戏变得更加具有刺激性和突发性。由于棋子本身移动路径是玩家所选择，所以游戏中玩家选择的策略极其重要，因此需要玩家拥有纵横捭阖、运筹帷幄的大局观。

学界关于其起源的看法主要分为本土起源说和外来说，也有将二者观点杂糅者。而外来说又主要分为代表性的观点有"古罗马起源说""波斯起源说"等，而在这其中，"古印度起源说"又在学界被多数学者所接受。[③] 双陆的起源虽没有十分具体的定论，但是根据史籍的记载和已出土文物来看，双陆经由"丝绸之路"传入我国是一个不

[①] 双陆是国内外体育史、社会学和民俗学研究的热点，成果颇丰。很多游艺论著中都对双陆进行了些许的论述，此处不再赘述。参见陈增弼《双陆》，《文物》1982年第4期；罗时铭《古代棋戏——双陆》，《体育文史》1986年第5期；胡德生《双陆棋》，《紫禁城》1990年第3期；马建春《大食双陆棋弈的传入及其影响》，《回族研究》2001年第4期；宋德金《双陆与民族文化的交流和融合》，《历史研究》2003年第2期；杜朝晖《"双陆"考》，《中国典籍与文化》2006年第2期；刘欣《我国古代双陆传播考述》，《体育文化导刊》2010年第7期。

[②] 洪遵撰：《谱双》，中华书局1991年版，第37页。

[③] 周膺编校：《烨烨斯文：杭州洪氏人物作品》，国际文化出版公司2007年版，第75页。此种观点的认同者较多，参见郭双林、肖梅花《中华赌博史》，中国社会科学出版社1995年版，第37—38页；李金梅《敦煌古代博弈文化考析》，《体育科学》1999年第5期；李重申《敦煌古代体育文化》，甘肃人民出版社2000年版，第87页；宋德金《双陆与民族文化的交流和融合》，《历史研究》2003年第2期。

争的事实,可以说,双陆是"丝绸之路"游艺文化交流的一个重要符号和产物。双陆游戏的产生过程与游艺文化的交流密切相关。双陆通用的游戏规则并非一蹴而就的,其作为文化交流瑰宝的证据就存在于其游戏规则的形成与演化当中,众多史料也证明了这一点。被学界广泛认可的"古印度起源说"中天竺的波罗赛戏即被认为是双陆,《菩萨戒义疏》中对此记载有:"波罗塞戏者,西国兵戏。二人各使二十玉象,此方亦有画板为道,以牙为子,争得要路即为胜也。"① 而《资治通鉴》对中原地区双陆的记载为:"双陆者,投琼以行十二棋,各行六棋,故谓之双陆。"② 综合比较这两则材料,波罗赛戏与双陆在棋子、规则等方面差异较大,并非南宋洪遵所辨与双陆为一物。

据佛经记载,波罗赛戏所使用的棋子在四十个以上,而不论双陆早期的十二子还是晚期的三十子都远未达到这个数量。二者不同点还在于双陆比波罗赛戏多出具体的博具,《谱双》中有载:"凡马单立,则敌马可击,两马相比为一梁,它马既不得打,亦不得同途。"③ 而根据上文所提及的《菩萨戒义疏》中所记载的"争得要路即为胜也",波罗赛戏相比双陆并未有骰子。从需要具体博具的玩法来看,双陆与我国传统游艺六博更为相似,六博依投箸来决定棋子的移动,明代周祈《名义考》卷八有言:"今双陆古谓之十二棋,又谓之六博。"④ 或许正是这个原因,使得部分古代学者将双陆和六博混为一谈。但从整体的行棋规则来看,双陆和波罗赛戏更为相似而与六博大相径庭。双陆和波罗赛戏的核心玩法皆为"移棋",而六博的核心玩法却是"吃棋"。双陆在规则的细节上也和波罗赛戏贴近,例如双陆与波罗赛戏之棋在局道相遇时,遇到敌方孤棋便可吃下,遇到敌方双子及有更多棋子时则不可吃下对方。《谱双》详细描述了这个规则:"各以其采,

---

① 高楠顺次郎、渡边海旭发起,小野玄妙等编辑校勘:《大正新修大藏经》第40册,台北佛陀教育基金会出版部1990年版,第595页。
② 司马光编著,胡三省音注:《资治通鉴》,中华书局1956年版,第6587页。
③ 洪遵撰:《谱双》,中华书局1991年版,第37页。
④ 周祈:《名义考》,《景印文渊阁四库全书》子部第162册,台湾商务印书馆2008年版,第381页。

由右归左，子单，则他子得击，两子则曰'成梁'，他子虽相当，不得击。"① 笔者推测，双陆是中原传统游艺六博和西域舶来的外来游艺波罗赛戏融合之后的产物，它的产生是"丝绸之路"游艺文化交流的结果。双陆的产生大概经历了这样一段历史：秦汉以后，六博急剧衰落。② 曹魏时期，由六博演变出双陆的雏形，因此有曹植制双陆的说法。而波罗赛戏也随着佛教的传入经西域传入中国，六博和波罗赛戏在"丝绸之路"上博采众长、相互吸收，形成了规则、用具相对固定的双陆。③ 双陆游艺在"丝绸之路"沿线受到各族人民的喜爱，其重要发展时间节点与"丝绸之路"于曹魏与隋唐的畅通时期不谋而合，笔者认为这个时期也正是游艺文化交流的高峰期，此时期西域所出土的双陆文物和文献也印证了这一点。双陆游艺中所使用的物品有三种，分别是双陆棋子、棋盘和骰子。由于不易保存，现存于世的双陆骰子很少，但是双陆棋子和双陆棋盘作为一种陪葬品在西域墓葬中被多次发现，这也是"丝绸之路"上游艺交流的重要证据。1973年新疆吐鲁番阿斯塔那206号唐代墓葬中出土了一件镶嵌螺钿的双陆局（图2–11），④"长20.8厘米、宽10厘米、高75厘米。棋盘带壶门底座，棋盘的盘面分成三个大小相同的区域，每个区域内都镶嵌骨片、绿松石组成飞鸟和花卉图案。另外，棋盘盘面的两条长边正中处，各用象牙镶嵌出一月牙形，彼此相对。以月牙图案为中心，两侧饰六朵花瓣纹。棋盘制作精美，工艺水平较高。"⑤ 从中可以看出，西域的双陆棋盘是使用象牙所制作，当地和发源地古印度当时都有较多象群提供原材料。1959年5月河南安阳隋张盛墓也出土了一副双陆棋盘。"该器物呈长

---

① 《郡斋读书志》卷十五著有《双陆格》一卷，没有署名作者。晁公武、孙猛校证：《郡斋读书志校证》，上海古籍出版社1990年版，第694页。

② 郭双林、肖梅花：《中华赌博史》，中国社会科学出版社1995年版，第15页。

③ 持此观点者还有杜朝晖等人，参见杜朝晖《"双陆"考》，《中国典籍与文化》2006年第2期。

④ 图2–11源自李金梅、李重申《丝绸之路体育图录》，甘肃教育出版社2008年版，第268页。

⑤ 中国历史博物馆、新疆维吾尔自治区文物局编辑：《天山·古道·东西风：新疆丝绸之路文物特辑》，中国社会科学出版社2002年版，第203页。

第二章 "丝绸之路"游艺文化交流项目研究

方形,长10.5厘米、宽5厘米,四边有外沿,平放时如一件浅底盘。在两个长边的外沿下,分别均匀排列着十二个圆形凹坑,中部还有一个半圆的图案,将十二个凹坑一分为二,左右各六。器物一角残缺,底部下方有两个凸起的棱,摆放时起到支撑作用。整件器物除底部外,均施白釉。"① 对比二者,形制基本大同小异,这是双陆游艺在"丝绸之路"上交流的重要实物证据。值得注意的是,后者是一件白釉瓷长方形明器,原本制作材料为象牙的双陆在瓷器文化发达的中原地区被替换为陶瓷,也进一步证明了双陆当中更多地融入了中原元素。

图2-11 唐 阿斯塔那206号墓 双陆棋盘

在"丝绸之路"文化交流的中心——敦煌,也同样有着众多有关双陆游艺交流的文献,可以作为双陆游艺在西域交流、传播的重要史料。《王梵志诗一卷》有载:

双陆智人戏,围棋出专能。
解时终不恶,久后与仙通。[2]

---

① 蔡杰:《隋张盛墓出土双陆棋盘考辨》,《博物馆》2020年第6期。
② 上海古籍出版社、法国国家图书馆编:《法藏敦煌西域文献》第17册,上海古籍出版社2001年版,第349页。

从诗中可以看出，隋唐时期双陆被作者认为是一种益智游戏，在民间深受喜爱。在当时，双陆也成为一种时尚的宫廷娱乐：

久之，（武则天）召问曰："梦双陆不胜，何也？"于是，仁杰与王方庆俱在，二人同辞对曰："双陆不胜，无子也。天其意者以儆陛下乎！"①

女皇武则天对于双陆的喜爱使双陆出现在了她的梦中，可见双陆在大唐皇宫占有一席之地。对于这段史料的解读，也有研究者指出，双陆作为当时唐代上层社会的时兴甚至常被巧妙地运用到政治生活之中。②在敦煌文献中也能找到双陆游艺涉及政治生活的例子，《太子成道经一卷》中记载：

是时净饭大王，为宫中无太子，优（忧）闷寻常不乐。或于一日，作一梦，（梦见）双陆频输者，明日（即）问大臣是何意志（旨）？大臣答曰："陛下梦见双陆频输者，为宫中无太子，所以频输。"③

这两则故事的情节颇为相似，都是借助因没有棋子而导致输掉双陆比赛，以此向统治者暗示应当早立太子。同样的故事在不同历史背景下出现，也侧面印证了"丝绸之路"上游艺文化的相互交流与传播。

双陆在向中原传递的过程当中适应当地部分人群对于博戏的需要，逐渐从西域的一种兵棋推演游戏转变为一种赌博游戏。上文提到《菩萨戒义疏》有言："波罗塞戏者，西国兵戏。"但是，在敦煌文献《孔子项诵相间书》中却有云：

---

① 欧阳修、宋祁撰：《新唐书》，中华书局1975年版，第4212页。
② 陈增弼：《双陆》，《文物》1982年第4期。
③ 上海古籍出版社、法国国家图书馆编：《法藏敦煌西域文献》第21册，上海古籍出版社2002年版，第1页。

夫子曰："吾车中有双陆局，共汝博戏如何？"小儿答曰："吾不博戏也。天子好博，风雨无期；诸侯好博，国事不治；吏人好博，文案稽迟；农人好博，耕种失时；学生好博，忘读书诗；小儿好博，笞挞及之。此是无益之事，何用学之。"①

唐朝灭亡以后，双陆的发展逐渐呈现出南北双中心的态势，这种并立和以辽、金为代表的北方政权与以两宋为代表的南方政权的长期对峙具有一定的相似性，即北双陆和南双陆的并立。

北双陆，又称契丹双陆，顾名思义，是流行于辽国境内的双陆打法。辽国自认是唐文化的正统继承者，而事实在一定程度上确实如此：在辽国境内——今沈阳市叶茂台村附近发现的法库叶茂台墓葬群中出土的双陆棋盘（图2－12）与日本正仓院博物馆所藏之紫檀木画双陆棋盘（典型的唐制双陆棋盘）在形制上具有高度的一致性。②

图2－12　辽　法库叶茂台7号墓漆木双陆

而南双陆的发展则并不顺利，甚至可以说显现颓势。南宋高宗绍兴四年（1134），李清照南渡避难至浙江，在浙江写成《打马图经序》一文，《序》云："长行（即双陆）……近世无传。"③绍兴二十一年（1151），洪遵作《谱双》，亦仅记载了在广东等地流行的广州双陆、

---

① 上海古籍出版社、法国国家图书馆编：《法藏敦煌西域文献》第29册，上海古籍出版社2003年版，第84页。
② 图2－12：笔者摄于辽宁省博物馆，2022年7月21日。
③ 李清照：《李清照集笺注》，上海古籍出版社2002年版，第340页。

下嚼双陆、不打双陆、三堆双陆等种类的双陆打法,且上述种类的双陆棋盘在格局上也与唐制棋盘有着明显的差异。

反观同一时期北方的金国,"弈棋双陆"盛行,反而冷落了"女直旧风""酒食会聚,以骑射为乐"。① 此外,元代刻本《事林广记》中元人对博图里的双陆棋盘,经梁淑琴考证,与法库叶茂台出土棋盘、正仓院所藏棋盘亦为同一样式。② 综上可知,唐代以后,北双陆就影响力而言相较南双陆明显较为强势,并最终取得了统治地位。

辽金时期亦有多次统治阶级进行双陆的记录。《辽史·伶官列传》载:"上尝与太弟重元狎昵……又因双陆,赌以居民城邑。帝屡不竟,前后已偿数城。"③ 这则记录记载的就是辽兴宗与其弟以城邑为赌注下双陆棋的事件。而《契丹国志》与《大金国志》中则分别记录了辽金之间进行的两场"国际比赛"。辽道宗末年,"女真大酋阿骨打来朝,以悟室自随。辽之贵人与为双陆戏",在对弈中,"贵人投琼不胜,妄行马。阿骨打愤甚,拔小佩刀欲刺之,悟室从旁救止,急以手握鞘,阿骨打止其柄,杙其胸不死"。辽道宗大怒,但仍出于怀柔远人的心态未打算杀掉完颜阿骨打。有侍臣以石勒和安禄山的事例劝谏道宗:"王衍纵石勒,卒毒中原;张守珪赦禄山,终倾唐室。阿骨打朔北小夷,今乃敢陵轹贵臣,肆其无君之心,此其不追,将贻边患。"④ 但道宗并未接受侍臣的劝谏,结果侍臣的话一语成谶,完颜阿骨打最终破辽,建立金国。辽亡以后,辽国曷董城守城大将耶律大石(后为西辽开国皇帝)与金国大将完颜宗翰在曷董城军中进行了一次双陆比赛。《大金国志》载:"大实与粘罕双陆,争道,粘罕心欲杀之,而口不言。"⑤ 棋局结束后,耶律大石便连夜逃出了金营。

双陆游艺在经西域向中原传播过程当中其类型的转变,同样说明

---

① 脱脱等撰:《金史》,中华书局1975年版,第1812页。
② 参见梁淑琴《"双陆"杂考——从法库叶茂台辽墓出土的双陆棋谈起》,载《辽宁省博物馆学术论文集(1999—2008)》,辽海出版社2009年版,第492—493页。
③ 脱脱等撰:《辽史》,中华书局1974年版,第1480页。
④ 叶隆礼撰,贾敬颜、林荣贵点校:《契丹国志》,中华书局2014年版,第106页。
⑤ 宇文懋昭撰,崔文印校证:《大金国志校证》,中华书局1986年版,第193页。

双陆在"丝绸之路"上成为游艺文化交流与传播的一种载体。正如有学者所言,"双陆的产生与发展既吸收了外来的因素,又结合了本土的资源,体现了中西文化的碰撞交融的特点"①。双陆游艺不但能够益智增趣,又特别紧张刺激,深受"丝绸之路"沿线各族喜爱,在其产生、传播和发展的过程当中体现了"丝绸之路"上的游艺文化交流。

四 围棋

围棋,众所周知,是一种智力类棋类游戏,其特殊之处在于:它是一种策略型两人棋类游戏。下围棋能够考验下棋人的思维能力、心理承受能力、勤奋程度和全局观念等。从古至今,围棋游艺都是人们喜爱的一种文化体育活动,它可以锻炼身体、培养感情、发展智力、培养分析能力和逻辑思维能力。②

学界对于围棋起源于中国这一观点是公认的,但是,关于中国围棋起源的时间尚未形成统一的看法,主要的观点有:认为围棋是个人或少部分人发明的"尧舜发明说""乌曹发明说""纵横家、兵家发明说"等,此外还存在着认为围棋起源于某些特定政治行为的"兵法起源说""八卦起源说"等。③

---

① 杜朝晖:《"双陆"考》,《中国典籍与文化》2006年第2期。
② 围棋一直是国内外体育史、社会生活史研究的热点,成果丰硕,有关中国古代游艺的论著中或多或少都涉及了对围棋的讨论,此处不再赘述。就围棋研究个案而言,张如安所著的《中国围棋史》对中国围棋发展进行了系统性梳理,是该领域的重要论著,另有何云波、罗金香、乐锐锋等学者的研究成果也颇具代表性。参见何云波《中国围棋文化史》,武汉大学出版社2015年版;罗香林《唐代文化史研究》,商务印书馆1946年版;乐锐峰《"技""艺""戏""道":魏晋南北朝围棋文化研究》,硕士学位论文,华中师范大学,2011年。
③ 关于围棋的起源有多种说法。战国文献《世本》中说:"尧造围棋,丹朱善之。"晋朝张华《博物志》曰:"尧造围棋以教子丹朱。"元《玄玄棋经》载:"尧舜造围棋以教其子。"《路史后记》中则记载更为详细:"尧娶妻富宜氏,生子朱,儿子行为不好,尧很忧虑,特地制作了围棋,以闲其情。"按照这种说法,围棋的出现是源于陶冶性情,开发智力。于古时人们将许多发明都与尧舜联系在一起。另一种说法,认为围棋的出现是源于军事战争的需要。传说氏族部落末期,军事指挥者用两种不同的石子代替敌我双方,模拟战场,进行军事部署。后汉马融《围棋赋》中提道:"略观围棋,法于用兵,三尺之局,为战斗场。"可见,围棋与战争的关系,已被很多人认可,几乎成为公论。故《隋书·经籍志》中把围棋类的书与兵书归到了一类。

最早关于围棋这一游艺项目的正式记载是《左传》，不过此处并不是对围棋本身形制和规则的直接阐释，而是借围棋以喻政事。《左传·襄公二十五年》中载有：

> 卫献公自夷仪使与宁喜言，宁喜许之。太叔文子闻之，曰："……今宁子视君不如弈棋，其可以免乎？弈者举棋不定，不胜其耦，而况置君而弗定乎？必不免矣。九世之卿族，一举而灭之，可哀也哉！"①

此处的"奕"，根据东汉许慎《说文解字》中"奕，围棋也。从廾，亦声"②的解释可以判定，正是本部分所讨论的"围棋"。在这次事件中，太叔文子用下围棋时不知如何落子来比喻宁氏父子对于废立卫献公前后态度的转变，充分说明在春秋时期，围棋已然成为宫廷中一项流行的游艺活动。

围棋在"丝绸之路"上的传播主要有向东与向西两大方向。东传即由中原向东北经海上"丝绸之路"东线先后抵达朝鲜半岛和日本，西传则主要有两条路线：一是向西北经狭义上的"丝绸之路"，即陆上"丝绸之路"到达甘肃、新疆以及中亚一带；二是向西南方向经高原"丝绸之路"传至西藏、印度等地。

"丝绸之路"上围棋的东传如上段所述，存在着两个重要的节点，即朝鲜和日本。基于朝鲜半岛优越的地理条件，古代朝鲜与中国的交往活动相比日本要更为容易和密切，因此本部分也将主要围绕前者进行展开。公元475年（南朝宋元徽三年）就发生过一件与围棋密切相关的历史事件：

> 时百济王近盖娄，好博弈。道琳诣王门告曰，"臣少而学棋，颇入妙，愿有闻于左右。"王召入对棋，果国手也，遂尊之为上

---

① 左丘明著，郭丹、程小青、李彬源译注：《左传》，中华书局2012年版，第1367页。
② 许慎撰，段玉裁注：《说文解字注》，上海古籍出版社1981年版，第104页。

第二章 "丝绸之路"游艺文化交流项目研究

客，甚亲昵之，恨相见之晚。①

此段中的"道琳"是当时著名的棋僧，时高句丽王想要进攻百济，因此，派遣道琳前往百济并先以围棋取得百济王的信任，后蛊惑、教唆百济王大兴土木，使百济司农仰屋、民不聊生，而高句丽王则趁机攻占了百济。其中不难看出，至少在魏晋南北朝时期，围棋就已经在朝鲜半岛的统治阶层与僧侣之间盛行，而围棋经海上"丝绸之路"传入朝鲜则更应早于这一时间。

朝鲜围棋发展到唐代时已经相当成熟，并且具有一定的影响力。《旧唐书》载："（高丽）好围棋投壶之戏，人能蹴鞠。"②《新唐书》中亦有"（高丽）俗喜弈、投壶、蹴鞠"的描述。③ 玄宗开元二十年，"渤海靺鞨掠登州，（新罗圣德王）兴光击走之"，开元二十五年，兴光薨，玄宗诏曰：

> 新罗号君子国，知《诗》《书》。以卿惇儒，故持节往，宜演经谊，使知大国之盛。又以国人善棋，诏率府兵曹参军杨季鹰为副。国高弈皆出其下，于是厚遗使者金宝。④

从上文可以看出，当时无论是唐朝还是新罗，都给予了围棋很大的重视。玄宗派遣使节前往新罗悼念新罗王时，由于新罗"国人善棋"，特意安排当时的围棋名手杨季鹰一同前往。而为了展示本国的围棋实力，新罗也派出了国内的诸多"高弈"与杨季鹰对局。虽然新罗棋手最终不敌，但这次大型的"国际比赛"仍然可以称为"丝绸之路"上中朝围棋游艺文化交流的重要史实之一。

除中外文献的记载之外，朝鲜半岛上的考古成果也可以有力地佐

---

① 金富轼撰，李丙焘校勘：《三国史记》，首尔乙酉文化社1977年版，第229页。
② 刘昫等撰：《旧唐书》，中华书局1975年版，第5320页。
③ 欧阳修、宋祁撰：《新唐书》，中华书局1975年版；第6186页。
④ 欧阳修、宋祁撰：《新唐书》，中华书局1975年版，第6205页。

证这一游艺文化交流现象。2020年，韩国庆州蓝泉新罗古墓44号积石木椁坟中出土了200余颗围棋子，棋子直径1—2厘米，厚0.5厘米左右，由黑白灰三色构成，由自然石直接制成，制作年代约为公元5世纪末。①

从朝鲜半岛继续向东，在公元7世纪初至8世纪初，中日两国的文献中就出现了关于日本围棋的记载。日本最大的围棋管理组织——日本棋院关于围棋传入日本的时间给出了这样的说明："奈良时代（公元710—794年），有吉备真备出使唐朝，从唐朝带回围棋的故事，但早在公元636年，《隋书·倭国传》中就提到日本人喜爱围棋。公元701年的《大宝律令》和《僧尼令》中也提到了围棋，由此可以推断围棋是在此之前传入日本的。"②诚如日本棋院所述，《隋书·倭国传》中确实有着"（日本人）好棋博、握槊、樗蒲之戏"③的记载，这段文字也是我国史书中最早的关于日本围棋情况的记录。

围棋沿陆上"丝绸之路"上开始西传的具体时间，根据现有史料无法完全确定，但是，在一些佛教经典与著名僧侣的事迹中所发现的有关围棋的记载，为讨论围棋游艺西传这一问题提供了新的视角。如《正法念处经》中记载有：

> 见此众生，因节会日，相扑射戏，樗蒲围棋，种种博戏，因此事故，行不净施，无心无思，亦无福田，是人身坏，堕于恶道。④

---

① 吴昊、金真焕：《朝鲜三国、高丽时期的围棋史料考察》，第九届中国杭州国际棋文化峰会论文，杭州，2021年10月，第242页。
② 日本棋院：《囲碁の歴史》，https：//www.nihonkiin.or.jp/teach/history/，2023年3月4日。
③ 魏徵、令狐德棻撰：《隋书》，中华书局1973年版，第1827页。
④ 高楠顺次郎、渡边海旭发起，小野玄妙等编辑校勘：《大正新修大藏经》第17册，台北佛陀教育基金会出版部1990年版，第113页。除此之外，后秦时期名为道朗翻译的《大般涅槃经·现病品第六》中写道，在印度地区过去流行过中国古代的棋艺类和其他游戏，如围棋、弹棋、六博、拍毱、掷石、投壶等体育项目，这部佛经中还写到这些游戏在印度已经非常流行而且这些体育项目很容易上瘾，到汉代"丝绸之路"开通后中国古代棋戏更多的传入古印度并流传之广。

第二章 "丝绸之路"游艺文化交流项目研究

《正法念处经》是大藏经中篇幅最长的佛经之一,北魏时期进行了汉译,考虑到佛经由"丝绸之路"传播而来,这从侧面说明了围棋在"丝绸之路"上已经有了交流。

另外,《维摩诘经·方便品》中亦载:"若至博弈戏处,辄以度人。"① 其意思是说,维摩诘若是涉足下棋的地方,总会欣赏、衡量下棋人的能力,而对有仙根的人予以渡化。由材料可知,维摩诘说法的地方非常多,这也可以从侧面反映出围棋游艺在"丝绸之路"沿线区域开展得相当广泛和普遍。

另一个重要例证与十六国时期高僧鸠摩罗什有关,《晋书·吕纂》中记叙:"(吕)纂尝与鸠摩罗什棋,杀罗什子,曰:'斫胡奴头。'罗什曰:'不斫胡奴头,胡奴斫人头。'"② 吕纂为后凉国君,鸠摩罗什自西域而来,他们二人的围棋比试,岂不正是围棋游艺在"丝绸之路"上交流的有力证明。

除此之外,石窟壁画也反映了相关事例。如榆林窟32窟北壁上方画有下棋图(图2-13),③ 画面较小,为二人对坐弈棋。莫高窟中的佛传故事图像中有与之相对应的场景。第61窟屏风21幅的下方也有对弈图(图2-14),④ 画面不是很大,长40厘米、宽30厘米,对弈者坐在柳树下石桌旁,饶有兴致地进行厮杀,这是五代时期的作品。第454窟屏风画之十五亦有一幅下围棋图(图2-15),⑤ 图内有三人,二人对坐桌后,另一人在桌的棋头安坐,案上摆有围棋盘一具,棋格有十九道,线条的痕迹画得很清楚,横的线条只能看清九道,上、下格宽窄不一,这说明有的线条已经脱落。棋盘上只有十多个棋子。从画面中可以看出,桌横头的那一人应是裁判,桌的两边端坐的是

---

① 鸠摩罗什译:《维摩诘所说经》,黑龙江人民出版社1994年版,第165页。
② 房玄龄等撰:《晋书》,中华书局1974年版,第3069页。
③ 图2-13源自李小唐、林春、李重申《丝绸之路岁时民俗体育图录》,甘肃教育出版社2017年版,第109页。
④ 图2-14源自李小唐、林春、李重申《丝绸之路岁时民俗体育图录》,甘肃教育出版社2017年版,第109页。
⑤ 图2-15源自李重申、李金梅、陈小蓉《敦煌古代体育图录》,甘肃教育出版社2011年版,第169页。

对弈者，头戴布巾，身穿玄衣，腰束丝绳。一人低着头静静地看着棋局的变化，单手举棋子，准备放下。另一人平静端坐，观察对手将会把棋子放到何处，棋局是否有突然的变化。从作战双方专心致志的面部表情来看，一场紧张激烈的殊死搏斗正在进行，似有互不退

图2-13　榆林窟第32窟　弈棋图

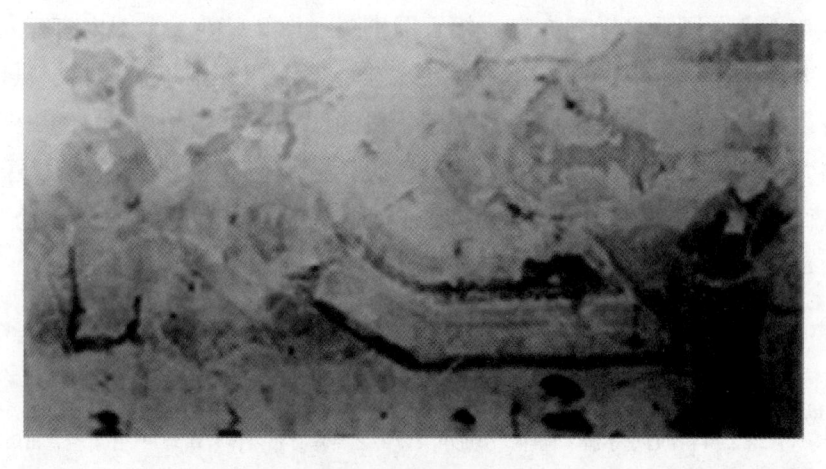

图2-14　五代　莫高窟第61窟　弈棋图

让、险象环生之妙。这几幅图虽不大，但较为真实地记录了当时敦煌地区群众下围棋的场面，是围棋在"丝绸之路"上广泛流行的有力证明。①

图2-15 宋 莫高窟第454窟 弈棋图

此外，考古学家还在古玉门关以南、阳关以东的唐代敦煌郡寿昌县古城址中，陆续挖掘出66枚围棋子，其中41枚为黑色，25枚为白色，大部分为花岗岩。其中小部分有些是成品玉。棋子外形美观，研磨精细。它们分为大、小两种型号。大号的与流行的围棋相似，圆圈的形状，中间两边都有突出物。中圆的直径为1.2厘米，中庭的厚度为0.75厘米，重量约为12克，小号的形状和重量都比大号要低。② 根据《通典》记载："大唐武德元年（公元618年）唐高祖诏曰：'敦煌郡贡棋子廿具。'石膏，今沙州。"③ 唐高祖李渊在登基当皇帝的第一年，就下诏全国各郡县贡品中，敦煌郡贡围棋子二十具，这一记载说明了早在唐以前，敦煌寿昌县就以制造围棋子而在京都长安享有盛名。

---

① 梁全录：《唐代"丝绸之路"上的围棋》，《体育文史》1988年第8期。
② 萧巍：《浅论敦煌出土的唐代围棋子——兼谈围棋的发展历史》，《丝绸之路》2011年第12期。
③ 杜佑撰，王文锦等点校：《通典》，中华书局1988年版，第119页。

又有《天宝年间地志残卷》记载："都四千六百九十，贡棋子。"① 此句首先说明了敦煌郡到首都长安的距离；贡棋子指的是进贡给唐朝宫廷的制作精良、风格独特的上等品质的棋子。如果按照当时流行的 19×19 道围棋图案制作每块棋子，需要 361 枚黑、白棋子，20 具的话就是 7220 枚。② 可以想象，在当时没有机械化生产的情况下，这些棋子只能手工研磨，其长期作为贡品，必然给当地人民带来沉重的负担。客观来看，对围棋棋子的大量需求，也从侧面能够反映出围棋游艺在西域和中原地区广受欢迎。

从敦煌继续向西，围棋的踪迹还出现在了今天的中亚一带。公元 9 世纪中期至 13 世纪初，在今中亚及新疆南部部分地区，崛起了一个由回纥人和葛逻禄人等民族建立起的少数民族政权——喀喇汗政权。经过百余年的发展，大约在公元 11 世纪时，喀喇汗城市化水平逐渐提高，游艺文化兴盛。当时著名的文学家优素甫·哈斯·哈吉甫在《福乐智慧》第三十三章《贤明论应派什么人做使节》中便形象地记载了当时流行的诸多游艺娱乐项目：

> 使节还应懂得各种文书，这样他才会聪明机智……围棋、象棋的棋艺要精，能击败对手，大获全胜。要善打马球，箭法高超，猎取飞禽走兽要比他人高明……只有具备这些知识、本领，使节办事才会事事成功。③

从敦煌壁画以及《福乐智慧》中的记述不难得出结论，起源于中国的围棋经陆上"丝绸之路"向西传播至甘肃、新疆和中亚地区，受到了当地社会各阶层的广泛欢迎，普通人以闲时对弈为乐，统治阶级更是将围棋作为评判官员能力的标准之一，给予了围棋充分的重视。

---

① 唐耕耦、陆宏基编：《敦煌社会经济文献真迹释录》第 1 辑，书目文献出版社 1986 年版，第 56 页。
② 萧巍：《浅论敦煌出土的唐代围棋子——兼谈围棋的发展历史》，《丝绸之路》2011 年第 12 期。
③ 优素甫·哈斯·哈吉甫：《福乐智慧》，郝关中等译，民族出版社 2003 年版，第 343 页。

第二章　"丝绸之路"游艺文化交流项目研究

棋盘有限，棋路无限。"丝绸之路"上使团络绎、贸易不息，而围棋作为流行其上的一项"忘清忧乐"的游艺项目，广泛开展于往来的使者、商队、僧侣和文儒之间，并以其自身极强的适应性和较低的本土化难度在西藏、中亚、朝鲜、日本等诸多区域生根发芽，在历史上留下了许多关于围棋交流的故事和传奇。同时，作为中华文化的物质载体之一，围棋在"丝绸之路"上的广泛传播也在扩大以棋文化为代表之一的中华文明的影响力、促进东亚文化圈的形成等方面起到了重要作用。

五　藏钩

藏钩是中国古代流传较广的一种多人参加的、群体性猜物游艺，即一组人将玉钩、弶环等小巧之物藏于一人手掌之中，让另一组猜测钩在谁手，两组通过轮流藏钩寻钩从而赌输赢，角胜负，也被称为"藏弶""意弶""打弶""探钩""藏阄"。[①] 藏钩兼具竞猜的趣味性和胜负的偶然性，简单易懂，老少皆宜，尤其风靡于汉唐社会。针对藏钩起源问题，流传较广的一种说法是藏钩的风行与汉代钩弋夫人赵婕妤联系密切，也有研究者认为，藏钩受启发于先秦时期就已出现的"投钩"，而成书于战国的《列子》中亦有类似藏钩雏形的"抠"的记载，总之藏

[①] 藏钩是中国古代流传较广的群体性猜物游艺，有关游艺文化的综合研究中都不乏对藏钩的探讨，尚秉和、顾鸣塘、蔡丰明、李金梅、王永平等学者较早关注过藏钩。参见尚秉和《历代社会风俗事物考》，商务印书馆1941年影印本，第455—456页；张仁善《古代"藏钩"游戏的几种形式》，《文史知识》1995年第9期；蔡丰明《游戏史》，上海文艺出版社1997年版，第45—46页；李金梅《敦煌古代博弈文化考析》，《体育科学》1999年第5期；顾凡颖《藏钩》，《文史知识》2003年第10期；王永平《游戏、竞技与娱乐：中古社会生活透视》，中华书局2010年版，第263—268页；王育红《唐五代宫廷游戏考释》，《体育文化导刊》2010年第8期。近年来随着敦煌、吐鲁番写本的出土与释读，对于藏钩游艺的研究也更加深入，相关论文数量增多，参见章舜娇、林支标《藏钩游戏探微》，《体育文化导刊》2012年第12期；王赞馨《唐代游艺与诗歌》，博士学位论文，吉林大学，2012年，第112—117页；曾小松、李金梅《敦煌岁时节日的民俗体育研究》，《敦煌研究》2014年第6期；李小唐、林春、李重申《新丝绸之路岁时节日民俗体育图录》，甘肃教育出版社2017年版，第116—119页；李颖慧《藏钩游戏小考——以〈太平广记〉记载为中心》，《九江学院学报》2018年第1期；李宗山《藏钩考略》，《南京体育学院学报》2018年第5期；董永强《敦煌吐鲁番写本所见唐人的藏钩》，《唐史论丛》2019年第2期。

钩游戏可谓源远流长。① 这一游艺极盛于"丝绸之路"开凿和发展的汉唐时期，在汉代画像砖中时常可见藏钩游戏的身影（图 2-16）。②

图 2-16　汉　划拳藏钩画像石

唐初中原皇室延续了除夕守岁前玩藏钩的习俗，杜审言《守岁侍宴应制》中对此有较为生动的描述：

---

① 藏钩游戏的起源问题并未类似其他游艺项目存在较大争议，流传最广的一种说法是藏钩源于汉代钩弋夫人，主要依据东汉辛氏《三秦记》中所载、后来梁沈约所撰的《宋书·符瑞志》、唐段成式的《酉阳杂俎》和北宋李昉的《太平御览》均主此说。王永平曾提出藏钩是大约受到了先秦时期就已经出现的"投钩"启发而产生的一种游戏，成书于战国时期的《列子》中亦有一则类似藏钩游戏"抠"的记载，即"以瓦抠者巧，以钩抠者惮，以黄金抠者憎"，注解还直接将这一游戏与汉代的藏钩联系在一起。参见欧阳询等撰《艺文类聚》，上海古籍出版社 1982 年版，第 1280 页；沈约撰《宋书》，中华书局 1974 年版，第 768 页；段成式撰，方南生点校《酉阳杂俎》，中华书局 1981 年版，第 62 页；王永平《游戏、竞技与娱乐——中古社会生活透视》，中华书局 2010 年版，第 264 页；列御寇撰，张湛注《列子》，中华书局 1985 年版，第 22—23 页。

② 图 2-16 源自李小唐、林春、李重申《丝绸之路岁时节日民俗体育图录》，甘肃教育出版社 2017 年版，第 118 页。

第二章 "丝绸之路"游艺文化交流项目研究

> 季冬除夜接新年,帝子王孙捧御筵。
> 宫阙星河低拂树,殿廷灯烛上薰天。
> 弹弦奏节梅风入,对局探钩柏酒传。
> 欲向正元歌万寿,暂留欢赏寄春前。①

除夕之夜,灯火葳蕤,王子王孙、文武大臣尽情享受酒筵,伴着乐曲、美酒还玩起了藏钩游戏。类似的场景在敦煌文献中也有记载,《宫词·水鼓子》中就曾描述道:"欲得藏钩语少多,嫔妃宫女任相和。每朋一百人为定,遣赌三千匹彩罗。两朋高语任争筹,夜半君王与打钩。恐欲天明催促漏,赢朋先起舞缠头。"② 这两则材料反映出藏钩在唐代成为王公大臣、嫔妃宫女追逐的时尚。宫廷尚且如此,民间可谓更盛,甚至在边州也不例外。

敦煌和吐鲁番是"丝绸之路"的重要节点城市,在中原王朝经营西域、巩固统治和保持"丝绸之路"畅通中具有至关重要的作用。为加强与中央的联系,建都长安的唐王朝仿效内地在此建立州县统治,与此同时,藏钩游艺也盛行于边地,连敦煌太守也以此为乐:

> 敦煌太守才且贤,郡中无事高枕眠……醉坐藏钩红烛前,不知钩在若个边。为君手把珊瑚鞭,射得半段黄金钱,此中乐事亦已偏。③

文人士大夫喜爱藏钩游戏不足为奇,这里值得关注的是太守的辖境是素有"华戎所交一都会"的敦煌,④是"丝绸之路"唯一不变的文化吐纳口。同时,根据敦煌文献《申报河西政情状》所载:"同缘

---

① 彭定求等编:《全唐诗》,中华书局1960年版,第735—736页。
② 中国社会科学院历史研究所、中国敦煌吐鲁番学会敦煌古文献编辑委员会、英国国家图书馆、伦敦大学亚非学院合编:《英藏敦煌文献》第10卷,四川人民出版社1994年版,第136页。
③ 彭定求等编:《全唐诗》,中华书局1960年版,第2056页。
④ 范晔撰,李贤等注:《后汉书》,中华书局1965年版,第3521页。

河西诸州，蕃、浑、嗢末、羌、龙狡杂，极难调伏。"① 可知河西诸州民族成分极为复杂，河西走廊最西端的敦煌（沙州）更是如此。从西域来到中原的使节、商人和僧侣在敦煌告别了故国，而西去的使臣、商人和僧侣也在敦煌告别故国。由此可以推断，藏钩在敦煌这一文化交汇处的风行无疑使其具有了进一步向西传播的先天有利条件。吐鲁番出土的《唐道俗藏钩文书》则反映出藏钩进一步传播至西州，各个群体共同参与的情状：

1 高五 翟都 高来 郭俨
2 道士张潼 僧思惠 □□ 麹质
3 右件人今夜藏勾（钩）
4 作业。输者朋显出，
5 朋子并不知，壹取朋
6 显语。典郭俨。
7 张惠师西南尚尚尚尚尚
8 翟都东南尚尚尚尚尚。②

除张潼、思惠为出家人外，其余大概率应是西州普通百姓，僧侣们与当地道俗打破阶层壁垒，共玩藏钩更充分展现出这一游艺活动的独特魅力。有学者依据文书7—8行，同时结合唐人依"尚"计胜负的习惯，推算得出双方当夜共藏钩101次。根据统计结果，在西南方就座的张潼一组四人比在东南方就座的翟都一组四人更胜一筹，赢得了最终的胜利。③ 其游戏次数之多也从侧面反映出"丝绸之路"沿线民众对藏钩游戏的较高喜爱度，这可能也是基于藏钩具有一定的赌博性质，如《藏钩》诗中将马匹作为藏钩的赌注："今朝

---

① 中国社会科学院历史研究所、中国敦煌吐鲁番学会敦煌古文献编辑委员会、英国国家图书馆、伦敦大学亚非学院合编：《英藏敦煌文献》第 5 卷，四川人民出版社 1995 年版，第 80 页。
② 唐长孺主编，中国文物研究所等编：《吐鲁番出土文书〔肆〕》，文物出版社 1996 年版，第 242 页。
③ 董永强：《敦煌吐鲁番写本所见唐人的藏钩》，《唐史论丛》2019 年第 2 期。

睹（赌）一马，会须先琢得筹多。"① 前文所引岑参诗歌中"为君手把珊瑚鞭，射得半段黄金钱"也与此相吻合，不难看出，人们经常通宵达旦地进行藏钩活动，还以实物、货币作赌注。同时考虑到敦煌遗书《父母恩重经讲经文》记载有："几度亲情命看花，数遍藏钩夜欢笑。"② 不难推知，"丝绸之路"沿线城市嗜于藏钩者还不在少数，以至于佛经都对此加以劝诫。

除此之外，藏钩游艺还被佛教吸收，成为唐朝敦煌地区斋会时的重要节目，《释门杂文》中《藏钩篇》就记载有：

> 公等设名两扇，列位分朋。看上下以探筹，睹（赌）争胜负。或长行而远眺，望绝迹以无纵（踪）；远近劳藏，或度貌而难恻（测）。钩母怕情而战战，把钩者胆碎以兢兢。恐意度心，直擒断行。或因言而□（失）马，或因笑以输筹，或含笑而命钩，或缅鲜（腼腆）而落节。连翩九胜，踯躅十强。叫动天崩，声遥海沸。定强弱于两朋，建清斋于一会。③

这则史料中对藏钩参与者的入神刻画也体现出记载者对藏钩进行了细致观察，更从侧面反映了时人对这一游艺的推崇和喜爱。

高僧也多以藏钩讲论佛教义理，如唐代中期高僧法照在《净土五会念佛略法事仪赞》中有"藏钩乐赞"言："藏钩乐，藏钩乐，藏钩本意解人愁得往。"④ 又如《联灯会要》亦载："明月夜藏钩，不知落谁手。"⑤

---

① 上海古籍出版社、法国国家图书馆编：《法藏敦煌西域文献》第15册，上海古籍出版社2001年版，第256页。
② 任继愈主编，中国国家图书馆编：《国家图书馆藏敦煌遗书》第86册，北京图书馆出版社2008年版，第277页。
③ 中国社会科学院历史研究所、中国敦煌吐鲁番学会敦煌古文献编辑委员会、英国国家图书馆、伦敦大学亚非学院合编：《英藏敦煌文献》第6卷，四川人民出版社1992年版，第101页。
④ 高楠顺次郎、渡边海旭发起，小野玄妙等编辑校勘：《大正新修大藏经》第47册，佛陀教育基金会出版部1990年版，第489页。
⑤ 佛光大藏经编修委员会：《佛光大藏经 禅藏·史传部 联灯会要二》卷21，高雄佛光出版社1994年版，第1029页。

从佛教经文对于藏钩的记载中可以判断，藏钩此时已然超越普通的酒令游戏并进一步进入宗教生活，这也从侧面印证了当时藏钩游艺已经成为"丝绸之路"沿线群众喜闻乐见的活动。唐代著名诗人白居易曾在《放言五首·其二》中感慨道："祸福回还车转毂，荣枯反复手藏钩。"① 由此则材料可知，诗人将祸福轮回与车轮作比，将政治上的得志与失意与藏钩胜负相比，赋予了这一游艺更深层次的象征含义。唐代诗人刘猛《苦雨》中亦云："自念数年间，两手中藏钩。"② 正是因人们频繁参与，才会对藏钩有所感触，将其写入诗中。

在辽代，藏钩还被用作皇帝宴请群臣时的一种仪式，名作"藏阄仪"。"（辽道宗）大康十年十二月二十二日，始行是仪。是日不御朝。"在这一天，"北南臣僚常服入朝，皇帝御天祥殿，臣僚依位赐坐"。但在入座的过程中，根据官员民族的不同，需"契丹南面，汉人北面，分朋行阄。或五或七筹，赐膳。入食毕，皆起。顷之，复坐行阄如初。晚赐茶，三筹或五筹，罢教坊承应。若帝得阄，臣僚进酒讫，以次赐酒"③。

藏钩游艺本身具有一定的文化价值，中原与西域民众对其的狂热喜爱更印证了其在"丝绸之路"上的广泛传播与交流，小小藏钩并未囿于手掌之中，而是跨越千山万水，沿"丝绸之路"不断远行，最终成为中原与西域相通共知的游艺民俗，在文化交流与互鉴中发挥了重要作用。

第四节 "丝绸之路"杂艺类游艺项目交流研究

杂艺类游艺是本书提出的一个归类界定，"丝绸之路"上技艺类、百戏类和博弈类游艺都颇为盛行，事实上，还有一些游艺项目也得到较多开展，并呈现出较为典型的交流特征，但是，这些项目

---

① 彭定求等编：《全唐诗》，中华书局1960年版，第4874—4875页。
② 彭定求等编：《全唐诗》，中华书局1960年版，第5269页。
③ 脱脱等撰：《辽史》，中华书局1974年版，第877页。

类别属性不甚明确,故而纳入杂艺类别之中。这其中,有在岁时节日开展的灯戏游艺,也有专属于少年儿童的童戏游艺,还有投壶、斗戏等游艺项目。杂艺类游艺项目在"丝绸之路"游艺文化交流中特色鲜明、范围广泛,虽然属性不像其他三类游艺项目易于归类,但是,其在交流中所展现出来的文化底蕴和娱乐属性较为深厚,在一定程度上有助于对理解"丝绸之路"游艺文化交流的多元因素进行深入认知。

一 投壶

投壶,也被称为"射壶",其在古代中国是一种既能登大雅之堂又能入巷陌百姓家的游艺项目。投壶是由古代射箭礼仪演变而来的。按西周礼制规定,天子朝会群臣时要进行"大射"之礼,诸侯朝见天子时要进行"燕射"之礼,诸侯相会时要进行"宾射"之礼,士大夫相聚时则是进行"乡射"之礼。可以说,在统治阶级的上层社会中,所有的宴会都离不开射箭礼仪。而投壶最初便是一种从"六艺"中的"射礼"演变而来的宴集游戏。① 其具体规则是投壶者站在离壶有一定距离(5—9步)的位置,把箭投向壶中来计算筹(得分)的多少以决胜负。早在三千多年前的周代,投壶就已经是贵族间甚至是诸侯间友好往来时进行的一种仪式项目。据《投壶仪节》记载:"投壶,射礼之细也,燕而射乐宾也。庭除之间,或不能弧矢之张也,故易之以投壶,是故投壶射类也。"② 由此可见,投壶作为娱乐项目,通常在宴会上起到娱悦宾客的重要作用。

关于投壶的起源,史籍中有关投壶最早的记载见于《左传·昭公

---

① 投壶亦称射壶,是我国宴会上的礼制产物,也是一种游戏。起源古老,最迟春秋时期已经出现了。投壶是由人站在离壶一定距离的地方,把矢投向壶中来计算筹之多少的休闲娱乐游戏。在《礼记·投壶》中记载:"投壶,射之细也,……取半以下为投壶礼,尽用之为射礼。是说,投壶是来源于射礼,投壶活动时只取繁杂射礼中的部分内容作为投壶的礼仪。"清徐士恺《投壶仪节》云:"投壶乃射礼之变也。"

② 汪褆编:《投壶仪节》,中华书局1985年版,第13—14页。

十二年》："晋侯以齐侯宴，中行穆子相。投壶，晋侯先。"① 应镛曰："壶，饮器也。其始必于燕饮之间，谋以乐宾，或病于不能射也，举席间之器以寓射节焉。制礼者因为之节文，此投壶之所由兴也。"② 因而，古代经学家普遍认为，投壶是由西周的"射礼"演化而来，③ 与其有着"直接的承继或连带关系"④。但是，就投壶具体起源于"射礼"的哪一类，在古代就已经存在不同的看法。孔颖达《礼记正义·投壶》记载有"投壶在室在堂，是燕乐之事，故知此射亦谓燕射，非大射及乡射"，⑤ 由此可知，有人认为，投壶源于"大射"及"乡射"，而孔氏与其观点不同，认为投壶起源于"燕射"。无论是起源于"大射""乡射"，还是起源于"燕射"，有一个事实是可以确定的，即"投壶，射之类也"，前者是后者的变体，二者之间存在着紧密的联系。就投壶具体产生的原因而言，学界也存在着不同的认识。具体分为三种观点，分别为"射术限制"说、"场地限制"说、"氛围限制"说。⑥ 但综合来说，投壶的产生是三种观点的"合力"共同造成的。投壶的娱乐性与放松性使其成为接待宾客的重要娱乐项目，因而其也成为"丝绸之路"上的盛行游戏，承载着中国历代王朝在"丝绸之路"上的文化交流。

---

① 左丘明著，郭丹、程小青、李彬源译注：《左传》，中华书局2012年版，第1752页。
② 孙希旦：《礼记集解》，中华书局1989年版，第1384页。
③ 投壶，本是一种以矢入壶的游戏活动，但自先秦以来，儒家就赋予了投壶类礼射的意涵，其以礼乐为节，且寓教其中。《礼记》中有《投壶》篇。孔颖达《礼记正义》曰："案郑《目录》云：'名曰《投壶》者，以其记主人与客燕饮，讲论才艺之礼。此于《别录》属《吉礼》，亦实《曲礼》之正篇。'是投壶与射为类，此于五礼宜属嘉礼也。或云宜属宾礼。"中国古代有"五礼"的说法，《尚书·尧典》中记载尧东巡守，至于岱岳，"修五礼"，但并未具体论述是哪五礼。《周礼·春官·大宗伯》将"五礼"定为吉礼、嘉礼、军礼、宾礼和凶礼，在郑玄《三礼目录》中，投壶属吉礼。但孔颖达认为投壶应归类于嘉礼之中。嘉礼包括了饮食、婚冠、宾射、飨燕以及脤膰之礼，孔颖达认为投壶与射礼是一类的，故投壶应属嘉礼。
④ 王建玲：《投壶——古代寓教于乐的博戏》，《文博》2008年第3期。
⑤ 郑玄注，孔颖达疏：《礼记正义》，北京大学出版社1999年版，第1576页。
⑥ "射术限制"说是指：春秋时期诸侯士大夫阶层已并非人人均精通射术了，为了照顾不会射箭的群体，人们在宴会上渐渐用投壶代替了射箭。支持"地限制"说的学者认为，进行宴饮的产地空间有限，不足以"壹矢之张也"固，故用投壶取而代之。"氛围限制"说则认为，射礼本身所含的"耀武扬威"色彩过重，与宴会的氛围不相协调，从而改用较为"平和"的投壶"乐宾助兴"。

第二章 "丝绸之路"游艺文化交流项目研究

投壶游戏在战国时期较为盛行,至唐朝时被发扬光大。在投壶游戏的演变过程中,投壶的娱乐性与休闲性在汉朝至隋唐时期大大增加,而此时恰好是"丝绸之路"畅通的时期,投壶游戏随着"丝绸之路"的畅通传播到许多地方,从已有文献和出土文物中得以窥见"丝绸之路"上投壶游戏的盛行,从侧面展示出了"丝绸之路"上的文化交流。在实物材料中,以敦煌壁画为其中代表,敦煌的石窟壁画与藏经洞中蕴藏的篇幅巨大的文献资料,展示出"丝绸之路"上的文化交流。敦煌壁画中不仅蕴藏着古代宗教、政治、经济、文学、历史、音乐、舞蹈、美术、书法等无限丰富的文化遗产,并且也记录了敦煌古代人民的节日欢娱、民间游戏、民族竞技等休闲娱乐生活的信息。因而,那些在如今看来已无处觅求的狩猎、射箭、角抵、马术、摔跤、棋弈、投壶、蹴鞠、马球、步打球等图画资料与文献记载,在壁画中被栩栩如生地保存了下来,变得有迹可循。[1]

敦煌壁画中记载着大量的体育竞技和娱乐游戏的场面:"敦煌莫高窟晚唐第9窟中心柱南平顶中绘有投壶的情景(图2-17)。[2] 五代第61窟西壁佛传故事屏风画第21扇绘有投壶。画面表现出悉达多太子与四释子围绕一台,台右上角有一壶,正进行着比赛。""敦煌文献李翔《涉道诗》中描述了投壶是修道之人优雅的游戏。"[3]

这些壁画中的内容体现出了投壶游戏在敦煌的盛行,同时也是"丝绸之路"上投壶文化交往的印证。除壁画外,敦煌文献中亦有许多有关投壶的记载,例如《卫叔卿不宾汉武帝》中写道:

銮殿仙卿顿紫云,武皇非意欲相臣。
便回太华三峰路,不喜咸阳万乘春。
涉险漫劳中禁使,投壶多是上清人。

---

[1] 李重申、李金梅:《论敦煌古代的游戏、竞技与娱乐》,《南方文物》2010年第3期。
[2] 图2-17源自李金梅、李重申《丝绸之路体育图录》,甘肃教育出版社2008年版,第340页。
[3] 李金梅、李重申:《丝绸之路体育图录》,甘肃教育出版社2008年版,第340—341页。

图2-17 唐 莫高窟第9窟《投壶图》

犹教度世依方术,莫恋浮华误尔身。①

这篇诗文描述了投壶是修道之人优雅的游戏。敦煌文献的记载能够为今天研究古时投壶游戏提供宝贵资料。敦煌壁画与敦煌文献这诸多关于投壶的记载,正体现了投壶这一娱乐项目借助"丝绸之路"这一联系中西的伟大道路而得以传播到了更为广阔的土地,促进了"丝绸之路"上的文化交流。

投壶游戏规则的改进也体现着不同民族的文化交流。春秋时崛起之士大夫,弧矢技艺低,而礼射又不能废,于是以投壶代礼射。投壶规则最初的时候有繁琐的礼仪程序,但投法简单,以席间酒为箭靶,宾主在离壶五至九尺外,轮流向壶(或壶耳)口投射一定数目的无箭,以中壶(或壶环)口的箭数或中箭之局分别给以一定"数",以"算"和"马"计数,"数"多者为胜,输者罚酒。汉代渐脱古礼拘束,投法多样,以骁投为主,成为士大夫宴饮交朋或燕息消闲的游戏。西汉"丝绸之路"的盛行将投壶传播到许多地区,投壶游戏在"丝绸之路"沿线区域传播过程中留下些许痕迹,以甘肃为例,"汉朝的建

---

① 上海古籍出版社、法国国家图书馆编:《法藏敦煌西域文献》第29册,上海古籍出版社2003年版,第33页。

立以及'丝绸之路'的形成,对甘肃文化、体育产生了重大的影响。从汉代史书和文物来看,汉代盛行的蹴鞠、百戏、导引,以及投壶、六博、弹棋、秋千等体育活动,在甘肃省境内盛行。"① 而如今甘肃的区域,就是当时"丝绸之路"的重要节点,由此也可以看出投壶在当时"丝绸之路"沿线地带较为广泛的交流与传播。

隋唐五代时期,是"丝绸之路"的畅通时期,同样也是投壶活动的盛行时期。当时的投壶活动在许多史料中都有所体现,如上官仪的《投壶经》、卜恕《投壶新律》、锤唐卿《投壶格》、刘敞《投壶义》、②咸阳唐昭陵博物馆藏"唐代褐釉双耳投壶"以及甘肃敦煌莫高窟发现的投壶壁画等。其间包含投壶的兴衰发展及交往交流等内容。此外投壶项目也被许多文人记录在册,王勃在《梓潼南江泛舟序》中载:"于是间以投壶,酬以妙论,亦有嘉肴旨酒,鸣弦朗笛,以补寻幽之致焉。"③ 何延之在《兰亭始末记》载:"围棋抚琴,投壶握槊。"④ 韩愈在《唐故河东节度观察使荥阳郑公神道碑文》中载道:

　　公与宾客朋游,饮酒必极醉,投壶博弈,穷日夜,若乐而不厌者。⑤

在上述文献材料中,投壶者们身手不凡的投技和妙趣横生的场景被描写得惟妙惟肖、淋漓尽致。⑥ 此时的宾客中就有许多来自西域的使臣,他们受到皇家接待,在皇宫中进行投壶、蹴鞠、马球等娱乐游戏,体现出各民族之间的文化交往。《梵网经佛说菩萨心地戒品》中曾记载:"善佛子……不得樗蒲、围棋、波罗塞戏、弹棋、六博、拍

---

① 闫艺:《西北少数民族传统体育变迁与发展趋势研究》,厦门大学出版社2013年版,第20页。
② 揣静:《中国古代投壶游戏研究》,硕士学位论文,陕西师范大学,2010年,第8页。
③ 王勃著,谌东飚校点:《王勃集》,岳麓书社2001年版,第46页。
④ 张彦远辑录,范祥雍校注:《法书要录》,上海古籍出版社2013年版,第86页。
⑤ 韩愈著,严昌校点:《韩愈集》,岳麓书社2000年版,第316页。
⑥ 李小唐、林春、李重申:《丝绸之路岁时节日民俗体育图录》,甘肃教育出版社2017年版,第120页。

鞠、掷石、投壶。"① 这则史料的内容所表达的意思虽然是禁止投壶类游戏的开展，但敦煌文献中这些材料的存在，亦说明在古代敦煌地区，投壶游艺具有广泛的基础，流行于社会各阶层人士之中，这亦是"丝绸之路"上游艺文化交往的突出表现。

上述"丝绸之路"上的游艺文化的交往主要以敦煌等地为主，敦煌壁画与文献的存在证实了"丝绸之路"上的文化交往。《新唐书·礼乐志》中记载："太常卿引雅乐，每部数十人，间以胡夷之技。内闲厩使引戏马，五坊使引象、犀，入场拜舞。"② 其中的胡夷之技描述的是婆罗门国艺人献百戏、杂艺、舞蹈等场景，这期间还包括使节之间的投壶游戏，用以款待使者，彰显礼节，凸显出不同民族之间的文化交往。

除自陆路向西传入西域外，投壶也经海路向东传播。朝鲜半岛投壶兴起的年代约在我国南北朝时期（此时的朝鲜半岛为高句丽政权），这一判断从吉林集安高句丽晚期壁画墓南壁的投壶图像中可得以印证。③ 徐成认为，投壶游艺之所以能够在朝鲜半岛落地生根，与当地人民喜好骑射的传统存在着一定的联系。④ 无论是投壶或是骑射，核心的动作就是掷箭（或射箭），并且二者具有同样的判定标准——箭矢是否准确地击中目标。因此，这种与射艺规则相通，但道具简易、门槛较低的投壶运动便逐渐在朝鲜半岛流行开来。

此后，投壶的影响力继续向东拓展。蒙特尔认为，"可能早在唐朝时期……这种游戏就已经传到了日本"，并作为一种"实现自我约束、促进身心平衡"的游艺方式受到广泛的欢迎。⑤ 江户时代大枝流芳所作之《雅游漫录》，以司马光《投壶新格》为蓝本，将箭矢掷出

---

① 郝春文：《英藏敦煌社会历史文献释录》第1卷，科学出版社2001年版，第172页。
② 欧阳修、宋祁撰：《新唐书》，中华书局1975年版，第477页。
③ 参见李殿福《高句丽古墓壁画反映高句丽社会生活习俗的研究》，《北方文物》2001年第3期。
④ 徐成："宾主交欢席，威仪在一壶"中国古代投壶的东传及其在朝鲜半岛的流变》，《동양학》2019年第76号。
⑤ G. Montell, "T'ou Hu—the Ancient Chinese Pitch-Pot Game", Ethnos, 5, No. 1 - 2 (1940), pp. 70 - 83.

后可能出现的包括"散箭""贯耳""横耳""横壶""倚杆""倒杆""倒耳""败壶"等在内的 20 种结果——列举并配图画，且在后文对于投矢手势和投壶场景进行了描绘和复原，亦充分证明了投壶传入日本后在其本土的流行。

由此可见，"丝绸之路"俨然已成为当时世界体育文化的大熔炉，各地区、各民族体育思想观念在此交融。投壶也因其简易的操作和娱乐性，成为"丝绸之路"上必备的"娱乐性游戏"，已然成为承载着"丝绸之路"诸国文化交流的重要传统项目。

二 灯戏

灯戏，即上元节时的燃灯、张灯、观灯等民俗活动，是最受人们喜爱和推崇的节日习俗，也是古代中国重要而盛大的岁时活动，除此之外，围绕"灯"进行的节日活动还有猜灯谜、吃元宵等，因此，上元节也被称作"灯节"。[①] 每到上元燃灯之夜，城乡灯火灿烂、彻夜通明，士族庶民张灯结彩，热闹非凡，实为一场盛大的全民狂欢。

有关上元节燃灯习俗的起源，历来众说纷纭，学界比较流行的观点有"汉武帝祭祀太一说""道教祀三元说"及"佛教燃灯礼佛说"等。[②] 虽然上元节灯戏的起源尚无定论，但是，灯戏在敦煌地区的流

[①] 对于中国古代上元节灯戏的研究，未见专门的著作，现有成果常见于对上元节本身以及节俗所进行的研究，并作为其中一部分纳入其中，如：朱红：《唐代节日民俗与文学研究》，博士学位论文，复旦大学，2002 年；李曼：《唐代上元节俗的历史考察》，硕士学位论文，陕西师范大学，2014 年。另外，对灯戏的起源、发展、演变等问题的专门讨论以期刊和学位论文为主，主要有：张旭红：《古代上元灯节》，《紫禁城》2004 年第 1 期；朱红：《外来之风与本土习俗：唐代上元燃灯之源流及其嬗变》，《史林》2009 年第 3 期；赵欢：《唐五代时期敦煌地区燃灯活动研究》，硕士学位论文，兰州大学，2015 年；钱婉约：《汉唐"丝绸之路"文化"多元共生"特性探微——以"上元燃灯"习俗中儒佛道文化的共生融合为例》，《中国文化研究》2016 年第 4 期。

[②] 除这三种主要观点之外，中村乔认为上元燃灯习俗与燎炬被禳活动有关，参见中村乔《正月十五日的风习与燃灯之俗》，《立命馆文学》1985 年第 485、486 号；向柏松进一步提出上元化灯即由先秦廷燎祭天的柴火演化而来，参见向柏松《元宵灯节的起源及文化内涵新论》，《中南民族学院学报》2000 年第 2 期；夏日新则提出上元节灯俗是在北朝夜游风气基础上发展起来的，参见夏日新《北朝夜游之风与元宵灯俗起源》，殷宪主编《北朝史研究：中国魏晋南北朝史国际学术研讨会论文集》，商务印书馆 2004 年版，第 447—454 页。

行充分表明了儒佛道三种文化的相互影响与融合，体现了"丝绸之路"上中西游艺文化的交流。

燃灯习俗在"丝绸之路"上的传播与交流情况在唐宋古籍中有相关的文字记录，同时也为灯树由西域传入这一说法提供了较为有力的史料支撑。《佛祖统纪校注》卷四十一载：

> （睿宗）先天元年，西天沙门婆罗请燃灯供佛，帝御延喜门临观，灯轮高二十丈，点金银灯五百盏，望之如花树。①

针对睿宗观灯一事，《旧唐书·睿宗纪》另载："（先天）二年春正月……上元日夜，上皇御安福门观灯，出内人联袂踏歌，纵百寮观之，一夜方罢……（二月一日）初，有僧婆陀请夜开门，燃灯百千炬，三日三夜，皇帝御延喜门观灯纵乐，凡三日夜。左拾遗严挺之上疏谏之，乃止。"②在向达看来，"此所谓僧婆陀，就其名而言，应是西域人。其所燃灯，或即西域式之彩灯，与上元之西域灯轮疑有若干相同之点"③。《唐会要》卷99"吐火罗国"条关于西域吐火罗国来唐朝贡的记载中亦有：

> 麟德二年，（乌泾波）遣其弟祖纥多献玛瑙灯树两具，高三尺余。④

---

① 志磐撰，释道法校注：《佛祖统纪校注》，上海古籍出版社2012年版，第942页。
② 刘昫等撰：《旧唐书》，中华书局1975年版，第161页。睿宗观灯一事，钱婉约认为：《旧唐书·睿宗纪》卷7、唐《朝野佥载》卷3、宋《事物纪原》卷8与宋《佛祖统纪》卷40"记载的应该是同一件事（只是《佛祖统纪》记'先天元年'，比其他三条记载早了一年），燃灯礼佛的建议人僧人婆陀、胡人婆陀、西天沙门婆罗，无疑是同一个西域人，向达怀疑可能是火祆教徒；高二十丈、燃五百盏（五万盏）灯的'灯轮'（形如'花树'）也正是从西域传来"。参见钱婉约《汉唐"丝绸之路"文化"多元共生"特性探微——以"上元燃灯"习俗中儒佛道文化的共生融合为例》，《中国文化研究》2016年第4期。
③ 向达：《唐代长安与西域文明》，商务印书馆2015年版，第58页。
④ 王溥撰：《唐会要》，中华书局1955年版，第1773页。

上述三则文字充分说明了灯树是中西文化交流的产物，也证实了上元燃灯习俗确实受到了西域佛教社会燃灯礼俗的影响。除此之外，诗文中关于节日盛况的记载，也是上元灯戏为东西文化交流产物的充分说明。作为一场士族庶民皆颇为热衷的活动，当时的统治者与一众文人均记录了上元观灯时的见闻。隋炀帝《正月十五日于通衢建灯夜升南楼》云：

> 法轮天上转，梵声天上来。
> 灯树千光照，花焰七枝开。
> 月影凝流水，春风含夜梅。
> 幡动黄金地，钟发琉璃台。①

崔液《上元夜六首》亦云：

> 神灯佛火百轮张，刻像图形七宝装。
> 影里如闻金口说，空中似散玉毫光。②

除这两首直接点明上元观灯与佛教习俗之间关系的诗文外，南朝梁简文帝萧纲《正月八日燃灯应令》中的"落灰然蕊盛，垂油湿画峰"，③ 以及郭利贞《上元》中的"九陌连灯影，千门度月华"，④ 孙逖《正月十五日夜应制》，⑤ 这些诗词描写洛阳灯节的"彩仗移双阙，琼筵会九宾"，和卢照邻《十五夜观灯》中描绘益州灯景的"接汉疑星落，依楼似月悬"，⑥ 都从侧面反映出上元之夜人们燃灯、观灯的盛

---

① 张溥编：《隋炀帝集》，信述堂1879年版，第91页。
② 彭定求等编：《全唐诗》，中华书局1960年版，第668页。
③ 萧纲著，肖占鹏、董志广校注：《南朝梁简文帝集校注》，南开大学出版社2012年版，第376页。
④ 彭定求等编：《全唐诗》，中华书局1960年版，第1079页。
⑤ 彭定求等编：《全唐诗》，中华书局1960年版，第1188页。
⑥ 彭定求等编：《全唐诗》，中华书局1960年版，第523页。

大场面。由以上材料可见，上元燃灯习俗受到西域宗教习俗的影响，大约在南北朝隋唐时期发展并最终确立起来。

宋时亦有直接或间接点明灯戏、灯会与宗教文化之间关系的文献资料。如《东京梦华录》中就记载了宋时东京元宵灯会上的景象：

> 至正月七日，人使朝辞出门，灯山上彩，金碧相射，锦绣交辉。面北悉以彩结，山启上皆画神仙故事……彩山左右，以彩结文殊、普贤，跨狮子白象，各于手指出水五道，其手摇动。用辘转绞水上灯山尖高处，用木柜贮之，逐时放下，如瀑布状。又于左右门上，各以草把缚成戏龙之状，用青幕遮笼，草上密置灯烛数万盏，望之蜿蜒如双龙飞走。①

东京灯会，既有本土道教文化——"神仙故事"的参与，亦有西域佛教文化中的"文殊普贤""狮子白象"等诸元素的融合，同时还有中国传统"龙"图腾的加入，以观灯这一游艺活动为载体，为当时的人们献上了一场东西文化互动交流的盛宴。宋话本《志诚张主管》中也有元宵节观灯的情节：

> 当日时遇元宵，张胜道："今日元宵夜端门下放灯。"便问娘道："儿子欲去看灯则个。"娘道："孩儿，你许多时不行这条路，如今去端门看灯，从张员外门前过，又去惹是招非。"张胜道："是人都去看灯，说道：'今年好灯'，儿子去去便归，不从张员外门前过便了。"娘道："要去看灯不妨，则是你自去看不得，同一个相识做伴去才好。"张胜道："我与王二哥同去。"娘道："你两个去看不妨，第一莫得吃酒！第二同去同回。"分付了，两个来端门下看灯。正撞着当时赐御酒，撒金钱，好热闹。②

---

① 孟元老等：《东京梦华录·都城纪胜·西湖老人繁胜录·梦粱录·武林旧事》，中国商业出版社1982年版，《东京梦华录》，第38页。
② 冯梦龙编撰：《警世通言》，中华书局2009年版，第146—147页。

话本中的"赐御酒""撒金钱"即为北宋皇帝于元宵节时在宣德楼与百姓共赏灯会时的两种仪式。可见，上元灯会作为一种全民参与的大型活动，既是普通民众的狂欢，也是上层统治者的盛会。

前文讨论了"丝绸之路"东端灯戏游艺的开展，在"丝绸之路"的两个重要城市节点敦煌和吐鲁番，同样也是灯戏的重要举行地。敦煌文献和敦煌、吐鲁番等地所遗存的壁画中有诸多灯戏材料，从这些文献资料和出土文物等多元信息来看，上元燃灯的习俗在敦煌等地的节日活动中所诵读的经文和使用的物品中得到了明显体现，下文以燃灯文为例进行讨论。燃灯文是人们在上元节观灯时，用于祈福而朗诵的一种佛教斋文，其在敦煌文献中得到了大量保存。[1] 现存的上元节燃灯文既包括弘扬佛法、祛灾祈福的范本，也有对节日盛况的描绘。如《燃灯文》号头的发愿词中有如下记载：

夫仰起莲华藏界，清净法身；育亿如来，恒沙化佛；清凉山顶，大圣文殊；鸡足巖中，得道罗汉；龙宫秘典，鹫岭微言，道眼他心，一切贤圣。[2]

这则发愿词在《敦煌愿文集》所收录的多篇燃灯文中均有出现，可以据此推测其是当时燃灯祈福所用经文的发愿词的范本或固定格式之一。类似的发愿词还有多篇燃灯文中的"窃以金口微言，运五乘而曲化；玉毫灵相，照王界从宣慈。……极（拯）溺爱河，舣政（王）

---

[1] 黄征、吴伟统计以燃灯祝愿为主要内容的文书约34篇，参见黄征、吴伟编校《敦煌愿文集》，岳麓书社1995年版，第507—538页。冀志刚则把敦煌文献中的燃灯文书分为狭义和广义两类，以燃灯活动为主要内容的文书归为狭义燃灯文，其他非以燃灯活动为主，但与燃灯等佛事活动相关的文书加上狭义燃灯文统称为广义燃灯文。其中狭义燃灯文31篇：S.1441v、S.4245、S.4506、S.4625、S.5638、S.5924、S.5957、S.6417、P.2058v、P.2226、P.2237v、P.2341v、P.2588、P.2767v、P.2850、P.2854v、P.3172、P.3262、P.3263、P.3269、P.3276v、P.3282v、P.3405、P.3457、P.3461、P.3491、P.3497、P.3672、P.3765 等，参见冀志刚《燃灯与唐五代敦煌民众的佛教信仰》，《首都师范大学学报》2003年第5期。黄维忠把6篇敦煌藏文燃灯文（酥油灯祈愿文）与汉文燃灯文进行了比较研究，参见黄维忠《8—9世纪藏文发愿文研究——以敦煌藏文发愿文为中心》，民族出版社2007年版，第157—173页。

[2] 黄征、吴伟编校：《敦煌愿文集》，岳麓书社1995年版，第518—519页。

舟于巨浪"①。多篇燃灯文中的"窃以惠景（慧镜）扬辉，朗三明者智炬；胜场疏独（流浊），催（摧）八难者法轮……重昏再晓，驰觉路以归真"②。其中，"莲华藏界""如来""五乘""玉毫灵相""慧镜""八难"等用词均带有浓厚的佛教色彩，直接表现了上元节燃灯习俗与西域佛教文化之间的关联。此外，《燃灯文》还生动地描绘出了上元燃灯的盛况：

> 每岁元初，灵岩建福；灯燃合境，食献倾城；福事已圆，众善遐集。其灯乃神光晃耀，炯皎而空里星攒；圣烛耀明，朗映而灵山遍晓。银灯焰焰，香油注玉盏霞开；宝火炜炜，素草至金瓶雾散，千龛会座，傥然创砌琉璃；五阁仙层，忽蒙共成下壁。遂使铁围山内，竝日月而通祥；黑暗城中，迎光明而离苦。③

可见，在上元之夜，"合境"皆燃灯，无处不"耀明"，所燃之灯将"黑暗城"映照得"神光晃耀""日月通祥"，人们燃灯、观灯的热情和上元盛景在这篇燃灯文中得到了生动体现。

燃灯树也是上元灯戏中重要的活动用品。较早涉及燃灯树的，是向达《唐代长安与西域文明》一书中所附录的"德国勒柯克所著Chotscho著录吐鲁番Murtuq第三洞入口处壁画灯树图"，④王强在中国古代灯具研究中关注到了这一灯树图，并认为，其彩灯形状和构造较为独特，主干部分呈上细下粗的筒状，枝干部似上尖下圆的锥形，层层叠放，每层所放置的灯盏数量不一，总灯数约余一百。放置时需要二人配合，燃灯树高度较高，一人需站于长梯上待另一人传递灯盏，随后接过灯盏放置于灯架。此外，燃灯树旁置有装灯油的三脚盆，盆

---

① 黄征、吴伟编校：《敦煌愿文集》，岳麓书社1995年版，第507页。
② 黄征、吴伟编校：《敦煌愿文集》，岳麓书社1995年版，第36页。
③ 黄征、吴伟编校：《敦煌愿文集》，岳麓书社1995年版，第528页。
④ 向达：《唐代长安与西域文明》，商务印书馆2015年版，第58页。

中有勺子，以便于添置灯油。① 值得注意的是，图中的两人的穿着打扮带有明显的西域特征，也能从侧面说明燃灯习俗在西域僧俗生活中较为常见。无独有偶，在莫高窟第 220 窟北壁现存壁画中也发现了包含有燃灯树的图像，和吐鲁番灯树壁画相同的是，莫高窟壁画也表现出了添油上灯的要素，并且在壁画的"正中间又有一座'灯楼'，共十层，每层安置油灯无数，全楼灯光闪闪，金碧辉煌"。② 通过对吐鲁番和敦煌壁画中燃灯树图像的研究，史籍中所记载的中原灯树由西域传入的说法便得到了充分验证。

在"丝绸之路"东西文化重要交汇点的敦煌地区，上元时节人们一边口中诵读着燃灯文祈求幸福，一边加入到观灯、赏灯的娱乐之中，这种习俗自汉武帝太初年间施行，后来受到西域佛教社会燃灯礼佛信仰影响，加之与本土道家上元节文化相互渗透，充分融合民俗传统和宗教因素而最终形成，为敦煌上元节增添了一道独特的风景线，可以说，上元节灯戏的起源、发展和演变就是东西文化交流互鉴的生动写照。

三 斗戏

斗戏是指人们凭借动物、植物以及其他道具进行争夺胜负以戏乐的一系列游艺，它是古代中国休闲生活的重要组成部分，可以分为鸟兽鱼虫等动物之间的争斗和花草等植物之间的争斗两种主要形式。③

---

① 王强：《流光溢彩——中国古代灯具设计研究》，江苏大学出版社 2009 年版，第 232—233 页。
② 宁强：《佛经与图像——敦煌第二二○窟北壁壁画新解》，《故宫学术季刊》1998 年第 3 期。
③ 学界对斗戏的研究主要集中对斗戏的史实考证，如张洪安对斗凿、斗巧、斗鸡、斗草、斗牛、斗蟋蟀等斗戏项目的源流与异名进行历史考证；孙桂秋则对关注较少的斗鸭游艺进行了考证，进行文献钩沉；姜虹则对中国古代女子益智游戏"斗草"中的植物名称进行考证；王占华则对唐代的斗蛐蛐与斗鸡等斗戏游艺来探究唐人娱乐心态。参见张洪安《我国古代斗戏研究》，《体育文化导刊》2011 年第 3 期；孙桂秋《斗鸭小考》，《民俗研究》1988 年第 4 期；姜虹《女子益智游戏"斗草"中的植物名称与博物学文化》，《中国科技史杂志》2017 年第 2 期；王占华《从斗鸡和斗蟋蟀看唐代娱乐心态》，《兰台世界》2014 年第 34 期。

动物类斗戏有斗鸡、斗蛐蛐、斗羊等，人们通过围观、竞猜它们之间的胜负等形式参与，此种形式较为激烈；植物类斗戏有斗草、斗花等，人们用花草进行赌赛胜负，相比而言更为文雅情趣。

斗戏在中国古代由来已久，斗鸡在春秋战国时期就已经是一项城市中市民喜闻乐见的游艺项目。如《战国策·齐策》记载："临淄甚富而实，其民无不吹竽鼓瑟，击筑弹琴，斗鸡走犬。"① 齐国的都城临淄在当时是中国首屈一指的大都会，市民中就有很大一部分游玩斗鸡等游艺以消遣娱乐。汉时斗鸡就已广泛流行，如2016年平顶山考古工作队在河南郏县发掘汉墓时就曾发现斗鸡题材的画像石（图2-18）②，两只斗鸡夯脖鼓翅，似乎一场大战一触即发。而唐代的斗鸡游艺则更是发展到了一个高峰，唐高祖时期，斗鸡便已然颇得帝王喜爱，当时的御史大夫杜淹在其《咏寒食斗鸡应秦王教》一诗中，对寒食节民间斗鸡场景进行了详细描述：

图2-18 汉 斗鸡画像石

寒食东郊道，扬鞲竞出笼。花冠初照日，芥羽正生风。
顾敌知心勇，先鸣觉气雄。长翘频扫阵，利爪屡通中。

---

① 刘向：《战国策》，上海古籍出版社1985年版，第337页。
② 图2-18源自孙麒麟、毛丽娟、李重申《中国古代体育图录》，甘肃教育出版社2015年版，第76页。

飞毛遍绿野，洒血渍芳丛。虽然百战胜，会自不论功。①

作为盛唐时期的著名君主，唐玄宗本人便是斗鸡游艺的追捧者和拥趸，《新唐书·五行志》载："玄宗好斗鸡，贵臣外戚皆尚之。"② 又据《东城老父传》记载，"宗在藩邸时，乐民间清明节斗鸡戏。及即位，治鸡坊于两宫间。"③ 可见，唐玄宗对斗鸡游艺的喜爱，并且还指出了唐代斗鸡戏常于清明节举办。"上有所好，下必甚焉。"唐玄宗这种对某种项目的喜爱也影响到了统治集团的其他人员，造成了"诸王世家、外戚家、贵主家、侯家，倾帑破产市鸡以偿鸡值"。社会上的"都中男女以弄鸡为事，贫者弄假鸡"④。斗鸡风尚甚至渗透到了衣着装饰上，刘禹锡的《和乐天柘枝》云："松鬓改梳鸾凤髻，新衫别织斗鸡纱。"⑤ 由此可见在唐代甚至有以斗鸡为纹样的衣纱装饰，足见以斗鸡为代表的斗戏项目在隋唐时期的盛行。

唐玄宗对斗鸡的热爱似乎并不只是单纯的对一种娱乐项目的热爱，其中或许也有政治意味在其中。唐玄宗时期大唐国力强盛，"丝绸之路"在安西都护府的庇护下畅通无阻，其繁华可谓是空前绝后。"丝绸之路"的繁华不仅带来了"丝绸之路"诸国精美的商品，还带来了"丝绸之路"诸国的文化。公元3—8世纪粟特人就往来且活跃在"丝绸之路"上，并且进行着商业贸易活动，而当时的粟特人主要信奉琐罗亚斯德教亦即祆教，唐玄宗时期的大将安禄山祖籍便为昭武九姓中的康国亦即粟特人。⑥ 而琐罗亚斯德教的信仰在唐代达到了顶峰，在琐罗亚斯德教中，公鸡是一种益兽，而根据唐人姚汝能《安禄山事迹》云："玄宗尝御勤政楼，于御座东间设一大金鸡帐，前置放一榻，（安禄山）坐之，卷去其帘，以示荣宠。"⑦ 唐玄宗为安禄山设金鸡帐

---

① 彭定求等编：《全唐诗》，中华书局1960年版，第435页。
② 欧阳修、宋祁撰：《新唐书》，中华书局1975年版，第881页。
③ 李昉等编：《太平广记》，中华书局1961年版，第3992页。
④ 李昉等编：《太平广记》，中华书局1961年版，第3992页。
⑤ 彭定求等编：《全唐诗》，中华书局1960年版，第4067页。
⑥ 文川：《安禄山祖籍为昭武九姓康国考》，《民族研究》1996年第3期。
⑦ 姚汝能撰，曾贻芬点校：《安禄山事迹》，中华书局2006年版，第80页。

的原因，大概便是因为安禄山的宗教信仰。这也从侧面反映出了唐王朝时期，"丝绸之路"上的文化交流对唐王朝的影响不仅只限于民间娱乐，甚至还影响到了政治层面。

当然，中国古代特别是唐王朝时期斗鸡的盛行并不能全部归因于"丝绸之路"上粟特人的影响，斗鸡的盛行和对鸡的崇拜与喜爱是"丝绸之路"文化交流中双向吸收的结果（图2-19）。① 敦煌文献中存有斗鸡的记载，《唐人选唐诗》之《寒食卧疾喜李少府见寻》："弱冠早登龙，今来喜再逢。何知春月柳，犹忆岁寒松。烟火临寒食，笙歌达曙钟。喧喧斗鸡道，行乐羡朋从。"② 其中就提到了在清明时节，人们以斗鸡取乐，并且热闹非常。《春秋·说题辞》云："鸡为积阳，南方之象，火阳精物炎上，故阳出鸡鸣，以类感也。"③ 这则史料中

图2-19　西魏　莫高窟第285窟　斗鸡图

---

① 图2-19源自李金梅、李重申《丝绸之路体育图录》，甘肃教育出版社2008年版，第362页。

② 上海古籍出版社、法国国家图书馆编：《法藏敦煌西域文献》第15册，上海古籍出版社2001年版，第313页。

③ 李昉等撰：《太平御览》，中华书局1960年版，第4070页。

赞美鸡是太阳的化身，鸡鸣而日出，视以为祥瑞。而这种将鸡视为祥瑞的说法流传到了唐代，1908年伯希和在甘肃敦煌莫高窟发现的唐代《白泽精怪图》残卷就证明了这一点。因此，唐代所盛行的斗鸡及将鸡视为祥瑞的观点并不只是因为唐代"丝绸之路"繁盛而由粟特人带来的外来观念，而是借由"丝绸之路"进行的东西方文化交流而形成的。

斗戏的另一大项目斗草，也被称为斗百草，是中古时期在女性、孩童之间较为流行的一项游艺。总的来说，斗草分"文斗""武斗"两大类。"武斗"则较为简单，斗草双方将草叶相交，呈"十"字形，手捏草叶两端，向后拉扯，不断者胜；"文斗"种类较多，包括对花（草）名、比较花草品种、质量等。《荆楚岁时记》中就有相关记载："五月五日，四民并踢百草，又有斗百草之戏。"[①] 这表明了斗百草多在端午节举行，白居易所作《观儿戏》中描述孩童们"弄尘复斗草，尽日乐嬉嬉"[②]。说明孩子们也是斗草游艺的主要参与者，如宋代画家苏汉臣所绘之《长春百子图》中就有孩童齐聚斗草的场景。

斗草的传播也影响到了"丝绸之路"这一中外文化交流区域，现今发现的诸多敦煌文献中就有关于斗草的记载。王重民收集整理的《敦煌曲子词集》一书中就收录敦煌文献中的《斗百草词》四首，现摘录于下：

其一"建士祈长生。花林摘浮郎。有情离合花。无风独摇草。喜去喜去觅草。色数莫令少。"

其二"佳丽重明臣。争花竞斗新。不怕西山白。惟须东海平。喜去喜去觅草。觉走斗花先。"

其三"望春希长乐。南楼对北华。但看结李草。何时怜颉花。喜去喜去觅草。斗罢且归家。"

其四"庭前一株花。芬芳独自好。欲摘问傍人。两两相捻

---

① 宗懔等撰：《荆楚岁时记（及其他七种）》，中华书局1991年版，第11页。
② 彭定求等编：《全唐诗》，中华书局1960年版，第4784页。

取。喜去喜去觅草。灼灼其花报。"①

据上述诗歌可知女性常常在斗花草游戏之间表露自己对爱人的爱慕之情与定情之约，敦煌曲词中的这四首《斗百草词》则正是描写了女子参与斗草游艺，并以斗草表现其心理活动，感叹年华将逝、岁月蹉跎之感，亦能体现出对爱人的思慕之情。

《荆楚岁时记》所记之端午斗草习俗，在李朝时期就已传入朝鲜半岛，在朝鲜诗人的笔下亦有记录。如金净在《端午帖字·其二》中写道："圣后垂衣日，良辰乐事新。沐芳追古礼，斗草竞时人。宝鉴同明照，薰风配至人。悠然葛天后，还见政治淳。"②曹好益《端午》云："端午名辰在，宫朝俨作群。浴兰时正好，斗草戏方殷。"③

斗戏的种类之繁杂，传播之广阔，流传之悠久可谓世所罕见。斗戏生命力顽强的原因之一是它并不是一成不变的，而是在漫长的岁月变迁中，借由"丝绸之路"这一中外文化交流区域不断吸收不同的文化，再与中国的本土文化相融合，不断加以改造创新的具有旺盛生命力的文化传统。流传近千年的名目种类繁多的斗戏早就脱离了简单的娱乐项目的范畴，它已经蜕变成了象征着"丝绸之路"中外文化交流的一个具有旺盛生命力的文化传统，它的旺盛生命力，它名目繁多的种类正如连接中外，长久不衰，并在21世纪焕发出新的活力的"丝绸之路"一样，已然成为民族文化的一部分。

四　童戏

古代中国有一类游艺活动，参与的主体是少年儿童，活动内容丰富多彩，自成一体，是我国游艺文化的重要组成部分。活泼好动是儿童的天性，故而儿童游艺普及面宽、传播面广，此处选取了在"丝绸

---

① 王重民：《敦煌曲子词集》，商务印书馆1954年版，第62页。
② 金净：《冲庵先生集》，汉城金基善家1922年版，第110页。
③ 曹好益：《芝山先生文集》，首尔景仁文化社1997年版，第348页。

之路"上具有代表性的纸鸢、骑竹马和趁猞子进行讨论，以此窥视"丝绸之路"上儿童游艺文化交流。

（一）纸鸢

纸鸢，在古代儿童游艺中起源较早，因蔡伦改进造纸术，民间开始用纸来裱糊风筝，称为"纸鸢""纸鹞"。值得厘清的是，有学者指出，今天的风筝，唐代称为纸鸢，而风筝一词在唐指称的则是"占风铎"。[①] 在发展过程中，趣味无穷的纸鸢游艺与民俗相结合，甚至被认定为小儿养生保健项目，更进一步助力了其在儿童中的风靡。宋朝李石《续博物志》载："今之放鸢引丝而上，令儿张口望视，以泄内热。"[②] 据此可知，在放飞风筝中，孩童牵引丝线，极目远眺，有宣泄内热，明目健体之效。并且儿童共放纸鸢，比拼技术也有利于其进行互动交流，结交好友。这是儿童成长阶段中十分重要的组成部分。

纸鸢还通过"丝绸之路"西传，为边疆儿童的社会生活平添了诸多快乐，可谓千载不衰。敦煌文献《九相观诗》之《童子相第二》就记载：

> 状貌随年盛，形躯逐日红。三周离膝下，七载育成童。竹马游间巷，纸鹞（鹤）戏云中。花容艳阳日，绮服弄春风。宠爱量（良）难此（比），恩怜应与同。那堪百年后，长奄（掩）夜台空。[③]

值得一提的是，卷中"竹马游间巷，纸鹞（鹤）戏云中"一句中骑竹马与放纸鹞（鹤）相对，可见二者在孩童生活中堪称地位相当；同时考虑到骑竹马是普及性较高的儿童游戏，以及唐代敦煌遗书与莫高窟中都具有较多的骑竹马记载，也不难得出放纸鹤在唐代敦煌地区儿童中也具有较大影响力的结论，放纸鹤也极大地丰富了敦煌儿童的

[①] 王永平、刘冬梅：《唐代风筝与纸鸢辨识》，载杜文玉主编《唐史论丛》第十三辑，三秦出版社2011年版，第299页。

[②] 李石撰：《续博物志》，中华书局1985年版，第140页。

[③] 黄永武主编：《敦煌宝藏》第32册，新文丰出版公司1981年版，第510页。

娱乐生活。并且有研究者提出敦煌壁画"天乐"图中的"天乐"乐器很可能是当时纸鸢的变形。① 这一现象或许在一定程度上受到了民间儿童喜放纸鸢的影响。

出土于吐鲁番阿斯塔那 187 号墓中的破碎绢画《双童图》（图 2-20）中有两位儿童的动作与放纸鸢颇为相似：右边儿童右脚前跨，手臂前伸，左手攥着一根线头；左边的儿童则左手抱猞子，右手上扬。② 虽然因画面残缺而无法确知他们在干什么，但有学者据其姿态推断他们很有可能正在一起合作放纸鸢。③ 尤其值得注意的是，右边儿童手中所攥线头更印证了此点，若推测成立则可说明中原的纸鸢之戏当时已传至高昌地区。

图 2-20　唐　阿斯塔那 187 号墓《双童图》（局部）

清时，放纸鸢广泛流行于全国，无论是中原还是边疆地区，均可

---

① 杨洋：《敦煌纸鸢考略》，《当代体育科技》2018 年第 1 期。
② 图 2-20 源自孙麒麟、毛丽娟、李重申《中国古代体育图录》，甘肃教育出版社 2015 年版，第 478 页。
③ 余欣：《博望鸣沙：中古写本书与中国学术史之会通》，上海古籍出版社 2012 年版，第 315 页。

以看见孩童放纸鸢的场面。如清汪恭所绘之《婴戏图》（图2-21），①就反映了这一游艺项目在孩童之间的流行。清代名臣、四库全书总纂官纪昀亦在《乌鲁木齐杂诗·民俗其三十二》中提及了纸鸢在新疆孩童中的传播："花信阑栅欲禁烟，晴云骀宕暮春天。儿童新解中州戏，也趁东风放纸鸢。"② 尤其是"儿童新解中州戏"一句生动道出了当地孩童对纸鸢这一游戏形式从懵懂认知到接纳喜爱的过程，这也进一步印证了纸鸢对中原和边地儿童均具有较高吸引力，孩提时代对这一游戏的痴迷不可谓不相似。因此，诗是纪晓岚被贬迪化（即今新疆乌鲁木齐）后所作，大概率可以推知此时纸鸢早已风行于"丝绸之路"

图2-21　清　汪恭　《婴戏图》

---

① 图2-21源自李小唐、林春、李重申《丝绸之路岁时节日民俗体育图录》，甘肃教育出版社2017年版，第177页。

② 纪昀著，孙致中等校点：《纪晓岚文集》，河北教育出版社1999年版，第601页。

"新北道"要冲之地，成为边疆地区清明时节的一大民俗，并为当地儿童所喜爱。

朝鲜半岛同样以放纸鸢作为祛厄消灾的方式之一。朝鲜三国时代，放纸鸢传入朝鲜半岛，大约到李朝英宗时期，上元节时放纸鸢逐渐成为一种特定的习俗。《东国岁时记》载："儿童列书'家口某生，身厄消灭'八字于纸鸢之背（考究者还会将儿童的姓名、出生日期写于其上，以"确保"顺利送走灾厄），任其所飞，日暮断其线而放之。"① 以这种方式放纸鸢，或者说"放飞纸鸢"，则寓意着灾厄随着纸鸢一起远离了儿童，从而祈求儿童健康平安，故后来民间有"纸鸢销厄"的说法。

丝线悠悠，童稚嬉闹，纸鸢摇曳，乘风而上。通过"丝绸之路"，纸鸢远传至新疆甚至更西的广大地区，有力地促进了东西方游艺文化的交融。同时，象征着童真、美好的纸鸢也展现了中原与西域儿童丰富多彩的生活情趣，对其进行研究实践也有利于进一步构筑儿童游艺史。

（二）骑竹马

骑竹马，顾名思义，就是"以竹枝跨于裆下，模拟坐骑嬉戏玩耍"，② 此种儿童游戏，在中古社会极为流行。儿童玩耍时，一手握竹竿前端，并使竿尾拖地，另一手作扬鞭状，如骑马般向前奔跑。发展到后来，凡以物置之胯下并做骑马状的游戏，都可称为骑竹马或跑竹马。

一般认为，竹马起源于新石器时期至西汉时的北方游牧民族，东汉以后正式作为一种儿童游戏方式得到推广。③ 这在一定程度上表明，

---

① 洪锡谟:《东国岁时记》，首尔朝鲜汉文会1911年版，第13页。
② 顾鸣塘:《斗草藏钩》，上海古籍出版社1994年版，第196—199页。
③ 这一观点最早由李晖于2000年在《论"竹马"——唐诗民俗文化探源之十》中提出，见李晖《论"竹马"——唐诗民俗文化探源之十》，《合肥教育学院学报》2000年第3期。此后有关竹马的研究论文多采用这一观点，如刘毅:《唐代竹马发展演变史探究》，《兰台世界》2013年第15期；杨秀清:《敦煌石窟壁画中的古代儿童生活（三）》，《敦煌学辑刊》2013年第3期；范潇:《郎骑竹马来，绕床弄青梅——简论婴戏图中"竹马"玩具的发展》，《艺术与设计（理论）》2015年第11期；李绪稳:《唐代儿童体育骑竹马文化考析》，《体育文化导刊》2016年第2期；严鑫:《中国竹马游戏图像研究》，硕士学位论文，南京艺术学院，2020年。

骑竹马的儿童游艺，在最初就带有较强的地区和民族游艺文化交流融合的因素。较早记录竹马游艺的文献为《后汉书·郭伋传》，其中记载："（郭伋）始至行部，到西河美稷（今内蒙古准格尔旗），有童儿数百，各骑竹马，道次迎拜。"① 自《后汉书》始，后代文献也多有关于竹马的记载。裴松之注《三国志》所引《吴书》载："（陶谦）年十四，犹缀帛为幡，乘竹马而戏，邑中儿童皆随之。"② 《晋书·殷浩传》载："少时吾（桓温）与浩共骑竹马，我弃去，浩辄取之，故当出我下也。"③《太平御览》引《杜祭酒别传》亦载："（杜祭酒）年六七岁，在县北郭与小儿辈为行竹马戏。"④ 到了唐代，竹马在儿童中更加流行，李白《长干行·其一》中记载："妾发初覆额，折花门前剧。郎骑竹马来，绕床弄青梅。同居长干里，两小无嫌猜。"⑤ 白居易《观儿戏》诗中亦有怀念儿时游戏的"一看竹马戏，每忆童騃时"⑥ 一句，李商隐《祭小侄女寄寄文》中也记述了小辈在一起嬉戏玩耍的"侄辈数人，竹马玉环"的场面。⑦ 正是在这些诗歌作品的影响下，"青梅竹马"便逐渐用来代指男女儿童天真无邪、亲昵玩耍的样子。

唐代竹马之戏的传播交流比较广泛，新罗王子金地藏在九华山化修时写作的《送童子下山》一诗中也提到了竹马，诗云：

空门寂寞汝思家，礼别云房下九华。
爱向竹栏骑竹马，懒于金地聚金沙。
添瓶涧底休招月，烹茗瓯中罢弄花。
好去不须频下泪，老僧相伴有烟霞。⑧

---

① 范晔撰，李贤等注：《后汉书》，中华书局1965年版，第1093页。
② 陈寿撰，陈乃乾校点：《三国志》，中华书局1959年版，第248页。
③ 房玄龄等撰：《晋书》，中华书局1974年版，第2047页。
④ 李昉等撰：《太平御览》，中华书局1960年版，第1780页。
⑤ 彭定求等编：《全唐诗》，中华书局1960年版，第359页。
⑥ 彭定求等编：《全唐诗》，中华书局1960年版，第4784页。
⑦ 李商隐原著，刘学锴、余恕诚著：《李商隐文编年校注》，中华书局2002年版，第830页。
⑧ 彭定求等编：《全唐诗》，中华书局1960年版，第9122页。

结合诗中"空门""金地"等充满浓厚佛教色彩的用词以及金地藏的生平来看,唐代时期,竹马应该已经在一定程度上进行了对外传播。《新唐书·西域上》中更是记录了唐太宗"土城竹马,童儿乐也"的语句,[1] 这是唐太宗在得知一些西域地方政权归顺之后喜悦之情的表达,以骑竹马之乐来类比,足以见得竹马在当时的儿童之中是非常普遍且流行的一种游戏,并且传播范围较为广泛。

骑竹马在"丝绸之路"上的传播在敦煌地区有所体现,敦煌文献中留存有大量的竹马戏记载。如《父母恩重经讲经文》中提到:"婴孩渐长作童儿,两颊桃花色整辉;五五相随骑竹马,三三结伴趁猢儿。"[2] 从文中可以看出,骑竹马、趁猢儿等游戏已经成为儿童的一种显著特征。直接点明儿童年龄与骑竹马游戏有关的还有《九相观诗一本·童子相第二》中的"三周离膝下,七载育成童"一句。[3] 如果儿童在适当的年龄并没有进行这样的游戏,则被认为是不应该出现的现象,如《维摩诘经讲经文》中所提到的母"大奇"于少年"不把庭前竹马骑"反而"思城外花台礼"。[4]

若将竹马之戏纳入图像考察视域,那么敦煌画像砖与石窟壁画则是较为罕见的研究早期竹马戏的重要资料。在敦煌佛爷庙魏晋墓葬第36号墓西壁南侧下层发现了一幅描绘儿童骑竹马场景的砖画(图2-22)。[5] 画面中间的"束髻童子,上身穿无袖短衫,内着兜肚,下身裸,右手持一棍状物于胯下作骑马状"。[6] 这幅砖画描绘的画面被学界普遍认定是传统的竹马游戏,并且,这幅砖画也是现在所能见到的最早的竹马游

---

[1] 欧阳修、宋祁撰:《新唐书》,中华书局1975年版,第6231页。
[2] 上海古籍出版社、法国国家图书馆编:《法藏敦煌西域文献》第13册,上海古籍出版社2000年版,第307页。
[3] 黄永武主编:《敦煌宝藏》第32册,台北新文丰出版公司1981年版,第510页。
[4] 上海古籍出版社、法国国家图书馆编:《法藏敦煌西域文献》第11册,上海古籍出版社2000年版,第97页。
[5] 图2-22源自孙麒麟、毛丽娟、李重申《中国古代体育图录》,甘肃教育出版社2015年版,第427页。
[6] 戴春阳主编:《敦煌佛爷庙湾西晋画像砖墓》,文物出版社1998年版,第85页。

第二章 "丝绸之路"游艺文化交流项目研究

戏图像，同时也说明最晚到西晋时期，敦煌地区已经出现了"骑竹马"这种流行的儿童游戏。① 无独有偶，在莫高窟晚唐第9窟东壁也发现了一幅一千多年前古代儿童骑竹马游戏的画面（图2-23）。② 在礼佛的贵族供养人行列中，"一个身穿红色花袍、内着褊裤、足蹬平头履的小顽童"，胯下放置有"一条弯弯的竹竿"，"其左手握'竹马'，右手拿着一根带竹叶的竹梢，作为赶马之鞭。童子抬头向上，调皮地仰望妇人"③。童子骑竹马嬉戏的活泼与礼佛行列的严肃形成了鲜明对比，而这种并不被认为奇怪的反差也有力地说明了骑竹马这种游戏方式已经充分融入敦煌地区的日常生活当中。

图2-22　魏晋　佛爷庙36号墓　骑竹马砖画

前文所举例的两幅竹马戏图，均为一童一"马"，而在山西侯马65H4M102号金代墓葬中发现的竹马砖雕，其画面则为"两军交战"图。这批砖雕中的竹马"精雕细刻，鞍勒俱全，胫系缨穗，项戴串铃，竖耳扎尾，神态机敏，形象生动逼真"。画面中每组四个童子"胯骑竹马，翩翩而舞""两人为伍，互相格斗"，有的短兵相接，有的招架败退，还有的策马紧追，"描绘出一幅幅紧张激烈、惊心动魄

---

① 杨秀清：《敦煌石窟壁画中的古代儿童生活（三）》，《敦煌学辑刊》2013年第3期。
② 图2-23源自孙麒麟、毛丽娟、李重申《中国古代体育图录》，甘肃教育出版社2015年版，第431页。
③ 胡同庆、王义芝：《敦煌壁画中的儿童骑竹马图》，《寻根》2005年第4期。

· 175 ·

图2-23　唐　莫高窟第9窟　童子骑竹马图

的战斗场面。充分显示出金代竹马的生动形象与高超的表演技艺。"①

与前文所提到的樗蒲、斗草、纸鸢等游艺项目一样，骑竹马同样是在李氏朝鲜时期逐渐成为朝鲜半岛上的岁时习俗。如赵普阳就留下了"因忆童时岁除日，竹马成群亦如此"的诗句，② 诗中记载的就是诗人少时与朋友在除夕时骑竹马的场景。

竹马在"丝绸之路"上的流行和普及，充分体现了各民族儿童游

---

① 崔元和总编辑，山西省考古研究所编：《平阳金墓砖雕》，山西人民出版社1999年版，第21—22页。

② 郑皎：《丈岩先生集》，韩国民族文化推进会编刊1988年版，第537页。

艺文化的交流。这种起源于石器时代、形成于汉唐时期的古老儿童游艺，以一种独特的方式拉近了不同民族孩童之间的距离，密切了不同区域文明与文明之间的关系。

（三）趁猧子

趁猧子，是唐代曾风靡一时的一种娱乐行为，通俗地讲就是养宠物狗。猧，即是一种供人玩养取乐的小狗，趁则是追逐和赶的意思，趁猧子这一娱乐因此而得名。趁猧子大抵应是起源于唐代，因为猧子并非是中国传统的家狗，它大致应是在初唐时期通过"丝绸之路"，由西域传入中国的。据《旧唐书》记载："七年，文泰又献狗，雄雌各一，高六寸，长尺余，性甚慧，能曳马衔烛，云本出拂菻国。中国有拂菻狗，自此始也。"[1] 此处所说的拂菻狗与猧子大体相同。

猧子的性情应是较为温顺的，王涯在其诗文《宫词》中曾云："白雪猧儿拂地行，惯眠红毯不曾惊。"[2] 从这篇诗文中不难看出猧子的温顺，因此猧子也得以被家长允许，而成为儿童的宠物乃至于玩伴。敦煌文献《父母恩重经讲经文》中就有儿童与猧子玩耍的记载：

捉蝴蝶，趁猧子，弄土拥泥向街里；盖为娇痴正是时，直缘猧小方如此……婴孩渐长作童儿，两颊桃花色整辉；五五相随骑竹马，三三结伴趁猧儿。[3]

有关唐代儿童趁猧子的记载并不仅局限于文献记载，出土的图画史料同样证明了趁猧子这一娱乐行为在唐代的风靡。1959年开始发掘的位于新疆的阿斯塔那古墓群曾经是高昌居民的公共墓地，在其中出土的绢画中便有一幅描绘了一个左手抱猧子的高昌儿童形象（图2-24）。[4]

---

[1] 刘昫等撰：《旧唐书》，中华书局1975年版，第5294页。
[2] 彭定求等编：《全唐诗》，中华书局1960年版，第3878页。
[3] 上海古籍出版社、法国国家图书馆编：《法藏敦煌西域文献》第13册，上海古籍出版社2000年版，第307页。
[4] 图2-24源自孙麒麟、毛丽娟、李重申《中国古代体育图录》，甘肃教育出版社2015年版，第478页。

图 2-24　唐　阿斯塔那 187 号墓
《双童图》（局部）

　　除新疆地区以外，我国的其他地区亦有有关儿童趁猧子的相关实物史料出土。1992 年出土的陕西省岐山县枣林乡郑家村的元师奖墓西侧墓道有两幅表现儿童和猧子的壁画图像，两幅图都描绘了一个男孩和一只黑白相间的猧子嬉戏的场面，整个画面充满着温馨的色彩，透露出男孩和猧子的快乐相伴。[①] 但是趁猧子这一娱乐并不仅仅局限于我国西部，正是通过"丝绸之路"，趁猧子这一儿童游艺同样影响并传播到了我国的东部地区，位于今扬州市邗江区瘦西湖北的唐城遗址

---

① 郑阳：《唐代儿童图像研究》，硕士学位论文，中央美术学院，2010 年，第 24 页。

就曾经出土过小型陶塑，其具体形态便是儿童与猧子。其中的猧子陶塑更是烧制得活灵活现，其为踞蹲模样，昂首垂耳，眼为两小孔，身上有数处蓝色花斑。①

趁猧子这一深受儿童喜爱的娱乐行为，其诞生便得益于伟大的"丝绸之路"，如果没有唐代的鼎盛国力而促使"丝绸之路"畅通无阻，那么猧子便不会如此大规模地传入中原，如果没有"丝绸之路"上中外文化的双向互动，猧子的宠物娱乐性亦不会如此之早地被人们所发掘，猧子同样不会如此迅速地成为人们所喜爱的宠物。趁猧子这一娱乐行为得到了西域儿童、陕西儿童、江苏儿童等多地区儿童的喜爱，这已经不仅仅只是一个儿童养宠物的问题，其不仅表现出了"丝绸之路"游艺文化传播的范围之广，还展示了我国文化包容吸收的胸怀之深，更体现了"丝绸之路"这一中外文化交流区域的珍贵之处与影响之大。

"丝绸之路"游艺项目种类繁多，本章节选取了部分交流频率相对频繁和文献资料相对丰富的游艺项目。通过对这些游艺项目在"丝绸之路"上开展的论述，可以探知技艺类游艺对游艺参与者的技能要求较高，也是"丝绸之路"游艺文化交流过程中中原和西域区域直接对话较多的项目；百戏类游艺以表演为主，参与者既能对此类游艺进行欣赏，亦能参与到部分项目中去；博弈类游艺受到空间和场地的制约较小，相对易于开展，故而参与者众多，深受"丝绸之路"上僧俗各界的喜爱；杂艺类游艺的属性标准相比前三类而言稍显杂乱，其更多的是普通百姓日常中的休闲娱乐，生活气息更为浓重，覆盖范围更为广泛。当然，除了这四类之外，"丝绸之路"上还有其他游艺项目本文中并未进行专门论及，下文将结合这些具体的游艺项目讨论它们开展的人物和场地，以便对"丝绸之路"游艺文化交流有更进一步的认识和探究，勾勒出"丝绸之路"游艺文化交流的全景。

---

① 史岩主编：《中国美术全集·雕塑编四》，文物出版社1988年版，第205页。

第三章 "丝绸之路"游艺文化交流人物研究

历史学者无论站在什么角度上看待历史的发展，都无法回避站在历史舞台的聚光灯下的人物本身，在"丝绸之路"游艺的发展史中，人的作用也是非同小可，他们为游艺文化的形成与发展贡献了自身力量，而不同的群体扮演着不同角色。向达的名著《唐代长安与西域文明》一书中就以流寓长安的西域人、西市胡姬等人物为研究切口，展示西域文化对长安的影响。[①] 何玉红也指出："'丝绸之路'因人的需要而开通，也因人的活动而拓展演变。彰显人在'丝绸之路'上的作用和影响，进而揭示"丝绸之路"的兴衰演变，即以人为中心的研究。"[②] 在"丝绸之路"上的游艺文化发展过程中，主要形成了游艺文化的倡导者、游艺文化的利益驱使者以及所占比重最大的游艺表演者与参加者。本章将围绕着这三类人群进行研究，以探求"丝绸之路"上游艺活动是如何在人的作用下得以传播与交流。

第一节 "丝绸之路"游艺文化的倡导者

一种精神文化产品的发展与推广，离不开部分人群的主动倡导与推动作用，"丝绸之路"游艺文化亦是如此。"丝绸之路"上的游艺活

---

① 向达：《唐代长安与西域文明》，商务印书馆2015年版。
② 何玉红：《走向以"人"为中心的丝绸之路研究》，《西北师大学报》2020年第6期。

动的完善发展离不开相当数量的王公贵族的主动倡导。王公文武官吏等上层社会人群作为"丝绸之路"两端的统治阶层，拥有大量的社会财富，这为他们进行相关的游艺活动提供了物质基础。此外，他们在处理政治经济事务之外，拥有大量的空闲时间可供消遣，倡导游艺交流的目的多为政治需要和休闲享乐。学术界目前对古代帝王将相等上层人物在"丝绸之路"中外文化交流中所起的作用进行过探讨，部分涉及游艺文化交流：张远在对印度戒日王与唐朝唐太宗之间相互六次遣使行为的研究中，认为中印的相互遣使行为促进了包括乐舞传播在内文化上的交流。[①] 周晋、晏红则以隋炀帝为研究人物，认为其在洛阳等地陈列百戏的目的是"混一戎夏"的政治目标，客观上促进了中外文化交流。[②] 陈粟裕通过对《安重荣出行图》上身着胡服，侍从胡腾舞蹈的图像分析，认为这很有可能是安重荣这一粟特将领日常的真实写照，体现出入华粟特将领身在汉地时文化的传承。[③] 田玉芳以岑参、高适等在西北边陲游历仕宦的文人士大夫为研究对象，梳理了士大夫以"他者"眼光之下的"丝绸之路""乐舞文化生活书写"。[④] 借鉴已有成果，本节将"丝绸之路"游艺文化的主动倡导者分为君主帝王、军事将领以及文官士人三个大类。他们所倡导推广的既有狩猎、射箭等贵族游艺，也有出于休闲、信仰而推动的节庆观赏游艺活动。这些上层人物并非只会推动某一类或某一种游艺，而是直接或间接地推动了几类或几种游艺活动的共同发展。基于此，本章以相关文献史料为基础，论述此类人物的典型代表和事例，分析影响其行为的主客观因素。在当时"丝绸之路"两端的上层人物中，有部分人士对游艺活动在"丝绸之路"上的盛行起到了重要的推动作用。

---

① 张远：《古代丝绸之路上的中印交流——以唐初六次遣使时间及唐使官阶为重心的回顾》，《甘肃社会科学》2016年第5期。
② 周晋、晏红：《隋炀帝文化策略述评》，《江西农业大学学报》2003年第3期。
③ 陈粟裕：《〈安重荣出行图〉研究——一位五代粟特将领的"神化"》，《敦煌研究》2020年第4期。
④ 田玉芳：《丝绸之路上的唐人边塞诗之甘肃书写》，《石家庄铁道大学学报》2022年第1期。

一 君主帝王

在古代社会，君主帝王作为一个国家或一个政权的最高统治者，具有政治、军事、文化等诸多方面的最高决定权，往往能对游艺文化的交流推广起到其他人难以比拟的巨大作用。中外许多帝王或国王也都对"丝绸之路"沿线地区的经济文化交流做出过重要贡献。汉武帝首派张骞出使西域，"凿空""丝绸之路"，武帝则对西域诸国"散财帛以赏赐，厚具以饶给之，以示汉富厚焉"[1]。高昌国王麴文泰曾资助玄奘西行求法，"以西土多寒，又造面衣、手衣、靴、袜等各数事。黄金一百两，银钱三万，绫及绢等五百匹，充法师往还二十年所用之资给"[2]。统治者们也会常根据自身喜好或者现实需求推广一些游艺活动的发展，这些统治者的举措直接或间接地对"丝绸之路"文化交流起到推动作用。而在"丝绸之路"游艺文化的交流中起倡导作用的帝王里面，可以推隋炀帝、唐太宗和唐玄宗三人作为代表。

隋炀帝被史学家韩国磐评价为"常以大国皇帝自豪，对当时外国来朝者，则靡费无数钱财"[3]。但隋炀帝在即位之后，确实也为"丝绸之路"的重新兴盛做出了历史贡献，当时"西域诸蕃多至张掖与中国交市"，[4] 隋炀帝派裴矩驻扎张掖，负责掌管其事。大业五年（公元609年），隋炀帝亲率文武大臣西巡张掖，当时"高昌等二十七国谒道左"，炀帝则令随从"皆使佩金玉，服锦罽，奏乐歌舞"，[5] 召开了中国封建社会历史上唯一一次中原王朝帝王西巡至山丹境内的重大活动——"万国博览会"。

隋炀帝本人对游艺娱乐有着强烈兴趣，这一点与其父隋文帝不同，

---

[1] 司马光编著，胡三省音注：《资治通鉴》，中华书局1956年版，第696页。
[2] 慧立、彦悰著，孙毓棠、谢方校点：《大慈恩寺三藏法师传》，中华书局2000年版，第21页。
[3] 韩国磐：《隋炀帝》，湖北人民出版社1957年版，第58页。
[4] 李延寿撰：《北史》，中华书局1974年版，第1388页。
[5] 欧阳修、宋祁撰：《新唐书》，中华书局1975年版，第3932页。

在即位前杨广通过哄骗"高祖幸上所居第，见乐器弦多断绝，又有尘埃"的手法，① 获得了立为储君的机会。隋炀帝在即位后，则展现出了自身对百戏等游艺娱乐的热爱，角抵大戏在东都洛阳端门街举行时，"天下奇伎异艺毕集，终月而罢"。而隋炀帝曾"数微服往观之"②。在接见诸国使者或国王的时候，隋炀帝常用百戏表演招待他们，如启民可汗来朝，隋炀帝"于郡城东御大帐，其下备仪卫，建旌旗，宴启民及其部落三千五百人，奏百戏之乐"③。大业五年，高昌王麹伯雅前来朝见，炀帝"奏九部乐，设鱼龙曼延，宴高昌王、吐屯设于殿上，以宠异之"④。裴矩建议隋炀帝"以蛮夷朝贡者多，讽帝令都下大戏，征四方奇伎异艺陈于端门街"。隋炀帝还"又勒百官及百姓士女列坐棚阁而纵观焉，皆被服鲜丽"⑤。隋炀帝在招待西域诸国时观看百戏角抵等游艺，除了本身对纵娱声色的喜爱之外，更是其好大喜功"慨然慕秦皇汉武之功"的体现。⑥ 另外，隋炀帝在招待西域国王使节的外交场合展示百戏表演，这一行为客观上则推动了隋帝国与西域诸国的文化交流。

唐太宗李世民是中国历史上极富有雄才大略的君主之一，其在位期间唐帝国国力强盛，先后用兵击败突厥、吐谷浑等，由是"西北诸蕃咸请上尊号为'天可汗'"⑦。对"丝绸之路"上的经济文化交流的稳定畅通发挥了重要作用。与喜好观看百戏表演的隋炀帝有所不同，唐太宗则是亲身参与到游艺活动中，以实际行动推动了"丝绸之路"上的游艺文化交流。唐太宗极其擅长骑射，在早年的军旅生涯中就展示出过人的射术，并对其大将尉迟敬德言道："吾执弓矢，公执槊相随，虽百万众若我何!"⑧ 可见其对自身骑射技术的自信程度。唐太宗在即位之始，为消灭东突厥解除外患，其"引诸卫骑兵统将等习射于显德殿庭……每日引

---

① 魏徵、令狐德棻撰:《隋书》，中华书局1973年版，第59页。
② 魏徵、令狐德棻撰:《隋书》，中华书局1973年版，第74页。
③ 魏徵、令狐德棻撰:《隋书》，中华书局1973年版，第70页。
④ 李延寿撰:《北史》，中华书局1974年版，第453页。
⑤ 李延寿撰:《北史》，中华书局1974年版，第1390页。
⑥ 司马光编著，胡三省音注:《资治通鉴》，中华书局1956年版，第5635页。
⑦ 刘昫等撰:《旧唐书》，中华书局1975年版，第39页。
⑧ 司马光编著，胡三省音注:《资治通鉴》，中华书局1956年版，第5910页。

数百人于殿前教射,帝亲自临试,射中者随赏弓刀、布帛"①。通过精于箭术的唐太宗的亲自训练,这些射术精良的将士成为后来击败东突厥的重要精锐力量,进而为保证"丝绸之路"畅通发挥了巨大作用。

唐太宗对狩猎活动也是极度喜爱,《唐会要》有多条关于唐太宗"射猛兽洛阳苑""上将逐兔于内苑""狩于骊山"的狩猎记录。② 此外,唐太宗在接待外国使臣时,也会常邀请他们参与狩猎活动,《唐会要》中就记载了贞观五年正月十三日唐太宗与包括高昌国王在内的诸多外藩君长参加的狩猎活动:

> 大狩于昆明池。蕃夷君长咸从。上谓高昌王曲文泰曰:"大丈夫在世。乐事有三。天下太平,家给人足,一乐也。草浅兽肥,以礼畋狩,弓不虚发,箭不妄中,二乐也。六合大同,万方咸庆,张乐高宴,上下欢洽,三乐也。今日王可从禽,明当欢宴耳。"③

唐太宗举办的这次狩猎活动,具有极强的政治宣传和表演色彩,所邀请者如麴文泰,是"丝绸之路"上的高昌国君主。唐太宗在狩猎时对诸王所言"天下太平,家给人足""弓不虚发,箭不妄中"等语,意在强调唐朝国力强盛,展示武力,最终目的是团结诸国,保持"丝绸之路"畅通,从而与诸国实现"六合大同,万方咸庆"的局面。

遗憾的是,目前并未有经确认的唐太宗狩猎图像现世,但通过在陕西乾县章怀太子李贤墓中发现的《狩猎出行图》(图3-1),④ 也可以在一定程度上窥见唐代皇室对于狩猎的热衷。该图原为墓道东壁壁画,画中共绘有40余位骑马人物,架鹰抱犬,擎旗佩弓,动势各异,另有骆驼、猎豹、山林等诸多元素辅之其中。全图刻画细腻、气势磅礴,生动反映了唐室外出狩猎的景象。

---

① 刘昫等撰:《旧唐书》,中华书局1975年版,第30—31页。
② 王溥撰:《唐会要》,中华书局1955年版,第526、527页。
③ 王溥撰:《唐会要》,中华书局1955年版,第527页。
④ 图3-1源自李金梅、李重申《丝绸之路体育图录》,甘肃教育出版社2008年版,第78页。

图 3-1　唐　章怀太子墓《狩猎出行图》（局部）

唐玄宗在民间传说中常以"梨园天子"的形象出现，《旧唐书》也记载其"性英断多艺，尤知音律，善八分书。仪范伟丽，有非常之表"。[1] 这种性格使得他本人对各种游艺活动都抱有极大的兴趣，其在藩邸时，就"乐民间清明节斗鸡戏"。[2] 他在即位之后，更是对各种游艺活动充满着非比寻常的热情。如玄宗经常观看拔河，并且曾作《观拔河俗戏》一诗，诗云：

<blockquote>
壮徒恒贾勇，拔拒抵长河。
欲练英雄志，须明胜负多。
噪齐山岌嶪，气作水腾波。
预期年岁稔，先此乐时和。[3]
</blockquote>

玄宗经常举行酺会，常令"太常大鼓，藻绘如锦，乐工齐击，声震城阙。……间以胡夷之伎"。[4] 据此可见酺会中经常表演一些西域的

---

[1] 刘昫等撰：《旧唐书》，中华书局 1975 年版，第 165 页。
[2] 李昉等编：《太平广记》，中华书局 1961 年版，第 3992 页。
[3] 彭定求等编：《全唐诗》，中华书局 1960 年版，第 27 页。
[4] 刘昫等撰：《旧唐书》，中华书局 1975 年版，第 1051 页。

乐舞或百戏，有时会命人引康国马表演马戏，"施三层板床，乘马而上，抃转如飞"①。唐玄宗为宣扬国威，使四夷臣服，也邀请西域诸国君主使节参加酺会，如玄宗在勤政楼前举办的一次酺会上"诸番酋长就食府县。教坊大陈：山车旱船，寻橦走索，丸剑角抵，戏马斗鸡……又引大象犀牛入场，或拜舞，动中音律"②。酺会上举办了众多种类的游艺活动，还有"象戏"等异域风情的百戏表演，唐玄宗也通过邀请西域各国观看游艺表演加强了唐帝国与外邦的联系。唐玄宗统治期间积极提倡和大力推广游乐活动，也在某种程度上推动了"丝绸之路"的游艺文化交流。

如隋炀帝、唐太宗、唐玄宗等多位帝王，他们所主动倡导的游艺活动大多也是自身所喜爱的，这对于推广游艺活动有着正面意义。皇帝作为政治人物，他们游玩各种游艺除了消遣之外，还具有强烈的政治意义，比如在接见西域诸国等外交场合借助游艺活动以宣扬国力、团结藩邦属国等，客观上也推动了"丝绸之路"游艺文化的交流传播。另外，皇帝如果沉湎游艺之中，有时也会遭到大臣们的劝谏，唐太宗酷爱狩猎，魏征、执失思力、唐俭、虞世南等多位大臣也劝谏唐太宗不要经常狩猎，理由是"陛下以武定四方，岂复逞雄心于一兽"，并且希望唐太宗"割私情之娱，罢格兽之乐"③。可见，中古时期帝王们虽然有所钟爱的游艺，但也有朝中敢于直言进谏的大臣们之约束，防止其过度沉浸在娱乐之中。

二 军事将领

"丝绸之路"上贵族所喜爱的游艺活动有很多，并且积极地亲自参与到这些游艺活动中去。在上文提到的三种类型游艺活动中，权贵们最为喜爱的是狩猎、弓箭等游艺活动。狩猎自西周开始就被作为贵

---

① 刘昫等撰：《旧唐书》，中华书局1975年版，第1051页。
② 李昉等编：《太平广记》，中华书局1961年版，第1544页。
③ 王溥撰：《唐会要》，中华书局1955年版，第526页。

族权贵们娱乐的活动，作为骑射技术发展完善的"丝绸之路"地区，乃至在敦煌地区亦是如此。敦煌地区的官府不仅设立了管理猎鹰的机构，而且狩猎规模往往很大，参与人群众多，往往"丝绸之路"沿线上层社会王公贵族对狩猎活动是喜爱倍加，特别是那些军事集团或通过军功获得维持地位的军官、首领更将其视作锻炼武力、展现武功的大好机会，除狩猎外，还有其他技巧类竞技类游艺活动中，上层社会人士往往也会参与其中。除了直接参与以外，"丝绸之路"的上层社会人士在与中原王朝的交往交流中，如军事外交经济等活动中，往往也会直接或间接地对部分游艺活动进行了推广。

军事将领或军事集团的首领往往会对狩猎、射箭、相扑等适合军营之中开展的竞技性游艺活动情有独钟，并在自己的军营中开展，作为训练士卒、展示武功的途径。中古时期的"丝绸之路"沿线，既有大大小小的军事政权偏据在斯，也有隋唐帝国的将领驻扎于此。归义军创始人之一的张议潮对"丝绸之路"狩猎等游艺活动有着推动作用。安史之乱后，唐王朝国势大衰，吐蕃趁机占领了河西地区。唐武宗会昌二年（842），吐蕃赞普朗达玛遇刺身亡，吐蕃国中大乱。张议潮趁时起事，《张议潮变文》中记载："白刃交锋，横尸遍野，残烬星散，雾卷南奔。"[1] 于唐宣宗大中二年（848）率各族百姓僧俗驱逐吐蕃守将并光复瓜、沙二州，然后差遣十队使者奔赴长安告捷。并以沙州为根据地，"缮甲兵、耕且战"，[2] 在此后十余年间，最后于咸通二年（861）攻克凉州，重新打通河西走廊。

张议潮作为敦煌归义军的创建者，敦煌地区的军事集团领袖人物的典型代表，其对游艺活动的喜爱亦偏向于军事竞技武功类的游艺。在众多的军事竞技中，张议潮个人对狩猎活动比较喜爱。具体而言，张议潮对待狩猎这一游艺活动的态度主要表现在：张议潮本人经常参与狩猎，张议潮作为军事统治集团的首脑人物，其本人的弓马技术更是娴熟，自己对狩猎这一游艺活动的态度是积极参与，在张议潮的相

---

[1] 黄永武主编：《敦煌宝藏》第27册，台北新文丰出版公司1981年版，第584页。
[2] 欧阳修、宋祁撰：《新唐书》，中华书局1975年版，第6108页。

关文书中，其中就有大量关于张议潮狩猎的记录，这本身就是军事武人个人爱好偏向所致，不足为怪。更值得注意的是，张议潮对狩猎活动的推广传播，上文中已经提到了敦煌地区官府对狩猎活动极其重视，并且成立专门的管理机构派专门人员对猎鹰进行管理等，到了张议潮归义军时期，也保留了此类机构——鹰坊，张淮深之女还担任过都鹰坊使的职务。张议潮不仅在所辖地区进行对狩猎活动的重视，而且在敦煌地区与其他地区交流时，间接推动了狩猎活动在其他地区的发展，如在张议潮带领军队收复河西后，就曾经派人给唐王朝送去了"甘峻山青骹鹰四联"，① 这一方面说明"丝绸之路"沿线地区产出的猎鹰受到中原地区统治者的欢迎，成为他们狩猎活动的必备"猎具"，因此，猎鹰成为当时敦煌政权向中央政府交纳的贡赋之一；另一方面则也可以看出张议潮对狩猎游艺活动起到了间接的推动作用。

张议潮这样的军事集团首领不一定会对狩猎等游艺活动进行某种改进或发展，但是，出于个人偏好或军事训练目的亲自参加以及推动狩猎或射箭等在所辖地区的发展，除了狩猎外，根据暨远志的考据，敦煌莫高窟中的第156窟内南壁的《张议潮统军出行图》中也极有可能反映了张议潮手下将士身着的衣服为打马球时所穿的衣物，② 那么，这说明了张议潮也通过训练将士们打马球来进行骑术方面的训练来达到强军的目的。除张议潮本人外，其家族成员也多参与打马球等游艺活动，如其《南阳张延绶别传》记载张议潮的侄子张延绶："又善击球，邠帅莫敌，会昌时邠州节度使张君绪能对御打球。"③ 可见其是打马球的好手。总之，张议潮的游艺观是极其充满现实主义的，这种现实主义的来源很大程度上是当时政治、军事条件的苛刻所致。

除了张议潮外，"丝绸之路"沿线地区还有众多的军事上层人物也参与其中，射箭不仅作为游艺竞技活动流行于皇家贵族之间，更在

---

① 刘昫等撰：《旧唐书》，中华书局1975年版，第660页。

② 暨远志：《论唐代打马球——张议潮出行图研究之三》，李金梅主编《中国马球史研究》，甘肃教育出版社2002年版，第99—101页。

③ 上海古籍出版社、法国国家图书馆编：《法藏敦煌西域文献》第16册，上海古籍出版社2001年版，第27页。

第三章 "丝绸之路"游艺文化交流人物研究

少数民族地区作为一种休闲娱乐项目而受到广泛欢迎,隋朝时期著名的将领韩擒虎便是以射箭游艺的事迹行诸于世。

韩擒虎,字子通。河南东垣(今河南新安东)人。父韩雄,为北周大将军。韩擒虎少慷慨,以胆略见称,容貌魁伟,有雄杰之表。北周时以军功拜都督、新安守。袭爵为新义郡公。累建战功,加上仪司,拜永州,屡挫陈师。隋代周后,隋文帝以其有文武之才。后以行军总管屯金城(今兰州),防备北侵,后又拜凉州总管。在当时军事活动频繁,中原地区又实行府兵制的背景下,军人们普遍练习射箭,韩擒虎本人就是射箭好手之一,并且他的射箭传奇事迹在"丝绸之路"沿线流传下来即前文中已经提及的《韩擒虎话本》,其变文对韩擒虎的射箭技术进行了传奇性的描写,首次是韩擒虎、贺若弼与蕃人在隋文帝殿前赌射垛,其过程如下:

> 蕃人一见,喜不自胜,拜谢皇帝,当时便射。箭发离弦,势同劈竹,不东不西,恰向鹿脐中箭。……贺若弼此时臂上捻弓,腰间取箭,搭括齐弦,当时便射。箭起离弦,不东不西,同孔便中……擒虎拜谢,遂臂上捻弓,腰间取箭,搭括当弦,当时便射。箭既离弦,势同雷吼,不东不西,去蕃人箭括便中,从杆至镞,突然便过,去射垛十步有余,入土三尺。[①]

在此次的射箭比赛中,韩擒虎不仅胜了隋朝将领贺若弼,也大挫了外邦蕃人的自大,在这次的皇宫内射箭比赛中,韩擒虎所展示的射箭乃是赌射固定目标。在之后韩擒虎奉诏出使,进入边境地区后,韩擒虎又在蕃王面前表演了一箭双雕的射箭本领。其"十步地走马,二十步把臂上捻弓,三十步腰间取箭,四十步搭括当弦,拽弓叫圆,五十步翻身背射",最后"双雕齐落马前。"其精妙的箭术使得"蕃王一见,一齐唱好""遥望南朝拜舞,时呼万岁。"达到了中原王朝震慑外

[①] 中国社会科学院历史研究所、中国敦煌吐鲁番学会敦煌古文献编辑委员会、英国国家图书馆、伦敦大学亚非学院合编:《英藏敦煌文献》第4卷,四川人民出版社1991年版,第31页。

邦少数民族政权的效果。

《韩擒虎话本》虽不是正史，其文本具有很强的传奇色彩来渲染传主的英雄事迹，但足以说明韩擒虎高明箭术的传闻在民间的广泛流传。拥有精妙射术的隋初唐初的将领不在少数，之所以能在此地区形成《韩擒虎话本》这样的传奇话本，很大程度上是韩擒虎在平定南朝陈后，先后在金城、凉州等地驻守，这一地区位于"丝绸之路"东段地区，故而韩擒虎部分事迹很容易于此地流传，并且通过整理话本变文的形式传到了敦煌地区。

在《韩擒虎话本》中对韩擒虎的箭术设计了两种具体场景，韩擒虎先后在皇宫殿前射固定垛、在单于面前一箭射中移动中的双雕，都是处在中原王朝与边疆游牧民族的交往情景下开展的，不同情况中的先后两种不同射箭模式，韩擒虎都以巧妙的箭术突破僵局，一是解箭，二是一箭双雕，展示了韩擒虎高明的箭术，其无论是静射还是骑射皆是技艺高超，令隋蕃两朝君臣赞叹，更展示了如韩擒虎、贺若弼这样为代表的一大批军事将领在内部战争频繁而天下初定、外部中原王朝与游牧民族来往密切的大背景下，对射箭这一军旅生涯习得的游艺活动的精益求精，不仅具有竞技性，更凭借高超的花样具有了观赏性。同时韩擒虎的射箭技术的习得来自其军旅生涯的磨砺，韩擒虎射箭技术的高超主要体现在解箭与一箭双雕，侧重于射击目标的精准，而非休闲性与射箭动作的花样，则说明了像韩擒虎这样的以军功起身的上层将领，强调对射箭活动的实用性。换言之，如韩擒虎这样的军事将领，其参加游艺活动往往将军事行动中习得的本领带入，反过来也通过亲自参加射箭来提高自己的射术。

此外，《韩擒虎话本》虽是传奇话本、小说家言，事迹的真实性需要辩证看待，但也可以将韩擒虎看作当时武人贵族集团对游艺取向的一个代表性人物，话本中曾提及："天使接势便赫：但衾虎弓箭少会些些，随文皇帝有一百二十楷扨射雁都尽惣好手。"[①] 此话虽是夸张

---

① 王重民等编：《敦煌变文集》上，人民文学出版社1957年版，第205页。

之语，但也能够在一定程度上说明如韩擒虎一类的军事将领在隋初不在少数，并且这些善射之人往往会成为皇帝接见外藩使者（特别是北方少数民族政权）等场合之下的外交出席的将领，成为向外藩展示中原王朝武功的一面镜子。而在这些善射之士中的韩擒虎之所以能成为射箭的代表人物，在"丝绸之路"上广为流传，主要原因无非是其知名度高，官爵较大，便于神射传奇事迹的传播。像韩擒虎这样的统治阶层能成为"丝绸之路"上游艺的倡导者，也许并非出自其本人意愿，却实际上担任了"丝绸之路"游艺的倡导者并不在少数。或者像韩擒虎成为"丝绸之路"上射箭游艺的一种符号性人物，间接对游艺活动的传播提供了倡导性帮助。

军事权贵内部有着更加细化的群体区分，各个群体之间的游艺文化取向各不相同，甚至可以说差异很大。这种军队上层中游艺取向的差异，大到甚至连不同阶层之间游艺文化的差别在他面前都显得细微起来。如张议潮、韩擒虎这样的军事集团的首领与将领，这样的人群所依靠起家的便是武功军事，可以将他们单看作上层社会中的武人贵族群体，所以个人的游艺取向重视狩猎、射箭这样的偏向军事的游艺活动，其手下将士甚至士卒也往往心仪狩猎、赌射这样的游艺活动，如敦煌文献中有"又众现射羊羯壹口"一句，根据高启安的考证，此为敦煌归义军曹氏举办的宴饮中通过射箭这一种比赛进行赌赛，其赌注是一只羖羊。[①] 可见射箭这一游艺活动对于以军事为职的将士们有着跨越阶层的吸引力。

随着政局的逐渐稳定，在军事冲突放缓的时期，军事集团首领与将领的后代——守成之主与其他世袭军事贵族并不需要经常性亲自参加军事活动，文官群体中偶有精于弓马之人，于是狩猎与射箭时而作为一种礼仪性活动，又时而作为酒前酒间的休闲工具在不同的场合出现，竞技性的体现不再是主流，又因为文官与守成贵族某种程度更讲究自身身份与礼数，亦不如像武人贵族们那样对技巧与实用技术的重

---

① 高启安：《唐五代时期敦煌的宴饮"赌射"——敦煌文献 P.3272 卷"射羊"一词小解》，《甘肃社会科学》2011 年第 6 期。

视。于是乎，在文官士人人群中变为非主流，并逐渐形成各自的游艺文化取向，这些群体的取向可以看作两种：一种是自身休闲欣赏，他人参与以供取乐为主要形式；另一种则是自身参与但行动更加讲求文雅以求符合身份。而这两种形式的游艺活动更多在饮宴表演或者休闲娱乐性质较强的场合下进行，与前文中韩擒虎、张议潮等武人的游艺活动取向已经大不相同了。

三　文官士人

唐代西北边境虽是军事边镇众多，但也有中原地区的大量文士文官西行"丝绸之路"，来此或是游历，或是出仕、投靠边镇地方长官之幕府，或是奉中央政权之委托，奉诏出使。这些文官文士偏好一些自身参与但行动更加讲求文雅的游艺活动，西行至边疆，不仅将中原地区的游艺形式带入西陲边境与"丝绸之路"沿线地区，而且也受到"丝绸之路"地区游艺文化的影响，沾染了地方特色，积极参加此地的游艺，构成了"丝绸之路"游艺文化交流的主动倡导群体的一类主要成员。这些士大夫文人，与前文中提到的武人不同，武人主动倡导参与游艺活动，其事迹或传奇也只会通过他人转述而保留下来。而士大夫积极主动地参与倡导游艺活动，往往会留下诗文、笔记小说，这些文字有些地方有各种原因而导致的虚构、夸张等文学性修辞，但他所描绘的往往是关于作者本人所自身经历参与的游艺活动，带有很强的主观性，同时也为后人了解当时当地的游艺文化与对外传播游艺文化提供了文字性的材料。

这里就不得不提到张鷟以及他将自己写作主人公的传奇小说《游仙窟》，张鷟所作的《游仙窟》某种程度上也是自己一种个人写照，[①]更是西北地区唐代中上层文人游艺生活的侧面印证。张鷟，字文成，道号浮休子，深州陆泽（今河北深县）人，唐代小说家。张鷟于唐高

[①]　此书虽是虚构，但书其中讲在金城附近的积石山（今甘肃临夏），探访当地人口中的神仙窟，故一定程度也能够反映"丝绸之路"沿线地区饮宴的风俗。

宗李治调露年间登进士第，被任为岐王府参军。后为长安县尉，又升为鸿胪丞。他在士林中有"青钱学士"的雅称。武则天时期擢任御史。张鷟仕途并不算得如意，但却留下了《游仙窟》这一在唐代就传播到日本、朝鲜地区的传奇小说，《游仙窟》小说所写的张鷟自己的一夜奇遇，故事情节大多是虚构而成，但是，张鷟写作也不是凭空想象，实际是唐代由科举出身的青年士大夫冶游生活的一个侧影，其中留下了不少关于当时生活细节的许多文字，《游仙窟》文中就描写了当时中上层文人的游艺活动。

唐代围棋、双陆等棋牌在上层社会中广泛流行，敦煌地区的《王梵志诗》等文献就记载了当时的围棋、双陆，如"双陆智人戏，围棋出专能。"[①] 并将双陆看作智者的游戏，而围棋则是一项"专能"，并且有围棋书籍《棋经》等。所以张鷟本人也应该对双陆、围棋等很熟悉，在《游仙窟》中，多有文字描写这类棋牌类游艺，通过张鷟的描述可以初步推测，在人数较少的饮宴中，赌双六、围棋等棋牌类也为"丝绸之路"上士大夫群体的常见游玩的一大类游艺。比如主人公张生与仙窟女子相坐饮酒之时，仙女之一的十娘就言道"且取双陆局来，共少府公赌酒"[②]。在饮酒片刻后又"即索棋局，共少府赌酒。下官得胜。五嫂曰：围棋出于智慧，张郎亦复太能"。[③] 张鷟作为一个来自中原地区的文人士子，远在边疆，却在酒宴之间先后游玩双陆、围棋等中原地区特有的棋牌类游艺，可见由于出使、出仕等原因，文人士子往往也会将中原地区的传统游艺带到"丝绸之路"等边疆地区。

此外，张鷟的《游仙窟》的相关描述还表明了行酒令等文字互动游艺在士大夫群体中广泛存在，文字互动游艺类流行较广泛的是行酒令。在上文中就提到的《游仙窟》一书中，主人公（张鷟）在饮宴之

---

① 上海古籍出版社、法国国家图书馆编：《法藏敦煌西域文献》第 17 册，上海古籍出版社 2001 年版，第 349 页。
② 张鷟著，川岛校点：《游仙窟》，书目文献出版社 1989 年版，第 11 页。
③ 张鷟著，川岛校点：《游仙窟》，书目文献出版社 1989 年版，第 15 页。

时与陪酒的十娘便将指物作诗作为酒令，先后以鸭头铛子、酒盏、酒杓、双燕子等酒席上的常见器具来进行咏物罚酒用以取乐，[①] 该种酒令考验人的文化程度与随机应变能力，故其流行于文化修养较高的文人之间。张鷟本人被称作"青钱学士"，指物作诗本身就是看家本领，虽与仙女作诗是小说情节，但是小说中所作咏物之诗则也是张鷟根据亲身经历游艺活动之所想。

前文中也有所提及的像射箭、狩猎等游艺项目，士大夫群体直接参加军事活动之人并非人人皆可，但他们之中也会有少数精于射技者，这些人也会参与到"丝绸之路"沿线地区的射箭、狩猎等游艺活动之中。张鷟在《游仙窟》中描写主人公张生在仙窟中的花园内游玩时，发现"园中忽有一雉，下官命弓箭射之，应弦而倒"，后又表演射艺，射中箭垛"遂射之，三发皆绕遮齐"，[②] 张鷟所描写的射中野鸡与射垛等游艺活动，既展示了部分文人士大夫高超射艺能够有活跃饮宴气氛的作用，也表明在张鷟此类文人士大夫的游玩射箭的场景中，其观赏与表演性质愈加浓郁。开元年间，《游仙窟》传入日本，出现了许多抄本、刻本，在东山天皇元禄三年翻刻五卷本《游仙窟钞》的配图中便可见当时文官士人在庭院中展示射艺的场景。

张鷟虽在仕途并非遂意，但通过写作《游仙窟》这一传奇小说，客观上保留了大量关于士大夫阶层的游艺文化史料，间接传播了"丝绸之路"地区的游艺文化。

如果说张鷟的传奇小说的虚构想象成分比较突出，士大夫笔下写作的纪实性诗文就更加真实地记录了唐帝国边塞上层人士的游艺生活，岑参便是这些士大夫中比较具有代表性的一人。岑参（约715—770年），唐代边塞诗人的代表人物之一，荆州江陵（现湖北江陵）人，太宗时功臣岑文本重孙，后徙居江陵。岑参30岁科举考中进士之后，在这个职位上干了三年后被封为率领府兵的曹参军，后来他又两次从军边塞，第一次是在安西节度使高仙芝的幕府中担任掌书记，第二次

---

① 张鷟著，川岛校点：《游仙窟》，书目文献出版社1989年版，第17—20页。
② 张鷟著，川岛校点：《游仙窟》，书目文献出版社1989年版，第19—20页。

是在天宝末年的时候担任了安西北庭节度使封常清的幕府判官。可以看出他的仕途生涯有很长的一段时间是在西北边塞度过的，岑参的这两次西行与之后的东归经历，使他交结认识了不少西北地区地方上层人士，也参加了许多上层人士举办的宴会，参加了许多游艺活动，岑参本人就曾经这样说自己的塞外仕途生活："我来塞外按边储，为君取醉酒剩沽。醉争酒盏相喧呼。"① 可见参加上层官员之间的饮宴已经可以看作岑参西行做官的日常生活，这些应酬之宴也为他的诗文创作积累了大量的素材。岑参在与边塞上层官员的交往中参与游玩了许多游艺活动，并且记录了许多关于边关"丝绸之路"游艺的诗文，这些诗文所描绘的场景或是写自己亲自参与，或是自己在旁观赏，也通过描写边塞与"丝绸之路"沿线的文武官员，以一个边塞诗人以及出身于内地功臣之家的士大夫的眼光，写实性地描绘当时"丝绸之路"上层人士游艺活动的集体风貌。

岑参为大量"丝绸之路"沿线的地方首脑官员（如刺史、太守）的宴会写诗以助兴，诗中大多描绘饮宴中的欢乐场面，岑参更将自己参与的游艺活动也写入诗句之中。比如岑参西行途路敦煌时参加敦煌太守的家庭饮宴曾如此描写当时的场景："美人红妆色正鲜，侧垂高髻插金钿。醉坐藏钩红烛前，不知钩在若个边。"② 诗中所言为岑参参加敦煌太守举办宴会时，与其他诸位官员游玩的藏钩游戏。岑参和敦煌太守等一些官员于欢饮酒酣之时，以"美人红妆"为伴，游玩藏钩来助宴会上的酒兴。藏钩射覆酒间游戏互动性较强，而且游玩起来颇显文雅高致，符合文人士大夫对雅量的追求，颇受众多文人官员的欢迎。而岑参本人则在游玩藏钩游艺中不仅作为一个诗人进行观察、描绘，更是作为士大夫中的一员参与到其中。

岑参也经常邀请其官宦好友参加弹棋游艺。《西京杂记》一书对弹棋的创始提出过一种解释："（汉）成帝好蹴鞠，群臣以蹴鞠为劳体，非至尊所宜。帝曰：'朕好之，可择似而不劳者奏之。'家君（指

---

① 岑参著，陈铁民、侯忠义校注：《岑参集校注》，上海古籍出版社1981年版，第166页。
② 岑参著，陈铁民、侯忠义校注：《岑参集校注》，上海古籍出版社1981年版，第77页。

刘向）作弹棋以献，帝大悦，赐青羔裘、紫丝履，服以朝勤。"① 岑参常年仕于北庭、安西诸镇，弹棋作为一种中原游艺西传至此，岑参则常与好友同年游玩弹棋，可以在其《北庭贻宗学士道别》《与独孤渐道别长句兼呈严八侍御》两首诗中可见端倪，《北庭贻宗学士道别》中写道："饮酒对春草，弹棋闻夜钟。"② 而《与独孤渐道别长句兼呈严八侍御》则言："中酒朝眠日色高，弹棋夜半灯花落。"③ 两首诗皆作于岑参仕宦于北庭，时任安西北庭节度判官时期。岑参在其所作的两首诗中描述了自己与仕宦时期结识的友人宗学士、独孤渐等人告别时，相互之间游玩弹棋时的场景。弹棋为二人对局，且诗中都有"夜半""夜钟"表示深夜时分之词，足见岑参所邀请进行游玩弹棋的极有可能是其深交密友。在写作此诗的天宝十四、十五年，安史之乱已经爆发，中原政局动荡，岑参的思念中原故土之情更加异于常时。在和同为中原地区西行仕宦于此的文人士大夫们离别之时所游玩的弹棋，无不饱含着思乡忧国之情，可以说以岑参为代表仕宦于西北"丝绸之路"边塞的士大夫们将自己的感情放置于如弹棋之类的中原游艺中，并且以此抒怀。

之所以对岑参耗费如此笔墨，是因为岑参作为一个旁观者，也目睹了较多的游艺活动，如舞剑、射箭等，这些记录超越一般边塞诗的个人抒怀，展示更多的倡导游艺的上层人物所参加的活动，并以自己的第三人视角评价了所写人物的游艺观，也表达了其对游艺相关功能性的认识。首先是舞剑，至德二年（757），岑参离开边塞东归。路过酒泉，酒泉太守置酒相待，岑参作了一首《酒泉太守席上醉后作》，④其诗云：

酒泉太守能剑舞，高堂置酒夜击鼓。胡笳一曲断人肠，座上相看泪如雨。琵琶长笛曲相和，羌儿胡雏齐唱歌。浑炙犁牛烹野

---

① 葛洪撰，周天游校注：《西京杂记》，三秦出版社2006年版，第104页。
② 岑参著，陈铁民、侯忠义校注：《岑参集校注》，上海古籍出版社1981年版，第157页。
③ 岑参著，陈铁民、侯忠义校注：《岑参集校注》，上海古籍出版社1981年版，第176页。
④ 四家集本、明铜活字本及《全唐诗》均作两首，兹从明正德本济南刊本作一首。

驼，交河美酒归叵罗。三更醉后军中寝，无奈秦山归梦何！①

该诗记述了岑参在酒泉太守的饮宴上饮酒大醉，并观酒泉太守舞剑所作。在充满美酒佳肴的席上，在鼓声、胡笳与羌胡乐人的歌声伴奏下，酒泉太守拔剑起舞，加之时处安史之乱，更有悲凉之感，以至于席上之客也都"泪如雨"，这种共情更显出岑参在诗中对酒泉太守舞剑充满赞叹。

此外，岑参也曾观看了"丝绸之路"边镇的将军与少数民族首领进行博戏游艺的场面，写下了《赵将军歌》，诗云："九月天山风似刀，城南猎马缩寒毛。将军纵博场场胜，赌得单于貂鼠袍。"② 此诗未具体言进行的何种赌博游戏，但就诗中所描写的赵将军与单于两个人物以及对城南（应该指庭州城南郊野）、猎马、貂鼠袍等要素可以推测，极有可能进行的是赌射或者樗蒲，岑参对此次旁观的军事将领与少数民族首领之间的博戏还是持积极欣赏的态度。

同样是带有赌博性质的游艺，岑参在玉门关盖庭伦的军营宴会中也观看上层组织人游玩樗蒲时，其态度就大不一样了。岑参来到玉门关时，盖庭伦屯军于此以防备回鹘、吐蕃，岑参参加盖庭伦的军营饮宴时，盖庭伦与其豢养的"一双美人"游玩樗蒲，并且美人技艺高超，"玉盘纤手撒作卢，众中夸道不曾输。"③ 在游玩过樗蒲后，盖伦庭和驻守玉门关的麾下将士们野外骑马射猎，岑参如此描写盖氏射猎场景："枥上昂昂皆骏驹，桃花叱拨价最殊。骑将猎向城南隅，腊日射杀千年狐。"④ 盖庭伦身为唐廷大将，腊冬之时在欢饮游玩后，又去前往狩猎野狐，其游逸之乐可谓极矣。岑参对盖庭伦军营中的游艺活动持批评态度。樗蒲是一种赌博性较强的游艺，岑参来至玉门关之时，乃是至德元年十二月，其时内有安史之乱已席卷中原，外有吐蕃、回

---

① 岑参著，陈铁民、侯忠义校注：《岑参集校注》，上海古籍出版社1981年版，第188页。
② 岑参著，陈铁民、侯忠义校注：《岑参集校注》，上海古籍出版社1981年版，第173页。
③ 岑参著，陈铁民、侯忠义校注：《岑参集校注》，上海古籍出版社1981年版，第165页。
④ 岑参著，陈铁民、侯忠义校注：《岑参集校注》，上海古籍出版社1981年版，第165—166页。

鹓虎视眈眈，正值唐王朝内忧外患之时，以盖伦庭为首的一干将领率军屯此，不意御军抗敌，反倒与帐下美人部将博戏狩猎以取乐，故岑参以描写游艺之逸乐暗讽不思进取之将领。同处安史之乱前后时期，面对游艺岑参显示不同的判断取向，则反映了岑参个人层面游艺观的多重性。

通过对上述人物及其游玩游艺活动的分析，笔者认为其呈现出以下特点：一是游艺的多元性，无论文武官员，他们所进行的游艺都是多元的，无论是射箭、狩猎，或是樗蒲、弹棋，所进行的游艺极少有单一的；二是现实驱动性较强，这种现实驱动性也影响了这些上层人士的游艺观，张议潮、韩擒虎出于军事训练的目的进行狩猎、马球、射箭等活动，岑参出于现实的考虑针对游艺形成的种种看法，这些行为无不揭示着上层人物的游艺具有深刻的现实驱动性；三是阶层身份感，无论是身为军事集团首领的张议潮，军事将领的韩擒虎，还是进士登第进入仕途的岑参、张鷟等，所游玩的游艺，基本上非寻常百姓所能游玩，如围棋、马球。即使是从下层流行并进入上层社会的游艺，这些人往往也会对其进行改造，或者规模扩大（如狩猎），或者用具奢侈（如弹棋、射箭等），无不以此来标榜身份；四是内部差异性，同样是岑参亲眼亲身所历的游艺活动，岑参自己主办游艺活动（弹棋等）规模既不如酒泉太守、敦煌太守盛大酒席前的舞剑、藏钩，也不如赵将军、盖庭伦等军营中的赌射、狩猎。足见上层人士举办的游艺活动之间亦存在差异。而在这些离散的特点的背后，隐藏着促使这些特点拼凑成一个整体的原因。

这些游艺倡导性人物背后有较为丰厚的物质财富作支持。无论是狩猎、射箭等武功技艺类，还是弹棋、樗蒲等博戏类游艺，若是有经常游玩此类游艺的意愿，则需要充足娱乐休闲时间与丰厚物质财富的支持，而观看百戏杂技、泼寒胡戏等游艺也需要有庞大的财富支持与休闲时间。

上层官员、将领大部分皆具备以上两种要素，以唐代安史之乱前的官员待遇为例，唐代官员的俸禄包括官禄、俸料钱、职分田等。官

第三章　"丝绸之路"游艺文化交流人物研究

员们的禄米按照一品到从九品的等级发放七百石到三十石的禄米，外官略低于京官，考课中得上等还可以得到奖禄。职分田也是"依品而授地"，外官州府官稍微高于京官，镇戍官低于京官。俸料钱则根据《通典》卷三十五《禄秩》中的"外官即以公廨田收及息钱等常食公用之外，分充月料。先以长官定数，其州县少尹、长史、司马及丞，各减长官之半。尹、大都督府长史、副都督、别驾及判司准二佐，以职田数为加减。其参军及博士减判司、主簿县尉减县丞各三分之一"①的描述，地方官员的俸钱是按照官阶一定比例分配，按照张国刚的计算，②州郡上的刺史太守能最高分到十分，最低的参军能分配到三分。这些品阶勋爵、俸禄以及本人或家族积攒的财富决定了这些上层人物能够举办、参加、游玩这些游艺活动，成为"丝绸之路"上游艺的倡导者，但如岑参等品级较低的士大夫，虽然较之最广大的平民百姓，收入并不算低，更何况部分人还出自名门，故能够成为游艺活动的倡导者。但按照品级所得俸禄则比州郡长官、节度使要低，故物质财富收入的差距也就决定了其享受的差别，从而形成了倡导人群之间游艺的内部差别。

　　关于游艺娱乐的时间问题，地方豪族、豪商本身囤有大量财富土地等资源，本身就有大量空闲时间，官员们虽然有公务缠身，汉代官员有"功假"（因功赐假）、"例假"（节日性休假），唐代官员除除夕、中秋、端午等节假日外，唐代官员每十天还有"休沐"，这就给了官员们参加游艺、宴会、娱乐活动的休闲时间，此部分内容在第一章中有较为详细论述，此处不再赘述。

　　这些人士所处的西北地区位于"丝绸之路"较东段位置，是中原文化与外来文化的交会之所在。羌、匈奴、乌孙、楼兰、粟特、突厥、沙陀、吐蕃、回鹘、党项等多个民族都曾在"丝绸之路"地区留下过痕迹，中国、印度、伊斯兰等多种文明也都在此交流，来自印度、中亚、西亚等地区具有异域风情的商品、绘画、乐舞等经商人、僧侣、

---

① 杜佑撰，王文锦等点校：《通典》，中华书局1988年版，第964页。
② 张国刚：《唐代官制》，三秦出版社1987年版，第173页。

使者东传入中国，而中国汉民族的儒家文化也对河西地区影响深远。河西地区重镇之一的敦煌便被认为是"北中国保存汉族文化最多又是接触西方文化最先进的地区"。① 多民族、多文明背景下的游艺活动也在此地得到汇集，中原地区的游艺，如六博与樗蒲、双陆与长行、围棋与象棋、弹棋与藏钩等向西传播进入"丝绸之路"地区，经西域传入的杂技与幻术、马戏与禽戏、舞狮与象舞、泼寒胡戏等外来游艺也于此进入中原地区，"丝绸之路"游艺活动的倡导者群体得此"地利"之便，能够比中原地区的人们更有机会游玩多种多样的游艺。

这种多文明、多民族交流融合下形成的游艺文化变得更具地域特色、民族特征，既有中原传统游艺的影响要素，又与西域外来游艺密切相关。在这种民族性、地域性特色的影响下，这些上层文武官员们所倡导、游玩的游艺活动呈现出多元化，所以，生活、仕宦于此地的上层贵族、文武官员既有善于射术、马术之人，也有精于围棋、双陆、弹棋之士。

上层人物所倡导的游艺背后有深刻的政治、军事、社会因素影响，这些现实性的因素影响了其对游艺的取向。"丝绸之路"地区的局部战争频繁，是所谓"用武之地"，自汉至唐的中原王朝皆多次向西用兵，设立地方长官进行管理并派兵驻扎，驻扎在此的军事将领也希冀军队的战斗素质能够保持一定水平。西部的少数民族政权，如汉代的匈奴、唐代的吐蕃、回鹘等，也多次占领河西地区并实行统治。当地生活的各族人民、僧侣也时常为反抗压迫而选择武装起义。如前文中的张议潮收复河西十一州，创建归义军的军事行动，十余年连续不断的军事行动以至于《张议潮变文》描写战斗场面时留下了"头中锋芒陪垅土，血溅戎尸透战袄"之惨烈语句，② 如此惨烈的战斗自然需要战斗力高涨的军队。频繁的军事行动使狩猎、射箭便被军事将领们视作训练军队的有效手段。

此外，身处边塞的中原人对游艺的看法，也受到当时社会历史背

---

① 范文澜：《中国通史简编》，人民出版社1964年版，第343页。
② 王重民等编：《敦煌变文集》上，人民文学出版社1957年版，第115页。

景的影响。相对和平的环境以及强大国力对上层社会举办、参加游艺活动提供了基础。随着战乱又起，政局的不稳定、国力衰退等种种现实性的要素影响到了上层部分人士对国家政局的认识，进而影响了他们的游艺观。安史之乱后，中原政局不稳，西北地区虽受安史之乱影响较弱，但在边塞为官的士大夫对国家危亡感到担忧从而影响了其对游艺的看法，如岑参对玉门关守将的骄纵、玩物丧志进行了讽刺，部分边塞上层人士认为此时游玩博戏等游艺活动绝非合宜之举，对"不见征战功，但闻歌吹喧"的景象感到厌恶，[1] 这种厌恶感并不是针对游艺活动本身，而是对时局的担忧引发的共情。

总之，在以上三种原因的共同作用下，"丝绸之路"沿线地区的上层人士成为游艺活动的倡导者。这些倡导者们有较为丰厚的物质财富与空闲时间，又得此地利，能游玩多种游艺活动。整个上层社会的统治集团构成了"丝绸之路"上游艺活动的主动倡导者的主体。上层社会的人们通过自己游玩、在管辖区域内推广、进行文字记录、表达自我游艺观等多种途径对游艺进行主动引导、倡导，故而"丝绸之路"上的游艺活动得以推广，并且成为人们精神生活上的欢娱选择之一。

第二节 "丝绸之路"游艺文化的功利驱动者

"丝绸之路"之所以兴盛，离不开来往于这条贸易之路上络绎不绝的商旅。甚至可以说，虽然张骞凿空西域的最初想法是断匈奴右臂，是一种政治军事诉求，但自"丝绸之路"开辟后，商业活动却成为"丝绸之路"上的主流活动，所谓天下熙熙皆为利来，天下攘攘皆为利往，上层统治阶层对游艺活动产生了兴趣，成为游艺文化交流的主动倡导者，但是还需要一定的贸易群体来满足其需求。处在中西经济文化交流枢纽的"丝绸之路"上，商人、贡使等或出自私利，或出于其部族利益考量，都会成为游艺文化交流过程中的功利驱动者，在游

---

[1] 岑参著，陈铁民、侯忠义校注：《岑参集校注》，上海古籍出版社1981年版，第252页。

艺文化的交流传播中承担着传播中介的角色。此类人把具有游艺技能的表演者作为商品而贩卖于"丝绸之路"的全过程，实现了经济利益驱使下游艺的商品化。

前辈学者对这些"丝绸之路"上的功利驱使者（如商人、使者等）进行过一定程度的研究，部分涉及游艺文化交流中的这类群体：宿白所著《考古发现与中西文化交流》中一节"粟特人东来和中原发现的西方文物"指出粟特商人等群体的东来"又带来了许多高级的奢侈用品和各种豪华的游艺，这些对唐代上层也是有一定影响的"。[1] 王文森以唐代"丝绸之路"的粟特商人为研究对象，认为粟特商人主要通过进贡和商贸两个途径与唐帝国进行物质文化交流，并对包括舞狮等游艺产生深远影响。[2] 张国才、柴多茂则利用诗词文献展示了唐人视角下的粟特商人形象，伴随商贸活动所带来的胡旋舞等乐舞促进了中外文化交流。[3] 除了商人外，各类使者也属于功利驱使者一类，如王永平将研究视角转向使者王玄策，并且指出："（王玄策）使印之后不久，天竺幻术就开始源源不断地大举传入内地。"[4]

"丝绸之路"上的商人络绎不绝，民族构成多元，但中亚胡商（塞种民族、粟特人等）为主要群体，其中粟特人自公元前五世纪后便在"丝绸之路"商贸、文化、政治活动中发挥了重要的作用。粟特人素来以善于经商而著称，其"善商贾，争分铢之利"[5]。粟特诸国与中原王朝的交往由来已久，早在公元前四世纪双方就有了交往。《史记》中记载了康居等粟特诸国与汉朝的交往，如张骞"分遣副使使大宛、康居、大月氏、大夏、安息……及诸旁国"[6]。北齐时，粟特商人的足迹已经到达了山东，1971年，在山东青州傅家村北齐墓葬中出土了一批画像石，其中就包括一幅反映北齐官人与粟特商人洽谈、交易

---

[1] 宿白：《考古发现与中西文化交流》，文物出版社2012年版，第85页。
[2] 王文森：《唐代丝绸之路上的粟特商人》，《中国民族博览》2018年第4期。
[3] 张国才、柴多茂：《唐代歌咏凉州诗歌中的粟特人形象》，《发展》2020年第10期。
[4] 王永平：《王玄策使印与天竺幻术在唐朝的传播》，《河北学刊》2013年第6期。
[5] 刘昫等撰：《旧唐书》，中华书局1975年版，第5310页。
[6] 司马迁撰：《史记》，中华书局1959年版，第3169页。

的《商谈图》。图中粟特商人"面朝右侧、躬身立姿、右手持高脚杯",北齐官人"脸朝左面、左手持高脚杯、叠腿坐于筌蹄之上",[①]图像整体刻画生动细腻。到了公元4—5世纪之后,特别是隋唐时期,"丝绸之路"的重新兴盛,粟特商人们的往来于东西方的商贸活动更加频繁,甚至形成了驻唐的浪潮,粟特商人先后在敦煌、凉州、长安等多处城市聚居,敦煌地区甚至有"兴生市郭儿,从头市内坐,例有百余千,火下三五个,行行皆有铺,铺里有杂货"的场景,[②]并且留居中原的粟特贵族或商队领袖往往结上层后逐渐扩大影响,更有甚者,"世袭衣缨,生资丰渥,家僮百数,藏镪巨万。招延宾邻,门多轩盖。锦衣珠服,入必珍羞,击钟鼎食,出便联骑"[③]。足见其生活的奢侈。其从事的商贸活动中的商品种类也逐渐增多,更据前人的统计,经粟特商人所贩卖至中原的商品有:如茶叶、瓷器、丝绸及其丝织品、生丝、麦粟米面、马牛畜类、金银铁器、珠宝文玩、香料异药、葡萄苜蓿等果菜、铁器、酒类、奴婢伎人以及其他商品。

1981年,在洛阳龙门东山北麓发现了一座唐代夫妻合葬墓,经确认为唐定远将军安菩与妻子何氏合葬墓。安菩为在唐任职的安国粟特人,考古队员在其墓中发现了大量的三彩随葬品,其中就包括三彩粟特人俑、胡人骑马俑、骆驼俑等,这些珍贵的三彩陶俑,对于研究唐与粟特的经济、文化交流以及粟特民族本身具有重要的意义。

一 胡商与游艺商品化

奴婢贸易是粟特商人们获利较高的贸易活动,粟特商人与中原地区的人口奴婢买卖习以为常,往往低价买入,高价卖出,买方通常是东西方的中上层人士。在商业活动中,市场或者货源是整个贸易活动

[①] 马冬:《青州傅家画像石〈商谈图〉服饰文化研究》,《华夏考古》2011年第3期。
[②] 王梵志著,项楚校注:《王梵志诗校注(增订本)》,上海古籍出版社2010年版,第164页。
[③] 洛阳市文物管理局、洛阳市文物工作队编:《洛阳出土墓志目录》,朝华出版社2001年版,第80页。

是否成立的前提，即一是从事表演的人口数量充足，二是有所谓的"人市"。西域各国并不像大多数中原王朝重农抑商，大多以商贸活动作为其国家财政主要来源，奴婢贸易对其而言也不过是所谓贸易的一种而已，更何况当时"丝绸之路"上长时间段内保持着稳定的和平，但是各个国家因为利益冲突爆发小规模战争不断，战争掠夺的俘虏为奴婢贸易的来源之一，更有甚者，例如，求拔国"好为寇掠，商旅患之"[1]。通过抢劫掠夺平民或商旅来贩卖奴婢。故很多国家的国内形成了大量的货源市场，部分由其国内权贵购买以供享乐，另一部分则是供商人们贩卖到其他国家。

早在魏晋时期，西域各国就有专门进行奴婢贸易的市场，在这些市场所被贩卖的大多是女性，在《魏书》中的《西域传》记载龟兹"俗性多淫，置女市，收男子钱入官"[2]。《新唐书》中记载："葱岭以东俗喜淫，龟兹、于阗置女肆，征其钱。"[3] 可见，当时西域各国不仅有所谓"女市"，以供奴婢买卖，更是国家财政税收来源之一。在巨大利润的诱惑与国家机构的支持下，胡商们的奴婢贸易才得以有如此庞大的货源和市场。另外，西域地区风俗使然，国人大多也都喜爱歌舞，善于百戏杂技。天竺国富人家"家有奇乐倡伎"，[4] 康国"人多嗜酒，好歌舞于道路。"[5] 综上所述，在有"人市"，多有歌舞百戏傍身之人的条件下，故而像康居、石国等国才会产出一部分的人口卖身为奴，充当表演者。这样充足的市场货源，粟特等胡商才可借此成为"丝绸之路"上的"奴隶贩子"，这样的"人市"货源以今天的价值观来审视虽不道德，且在当时就为许多有识之士所批评，但也客观上为"丝绸之路"游艺文化的商业化提供了一批专门化人员。

在交易双方进行交易时甚至形成了一定规则，如吐鲁番阿斯塔那

---

[1] 王溥撰：《唐会要》，中华书局1955年版，第1781页。
[2] 魏收撰：《魏书》，中华书局1974年版，第2267页。
[3] 欧阳修、宋祁撰：《新唐书》，中华书局1975年版，第6230页。
[4] 刘昫等撰：《旧唐书》，中华书局1975年版，第5307页。
[5] 刘昫等撰：《旧唐书》，中华书局1975年版，第5310页。

509号墓《唐开元十九年（731年）唐荣卖婢市券抄件》中：

> 开元拾玖年贰月日，得兴胡米禄山辞，今将婢失满儿年拾壹，于西州市出卖与京兆府金城县人唐荣，得练肆拾匹。其婢及练，即日分付了，请给买人市券者。准状勘责，问口承贱不虚。又责得保人石曹主等五人款，保不是寒良炫诱等色者，勘责状同，依给买人市券。
> 练主用西州都督府印
> 婢主兴胡米禄山
> 婢失满儿年拾贰
> 保人高昌县石曹主年四十六
> 保人同县曹娑堪年四十八
> 保人同县康薄鼻年五十五同元
> 保人寄住康萨登年五十九
> 保人高昌县罗易没年五十九
> 史
> 丞，上柱国玄亮
> 券
> 史竹无冬①

再如另一则文书，吐鲁番阿斯塔那221号墓出土的《唐贞观廿二年（648年）庭州人米巡职辞为请给公验事》：

> 贞观廿二　　庭州人米巡职辞：
> 米巡职年叁拾，奴哥多弥施年拾伍，婢娑匐年拾贰，驼壹头黄铁勤敦捌岁，羊拾伍口。州司：巡职今将上件奴婢驼等，望于西州市易，恐所在烽塞，不练来由，请乞公验，请裁，谨辞。
> 巡职庭州根民，任往西州市易，所在烽塞勘放。

---

① 唐长孺主编，中国文物研究所等编：《吐鲁番出土文书〔肆〕》，文物出版社1996年版，第264页。

怀信白。　　廿一日四①

　　这两则文书中的两次前往西州的奴婢买卖，都需要有官府的许可，而且第一则市券有多位保人作保，保证买卖的奴婢不是压良、诱拐等不正当途径所来，并立订契约以为凭证，足见当时奴婢买卖的程序化，又从此市券中卖主的姓名"米禄山"、保人之"石曹主""曹娑堪""康薄鼻"等人可以看出，都是昭武九姓之属，可能皆是粟特人。第二则文书所写的贩卖奴婢的商贩为米巡职，也是九姓胡人。以上两则文书涉及所贩卖的奴婢名为失满儿、哥多弥施、娑匋，从姓名上看并非汉族人，在性别上有男有女，这些奴婢年龄较小，大多都在十几岁左右，而且地位低下，与所贩卖的骆驼等牲畜并列。胡商们将奴婢们东行贩卖，首先卖到西州等诸西陲边镇，其次往东到了长安，那里有专门贩卖奴婢的西市口马行，以此结束了胡商们的人口贩卖的长途跋涉。

　　粟特商人贩卖的除一般用于劳动的奴隶外，还会有一定数量靠表演自身才艺的胡姬、胡儿。这种贩卖拥有一技之长的奴婢构成了游艺文化商品化的重要一环。唐太宗长子李承乾经常命令手下的奴仆们学习伎乐，并"学胡人椎髻，剪彩为舞衣，寻橦跳剑"，②并以此为乐。既然让中原地区的奴仆们要将发髻梳理成胡人样式来进行百戏表演，也侧面说明了当时胡人奴婢为百戏的主要表演群体。中原地区所见的表演散乐百戏的表演者，大多也是这些胡人奴婢，如岑参在酒泉太守席上所见"琵琶长笛曲相和，羌儿胡雏齐唱歌"的"羌儿胡雏"、《胡腾舞》中的"胡腾儿"，从对其称"羌儿""胡腾儿"来看，这些表演者的身份必定是胡人奴婢，而从"胡雏"的称呼来看，表演者的年龄亦不会太大，故而包括上文年龄较年轻的胡人奴婢很有可能是被粟特商人们卖作上层酒宴间的助兴游艺表演者。

　　还有一部分胡商留在中原定居后，除了要贩卖这些表演者，还会

---

① 唐长孺主编，中国文物研究所等编：《吐鲁番出土文书〔叁〕》，文物出版社1996年版，第309页。

② 刘昫等撰：《旧唐书》，中华书局1975年版，第2648页。

将他们留为己用，供自己享乐。在巨大商业利益吸引之下的"丝绸之路"上的胡商们，在经商时一般会组成商队，势力较大，部分会有军事力量，粟特商队的首领为萨保，在西安发现的北周安伽墓上的石棺后屏上方的萨保宴饮图中，饮酒者和位于左前方的奏乐者与下方的舞蹈者，皆是矮小卷发胡人容貌，同为胡人服饰打扮，应该是胡人奴婢。萨保原本是作为商队领袖之意，北魏开始为管理胡人聚落，同时任命萨保为地方或中央官员，掌握一定管理胡人聚落的自治权力，安伽墓的主人生前也曾担任萨保之职，想必石棺上所画场景也是其生前生活的一种真实写照。

除了粟特商人外，阿拉伯与波斯商人也有时参与到游艺表演者的买卖活动中。大食（阿拉伯）商人所贩卖的昆仑奴往往也身怀绝技。唐代昆仑奴主要来自阿拉伯商人的转手贸易。赵汝适的《诸蕃志》中就提及道："（商人们）诱以食而擒之，专卖与大食国为奴。"① 在当时的大食（阿拉伯）商人用这种他们从东非洲或从南海各地所获取的"昆仑奴"当作"商品"，以换取唐王朝中原地区的货物，这些昆仑奴，有的是先被"转卖于大食国为奴"，后又被大食商人转输于唐王朝的地主、官僚、富商之手，"获价甚厚"。有的则由南海诸国通过海上"丝绸之路"，将他们作为贡人直接献给唐帝国作为奴仆，他们凭借一技之长深受上层统治阶层的喜爱。

唐代有大量用来驯兽的昆仑奴，他们大多是被胡商经过"丝绸之路"贩卖到中原地区的。当时有一首儿歌唱道："昆仑儿，骑白象，时时锁着师子项，买奴跨马不搭鞍，立走水牛惊汉官。"② 这里所提到的昆仑奴便具有驯兽之类的游艺技能。又可见《太平广记》引自《岭表录》记载："故太尉相国李德裕贬官潮州，经鳄鱼滩，损坏舟船。平生宝玩、古书、图画，一时沈失。遂召舶上昆仑取之。见鳄鱼极多，不敢辄近。乃是鳄鱼之窟宅也。"③ 此段材料说明，李德裕所豢养的昆

---

① 赵汝适著，杨博文校释：《诸蕃志校释》，中华书局1996年版，第127页。
② 顾况著，王启兴、张虹注：《顾况诗注》，上海古籍出版社1994年版，第123页。
③ 李昉等编：《太平广记》，中华书局1961年版，第3820—3821页。

仑奴善于游泳，故令其下水捞取宝玩。可见，当时买卖的昆仑奴大多有一技所长。这些身有绝技的昆仑奴在售卖时往往会被大食商人卖出高价，同时也受到当时官僚、富豪等购买者的喜爱。

粟特人不仅贩卖游艺的表演者，而且也会参与到表演者的活动之中，和他们一样靠卖艺为生。《杜阳杂编》一书中就记载了一个粟特表演者及其所谓"养女"之事：

> 上降日，大张音乐，集天下百戏于殿前。时有伎女石火胡，本幽州人也，挈养女五人，才八九岁，于百尺竿上张弓弦五条，令五女各居一条之上，衣五色衣，执戟持戈，舞《破阵乐》曲。俯仰来去，赴节如飞，是时观者目眩心怯。火胡立于十重朱画床子上，令诸女迭踏，以至半空，手中皆执五彩小帜。床子大者始一尺余，俄而手足齐举，为之踏浑脱，歌呼抑扬，若履平地。上赐物甚厚。[①]

石火胡应该是一个粟特人的名字，《独异记》中说出自幽州一贫苦人家，其所收养女有五人，年龄大都类似在八九岁，可见，石火胡收养她们的时间相差不远。石火胡作为一个伎女，基本上没有物质财富可以同时收养并抚养五个女孩，故笔者做一个猜想，过去卖艺人常携孩童于市井表演，并常以父子等亲情为伪装来赚取钱财。石火胡本身就是一个百戏表演者，这些女孩名义上是石火胡之养女，实际上则是石火胡用来表演的徒弟或手下表演者，其依靠本身才艺与管理手下的所谓"养女"来配合进行表演以赢得利益。

这种表演本质上所出卖的并非人身，而是自身才艺。实际上，民间也常常雇像石火胡这样的艺人表演百戏，在唐僖宗准备启用唐懿宗时被贬的宰相刘瞻之际，"及其还也，长安两市人率钱雇百戏迎之。

[①] 李濬、苏鹗、冯翔子撰：《松窗杂录·杜阳杂编·桂苑丛谈》，中华书局1958年版，第40—41页。

瞻闻之，改期，由他道而入。"① 可见，百戏并非上层独有，这些市民百姓在遇到喜庆之事时，往往也会凑钱雇人表演百戏。这些像胡火奴的胡人率领着隶属于她的所谓"养女""养子"进行的表演，近似于商业表演活动。表演百戏的粟特等民族的胡人同时扮演了商人与表演者的两重身份，并非是前文中简单的贩卖奴婢的人口贸易。如果说前文中贩卖有游艺才能的表演者突出的是人的商品性，而这里所谓石火胡等类人则更强调了游艺本身的商业性。

二 贡使与游艺交流

在正常的贸易买卖之外，这些商人们出于利益的考量，通过充当域外各国的使臣向唐朝进献了不少的伎人舞女与奇禽异兽。在"丝绸之路"上贸易繁盛，文化交流频繁的背景下，加之朝贡活动对于朝贡国来说，一直是厚来薄往，利益巨大的。"丝绸之路"上的诸多邦国自汉至隋唐大量派遣使臣朝贡，很大程度上也是出于自身国家与商业利益的考虑。

在汉唐时期，来中国进行朝贡活动的西域各国使臣，很大一部分是由各国商队首领担任，如波斯帝国被大食所灭亡之后，波斯地方上的如俱烂那（屈浪拿）、舍摩（萨摩）、威远、苏吉利发屋兰、苏利悉单（苏尔斯坦）、建城、新城、俱位（商弥、乞脱拉尔）、罗利支（鲁利斯坦）、歧兰等都派出使节来中原朝贡，但"实际上唐书记载的来华使节还有很多是波斯帝国地方上的首领和商队领袖派出的商队、商务代表"②。这些商业使者所献之人或物，有不少跟游艺相关，首先是进献一些用于游艺表演的奇珍异兽，如猧子、舞马等动物以及部分其他游艺用的道具。兽戏、禽戏等因为其猎奇性，一直以来在百戏杂技中颇为受到关注，汉代扬雄的《长杨赋》中描写："上将大夸胡人以多禽兽……载以槛车，输长杨射熊馆。以网为周陉，纵禽兽其中，令

---

① 司马光编著，胡三省音注：《资治通鉴》，中华书局1956年版，第8170页。
② 李明伟主编：《丝绸之路贸易史》，甘肃人民出版社1997年版，第374页。

胡人手搏之，自取其获。"[1] 的场景正是汉代皇帝在宫廷中观看胡人戏兽的百戏，西域诸国在汉代多次进贡狮子等猛兽，如"章帝章和元年，遣使献师子、符拔"，[2]"安息王满屈复献师子及条支大鸟，时谓之安息雀[3]。在《隋书·音乐志》中记载魏晋就有导引"安息孔雀"起舞的禽戏，应该指的是用安息雀所表演的禽戏。

到了隋唐时期，康国、石国、波斯乃至拂菻国都遣使贡献了狮子、羚羊、鸵鸟、白象等。兽戏中的这些胡人与猛兽很有可能是这些西域诸国的使臣或商队首领朝贡而来。到了隋唐时期，马舞受到宫廷内外的欢迎，中原产良马甚少，但西域各国中又多产骏马良驹，如波斯国"又多白马、骏犬"。[4] 故西域各国又纷纷贡马舞所用之舞马，如大食国"长安中，遣使献良马"，[5] 康国的国王"屈术支遣使献名马"，[6] 这些西域名马来到宫廷之内，因其数量少、品种名贵一般不会用作军事用途，大多归为舞马所用。这些来自异域的动物经过"丝绸之路"来到唐王朝，由粟特商队首领、波斯使臣等献给唐王朝。其次是进献具有游艺才能的表演者。《近事会元》记载，开元六年"康居国贡胡旋舞女"，[7]《新唐书》记载尸弃匿国"开元中，献胡旋舞女"，[8]《唐会要》中记载康国还进献了"越诺侏儒人、胡旋女子"。[9] 这些西域的伎人、艺人来到中国，被编入皇家所用的艺术团体，有些个别的还会被赐给大臣王侯。进献的使臣（一部分为商队首领）往往会得到很多赏赐，遣使的西域地方领袖或首领也会因此获得唐王朝的爵位、官位，间接地为自己国家的商业活动与利益提供了保障。

中古时期，中原王朝的统治者们对西域文化的好奇与喜爱则是驱

---

[1] 姚鼐纂集，胡士明、李祚唐校点：《古文辞类纂》，上海古籍出版社2016年版，第738页。
[2] 范晔撰，李贤等注：《后汉书》，中华书局1965年版，第2918页。
[3] 范晔撰，李贤等注：《后汉书》，中华书局1965年版，第2918页。
[4] 刘昫等撰：《旧唐书》，中华书局1975年版，第5312页。
[5] 刘昫等撰：《旧唐书》，中华书局1975年版，第5316页。
[6] 王溥撰：《唐会要》，中华书局1955年版，第1774页。
[7] 李上交：《近事会元》，中华书局1991年版，第27页。
[8] 欧阳修、宋祁撰：《新唐书》，中华书局1975年版，第6255页。
[9] 王溥撰：《唐会要》，中华书局1955年版，第1775页。

使胡商们前去进行朝贡游艺商品的一大动力。自汉代张骞"凿空"西域之后，中原地区对于西域文化产生了一种对异域文化的向往，汉代"灵帝好胡服、胡帐、胡床、胡坐、胡饭、胡空侯、胡笛、胡舞，京都贵戚皆竞为之"①。对胡风的崇尚使得带有西域地区的百戏、幻术、杂技等大量传入中国，从陕西米脂县出土的乐舞百戏画像石中可以清晰地看出勾镶、斗剑、杂技、长袖舞等各类技艺，很多王公贵族甚至豢养了许多胡人奴婢，以表演杂技歌舞享乐。甚至东汉末年的曹植之类的士大夫们还曾经"因呼常从取水自澡讫，傅粉。遂科头拍袒，胡舞五椎锻，跳丸击剑。"②其目的便是为自己表演胡人舞蹈与百戏以供取乐。这种对胡风的崇尚表面看起来似乎与汉代独尊儒术背景下经学所提倡的"内中华而外夷狄"的春秋大义背道而驰，但究其原因，是当时的汉朝政府尚有广阔的气度，有自信能够接纳周边内迁胡人，并能接纳其风俗文化。

到了唐代，"丝绸之路"的再次复兴加之自唐代太宗时期就奉行对外来民族开放的政策，中原内地对胡风文化更加接纳，甚至这种兴趣不止上层才有，像长安城地区的胡姬酒肆就招徕了不少人群前来饮酒作乐，李白的诗句："五陵年少金市东，银鞍白马度春风。落花踏尽游何处，笑入胡姬酒肆中。"③就描绘了长安城的贵公子们对经"丝绸之路"而来的胡姬酒肆的偏好，这些诗人笔下的胡姬大多是由中亚被贩卖到东方的胡女。胡人的歌舞百戏受到了全社会的欢迎，洛阳等城市聚居的粟特胡人表演的"泼寒胡戏"，许多汉族百姓也前去观看。至此对异域文化特别是对来自外域的娱乐的喜爱，使得对擅长胡戏的表演者需求增加，甚至汉民族歌女伎人也都"女为胡妇学胡妆，伎进胡音务胡乐"。④需求量大的为王公贵族，往往选择购买奴婢以供享乐，中下阶层在节庆或其他喜事时，亦有娱乐之需求，则选择雇佣外

---

① 范晔撰，李贤等注：《后汉书》，中华书局 1965 年版，第 3272 页。
② 陈寿撰，陈乃乾校点：《三国志》，中华书局 1959 年版，第 603 页。
③ 彭定求等编：《全唐诗》，中华书局 1960 年版，第 1709 页。
④ 彭定求等编：《全唐诗》，中华书局 1960 年版，第 4616—4617 页。

来艺人进行百戏表演。

粟特等民族的商人面对东方对胡伎等艺人奴婢的需求，就如同中原的瓷器、丝绸商品一样可以获取巨大利益。《资本论》中在谈到资本受利益驱使的行为时说："资本如果有百分之五十的利润，它就会铤而走险，如果有百分之百的利润，它就敢践踏人间一切法律，如果有百分之三百的利润，它就敢犯下任何罪行，甚至冒着被绞死的危险。"① 这些胡商们所从事的奴婢贸易冒的风险亦是如此。林梅村认为粟特商人为得到中国的丝绸，粟特商人不惜贩卖人口，甚至卖儿鬻女。在全民对异域文化风情向往的作用下，再加之以丝绸、瓷器以及其他巨额利益的诱惑下而形成的利益驱使，逐渐地构成了汉唐"丝绸之路"东段乃至中原地区人们对游艺绝技表演与游艺表演者的强烈需求，并且以此为基础形成需求市场，成为游艺文化商品化的需求环节。

至于这些朝贡到中原王朝的表演者的最终归宿，大多数是为王公贵族、上层文武官员所赏赐以豢养娱乐。元稹的《西凉伎》就这样描绘边疆重臣哥舒翰府中的场景：

> 吾闻昔日西凉州，人烟扑地桑柘稠。蒲萄酒熟恣行乐，红艳青旗朱粉楼。楼下当垆称卓女，楼头伴客名莫愁。乡人不识离别苦，更卒多为沉滞游。哥舒开府设高宴，八珍九酝当前头。前头百戏竞撩乱，丸剑跳踯霜雪浮。狮子摇光毛彩竖，胡腾醉舞筋骨柔。大宛来献赤汗马，赞普亦奉翠茸裘。一朝燕贼乱中国，河湟没尽空遗丘。开远门前万里堠，今来蹙到行原州。去京五百而近何其逼，天子县内半没为荒陬，西凉之道尔阻修。连城边将但高会，每听此曲能不羞。②

该诗描绘了哥舒翰担任安西都护之时，其府中举办酒宴时有大量

---

① 马克思、恩格斯著，中共中央马克思恩格斯列宁斯大林著作编译局编译：《资本论》第一卷，人民出版社 1975 年版，第 829 页。
② 彭定求等编：《全唐诗》，中华书局 1960 年版，第 4616 页。

杂技百戏艺人进行表演，其中诗中提及了弄丸、跳剑两种抛掷杂技，以及狮子舞与胡腾舞的表演精彩夺目，醉人迷眼。这些表演者们应该皆是哥舒翰所豢养的胡人奴婢。

除此之外，这些游艺艺人还会成为官方进行大型饮宴时的娱乐观赏表演者。唐太宗的首位太子李承乾"常命户奴数十百人专习伎乐，学胡人椎髻，剪彩为舞衣，寻橦跳剑，昼夜不绝"。① 宫苑内部百戏兴起，无疑是官方释放的一种信号，示意百戏表演在官方场合的频繁出现。《明皇杂录》中记载玄宗本人每在洛阳宴设脯会："玄宗御勤政楼，大酺，纵士庶观看。百戏竞作，人物填咽。"② 皇帝好大喜功，动辄敕赐州县大酺，为此需要大量的表演人员，乃至于囚犯但凡能表演百戏即可减罪，由此可见，官方那些购买所豢养或朝贡所献的百戏表演者更是参与其中。

胡商们受利益驱动东来贩卖奴婢，乍看之下，这些商人应当是整个奴婢贸易的作用主体。但是，奴婢的贩卖则是商业活动的买方与市场因素促成，并非胡商们自发，胡商也只是承担中间环节，位于商贸环节的卖方货源市场与另一方的买方消费者所产生的种种要素，在共同作用下产生了驱使胡商们进行奴婢贸易的功利来源。而位于整个交易环节两头之处的经济文化，则是这些奴婢，特别是具有游艺绝技的奴婢被千里迢迢贩卖至东方的驱动因素，也是"丝绸之路"游艺活动商业化的重要原因。这是为什么这些游艺活动的表演者会被贩卖到"丝绸之路"东段乃至中原地区，也是胡商们能够成为"丝绸之路"游艺文化传播的利益驱动者的重要原因。

胡商们在整个奴婢贸易中实际是桥梁中介位置，在整个游艺活动商品化的结构中充当了功利驱使者的角色，占据了主导地位。部分胡商同时贩卖胡伎与出卖表演百戏的绝艺，一人身兼商人、艺人的双重角色定位。游艺商品化中的诸多利益方，从事转手贸易的胡商们获利最多，反过来，从事奴婢贸易的商旅会越来越多，并且人的商品化必

---

① 刘昫等撰：《旧唐书》，中华书局1975年版，第2648页。
② 李昉等编：《太平广记》，中华书局1961年版，第1193页。

然会导致表演者地位与人格的下降，失去自由之身，在阿斯塔那135号墓中发现的粟特文买卖女奴隶文书中提道"因此沙门以及子孙后代，根据喜好打她（女奴）、虐待、捆绑、出卖、作人质、作礼物赠送，想怎么样做都可以"①。可见，此种贸易是极其不人道的。从另一方面看，游艺活动的商品化实际是游艺文化蓬勃发展中的一种表现形式，胡商们自发而又积极的商贸活动，摆脱奴婢身份重返自由身份的表演者、凭借绝艺名声远播者，如米国的米嘉荣、康国的乐师康昆仑、安国的安叱奴，都通过表演自己的才艺赢得一片赞誉，得以出入宫廷内外，受到当时当权者的喜爱。这些游艺商品化的积极因素不但直接促进了"丝绸之路"国与国、地区与地区之间的经济文化交流，更是间接地又促进了游艺活动的东传。

综上所述，游艺文化的商品化，既是游艺表演者的商品化，而且也包括游艺表演本身的商业化。游艺活动的商品化依赖于奴婢市场的供应与"丝绸之路"东西两段王公贵族们的巨大需求，这种需求促成了横跨西亚、中亚至东亚的奴婢贸易基础。在这一基础之上，在巨额利润以及其他功利性因素的驱使下，在"丝绸之路"游艺文化处于发展、交流与融合的历史阶段中，需要有一个群体充当中介的角色完成整个游艺文化商品化的拼图，在"丝绸之路"上来来往往的商旅似乎是最好的人选，粟特商人、阿拉伯商人以及波斯商人等胡商自觉或不自觉地担任了这一角色。

第三节 "丝绸之路"游艺文化的参与者

在游艺文化的传播过程中，游艺活动的表演者的角色尤为重要，甚至可以说是不可或缺。当前学术界对"丝绸之路"上的游艺表演人群进行过相当充分的探讨，英国苏珊·惠特菲尔德所著《丝绸之路岁月：从历史碎片拼接出的大时代和小人物》中就有描写当时"丝绸之

---

① 吉田丰、森安孝夫、新疆维吾尔自治区博物馆：《麴氏高昌国時代ソグド文女奴隷売買文書》，《神户市外国語大学外国学研究》1989年第19卷。

路"上艺妓的日常生活。①美国汉学家谢弗所著《撒马尔罕的金桃》中专列"乐人和舞伎"一节,对因种种原因经"丝绸之路"来到唐朝的乐伎等表演者进行了介绍。②乌尔沁则研究了"丝绸之路"上常参与柘枝、胡旋等游艺表演的胡姬,并认为:"胡姬形象表征着唐代文化和西域文化从相拒到交融的过程。"③赵维平则以胡乐人为研究群体,梳理了自西汉到隋唐时期的胡乐人现象。④岳永逸则对唐代教坊艺人的生活方式、身份地位、价值观念等方面进行研究,有着丰富的社会文化内涵。⑤这些研究在一定程度上揭示了中古时期"丝绸之路"沿线地区游艺表演者的概况。

当人们在迁入河西走廊乃至更西的"丝绸之路"沿线地带时,形成杂居且聚居的情况,一方面处于与其他民族共同居住于此地的大环境下,另一方面则在局部地区形成聚居的场面。这样的客观局势下,各民族文化得到了更好的交流机会,如中原地区的移民不仅将自己民族的传统游艺文化传播到其他民族之间,如围棋、樗蒲、重阳登高等传统中原游艺,更是吸取其他民族游艺中的特点以丰富自身游艺表演的观赏性与竞技性,如马球、橦技等。其他民族的游艺文化的交流发展亦是如此。"丝绸之路"沿线地区自东而西涌现了一大批游艺表演者和参与者,他们的参与和表演使得这些游艺变得更加充满生机与活力。

游艺活动的参与者是整场游艺活动的中心。参与者一般没有阶层的限制,既可以是王公贵族,也可以是平民百姓。在不同的民族中,人们所参与的游艺活动也是大不相同的,并且所习得游艺技巧的途径也各不相同。本章中按照民族区域与人群职业的划分可以将其分为:中原移民与艺人、粟特胡儿、吐蕃骑手、天竺僧人等人群,并对游艺

---

① [英]苏珊·惠特菲尔德:《丝绸之路岁月:从历史碎片拼接出的大时代和小人物》,李淑珺译,海南出版社2006年版。
② [美]爱德华·谢弗:《唐代的外来文明》,吴玉贵译,陕西师范大学出版社2005年版。
③ 乌尔沁:《外来民间文化的使者:西域胡姬——唐诗胡姬形象解析》,《民族文学研究》2001年第4期。
④ 赵维平:《丝绸之路胡乐人现象研究》,《音乐研究》2021年第1期。
⑤ 岳永逸:《眼泪与欢笑:唐代教坊艺人的生活》,《民俗研究》2009年第3期。

的传承方式进行了讨论。若将目光投向这些游艺参与人群,并对他们在游艺交流所扮演的不同角色进行研究,会发现游艺文化在"丝绸之路"上的传播充满着多样的可能性。

一 来自中原的移民与艺人

从汉代到隋唐,大量汉人开始经过"丝绸之路"进入西域,并在这一地区定居下来。这些移民的身份包括历代的官吏和其随从、屯田的战士、和亲的公主与庞大的随嫁人员以及躲避灾疫、战乱的汉族移民等。早在汉代,通过官方力量主导的屯田和移民实边等方式,大量中原汉族人民来到"丝绸之路"沿线地区,如汉武帝时初置张掖、酒泉郡时曾"斥塞卒六十万人戍田之",[①] 同时"徙民以实之"。[②] 大量移民长期在西州等诸地定居,到了北魏时期,高昌国已经是"彼之甿庶,是汉魏遗黎"的人口情况。[③] 隋末唐初战乱频发,大批流民进入地处边塞的"丝绸之路"沿线地区,《新唐书》记载:"大业末,华民多奔突厥,及颉利败,有逃入高昌者。"[④] 唐代仍实行屯田和移民实边的政策,如侯君集灭高昌后,唐太宗设置安西都护府,"每岁调发千余人防遏其地。"[⑤] 这些不远万里来到边塞地区的汉族人民不仅开展农业劳动,使得边塞出现了"轮台、伊吾屯田,禾菽弥望"的景象,[⑥] 也为"丝绸之路"沿线地区带来了来自中原地区的游艺文化。

这些远赴西域,长期定居于"丝绸之路"沿线地区的中原移民们在日常进行辛勤的劳作之余,闲暇时也进行较为丰富的娱乐活动,推动了中原与西域地区的游艺文化交流融合。这些游艺参与者所游玩的中原传统游艺有围棋、投壶、藏钩等多种,这些游艺活动大多起源于

[①] 班固撰:《汉书》,中华书局1962年版,第1173页。
[②] 班固撰:《汉书》,中华书局1962年版,第189页。
[③] 魏收撰:《魏书》,中华书局1974年版,第2244页。
[④] 欧阳修、宋祁撰:《新唐书》,中华书局1975年版,第6221页。
[⑤] 刘昫等撰:《旧唐书》,中华书局1975年版,第2736页。
[⑥] 欧阳修、宋祁撰:《新唐书》,中华书局1975年版,第6017页。

中原地区，显示移民对中原故土文化的念念不忘，如 1972 年在新疆吐鲁番阿斯塔那 187 号墓出土的绢画《弈棋侍女图》（图 3-2），① 画中的这个女子"发束高髻、阔眉、额间描心形花钿，手戴镯，身穿绯色大袖裙襦"，② 典型的唐代汉家贵妇人装扮，面部表情仿佛在思考棋局。当地的汉民族中下层人民也常常游玩围棋、樗蒲等中原传统游艺，敦煌文献《大佛名忏悔文》中"或放逸自恣，无记散乱樗蒲围棋，群会屯聚饮食酒肉"的文字，③ 正是中下层汉族百姓在饮宴狂欢中参加游艺的真实写照。

图 3-2　唐　阿斯塔那 187 号墓《弈棋侍女图》（局部）

---

① 图 3-2 源自李金梅、李重申《丝绸之路体育图录》，甘肃教育出版社 2008 年版，第 278 页。
② 胡同庆、王义芝：《敦煌古代游戏》，甘肃少年儿童出版社 2012 年版，第 97 页。
③ 黄永武主编：《敦煌宝藏》第 130 册，（台北）新文丰出版公司 1986 年版，第 99 页。

中原移民身处他乡，对中原地区的传统节日有着很深的情感。重阳节作为起源于中原地区的传统节日，自东向西随人们迁徙而至"丝绸之路"沿线地区。重阳节在民间有着登高传统活动，人们以重阳相会，登山饮菊花酒，所以谓之登高会，又被叫作茱萸会。同时重阳节在古人心中又有怀乡之情，身处远离中原的汉族官民将士等更是感同身受，敦煌等西域边镇地区的人们一般也会在九月九日这一天选择登高，如《丁卯至戊辰年某寺诸色斛斗破历》就记载："麦壹斗换黑豆，登高日用。"[1] 寒食、清明踏青是古代中原地区的休闲方式之一，随着中原移民的定居，"丝绸之路"沿线地带也有了寒食、清明踏青的风俗，《新集书仪》中就有"节名寒食，冷饭三晨（辰）。为古人之绝烟，除盛夏之炎障。空携渌酒，野外散烦""路听莺啼，花开似锦""欲拟游赏，独步恓之"等句，[2] 可见，当时敦煌地区也流行在寒食、清明时分踏青休闲。中原移民在传统节日中举行和游玩相应的游艺活动，其怀念故土之情可见一斑。

中原地区的众多汉族游艺表演艺人也以"丝绸之路"作为学习途径学习到了来自异域的游艺技术，并以此来提高自己水平。如《新唐书》中就记载宫廷之内"使户奴数十百人习音声，学胡人椎髻，剪彩为舞衣，寻橦跳剑，鼓鞞声通昼夜不绝"[3]。这些表演者或艺人往往出身于官方的教坊之中，历代教坊往往豢养了大量的艺人。教坊中的艺人不乏高手，唐玄宗时举行酺会，就有一位教坊小儿"筋斗绝伦。乃衣以缯彩、梳流，杂于内伎中。少顷，缘长竿上，倒立，寻复去乎。久之，垂手抱竿，翻身而下"[4]。展现了极为高超的竿技表演，其竿技的习得乃是"近方教成"。[5]

---

[1] 中国社会科学院历史研究所、中国敦煌吐鲁番学会敦煌古文献编辑委员会、英国国家图书馆、伦敦大学亚非学院合编：《英藏敦煌文献》第1卷，四川人民出版社1995年版，第221页。
[2] 中国社会科学院历史研究所、中国敦煌吐鲁番学会敦煌古文献编辑委员会、英国国家图书馆、伦敦大学亚非学院合编：《英藏敦煌文献》第8卷，四川人民出版社1992年版，第196—197页。
[3] 欧阳修、宋祁撰：《新唐书》，中华书局1975年版，第3564页。
[4] 崔令钦撰，吴企明点校：《教坊记（外三种）》，中华书局2012年版，第30页。
[5] 崔令钦撰，吴企明点校：《教坊记（外三种）》，中华书局2012年版，第30页。

此外，教坊内汉族女子表演的橦技也可称之为精彩绝伦，王建曾作《寻橦歌》以赞之，其歌曰：

> 人间百戏皆可学，寻橦不比诸馀乐。重梳短髻下金钿，红帽青巾各一边。身轻足捷胜男子，绕竿四面争先缘。习多倚附歌竿滑，上下蹁跹皆著袜。翻身垂颈欲落地，却住把腰初似歇。大竿百夫擎不起，裊裊半在青云里。纤腰女儿不动容，戴行直舞一曲终。回头但觉人眼见，矜难恐畏天无风。险中更险何曾失，山鼠悬头猿挂膝。小垂一手当舞盘，斜惨双蛾看落日。斯须改变曲解新，贵欲欢他平地人。散时满面生颜色，行步依前无气力。①

以橦技表演技艺闻名的汉家女子更是数不胜数，如《明皇杂录》中记载的王大娘这样的橦技女高手："玄宗御勤政楼，大张乐，罗列百妓。时教坊有王大娘者，善戴百尺竿，竿上施木山，状瀛洲方丈，仍令小儿持绛节出入于其间，歌舞不辍。"结果"贵妃复令咏王大娘戴竿，晏应声曰：'楼前百戏竞争新，惟有长竿妙入神。谁谓绮罗翻有力。犹自嫌轻更着人'。"②表演中的东瀛、方丈等物像为中原传说的仙山，王大娘表演时所伴奏的乐曲是"丝绸之路"东传而来的龟兹乐，是属九部乐之一，显而易见，王大娘的橦技表演受到了"丝绸之路"艺术风格的影响，具有明显的中外文化交融风格。

官方教坊中也有大量的胡族艺人，成为当时汉族教坊艺人学习的重要对象。如教坊中的竿木家范汉女大娘子"有姿媚而微愠羝"，③另一位艺人颜大娘长相"眼重脸深"被身边人惊呼"娘子眼破也"。④根据关于二人相貌的记载，她们应该是胡族艺人。另外，教坊中的"貌稍胡者"，就被称作"康太宾阿妹"，⑤可见，教坊中胡风胡伎的数量

---

① 彭定求等编：《全唐诗》，中华书局1960年版，第3387页。
② 郑处诲、裴庭裕撰，田廷柱点校：《明皇杂录·东关奏记》，中华书局1994年版，第45页。
③ 崔令钦撰，吴企明点校：《教坊记（外三种）》，中华书局2012年版，第17页。
④ 崔令钦撰，吴企明点校：《教坊记（外三种）》，中华书局2012年版，第29页。
⑤ 崔令钦撰，吴企明点校：《教坊记（外三种）》，中华书局2012年版，第14页。

不在少数。教坊内部也常有约为"香火兄弟"的结社活动,教坊内的艺人"以气类相似,约为香火兄弟。每多至十四五人,少不下八九辈"①。通过"香火兄弟"的形式和途径,教坊内的汉族艺人在一定程度上学习到了来自"丝绸之路"沿线地区的百戏技术。

中原地区的移民和艺人构成了"丝绸之路"游艺文化交流中的两类重要人群。大批移民因为定边、避祸、屯田等多种因素远赴万里,扎根异域或边塞,同时也将来自中原地区的游艺文化带到了"丝绸之路"沿线,促进了多种文化的交流融合,也显示出中原传统游艺成为移民思怀故土的一种文化载体。豢养于教坊之内的艺人则出于表演需要等多种原因,主动或被动地学习异域游艺文化,并与自身所掌握的百戏、杂技等游艺技术相融会贯通,推动了游艺文化的进步与发展,这也反映出当时的中原地区对外来文化的开放包容。

二 天竺的僧人

印度在中国史书中常称"天竺""身毒"等,早在汉代,中国就与其建立了较为密切的联系,《后汉书·西域传》就有天竺"数遣使贡献""频从日南徼外来献"的相关记载。② 季羡林在《中印文化交流史》中就指出,中印之间的"文学、艺术、哲学、宗教、科学、技术,等等,在很多方面,无不打上了交流的烙印"③。中古时期,印度有大量经"丝绸之路"来到中国表演百戏幻术的表演者,这些表演者所表演的幻术大多匪夷所思,被收录到了各种志怪笔记之中。如干宝《搜神记》就记载了一位天竺幻术师来到江南表演幻术,这一段文字对印度幻术表演者演出过程描写得极为细致:

> 其人有数术,能断舌复续、吐火,所在人士聚观。将断时,

---

① 崔令钦撰,吴企明点校:《教坊记(外三种)》,中华书局2012年版,第16页。
② 范晔撰,李贤等注:《后汉书》,中华书局1965年版,第2922页。
③ 季羡林:《中印文化交流史》,新世界出版社2017年版,第123页。

先以舌吐示宾客，然后刀截，血流覆地。乃取置器中，传以示人。视之，舌头半舌犹在……其吐火，先有药在器中，取火一片，与黍糖合之，再三吹呼，已而张口，火满口中，因就爇取以炊，则火也。又取书纸及绳缕之属投火中，众共视之，见其烧爇了尽。乃拨灰中，举而出之，故向物也。①

在上述文字中，这位幻术表演师身兼多技，在他的同一场表演中展示了吐火、断舌（肢）再生、隔空移物等诸多类型的幻术，而且这些幻术师表演技巧娴熟，懂得如何吸引观众入神观看的方法，使得观者聚精会神，看到惊险之处"再三欢呼"。此外，部分幻术百戏表演者可能会在机缘巧合之下凭借高超的幻术得到王公贵族的赏识，有可能成为他们私人性质的表演艺人。王玄策出使印度路过婆栗阇国时，国王让自己各式的宫廷艺人为其"作绳技……种种关伎，杂诸幻术、截舌抽肠等，不可具述"②。大量游艺表演者投身于"丝绸之路"沿线国家的王公贵族、文武百官的门下，以期取得富贵。

天竺幻术表演者在很多情况下都是以僧人的形象出现在文献记载之中。古印度作为佛教的发源地，在东汉明帝"遣使天竺，问佛道法"之后，③ 大量的僧人往来于"丝绸之路"之间，《高僧传》与《续高僧传》中有明确记载来自天竺的高僧就有30人之多。这些僧人宣讲教义，翻译经文，部分僧人甚至成为当地统治者的座上宾，对"丝绸之路"沿线地区的中外文化交流做出重要的贡献。

僧人中也不乏身怀幻术之人，他们在游历途中时有表演或展示所习幻术。如三国时期的天竺僧人康僧会，他"世居天竺"，为欲在江南修建佛寺，在吴国国主孙权面前表演了一出"空瓶现舍利"的幻戏，康僧会先"以铜瓶加几，烧香礼请"，后"忽闻瓶中枪然有声，

---

① 干宝撰，马银琴译注：《搜神记》，中华书局2012年版，第41页。
② 释道世著，周叔迦、苏晋仁注：《法苑珠林校注》，中华书局2003年版，第107页。
③ 范晔撰，李贤等注：《后汉书》，中华书局1965年版，第2922页。

会自往视，果获舍利……舍利所冲，盘即破碎"①。康僧会因此得到了孙权的高度礼遇。又如佛图澄，据《高僧传》所言他是"天竺人也"。其幻术高超，能"诵神咒，能役使鬼物"②。"腹旁有一孔……从腹旁孔中引出五脏六腑洗之。"③ 来到中原后，其在石勒面前表演了一出水生莲花的幻戏，僧图澄取器皿盛水，烧香祈祷念咒后，"须臾生青莲花，光色耀目"④。石勒见后十分钦佩。魏晋南北朝时期，僧图澄、康僧会两位天竺高僧表演幻术皆是在游历期间，路遇当地的当权者，通过表演幻术来达到自己劝诫当权者或传道的目的。

南北朝时期另一位著名的高僧鸠摩罗什虽生于龟兹，但其父鸠摩罗炎出身天竺望族，少年又"随母渡辛头河，至罽宾"等地，⑤ 深受天竺风俗浸染。鸠摩罗什本人极其擅长幻术，在凉州吕光的后凉政权中，鸠摩罗什就展示过"灰聚复绳"幻术：

> 有外国道人罗叉，云能差资病。光喜，给赐甚重。罗什知叉诳诈，告资曰："叉不能为益，徒烦费耳。冥运虽隐，可以事试也。"乃以五色丝作绳结之，烧为灰末，投水中，灰若出水还成绳者，病不可愈。须臾，灰聚浮出，复为绳，又疗果无效，少日资亡。⑥

当时中书监张资身患重病，鸠摩罗什通过"灰聚复绳"的幻术判断罗叉的医术，进而预测张资的病情。所谓"灰聚复绳"其实是烧物不伤幻术的一种变体。外国道人罗叉被吕光"给赐甚重"，而鸠摩罗什展示这一幻术则是对罗叉道人医术的否定，并以此维护自身在吕光政权的地位。

---

① 释慧皎撰，汤用彤校注，汤一玄整理：《高僧传》，中华书局1992年版，第16页。
② 释慧皎撰，汤用彤校注，汤一玄整理：《高僧传》，中华书局1992年版，第345页。
③ 房玄龄等撰：《晋书》，中华书局1974年版，第2485页。
④ 释慧皎撰，汤用彤校注，汤一玄整理：《高僧传》，中华书局1992年版，第346页。
⑤ 释慧皎撰，汤用彤校注，汤一玄整理：《高僧传》，中华书局1992年版，第46页。
⑥ 房玄龄等撰：《晋书》，中华书局1974年版，第2500—2501页。

第三章 "丝绸之路"游艺文化交流人物研究

除此之外，鸠摩罗什被后秦姚兴迎请来到长安后，为整治僧人娶妻风气，"曾聚针盈钵，引诸僧谓之曰：若能见效食此者，乃可畜室耳。因举匕进针，与常食不别，诸僧愧服乃止。"① 鸠摩罗什在僧众面前展示了自己吞针而身体无恙，这种吞针应该是与吞剑等类似的百戏幻术，鸠摩罗什表演此项幻术则是树立自身在长安众僧之间的权威。

隋唐时期，天竺与中原王朝来往愈加频繁，僧人更是成为往来于中印之间的常客。有部分来自天竺的"梵僧"在一些特定情况下向众人展示其所习得的幻术技艺。唐代的萧昕在任京兆尹时，时逢大旱，萧昕请求天竺僧不空三藏"善以持念召龙兴云雨"，② 不空祈雨时"手旋数寸木神，念咒掷之，自立于座上。"③ 俄而"旋有白龙纔尺余，摇鬣振鳞自水出……状如曳素，倏忽亘天"④。后来还曾被唐玄宗邀请前去祈雨。又如唐代一位名为瑶的天竺僧"得神咒，尤能治邪"。并且凭借所谓神咒治疗了"广陵王家女病邪"。⑤ 此外，唐开成年间有一位号为金刚仙的天竺僧"能梵音，弹舌摇锡而咒物，物无不应"⑥。梵僧难陀"得如幻三昧，入水火，贯金石，变化无穷"。⑦ 这些活跃于隋唐时期的"梵僧"或"天竺僧"们在各种场合下展示出了自身极为高超的幻术水平。

中古时期，天竺僧人在《太平广记》《酉阳杂俎》等文献的记载中，往往侧重表现他们身怀奇妙的幻术技艺，但对他们的佛教主张、思想等记载甚少。其实，天竺僧人表演幻术往往具有较强的目的性，通过高超的幻术技艺或是达到传教的需求，或是说服随从的僧众信徒，并在一定程度上取得了当地统治者的信任。这些僧人以术证道，将佛理融入幻术百戏之中。而文献中对天竺僧人幻术的记载则表现了中原

---

① 房玄龄等撰：《晋书》，中华书局1974年版，第2502页。
② 李昉等编：《太平广记》，中华书局1961年版，第3426页。
③ 李昉等编：《太平广记》，中华书局1961年版，第3164页。
④ 李昉等编：《太平广记》，中华书局1961年版，第3426页。
⑤ 李昉等编：《太平广记》，中华书局1961年版，第3860页。
⑥ 李昉等编：《太平广记》，中华书局1961年版，第643页。
⑦ 段成式撰，曹中孚校点：《酉阳杂俎》，上海古籍出版社2012年版，第31页。

· 223 ·

地区人们对通过"丝绸之路"远道而来的文化与人群的异域认识。

三 吐蕃的骑手

吐蕃,据《新唐书》记载其"本西羌属,盖百有五十种,散处河、湟、江、岷间"①。《旧唐书》记载吐蕃生产方式以畜牧业为主,"其地气候大寒,不生粳稻……其畜多牦牛猪犬羊马"②。吐蕃自公元七世纪兴起以来,极度崇尚武力,常年对外作战。史书常见"吐蕃连岁寇边"③之语,可见其武力煊赫一时。其民风彪悍,尚武风气盛行,"人皆用剑,不战亦负剑而行"④。吐蕃极度鄙视怯战之人,军队中常嘲笑怯战者"临战败北者,悬狐尾于其首,表其似狐之怯,稠人广众,必以徇焉,其俗耻之,以为次死"⑤。因而吐蕃人民所喜爱的游艺大多带有尚武、尚勇等要素。吐蕃人的骑兵在当时实属精锐,装备精良,"人马俱披锁子甲,其制甚精,周体皆遍,唯开两眼,非劲弓利刃之所能伤也"⑥。可见其训练有素,马技高超。所以,吐蕃的马上运动尤为盛行,甚至有"君死……所服玩乘马皆瘗"的说法。⑦

吐蕃人非常重视马术,善于驯马者不在少数。吐蕃占领敦煌时期的《敦煌古藏文驯马经》中对驯马者和骑手提出了很多要求,如"硬饲料、飞快步、冷泡于最后步程小跑前视膘情好坏进行快、慢、松、紧调教,依实情而行"⑧。认为驯马需要循序渐进,还指出所训之马要"膘不过分,食欲不减,跑得飞快"。⑨另一篇敦煌古藏文文献《医马

---

① 欧阳修、宋祁撰:《新唐书》,中华书局1975年版,第6071页。
② 刘昫等撰:《旧唐书》,中华书局1975年版,第5220页。
③ 刘昫等撰:《旧唐书》,中华书局1975年版,第5223页。
④ 杜佑撰,王文锦等点校:《通典》,中华书局1988年版,第5171页。
⑤ 刘昫等撰:《旧唐书》,中华书局1975年版,第5220页。
⑥ 杜佑撰,王文锦等点校:《通典》,中华书局1988年版,第5171页。
⑦ 欧阳修、宋祁撰:《新唐书》,中华书局1975年版,第6073页。
⑧ 王尧、陈践:《敦煌吐蕃写卷〈医马经〉〈驯马经〉残卷译释》,《西藏研究》1986年第4期。
⑨ 王尧、陈践:《敦煌吐蕃写卷〈医马经〉〈驯马经〉残卷译释》,《西藏研究》1986年第4期。

经》残卷则记载了类如"骑马打猎或……奔跑间连人带马摔倒于鞍下治疗之方""使马快走大跑之方""抓住烈马颈项之方"等医马之法。① 这些记载显示出当时的吐蕃人已经掌握了较为丰富的驯马经验和独特的驯马手段,并且可操作性强,为吐蕃驯服良马,训练骑手技术发挥了重要作用。吐蕃人常选购饲养优良的马匹,根据吐蕃占领敦煌时期的文书《购马契约》中的记载:"和尚张本嘉从蔡多部落甲杂腊赞处购马一匹,毛色、纹理为儿马,白额,马身有叶状与骰点斑纹……为免发生其他官司,此马在夏季毛色如改变,纹理有增减。"②可知在这次购马买卖中对马匹的规格、毛色及其变化都有一定要求,可见吐蕃对马匹要求的标准是比较高的。

在吐蕃与唐朝交往的文献之中,被派往唐朝出使的吐蕃使者有时以擅长马球的骑手形象出现。吐蕃人极度喜爱打马球这一项游艺活动,唐太宗曾经这样评价过:"闻西蕃人好为打球,比亦令习。"③ 马球这项游艺对马匹与马球选手的身体素质要求较高,而这些条件恰恰符合吐蕃民族惯于骑马,善牧牲畜的民族天性。吐蕃人不仅喜好打马球,也擅长打马球。唐景云年间,吐蕃遣使迎娶金城公主,唐中宗在梨园观赏了一场吐蕃与唐人对决的马球比赛,《册府元龟》记载:"(景龙)四年正月乙丑,(唐中宗)宴吐蕃使于苑内球场,命驸马都尉杨慎交与吐蕃遣使打球,帝率臣观之。"④《封氏闻见记》对这场比赛进行了更为详细的记录:

> 中宗于梨园亭子赐观打球。吐蕃赞咄奏言:"臣部曲有善球者,请与汉敌。"上令仗内试之,决数都,吐蕃皆胜。时玄宗为临淄王,中宗又令与嗣虢王邕、驸马杨慎交、武延秀等四人敌吐蕃十人。玄宗东西驱突,风回电激,所向无前。吐蕃功不获施,

---

① 王尧、陈践:《敦煌吐蕃写卷〈医马经〉〈驯马经〉残卷译释》,《西藏研究》1986年第4期。
② 王尧、陈践译注:《敦煌吐蕃文献选》,四川民族出版社1983年版,第59页。
③ 封演撰,赵贞信校注:《封氏闻见记校注》,中华书局2005年版,第53页。
④ 王钦若等编:《册府元龟》,中华书局1960年版,第1308页。

其都满赞咄尤此仆射也。①

这场马球比赛由前来出使的赞咄提出，说明其对己方的马术与球技有着极高的自信。虽然最后的比赛结果依靠李隆基出色的临场发挥，通过"东西驱突，风回电激"挽回了败局，使得唐中宗在吐蕃使者赞咄面前没有大国颜面尽失，但吐蕃"善球者"前几局的大获全胜也能够说明吐蕃一方骑手的马球技术高超，也绝非泛泛之辈。

吐蕃除了擅长马球的骑手之外，内部还经常举行骑手"驰刺"这一特色游艺活动。"驰刺"的主要过程为"驱野马、牦牛，驰刺之以为乐"②。经常是吐蕃人在宴会上招待客人或贵宾时举办，举办时驱赶牛马等至场地，然后让客人自行选择武器，骑马来刺杀野马、牦牛等牲畜。《旧唐书》还特别指出"驰刺"一般是在"宴异国宾客"的场合下。③ 吐蕃的立国之君松赞干布就经常参与到"驰刺"之中，《册府元龟》如此记载松赞干布参加的"驰刺"活动，"每月宴异国宾客，驱野马、犁牛于前，弄赞（松赞干布）驰以剑斩之，首坠于前侧，用以为欢"④。史书记载松赞干布每月都举行并亲自参加"驰刺"，虽然可能有一些夸大之词，但足以说明松赞干布参与"驰刺"活动的频繁，松赞干布借助亲身参与"驰刺"作为手段威慑异国使臣，达到了"西域诸国共臣之"的效果，⑤ 这说明"驰刺"也是能够彰显吐蕃骑手们尚武精神的游艺活动。

另外，吐蕃自兴起以来，就曾多次与唐朝互相派遣使者加强联系，也频繁与中原、西域等地区进行经济、文化等诸多方面的交流，深受中原等地区的文化影响，特别是在文成公主入藏之后，吐蕃贵族"自释毡裘，袭纨绮，渐慕华风。仍遣酋豪子弟，请入国学以习诗书"⑥。

---

① 封演撰，赵贞信校注：《封氏闻见记校注》，中华书局2005年版，第53页。
② 欧阳修、宋祁撰：《新唐书》，中华书局1975年版，第6073页。
③ 刘昫等撰：《旧唐书》，中华书局1975年版，第5220页。
④ 王钦若等编：《册府元龟》，中华书局1960年版，第11706页。
⑤ 欧阳修、宋祁撰：《新唐书》，中华书局1975年版，第6073页。
⑥ 欧阳修、宋祁撰：《新唐书》，中华书局1975年版，第6073页。

可见中原文化传入之后带给吐蕃的深刻影响，故而吐蕃人平时所游玩的游艺也受到其他地区文化的影响，呈现出多元化态势。正如《旧唐书》所言："（吐蕃）围棋、陆博、吹蠡、鸣鼓为戏，弓剑不离身。"① 这体现出吐蕃作为"丝绸之路"上较为活跃的民族人群，通过"丝绸之路"积极吸收其他民族游艺文化。

吐蕃骑手们一般秉承自己民族的传统艺能，乐于参与到"驰刺"和马球等马上运动中，并且展示了吐蕃高超的马术。可见吐蕃人喜爱剧烈运动性的马上游艺，这一点在布达拉宫唐卡《金城公主入藏图》中能够得以体现，而这种对于马术的喜好与其游牧的生产生活方式和剽悍尚武的民风也有着千丝万缕的联系。吐蕃骑手们也通过参加诸如"驰刺"、马球一类的马上运动，训练了自身的骑术，这对长期对外用兵，"以累世战没为甲门"的吐蕃军队来说极为重要，② 前文赞咄出使唐朝要求比赛马球时曾言"臣部曲有善球者"，③ 而所谓的部曲即赞咄之私兵，可见，在当时吐蕃军队中也常以马球训练骑手马术，提高军队的战斗力。吐蕃的骑手凭借着自身精湛的骑术在"丝绸之路"游艺文化交流史中留下了自己独特的身影。

四　粟特胡儿

粟特人除了作为"丝绸之路"游艺文化的中介，粟特胡儿更是"丝绸之路"游艺文化中的重要表演人群，他们所进行的游艺表演更具民族特色。粟特人在中亚地区建立了许多小国家，有康、安、曹、石、米、何、火寻、戊地、史等国家，"枝庶皆以昭武为姓氏"，④ 史称"昭武九姓"，粟特人不仅在经济上善于经商，聚敛了大批财富，而且文化上多才多艺，将自身的文化、宗教、音乐等元素融入所要表

---

① 刘昫等撰：《旧唐书》，中华书局1975年版，第5220页。
② 欧阳修、宋祁撰：《新唐书》，中华书局1975年版，第6072页。
③ 封演撰，赵贞信校注：《封氏闻见记校注》，中华书局2005年版，第53页。
④ 刘昫等撰：《旧唐书》，中华书局1975年版，第5310页。

演或参与的游艺之中，使其更具民族区域特色，创造了独特的粟特游艺文化。粟特人所擅长的舞乐游艺有胡腾舞、胡旋舞、泼寒胡戏等。很多粟特胡儿因谋生、经商等多种原因纷纷踏上"丝绸之路"的旅程，寻求谋生之路，也起到了传播"丝绸之路"游艺文化的作用。

粟特胡儿所参与的游艺活动很多具有明显的宗教性、神秘性特点。粟特人信仰祆教，即琐罗亚斯德教，《往五天竺国传》中记载："从大食国已东，并是胡国，即安国、曹国、史国、石骡国、米国、康国……总事火祆。"① 《隋书·西域传》也记载曹国："国中有得悉神，自西海以东诸国并敬事之。"② 康、安、曹、石、米等国家皆为粟特人建立的国家，可见在当时有大批粟特人信仰祆教。

粟特人经"丝绸之路"进入唐朝，在长安、洛阳也都建立了祆祠，粟特人在举行祆教的相关仪式时会采取"以刀刺腹，乱扰肠肚流血"，然后"喷水咒之"恢复如初的幻术表演。③ "当隋之初其法始至中夏……常有群胡奉事，聚火祝诅……至有出肠决腹，吞火蹈刃。"④ 这种在祭祀神明时破腹挖心的举动，可能起源于原始巫术中的活祭献祭等行为。表演的胡儿"欲持刀自刺以为幻戏"，高宗认为："将剑刺肚，以刀割舌，幻惑百姓，极非道理。"⑤ 遂下令禁止。部分进入唐代的粟特胡儿在一定场合展示了这一类出腹决肠的幻术。武则天当政时期的宫廷太常工人安金藏为证明皇嗣清白，曾"引佩刀自剖其胸，五藏并出，流血被地，因气绝而仆。则天闻之，令舆入宫中，遣医人却纳五藏，以桑白皮为线缝合，傅之药，经宿，金藏始苏"⑥。安金藏作为粟特人，想必对赛祆中"破腹挖心"的幻术技艺有所了解，在"引佩刀自剖其胸"时，应当运用了该项幻术技巧。

---

① 慧超、杜还原著，张毅笺释，张一纯笺注：《往五天竺国传笺释·经行记笺注》，中华书局2000年版，第118页。
② 魏徵、令狐德棻：《隋书》，中华书局1973年版，第1855页。
③ 刘𫗧、张鹭撰，程毅中、赵守俨点校：《隋唐嘉话·朝野佥载》，中华书局1979年版，《朝野佥载》，第65页。
④ 董逌著，张自然校注：《广川画跋校注》，河南大学出版社2012年版，第255页。
⑤ 李昉等撰：《太平御览》，中华书局1960年版，第3269页。
⑥ 刘昫等撰：《旧唐书》，中华书局1975年版，第5310页。

粟特人在祆教节日中也会表演"泼寒胡戏"以祈福娱神。《新唐书》记载康国国内"其人皆深目高鼻,多须髯……至十一月,鼓舞乞寒,以水相泼,盛为戏乐"。① 据海力波的考证,"泼寒胡戏"举行的初衷是根据祆教历法的岁首而来的。② 粟特人在表演时要"裸露形体,浇灌衢路,鼓舞跳跃而索寒也。"当时有很多汉族民众前去围观,"道路籍籍,物议纷纷,泼寒叫嚣,扰攘不安"③。但是,部分中原人士对泼胡寒戏持否定态度。唐玄宗时期,宰相张说上表对泼寒胡戏请求禁止,他认为:"乞寒泼胡,未闻典故,裸体跳足,盛德何观;挥水投泥,失容斯甚。法殊鲁礼,亵比齐优,恐非干羽柔远之仪,樽俎折冲之道。"④ 张说并非个例,吕元泰、韩朝宗等都对粟特人等表演的泼寒胡戏进行批判,先天二年十月,玄宗就下敕"无问蕃汉,即宜禁断"⑤。

可见,粟特人对于自己所信奉的祆教有着极度的热情,粟特胡儿"裸体跳足""挥水投泥",但在中原士大夫等人看来他们这是"失容斯甚"之举。而在粟特胡儿看来,进行泼寒胡戏表演,"裸身挥水,鼓舞衢路",⑥ 是其进行娱神狂欢的重要途径。粟特胡儿对祆教的虔诚恰恰是通过泼寒胡戏、破腹幻术等游艺活动展现出来,游艺活动的祭祀宗教色彩逐渐浓厚。中原地区的士大夫对泼寒胡戏的禁断、朝廷对"持刀自刺"幻术的禁止等表现出了游艺文化交流过程中的夷夏冲突。

另外,粟特胡儿对歌舞有着非同一般的喜爱,《新唐书》在记载粟特国家康国等的风土人情时,曾提及粟特诸国"好歌舞于道路",⑦ 安禄山也曾在唐玄宗面前作胡旋舞,"乃疾如风。"⑧ 胡旋舞起源于康国,舞者"于一小圆毬子上舞,纵横腾踏,两足终不离毬子"⑨。粟特

---

① 欧阳修、宋祁撰:《新唐书》,中华书局1975年版,第5310页。
② 海力波:《从〈庐江民〉看唐代志怪中的祆教仪式》,《文化遗产》2019年第1期。
③ 马端临撰:《文献通考》,中华书局1986年版,第1294页。
④ 王溥撰:《唐会要》,中华书局1955年版,第629页。
⑤ 王溥撰:《唐会要》,中华书局1955年版,第629页。
⑥ 司马光编著,胡三省音注:《资治通鉴》,中华书局1956年版,第6596页。
⑦ 刘昫等撰:《旧唐书》,中华书局1975年版,第5310页。
⑧ 欧阳修、宋祁撰:《新唐书》,中华书局1975年版,第6413页。
⑨ 段安节撰:《乐府杂录》,中华书局1985年版,第22页。

胡儿亦擅长胡腾舞，其舞起源于石国，表演者一般为男性舞者，表演方式为腿脚伴随音乐进行腾踏，即所谓"扬眉动目踏花毡，红汗交流珠帽偏……环行急蹴皆应节，反手叉腰如却月"①。在甘肃省山丹县博物馆中就藏有一只胡腾舞铜俑，俑人足踏莲花台，动作也与唐诗中的描述极为相似。这些都体现出粟特胡儿的能歌善舞，而善歌舞这一大特点和优势，也使得粟特胡儿进一步走出昭武之地，走上"丝绸之路"。

粟特胡儿有很多能歌善舞者经过"丝绸之路"来到唐朝，部分进入到了宫廷之中，歌舞也成为粟特胡儿融入中原社会的手段之一。当时的乐府教坊中有很多擅长舞乐的粟特人，如曹保、"其子善才、其孙曹纲及裴兴奴善弹琵琶"②。粟特胡儿凭借自身善歌舞，好诙谐等特点取得了统治者的信任，备受荣宠，如北齐时的康阿驮、曹僧奴、僧奴子妙达等数人，被高纬赏赐为"至开府仪同者"，③ 唐高祖"拜舞人安叱奴为散骑常侍"。④ 有些粟特胡儿还参与到宫廷游艺之中，如唐僖宗"好蹴球、斗鸭为乐"，曾对身边的粟特俳优艺人石野猪说："朕若步打进士，当得状元。"⑤ 唐僖宗经常让粟特胡儿石野猪与自己一同参加蹴鞠、斗鸭等游艺活动，可见，僖宗对石野猪信任有加，也说明粟特胡儿通过自身游艺技术融入到了中原地区的社会生活之中。

荣新江评价粟特人："他们经商、善战、信奉祆教、能歌善舞等特性，对中古中国的政治进程、'三夷教'的传播、音乐舞蹈的繁荣昌盛等，都产生了深刻的影响。"⑥ 粟特胡儿表演泼寒胡戏、粟特幻术等宗教仪式类的游艺，具有自己鲜明的民族宗教色彩。另外，他们也凭借舞乐百戏等技艺逐渐融入"丝绸之路"沿线的社会之中，成为当时欧亚内陆之间的"丝绸之路"上文化的传播者。

各种游艺都需要传承才可以延续下去，游艺的传承方式主要有以

---

① 彭定求等编:《全唐诗》，中华书局1960年版，第3238页。
② 李昉等撰:《太平御览》，中华书局1960年版，第2627页。
③ 李延寿撰:《北史》，中华书局1974年版，第3055页。
④ 王谠撰，周勋初校证:《唐语林校证》，中华书局1987年版，第670页。
⑤ 王谠撰，周勋初校证:《唐语林校证》，中华书局1987年版，第670页。
⑥ 荣新江:《中古中国与外来文明》，生活·读书·新知三联书店2001年版，第20页。

下两种：一是师徒传承或父子母女等家庭形式相继；二是通过留下相关典籍。通过文字的形式将游艺流传下来最具代表性的是围棋的敦煌本《棋经一卷》，其中有"诱征""势用篇""病棋法"等部分，记载了关于棋术技艺的相关描述，论述了"如其谋大，方可救之自外；小行之间，理须停手。虽复文词直拙，物理可依。据此行者，保全无失"[1]的围棋理论，通过文字的形式得以传承。又如吐蕃人也在统治敦煌时期留下了古藏文版《驯马经》和《医马经》，体现了"特别是马的繁育和使用达到相当水平"[2]。

文字的传播不仅能够跨越时间，若能得到妥善保存，传授的人群可能会跨越几代人，并且纸张等作为文字传播的媒介，更能使游艺技巧跨越空间限制得以传播。但是，利用文字典籍对游艺的技巧方法进行传授也会受制于时代的局限性。首先，这种游艺的参与者以及受众一定得广且多层次，甚至要让文化阶层接受这种游艺。其次，所有的游艺最终都需要落实到实践当中，仅仅依靠少数典籍进行传承，既会造成文字表述中的遗漏或误导，也难以让游艺的学习者领略到游艺活动的精妙之处。再加之战乱、灾害以及其他社会不稳定因素都有可能会将这些记载游艺的典籍造成破坏，对其流传产生了极其不利的影响。

更多的游艺通过口口相传或者亲身实践的方式得以流传。古代艺人文化水平较低，很少有通笔墨者，再加上很多百戏杂技一般会被主流社会视为奇淫巧技，只会留下相关表演过程的文字，很少有其关键步骤学习方面的记载，大多数的游艺都是靠人与人之间的手把手教学得以传承。

像杂技、幻术等百戏类游艺，因为表演者要依靠这些百戏中的绝技用来谋利，故表演者的保密意识较强，表演者往往会将关键技巧传授给子女或亲近弟子，"丝绸之路"上的诸多游艺中大都采用此类方

---

[1] 中国社会科学院历史研究所、中国敦煌吐鲁番学会敦煌古文献编辑委员会、英国国家图书馆、伦敦大学亚非学院合编：《英藏敦煌文献》第8卷，四川人民出版社1992年版，第61—64页。

[2] 王尧、陈践：《敦煌吐蕃写卷〈医马经〉〈驯马经〉残卷译释》，《西藏研究》1986年第4期。

式进行传承。杂技百戏类的游艺表演者会收许多弟子作为助演,有的表演者甚至直接将弟子收为养女进行传授。如石火胡有"养女五人",[①] 这些养女们平时跟随所谓的"养父母"参加游艺表演活动,并从中学习游艺表演的相关技巧,形成了独特的传承方式。结社也是游艺技术传承的一个重要途径,官方的教坊内部就有"香火兄弟"的结社方式,其内部"有儿郎聘之者,辄被以妇人称呼。即所聘者兄,见呼为'新妇',弟,见呼为'嫂'也"。[②] 这也是游艺技巧的传承途径之一。

"丝绸之路"上的游艺文化的主动倡导者、功利驱使者以及表演者共同构成了"丝绸之路"游艺文化交流的人物主体,大体上形成了文武权贵官员主动倡导、外域商人的游艺商品化传播、各民族人员进行游艺表演的文化交流格局。具体来看,各人物主体之间也并非绝对割裂,如粟特商人在通过贩卖游艺商品、奴隶的同时,也扮演着游艺表演者的角色,这体现出游艺文化在"丝绸之路"这一区域内交流融合的特性。另外,"丝绸之路"游艺文化交流的诸多人物主体体现出多元化态势,从阶层来看,有出身显耀的名门贵族,有贫寒低贱的奴隶伎婢;从文武分途来看,有赳赳武夫,也有文官士人;士农工商、世俗僧道无一不在游艺文化交流中可以寻得一席之地。此外,游艺文化在民族分布上也表现出多元化倾向,吐蕃、粟特、天竺、大食乃至中原汉族的诸多民族皆在"丝绸之路"游艺文化交流中扮演着重要角色。在不同民族、不同职业的人物的共同努力之下,"丝绸之路"游艺文化得以进一步传播。

---

① 李濬、苏鹗、冯翔子撰:《松窗杂录·杜阳杂编·桂苑丛谈》,中华书局1958年版,第59页。
② 崔令钦撰,吴企明点校:《教坊记(外三种)》,中华书局2012年版,第16页。

第四章 "丝绸之路"游艺文化交流场所研究

"丝绸之路"游艺文化的交流场所是"丝绸之路"游艺文化交流的重要空间基础与载体,正因为有着多种多样的、由社会各阶层广泛参与的游艺文化交流场所的存在和不断发展,"丝绸之路"游艺文化的发展传播才具有如此旺盛的生命力和如此广阔的传播与影响范围。值得注意的是,当前国内外对于"丝绸之路"游艺文化交流场所的相关研究多侧向于古建筑保护与考证,其具体分类也大致是按地区分门别类。如此分类固然便利于对"丝绸之路"某一地区的古建筑进行总体性的研究归纳,但却难以展示并揭露"丝绸之路"游艺文化交流场所的各文化元素的交流融合与变化新生。故而本书在结合前文对"丝绸之路"游艺文化交流项目研究的基础上,为了使"丝绸之路"游艺文化交流场所研究更加全面具体,更加突出各阶层、各文化元素的不同与交流融合,因而将其划分为统治阶层交流场所、社会公共组织场所、非正式私人场所三部分,每一部分又分别选取了两个较为有代表性的具体场所,并总结这一阶层场所的特征及其所表现出的原因来更深层次地揭示出"丝绸之路"游艺文化交流的特点。确定这些具体场所的原则与标准是这些具体场所在参与阶层、场所设计、参与时间等诸多方面,能够更加鲜明地突出中外文化之间的交流碰撞,使之更具研究性与代表性。在研究"丝绸之路"游艺文化交流场所的过程中,本书力图突破以往的总论性、概括式的"大而空"和繁杂性、范围窄的"小而杂",通过秉持具体问题具体分析的原则,运用阶级分析法对不同阶层、不同场合的"丝绸之路"游艺文化交流场所进行具体翔实、范围广阔的分析研究,以此使"丝绸之路"游艺文化交流场所的具体表现形式与文化内涵元素更加清晰明确,进一步展示出"丝绸之路"游艺文化交流场所真实立体的本来面目。

第一节 统治阶层游艺文化交流场所

统治阶层,是对拥有着特殊权利从而凌驾于法律之上的某一群体的统称。在我国古代漫长的封建社会时期,统治阶层的范围大致是封建王朝的王公大臣及其有直接关联的群体。统治阶层有其独享的游艺文化活动和花费大量人力物力财力所建造的游艺文化交流场所,此处选取了两种具有鲜明代表性的统治阶层游艺文化交流场所类型,以此表现统治阶层游艺文化交流情况。

一 宫廷类游艺场所

宫廷,亦可说宫殿,是帝王处理朝政或宴居的场所,是帝王朝会和居住的地方,其规模宏大,形制壮丽,格局严谨,给人以强烈的精神感染与视觉冲击,以此展现皇权的威严。宫廷类游艺文化交流场所上所进行的游艺文化交流多以观赏类游艺文化为主,其大致范围和第二章中所进行的百戏类游艺项目相类似。例如秦汉时期的宫廷宴会上就出现了"以两绳系两柱,相去数丈,二倡女对舞,行于绳上,切肩而不倾"的"绳艺"杂技表演,[①]而这种杂技又带有明显的外来文化因素和中外文化交流的痕迹。这说明早在两汉时期,中国内地的杂技表演就已经带有较为明显的域外风格。频繁的中外文化交流带来的不仅仅是西域的游艺文化项目,还带来了西域的游艺文化场所的特征,并深刻地影响到了中国的游艺文化场所的设计与建构。

---

① 杜佑撰,王文锦等点校:《通典》,中华书局1988年版,第1928页。

中国古代的著名宫殿建筑群如汉朝的建章宫、唐朝的大明宫等都是以木构为主体的建筑物集群，对于中国古建筑以木构为主体的原因，梁思成曾对此进行过解释，他大致从用石方法之失败、不求原物长存以及古代统治阶层道德观念束缚等方面进行了详细的解释。[①] 与我国古代以木构为主体的建筑方式相对应的是地中海周缘的砖石建筑传统，而这些砖石建筑也大多是从木构建筑原型脱胎而来，并且美索不达米亚、埃及、希腊、罗马、波斯的砖石建筑一直是处于一种前后交替、相互影响的情况下的，并且印度、中亚亦与之有着密切的历史联系。[②] 而我国古代的木构为主的建筑风格与传统一直是相对封闭的，与域外诸多文明中心的砖石建筑传统与风格少有联系，但是，这种情况在"丝绸之路"开辟后出现了变化。

"丝绸之路"开辟以后，往来于"丝绸之路"上的商贾将西域乃至于更远处欧洲的商品、动物、植物传入中国，与此同时传入中国的还有来自西域乃至于更远处的诸多游艺项目，这些具有鲜明域外特色的游艺项目走入宫廷，在和中国传统的游艺项目进行交流碰撞后融合发展出了新的具有中西文化交流特色的游艺项目，并且在交流碰撞中，他们也带来了具有域外鲜明特色的建筑传统与风格，并且影响了中国古代宫廷的建筑风格，使得宫廷游艺文化交流场所也在中外文化交流碰撞中产生了具有鲜明中外文化交流的场所特征。

宫廷这一重要场所并不只具备政治作用，它还具备有娱乐、体育等诸多作用。"丝绸之路"上的诸多游艺活动都是通过中外宫廷之间的场所交流方才达到游艺活动交流的目的与结果。如《法苑珠林》中就记载了"王玄策出使天竺时所见五女戏杂技"一条：

> 又王玄策西国行传云：王使显庆四年至婆栗阇国。王为汉人设五女戏，其五女传弄三刀加至十刀。又作绳技，腾虚绳上，着履而掷。手弄三伏刀楯枪等种种关伎。杂诸幻术，截舌抽肠等。

[①] 梁思成：《梁思成文集》，中国建筑工业出版社1985年版，第10—12页。
[②] 常青：《西域文明与华夏建筑的变迁》，湖南教育出版社1992年版，第34页。

不可具述。①

这是天竺宫廷为唐使准备的观赏类游艺活动，同样地，唐代宫廷也接受了这样的游艺文化交流，如《旧唐书》中记载唐睿宗接待婆罗门进献的场景：

> 睿宗时，婆罗门献乐，舞人倒行，而以足舞于极铦刀锋，倒植于地，低目就刃，以历脸中，又植于背下，吹筚篥者立其腹上，终曲而亦无伤。又伏伸其手，两人蹑之，旋身绕手，百转无已。②

这种宫廷与宫廷之间的游艺文化交流，充分表明了宫廷这一场所并不仅仅是简单地作为一个观赏百戏类游艺活动的场地而存在，更是一处承载游艺文化交流的重要物质载体，没有场所这一物质载体，游艺文化交流就无从谈起。

唐王朝时期，兴庆宫为皇家御院，其建于开元时。兴庆宫中的勤政楼和花萼楼可以说是宫廷类游艺活动场所的两个代表，玄宗常于这两处举行宴会。勤政楼位于兴庆宫内向西南，花萼楼是玄宗为了方便和臣子畅饮而建造的，其高约三层。据《开天传信记》记载，玄宗御驾勤政楼举行大酺，上演了多场百戏。如《明皇杂录》曾记载：

> 玄宗尝命教舞马，四百蹄各为左右，分为部，目为某家宠，某家骄。时塞外亦有善马来贡者，上俾之教习，无不曲尽其妙。因命衣以文绣，络以金银，饰其鬃鬣，间杂珠玉，其曲谓之《倾杯乐》者数十回，奋首鼓尾，纵横应节。又施三层板床，乘马而上，旋转如飞。或命壮士举一榻，马舞于榻上，乐工数人立左右前后，皆衣淡黄衫，文玉带，必求少年而姿貌美秀者。每千秋节，

---

① 释道世著，周叔迦、苏晋仁注：《法苑珠林校注》，中华书局2003年版，第107页。
② 刘昫等撰：《旧唐书》，中华书局1975年版，第1043页。

命舞于勤政楼下。①

花萼楼亦是玄宗朝举行百官宴会的重要场合，每逢上元佳节便人山人海。《花萼楼赋》便详述此事：

> 献春之望，严更罗守。月上南山，灯连北斗，鱼启钥于楼上，龙衔烛于帐口。帝城纵观而驾肩，王宫望瞻而仰首。鼓吹更落，琴笙夜久，清歌齐升而切汉，妙舞连轩而垂手。张广乐以建和，示至乐于群有。②

而百戏这一游艺活动的场所表演并不一定拘泥于宫殿内，宫殿外的空旷处，宫门的广场亦可以作为宫廷类游艺活动场所。唐代的宫廷百戏因其极盛的国力而无比兴盛，其规模庞大，花费甚巨，无论是宴会欢愉还是后庭嬉乐等场合都需要百戏来助兴。正如《朝野佥载》所记的睿宗时安福门外的燃灯踏歌活动：

> 睿宗先天二年正月十五、十六夜，于京师安福门外作灯轮高二十丈，衣以锦绮，饰以金玉，燃五万盏灯，簇之如花树。宫女千数，衣罗绮，曳锦绣，耀珠翠，施香粉。一花冠、一巾帔皆万钱，装束一妓女皆至三百贯。妙简长安、万年妇千余人，衣服、花钗、媚子亦称是，于灯轮下踏歌三日夜，欢乐之极，未始有之。③

所谓的游艺活动场所并不只是局限于一处宫殿、一处广场，这是狭义的游艺活动场所。真正广义的游艺活动场所不单单只包括承载这一游艺活动的场地，还包括共同组成和协力完成这一游艺活动的所有

---

① 郑处诲、裴庭裕撰，田廷柱点校：《明皇杂录·东观奏记》，中华书局1994年版，第45页。
② 李昉等编：《文苑英华》，中华书局1966年版，第220页。
③ 刘𫗧、张鷟撰，程毅中、赵守俨点校：《隋唐嘉话·朝野佥载》，中华书局1979年版，《朝野佥载》，第69页。

环境内的因素。

唐代的宫廷类游艺活动场所并不局限于陆地，它的空间范围延伸到了水上。鱼藻宫位于大明宫北侧，宫中引滻水建成鱼藻池，唐朝诸帝将这里作为观赏水上百戏的绝佳场所。元和十五年（820）"九月辛丑，大合乐于鱼藻宫，观竞渡"。① 德宗在位时期也曾在此观赏水上百戏："张水嬉彩舰，宫人为櫂歌，众乐间发，德宗欢甚。"② 并且为了彰显奢华，在鱼藻宫举行演出时，鱼藻池底会铺满锦缎，池上的舟船也会用彩缎装饰。除鱼藻池以外的皇室池沼也会有水上百戏的表演，安禄山之子安庆绪便曾"治宫室、观榭、塘沼，泛楼船为水嬉，长夜饮"③。

游艺活动与游艺场所相辅相成的关系是经得起仔细推敲的，是有充分史料依据支撑的。王振铎曾考证在秦咸阳宫殿遗址中可见中柱或"都柱"的设置，这种建筑风格似乎并不仅仅是结构上的需要，而是应受到了域外文化的影响，秦咸阳宫殿这种高台建筑与埃及、西亚的金字塔、观象台都有着相似的四棱台（椎）几何形体。④ 同时，中外美术界早已公认，汉代中原雕刻的新因素是张骞从西域引入的。⑤ 除此之外，麟德殿是唐代皇帝举行大型宴会的地方，其是以数座殿堂高低错落地结合到一起，大殿的东西两侧又有亭台楼阁衬托，其建筑造型风格丰富多样，这种建筑方式在唐代敦煌壁画中亦可以见到。⑥ 可见，唐代宫廷场所的设计也同样受到了西域的影响，并且这种影响并没有受到唐代短暂禁止西域幻术表演的影响。

幻术俗称变戏法，主要是江湖术士眩惑观看者的一种法术，和现代的魔术有异曲同工之处。幻术作为百戏类的观赏性游艺活动，早在春秋战国时期的文献中就有关于域外幻术来至中原的记载。《列子·周穆王》中有叙述："周穆王时，西极之国有化人来，入水火，贯金

---

① 刘昫等撰：《旧唐书》，中华书局1975年版，第480页。
② 欧阳修、宋祁撰：《新唐书》，中华书局1975年版，第205页。
③ 张裕涵：《唐代百戏演艺研究》，博士学位论文，山西师范大学，2020年，第120页。
④ 王振铎：《张衡候风地动仪的复原研究（续）》，《文物》1963年第4期。
⑤ 常青：《西域文明与华夏建筑的变迁》，湖南教育出版社1992年版，第38页。
⑥ 朱永春、朱永和：《中国建筑》，安徽教育出版社2003年版，第28页。

石；反山川，移城邑；乘虚不坠，触实不硋，千变万化，不可穷极。"所谓"既已变物之形，又且易人之虑"①。此后，在汉朝亦受到统治阶层的喜爱，并且在宫廷里表演给皇帝与大臣观看，如《后汉书·陈禅传》提及：

（安帝刘祜）永宁元年（120年），西南夷掸国王献乐及幻人，能吐火，自支解，易牛马头。明年元会，作之于庭，安帝与群臣共观，大奇之。②

但是，幻术在唐代却短暂地受到了统治阶层的抵制。唐高宗时，对域外"自断手足，刳剔肠胃"幻术的禁止。根据《旧唐书》记载：

汉武帝通西域，始以善幻人至中国。安帝时，天竺献伎，能自断手足，刳剔肠胃，自是历有之。我高宗恶其惊俗，敕西域关令不令入中国。③

不过，这种短暂的对西域游艺活动的抵制却并没有影响到游艺文化交流场所的发展变化，这也可以从侧面说明"丝绸之路"游艺文化交流场所这一研究对象并不是完全依赖于"丝绸之路"游艺文化项目，其具有自身的特点与变化规律，具备单独研究的价值。同样地，并不是只有西域的建筑传统与风格传入汉地，汉地的木构建筑传统也传入了西域。不过，值得注意的是，中国古代的宫殿建筑中的西域特征和其他域外特征并不是统治阶层主动地要向外界学习并吸取建筑传统与风格，而是随着"丝绸之路"游艺文化项目的交流，而顺理成章、自然而然地进行的"丝绸之路"游艺文化场所的交流。

---

① 列御寇撰，张湛注：《列子》，中华书局1985年版，第35页。
② 范晔撰，李贤等注：《后汉书》，中华书局1965年版，第1685页。
③ 刘昫等撰：《旧唐书》，中华书局1975年版，第1072页。

二　苑林类游艺场所

特权阶层因其对自身安全等诸多方面的考虑，并不能如普通人一样随意地游山玩水，但是，这并不能泯灭特权阶层对山水和户外游艺的热情，特权阶层利用其自身的地位，调集人力物力，通过消耗财力的方式建造了供自己消遣的宫苑园林，这即是本部分将要论述的苑林类游艺场所。

作为皇室专用的宫苑，其中可供游玩的场所不在少数。其中较有代表性的如汉代上林苑，"具备游憩、居住、朝会、娱乐、游猎、通神、求仙、军训、生产等多项功能"，① 可知其是一座具有多种用途的宫廷花园。园中设计有大型的建章宫，也有很多其他用途的宫殿、亭台、水池、花园等。诸如演奏音乐和唱曲的宣曲宫；观看赛狗、赛马和观赏鱼鸟的犬台宫、走狗观、走马观、鱼鸟观；饲养和观赏大象、白鹿的观象观、白鹿观；引种西域葡萄的葡萄宫和养殖南方奇花异木如菖蒲、山姜、龙眼、荔枝、槟榔、橄榄、柑橘之类的扶荔宫；角抵表演场所平乐观；养蚕的茧观；还有承光宫、储元宫、阳禄观、阳德观、鼎郊观、三爵观等诸多宫观。② 以上种种，都说明上林苑中有众多的娱乐观赏空间，是一处重要的游艺场所。

上林苑最初由秦国建造，最迟在秦惠文王时便已建成，秦朝建立后大肆建造苑林，上林苑也一同得到扩建，但是，上林苑真正建成并成为具有政治、经济、文化等诸多意义的皇家苑林还是在汉武帝时期："阿城以南，盩厔以东，宜春以西，提封顷亩，及其贾直，欲除以为上林苑，属之南山。"③ 其规模华丽，司马相如曾在《上林赋》中云："于是乎离宫别馆，弥山跨谷，高廊四注，重坐曲阁，华榱璧珰，辇

---

① 周维权：《中国古典园林史》，清华大学出版社1990年版，第80页。
② 徐卫民：《西汉上林苑宫殿台观考》，《文博》1991年第4期。
③ 班固撰：《汉书》，中华书局1962年版，第2847页。

道纚属。"① 对于《上林赋》中描绘的上林苑景象,明人仇英曾历时六年绘制《上林图》借以还原。上林苑除了诸多学者所论述的是具有政治意义和军事意义的场所以外,大多忽略了其本身最初的娱乐属性,上林苑最初本就是皇家专属的娱乐场所,是游艺文化交流的重要承载地点。

射艺是中国古代极其重要的一项游艺活动,其起源、传播等早已在第二章中就有详细的分析介绍,射艺除了其自身作为礼仪制度有一定的政治寓意外,其自身还是一项广受特权阶层欢迎的游艺活动,以皇家为代表的特权阶层在修建的苑林中纵马驰骋,亲身参与射艺这一游艺活动。汉代诸帝自惠帝开始便喜欢游猎,所谓游猎,便是骑在马上寻找目标并通过弓箭狩猎猎物的游艺活动,可将其归类于射艺这一范围广大的游艺活动中。惠帝以后的文帝也喜欢游猎:"文帝代服衣罽,袭毡帽,骑骏马,从侍中近臣常侍期门武骑猎渐台下,驰射狐兔,毕雉刺彘。"② 到了汉武帝时,对于游猎更是无比喜爱,司马相如曾在其《上林赋》中便生动形象地描写了汉武帝游猎的场面:

> 于是乎背秋涉冬,天子校猎……生貔豹,搏豺狼,手熊罴,足野羊。蒙鹖苏,绔白虎,被斑文,跨野马,凌三崚之危,下碛历之坻,经峻赴险,越壑厉水……箭不苟害,解脰陷脑,弓不虚发,应声而倒。③

上林苑既然是汉代诸帝喜爱的游猎场所,那么其中必定豢养有珍奇猛兽以及与之相关的奇树异草。这些珍奇猛兽配合上奇树异草才是组成上林苑这一著名苑林类游艺场所的基石,而上林苑中的奇珍猛兽与奇树异草大多是经由"丝绸之路"传入中国的。并且奇珍猛兽的作用也并不全是为了满足游猎的需要,它还涉及另一项游艺活动,即第

---

① 萧统编,李善注:《文选》,中华书局1977年版,第125页。
② 应劭著,王利器校注:《风俗通义校注》,中华书局1981年版,第98页。
③ 萧统编,李善注:《文选》,中华书局1977年版,第125页。

二章中所论述过的兽戏。兽戏游艺在中国的盛行与"丝绸之路"的开辟和畅通密不可分,兽戏中所需要的动物往往是经过"丝绸之路"来到中国。中国本土并不产狮子,汉唐人所见到的狮子往往来自西域诸国的进贡。值得注意的是,兽戏游艺经过中国文化的本土改良,并真正成为宫廷游艺活动的时间大致是在隋唐时期。《旧唐书》中谈到唐代宫廷宴会中所表演的舞狮:

《太平乐》,亦谓之五方师子舞。师子鸷兽,出于西南夷天竺、师子等国。缀毛为之,人居其中,像其俯仰驯狎之容。二人持绳秉拂,为习弄之状。五师子各立其方色。①

兽戏游艺的表演客观上推动与促进了"丝绸之路"上的中外宗教文化交流。佛教作为一种自东汉时期从天竺传入中国的外来宗教,其在传教过程中就有通过舞狮表演以招徕信徒的举动,如成书于北魏的《洛阳伽蓝记》所记载的洛阳长秋寺在进行佛像游行活动中就用到了舞狮,"四月四日此像常出,辟邪师子导引其前……像停之处,观者如堵。迭相践跃,常有死人"②。南北朝时期佛教盛行中原,洛阳是当时各种佛教寺庙的聚集之所。狮子在佛教中往往有着特殊的意象,佛教始祖释迦牟尼常常被人称作"人中狮子",佛的坐席也被称作"狮子床",在进行佛像游行中舞狮这种游艺表演自然也就成为传播佛教文化的一种载体,为"丝绸之路"上的宗教文化传播起到了促进作用。

上林苑中的外来动物大多是由两种方式经由"丝绸之路"传入中国的。

一种是和平方式,以外国进贡为主,据《西都赋》记载,上林苑"有九真之麟,大宛之马,黄支之犀,条支之鸟"。③《汉武帝别国洞冥记》亦有较为详细的记载:

---

① 刘昫等撰:《旧唐书》,中华书局1975年版,第1059页。
② 杨衒之撰,范祥雍校注:《洛阳伽蓝记校注》,上海古籍出版社1958年版,第43页。
③ 萧统编,李善注:《文选》,中华书局1977年版,第24页。

第四章 "丝绸之路"游艺文化交流场所研究

吠勒国贡文犀四头，状如水兕，角表有光，因名明犀……元封三年，大秦国贡花蹄牛。其色驳，高六尺，尾环绕其身，角端有肉，蹄如莲花，善走，多力……元封四年，修弥国献驳骡，高十尺，毛色赤斑。①

进贡双头鸡的还有大月氏国，"帝置于甘泉故馆，更以余鸡混之，得其种类而不能鸣。"②对于这些通过进贡的和平方式经由"丝绸之路"传入中国的珍奇猛兽，《汉书·西域传》有着一句归纳性的描述："明珠、文甲、通犀、翠羽之珍盈于后宫，蒲梢、龙文、鱼目、汗血之马充于黄门，巨象、狮子、猛犬、大雀之群食于外囿，殊方异物，四面而至。"③由此可见，进贡珍奇异兽的多样性和稀有性。

另一种方式是通过战争方式来夺取奇珍猛兽，极具代表性的便是汗血宝马。并且根据《西京杂记》记载汉武帝的马鞍还有波斯元素在其中："后得贰师天马，帝以玫瑰石为鞍，镂以金银鍮石。"④这里提到的鍮石又称波斯鍮石，最初《魏书》有关于波斯鍮石的记载，但汉代史料未见，不过，1995 年，在新疆营盘古城汉晋时期墓葬群中出土了铜手镯、铜戒指等铜明器，后经北京科技大学冶金史研究室分析认定，确定出土铜器的原材料为铜锌合金的黄铜，这是目前所见西方传入中国的最早鍮石艺术品。⑤

上林苑的奇树异草中亦有不少是借由"丝绸之路"由域外传入中国的，其中较为有代表性的有珊瑚树。《三辅黄图》卷四："积草池中有珊瑚树，高一丈二尺，一本三柯，上有四百六十二条，南越王赵佗所献，号为烽火树，至夜光景常焕然。"⑥《汉武帝别国洞冥记》卷一

---

① 郭宪等撰：《汉武帝别国洞冥记（及其他二种）》，中华书局 1991 年版，第 6 页。
② 王嘉：《拾遗记》，中华书局 1982 年版，第 122 页。
③ 班固撰：《汉书》，中华书局 1962 年版，第 3928 页。
④ 葛洪撰，周天游校注：《西京杂记》，三秦出版社 2006 年版，第 120 页。
⑤ 林梅村：《古道西风：考古新发现所见中西文化交流》，生活·读书·新知三联书店 2000 年版，第 190 页。
⑥ 何清谷撰：《三辅黄图校释》，中华书局 2005 年版，第 268 页。

载:"似青梧,高十丈,有朱露色如丹……其枝似龙之倒垂,亦曰珍杖树。"① 而珊瑚树的珊瑚一名译自古波斯语 sanga(石头),② 这说明上林苑内所种的珊瑚树是波斯或其他国家或民族的商人或使者经由"丝绸之路"传入中国的。

苑林类游艺文化交流场所是极其重要且具有代表性和研究性的交流场所。苑林类游艺场所的建造并不单纯如上文所论述的宫廷类游艺场所那么简单,苑林类游艺场所的建造不仅涉及建筑方式与风格传统的中外文化交流,还涉及动植物的交流,如果没有繁荣畅通的"丝绸之路",就不会有如此之多的来自域外的奇珍猛兽与奇树异草传入中国并被皇室投放入上林苑。上林苑并不仅仅只是由含有钟爱元素的砖石玉璧构成,上林苑内的一草一木一兽,其背后都是"丝绸之路"文化交流的产物,没有草木,上林苑就不能维持基本的生态环境,没有动物,上林苑亦不能维持基本的生态平衡。

上林苑这一代表性的苑林类游艺场所是由诸多"丝绸之路"所带来的游艺活动、花草树木、奇珍猛兽等中外融合交流的元素共同组成的,同时它也是兽戏、射艺等游艺活动所必不可缺的物质载体,以上林苑为代表的苑林类游艺场所无疑是"丝绸之路"游艺文化交流场所的一个突出、立体的展示空间。

唐朝时期国力强盛,"丝绸之路"的繁华更是远超于汉时,但是,唐朝却没有类似于汉代上林苑这种著名的皇室苑林,此中原因大抵是唐代以建造宫殿群为主,大明宫便是其中极具代表性的宫殿群。成群的宫殿建造在一起,各自承担不同的职能,其中部分宫殿便承接了汉代上林苑的职能,成为唐代的苑林类游艺场所。

马球是深受唐代特权阶层喜爱的一项游艺活动,其起源、规则等具体问题已在第二章中有详细之介绍论述,本部分则侧重于马球这一"丝绸之路"重要游艺活动的游艺场所的交流情况。马球之风靡在唐

---

① 郭宪等撰:《汉武帝别国洞冥记(及其他二种)》,中华书局1991年版,第2页。
② [美]爱德华·谢弗:《唐代的外来文明》,吴玉贵译,中国社会科学出版社1995年版,第523页。

代可谓鼎盛,唐代宫中及诸王宅院就有多处场地是专为马球而建造。"尚食内苑、紫云阁之西有凝阴殿,殿南有凌烟阁。贞观十八年太宗图画功臣之像二十四人于阁上,帝自为赞词,褚遂良题额。"不幸的是,凌烟阁二十四功臣像毁于黄巢战火,今世所见之功臣像,应为清刘源复摹宋人摹阎立本绘《凌烟阁二十四功臣》图。"又有功臣之阁在凌烟之西,东有司宝库。凝阴殿之北有球场亭子。"① 其中提到"球场亭子",表明在此有一处球场,同时还修建有观看马球比赛的观赏亭。这类球场与亭子并非只有一处,可见,诸史料里面还有一处梨园球场,此处的梨园,在唐代最初并非现在人们印象中的专业的音乐机构,而是专供皇家游乐的果园禁苑。这一点在学界已是共识,岸边成雄曾言:"而梨园,则是禁苑内之著名果园。"②《旧唐书》同样有记载云:

> 乙亥,宴侍臣及近亲于梨园亭⋯⋯辛酉,幸梨园亭,宴侍臣学士⋯⋯庚戌,令中书门下供奉官五品已上、文武三品已上并诸学士等,自芳林门入集于梨园球场,分朋拔河,帝与皇后、公主亲往观之。③

以上文献资料所记载的事情发生在中宗朝,可见在此时梨园并没有承担管理音乐的责任。一直到开元二年(714),玄宗倡导雅俗乐分治,下令从太常寺中"选乐工数百人,自教法曲于梨园,谓之'皇帝梨园弟子'。"自此,梨园的性质才发生改变,成为演奏俗乐法曲、教习百戏歌舞的独立机构。④ 唐中宗时期,还曾有一场马球比赛发生于此:

> 景云中,吐蕃遣使迎金城公主,中宗于梨园亭子赐观打球。

---

① 宋敏求、李好文撰,辛德勇、郎洁点校:《长安志·长安志图》,三秦出版社2013年版,第234页。
② 岸边成雄:《唐代音乐史的研究》,中华书局1973年版,第349页。
③ 刘昫等撰:《旧唐书》,中华书局1975年版,第147、149页。
④ 张裕涵:《唐代百戏演艺研究》,博士学位论文,山西师范大学,2020年,第120页。

> 吐蕃赞咄奏言：臣部曲有善球者，请与汉敌。上令仗内试之。决数都，吐蕃皆胜。时玄宗为临淄王，中宗又令与嗣虢王邕、驸马杨慎交、武秀等四人，敌吐蕃十人。玄宗东西驱突，风回电激，所向无前。吐蕃功不获施，其都满赞咄，尤此仆射也。①

对战的双方是前来迎娶金城公主的吐蕃使臣和唐代官员，前面几轮比赛吐蕃使者皆取得了胜利。被动情况之下，当时还是临淄王的李隆基挺身而出，所向披靡，最终以多胜少取得胜利。显而易见的是，这场著名的马球比赛背后，不仅折射出马球交流的诸多信息，还折射出了马球场这一游艺场所的诸多信息，如参赛双方来自不同区域，赛前必先充分沟通了比赛的规则和评判胜负的标准以及场地是否熟悉适合等，这既是"丝绸之路"马球游艺文化交流的生动体现，又是"丝绸之路"游艺文化交流场所的生动展示。

从这则史料所反映出的信息可知，吐蕃与长安的马球场在场所设计上应大致相同，因此双方才能答应进行这一场事关两国体面与荣辱的比赛。至于相隔千里，地形悬殊的两地为何在马球场的设计上却大致相同呢？笔者认为，这恰恰是游艺文化场所交流的重要表现。

同样值得注意的是，前文所提到的梨园球场并不只是充当马球场这一游艺活动的场所，它还可以充当拔河这一游艺活动的交流场所。《封氏闻见记》中记载了唐玄宗时期一场耗资巨大、声势浩大的拔河游艺史料，生动形象地再现了当时拔河的场景：

> 拔河古谓之牵钩，襄汉风俗，常以正月望日为之……中宗曾以清明日御梨园球场，命侍臣为拔河之戏……元（玄）宗数御楼设此戏，挽者至千余人，喧呼动地，蕃客士庶，观者莫不震骇。进士河东薛胜为《拔河赋》，其辞甚美，时人竞传之。②

---

① 封演撰，赵贞信校注：《封氏闻见记校注》，中华书局2005年版，第53页。
② 封演撰，赵贞信校注：《封氏闻见记校注》，中华书局2005年版，第54—55页。

第四章 "丝绸之路"游艺文化交流场所研究

唐代的球场设置极为讲究，目前已知的球场有含元殿球场、含光殿球场、麟德殿球场、太极宫球场、兴庆宫球场等皇室专享的皇家球场；还有左龙武军球场、左神策军球场与龙首池球场三处贵族官僚军官的球场。根据考古对"麟德殿复原的研究"论证，当时宫廷马球场一般长120米、宽50米。[①] 这个场所设置与塔什库尔干自治县城北发现的一处马球场遗址相近，塔什库尔干自治县城北发现的马球场谓之石头城马球场，其长150米、宽60米，两侧还有高地供人坐立观看。并且，马球场在其方向设置上也有场所交流的元素，在巴尔蒂斯坦和周边地区，马球场一般都建成东西向的，其原因是巴尔蒂斯坦马球比赛常在礼拜一和礼拜二举行，这是因为，在巴尔蒂斯坦的传统信仰中，这两天吉利的方向是东方，因此，球场便被设置为了东西向。巴尔蒂斯坦同中国之间的联系大致应是在公元720年后结束的，自那一年起，吐蕃控制了这一地区。因此，这里居住的人口91%都是藏裔，他们在生活、饮食、娱乐等诸多方面都保持着藏人的习俗。[②] 这种东西向的设置与唐代长安的马球场方向设置相同，不过，唐代特权阶层之所以如此设置，是因为中国古代皇室讲究坐北朝南，故宫殿大多以面南设置，而在宫殿前的空地建造的马球场自然也是东西向设置。同样的，马球的具体规则也有类似之处，唐代的马球有单、双球门赛法，以筹数即最终得分数来决定输赢。单球门比赛是在墙上开个一尺左右大小的洞，洞的后面有网，球被打入网便获得胜利，这种游戏方式因为其规则与方法简单而流行于民间。双球门比赛则要求有标准的场所，两头都设有球门，球门后面有裁判员，进球得筹，筹数多即赢。该种比赛方式通常用于大规模比赛，多出现于宫廷和军中。而当皇帝参与比赛时，第一球无人敢进，高难度的动作也没人敢展示，以免盖过皇帝的风头。[③] 巴尔蒂斯坦同样也是分为两队进行比赛，同样以进球数来

[①] 郑志刚、李重申：《丝绸之路古代游戏、娱乐与竞技场地空间分布考研》，《敦煌学辑刊》2016年第4期。

[②] 李小惠：《古代中亚的马球》，《运动》2010年第5期。

[③] 马志虎：《深思唐代马球运动的非民俗性》，《兰台世界》2014年第33期。

决定最终的胜负。

马球这一运动的传播范围极广,早在公元600年,伊朗便已经有了马球这一运动。古代埃及也曾经盛行过马球运动。大英博物馆藏有一幅古代埃及人进行马球赛的浮雕,画面反映了八名参赛球员,手执球杖,骑马击球的场景。马球在中亚地区的阿明尼亚部落里也曾经广泛地开展过。阿明尼亚人认为,进行马球运动是获得高超骑马技术的有效手段。同时,阿明尼亚的贵族还曾与波斯王沙布霍进行过一次历史闻名的马球赛。[①] 中世纪印度最盛大的运动就是马球。在印度,马球运动由伊斯兰教徒开始,并很快在各个社会阶层群体中得到了传播。德里的第一位苏丹库特卜·乌丁·埃贝克就是在拉合尔打马球时死于意外事故的。突厥人更是热爱这项运动,其皇室办事处的标记之一便是马球杆和一个金色的球。同样,拉其普特人也擅长打马球。马球运动在莫卧儿帝国曾十分流行,国王阿克巴亦热爱马球,并且他还制定了马球的一些规则。

除此之外,马球场周围建墙亦是中外皆有。韩愈的《汴泗交流赠张仆射》一诗中曾言:"筑场十步平如削,短垣三面缭逶迤"[②],这其中的短垣便是指的马球场周围的矮墙。值得注意的是,在巴基斯坦的吉尔吉特及其北部地区所保留的诸多马球场遗址中也发现了围绕着球场的围墙,[③] 而这一地区又恰巧位于"丝绸之路"上,不难判断,借助于"丝绸之路"上马球这一游艺活动的传播,"丝绸之路"沿线诸国的马球场在基础建造上存在着诸多的共同点,这亦是马球场这一游艺文化交流场所进行传播交流与融合的一个侧面反映。而马球场在基础地面上也有不同,作为特权阶层使用的马球场,其地面自然不是寻常可见的草地亦或者容易令人受伤的砖石地,而是泥地。唐代的特权阶层,如杨慎交,武崇训等,在建造球场时,更是先精筛泥土,后向土中加入牛油,最后反复夯打、滚压、拍磨,以至地面"平望若砥,

---

[①] 马志虎:《深思唐代马球运动的非民俗性》,《兰台世界》2014年第33期。
[②] 彭定求等编:《全唐诗》,中华书局1960年版,第3786页。
[③] 帅培业:《谈谈中国古代的马球场地》,《体育文史》1987年第5期。

下看犹镜"。① 类似这种加入牛油调制泥土的方法，与西藏的许多古寺庙所建造土地和墙壁的方法相同，这些土地与墙壁皆是选取一种名叫"阿嘎土"的细泥、调合一定的酥油，反复拍打抹制，最后达到光洁照人的程度。② 这种最基础的马球场地面的建造过程又从另一个侧面说明了马球场这一游艺文化交流场所的交流融合属性。

"马球运动是游牧世界的'骑'与农耕世界的'球'联姻后的产儿。"③ 往来于"丝绸之路"上的人们热爱马球游艺，据不完全统计，现存的马球文物，大多出土于"丝绸之路"沿线地区，这些文物沿着"丝绸之路"逐次分布，验证了马球在"丝绸之路"上的交流传播。基于马球在"丝绸之路"上的传播与交流，在一定程度上，甚至完全可以把"丝绸之路"称之为"马球之路"。在这无论是时间还是空间都称得上漫长与遥远的游艺活动传播过程中，其场所设置则亦进行着同样复杂的交流与融合。

三 统治阶层游艺文化交流场所特征

统治阶层游艺文化交流场所无论是宫廷类游艺场所还是苑林类游艺场所，其最为基础的共同特征都是占地广、耗资大、封闭性强，这和统治阶层自身便处于社会结构的顶端，能够自如地调动大量人力、物力、财力为其建造独属于本阶层乃至于本人的游艺活动场所息息相关。另外，宫廷类游艺场所和苑林类游艺场所在其内部的场所设置和中外元素交流与融合上也各有特色。

宫廷类游艺场所以宫殿群为主，如前文所列举的建章宫、大明宫等。这一类游艺场所的特征是其场所交流与游艺活动交流息息相关，密不可分，互为依靠。没有游艺活动的交流，就很难带来域外的建筑

---

① 李昉等编：《文苑英华》，中华书局1966年版，第265页。
② 帅培业：《谈谈中国古代的马球场地》，《体育文史》1987年第5期。
③ 张元：《马球——游牧文化与农耕文化"联姻"的宁馨儿》，《体育文化导刊》1993年第2期。

风格与传统，并以此和中国传统的建筑风格与传统相融合，由此产生具有中外特色的游艺交流场所。同样地，没有适合的游艺活动场所，借由"丝绸之路"而传入中国的游艺活动也很难通过适合的场所来进行完美的展示，从而为进一步传播交流打下基础。

  苑林类游艺场所以大型宫苑苑林为主，如前文列举的上林苑与马球场，苑林类游艺场所内部构成的多元性与总体的复杂性是其主要特征。以上林苑为例，上林苑这一苑林类游艺场所承载了射艺、兽戏等游艺文化交流活动。而上林苑能够承载这些游艺活动的原因在于，其内部对西域乃至更远处的动植物资源的引进和培养栽种之后形成稳定的生态系统。苑林类游艺活动场所不同于宫廷类游艺场所，宫廷类游艺场所的中外元素交融体现在设计理念和建筑用料上，这就使得宫廷类游艺活动场所的形成难度偏低，且在时间上具有相对的短暂性，但是苑林类游艺活动场所的形成却恰恰相反。为了能够承载射艺、兽戏等游艺活动，上林苑引入了大量的来自域外的动植物资源，这些复杂的动植物资源不同于建筑宫殿的砖石，其自身具有一定的主观性和生命力，可以说相比于宫廷类游艺活动场所的"静"，苑林类游艺活动场所便是"动"；相对于宫廷类游艺活动场所的"死"，苑林类游艺活动场所便是"生"，这也构成了此类游艺场地的显著特征。

第二节　社会公共组织游艺文化交流场所

  本节所讨论的社会公共组织，可以定义为一种包括但不限于特权统治阶层与普通民众的具有官方性质的社会群体或组织。这一群体的构成较为复杂，既包括官员、教职人员，也包括百戏乐人和普通群众等，他们既可以作为活动的组织者出现，同时也是活动的参与者。在我国古代，这种公共组织所进行的游艺文化活动多集中于寺院、庙会或都城的主要街道等普遍的公共活动场所，此处选取了两类文化交流较为活跃的社会公共组织游艺文化交流场所，以此来展示古代公共场所的游艺活动与文化交流。

第四章 "丝绸之路"游艺文化交流场所研究

一 寺院类游艺场所

本部分所要研究的寺院,具体指佛教寺院,但这并不意味着即将展开的讨论仅局限于寺院这种固定的建筑区域之内,其中还包括由于寺院文化的兴盛而衍生出来的戏场、庙会等以寺院为中心的游艺文化活动场所。这类游艺场所的服务对象一般是佛教僧侣、信徒和普通群众,换言之,在寺院类游艺场所进行的游艺活动往往同时具有宗教性、通俗性和民间性。这种类型的活动通常由宗教而诞生,因世俗而发展,在宗教的基调中融入了世俗娱乐文化的元素,并最终通过世俗娱乐的方式表现出来。因此,在寺院戏场举行游艺文化活动的过程中,活动的宗教性与世俗性并不冲突,反而表现出很好的融合。

如前文所述,佛教寺院是寺院类游艺场所的中心,而中原地区的佛教的传播,可以从魏晋、南北朝开始,这一时期战争频发、疫病横行。为了逃避现实、躲避战争,人们便把情感和希望寄托于佛教,而这种对于佛教的信仰则逐渐物化为寺院文化的繁荣。《洛阳伽蓝记》中也记载:"京城表里,凡有一千余寺。"[1] 一般来说,佛教寺院是僧侣供奉佛菩萨、进行佛教活动的庙宇场所,魏晋南北朝时期,随着现实条件与文化需求的不断变化发展,寺院也逐渐由单一的宗教活动处所发展为游艺文化十分活跃的公共场所,在"丝绸之路"中外游艺文化交流方面发挥着重要作用。

古代寺院的建造自两汉时期佛教传入就已开始。佛教传入之初,礼佛场所被称为"浮屠",最早见于《后汉书·光武十王列传》中的记载:"(楚王刘英)晚节更喜黄老,学为浮屠斋戒祭祀……诏报曰:'楚王诵黄老之微言,尚浮屠之仁祠,洁斋三月,与神为誓,何嫌何疑,当有悔吝。'"[2] 至东汉明帝敕立"洛阳白马寺"时,方有佛"寺"之说。这一时期,寺院的建筑风格基本上遵循原先印度佛教的建筑形

---

[1] 杨衒之撰,范祥雍校注:《洛阳伽蓝记校注》,上海古籍出版社1958年版,原序第2页。
[2] 范晔撰,李贤等注:《后汉书》,中华书局1965年版,第1428页。

制，即以佛塔为寺院建筑群中心的"宫塔制度"，"据佛教传统教义，佛塔有一层、三层、五层、七层、九层五种建造样式。这种模式和方法一直延续至北魏"，[①] 而在中国本土是并没有"塔"这种建筑形式的。北魏宣武帝即位后，因西域僧人与汉地信众的交流逐渐增多以及佛教信仰方式的转变，寺院的布局也受中原本土文化影响逐渐发生转型，后期基本上形成了"塔殿并重"的"有塔寺"和"有殿无塔"的"无塔寺"两种建筑形式并存的格局。在《洛阳伽蓝记》所记载的寺院中，建有佛塔的仅占约四分之一，如城内刘腾所建的长秋寺，未建佛塔的有昭仪尼寺、景兴尼寺、景乐寺等，这也充分说明了北魏时期洛阳地区佛教寺院形制的本土化。[②] 除建筑形式之外，佛教寺院的本土化还表现在寺院建造佛塔所用的建材。Tracy Miller 的研究表明，由于受希腊、波斯文化的影响，南亚地区传统的佛塔多以石质材料建造，而在中国以及中国以东的地区，更多的是以木材作为建造佛塔的材料。[③]

与大量的寺院建造相伴而生的，则是庙会和戏场的迅速发展。其中庙会主要依托于佛教信仰与寺院建筑而诞生，随着寺院僧侣庆祝佛教节日或寺院节日的活动而不断发展，并且融合我国本土传统的社祭活动与集会结社的习俗而最终形成。在特定的佛教节日或者寺院节日，寺院往往会召开各种类型的礼佛活动，这种礼佛活动便是庙会形成的基础和前提。比如为纪念释迦牟尼的出生而设立的佛诞节，这也是一年当中最为隆重的佛教节日之一。最初，庆祝佛诞节的形式仅限于施斋、浴佛、抄念经典等传统佛教仪式。不过，随着教俗文化的交流、信徒人数的增长和文化需求的增加，百戏演艺也逐渐融入流程之中。《杜阳杂编》有载：

[①] 孙晓楠：《浅析北魏洛阳寺院发展》，《邯郸职业技术学院学报》2019年第3期。

[②] 李翠：《从〈洛阳伽蓝记〉探索早期佛教寺院的中国化》，硕士学位论文，重庆大学，2020年。

[③] ［美］Tracy Miller, "Perfecting the Mountain: On the Morphology of Towering Temples in East Asia",《中国建筑史论汇刊》2014年第2期。

十四年春，诏大德僧数十辈于凤翔法门寺迎佛骨。……四月八日佛骨入长安，自开远门安福楼，夹道佛声振地，士女瞻礼，僧徒道从。上御安福寺亲自顶礼，泣下沾臆。……竞聚僧徒，广设佛像，吹螺击钹，灯烛相继。又令小儿玉带金额白脚呵唱于其间，恣为嬉戏。又结锦绣为小车舆以载歌舞。如是充于辇毂之下，而延寿里推为繁华之最。①

在这则记载中不难看出，在唐懿宗迎佛骨的过程中，除"佛声振地""士女瞻礼""僧徒道从"等常规的诵经礼佛的流程之外，还出现了僧徒"吹螺击钹"、小儿"呵唱期间"以及载歌载舞的场景，这充分说明了宗教活动与世俗娱乐之间存在着相互融合的现象，而这种教俗文化的交织也就意味着庙会的出现。不过，值得注意的是，如果严格按照佛教教义的规定来说，僧侣是不允许观赏或者参与这类乐舞百戏表演的，一如东汉时期的《大比丘三千威仪》规定："（僧人）在寺中……不得歌咏作唱伎，若有音乐不得观听。"② 到了唐代，这一规定更加严格，甚至不允许僧人私藏与演艺有关的任何器具。唐代《量处轻重仪本》中亦有规定：

五、诸杂乐具，其例有四。初谓八音之会。（一金乐，谓钟铃等；二石乐，谓磬等；三丝乐，谓琴瑟等；四竹乐，谓笙笛等；五匏乐，谓竽筷等；六土乐，谓埙等；七革乐，谓鼓等；八木乐，即上音柷敔者也。）二、所用戏具。（谓傀儡戏、面竿、挠影、舞师子、白马、俳优传述众像，变现之像也。）三、服饰之具。（谓花冠、帕索、裙帔、袍裈、缠束、杂彩、众宝、绮错之属也。）四、杂剧戏具。（谓蒲博、棋弈、投壶、牵道、六甲行成，并所须

---

① 李濬、苏鹗、冯翔子撰：《松窗杂录·杜阳杂编·桂苑丛谈》，中华书局1958年版，第59页。

② 高楠顺次郎、渡边海旭发起，小野玄妙等编辑校勘：《大正新修大藏经》第24册，（台北）佛陀教育基金会出版部1990年版，第916页。

骰子、马局之属。）以上四件，并是荡逸之具，正乖念慧之本，宜从重收。①

不过，虽然教义中对寺院与僧人举行和参与百戏演艺有着严格的限制，但是为了进行特定的礼佛活动，同时为了满足自身文化传播、吸纳信徒的需要，寺院又不可避免地需要利用百戏演艺这种世俗的、普遍的娱乐项目。而且，从另一个角度来看，《量处轻重仪本》中之所以对于"诸杂乐具"有着"八音""戏具""服饰"和"杂剧戏具"的细致划分，并且所划分出的每一类器具更是品种繁多，也正是因为当时的寺院中确实存在着僧人拥有演出道具，并且参与和演艺百戏的现象。换言之，教义中之所以会出现这种规定，就是因为百戏演艺已经成为当时寺院的庆祝活动中必不可少的组成部分。因此，在寺院每逢大小节日时举行的各种教俗活动中，实际上，依然可以看到大量的百戏演出。此外，针对不同的演出类型，演艺人员也有所不同，比如，一般的散乐百戏往往是由社会上的职业艺人表演，而佛教乐舞及幻术往往是由僧尼来表演。②

由于经济条件的限制和宗教教义的规定，召开诸如庆祝佛诞节这种大型集会的次数和频率往往是有限的，因此，在这些大型节日的间隙，或每逢寺院的院庆，佛会便成为一种普遍的、经济的选择。和前面所提到的大型节日不同，佛会是一种通常以寺院为单位，并由寺院所组织召开的礼佛活动，如"行像""大斋"等，是寺院和僧侣争取信徒的重要途径。各个寺院所组织的佛会并没有统一的时间，但是活动的内容大致相同，即一般的讲经说法和进行一些带有佛教色彩的游艺活动，其中就包括各种舞蹈、杂技和幻术等。这些表演形式上是为了供养诸佛，具有明显的宗教意味，实际上则带有浓厚的世俗娱乐属性。佛会与百戏互相配合、相辅相成，逐渐形成"新兴的佛会为杂技

---

① 高楠顺次郎、渡边海旭发起，小野玄妙等编辑校勘：《大正新修大藏经》第45册，（台北）佛陀教育基金会出版部1990年版，第842页。

② 叶大兵：《中国百戏史话》，浙江人民出版社1985年版，第82页。

魔术提供了大显身手的场所，杂技魔术也为佛会招徕群众，并增加其神秘和热闹气氛"①。

从佛会召开时的盛况来看，无一例外均吸引了众多的僧侣、信徒以及普通群众，而这种大型的人员聚集又为商贩和百戏艺人提供了丰富的客源，这样也可以形成小有规模的庙会，而寺院也因此逐渐成为一种大众化的娱乐场所。如《洛阳伽蓝记》卷一"长秋寺"条载："长秋寺，刘腾所立也……四月四日，此像常出，辟邪师子，导引其前。吞刀吐火，腾骧一面，彩幢上索，诡谲不常，奇伎异服，冠于都市。像停之处，观者如堵。"②此段描述的即为佛教"行像"日庙会时寺院表演"辟邪狮子"开路的狮子舞与"吐火""缘幢上索"等幻术杂技的场景。而这次表演也吸引了大量群众前来观看。

庙会上杂技幻术的表演多起源于西域。其中，长秋寺行像仪式时表演的狮子舞，据周泓考证，应是于南北朝时期由西域传入中原，这一时期亦出现了"汉人制作或扮狮"的现象。③ 周泓认为："西域舞蹈、百戏原本是胡人扮演，后来由中原人表演，遂戴胡人模样面具。"④ 狮子舞在唐代官方史书中最早的记载，始见于德宗贞元十七年杜佑所编著的《通典》，其中记载："太平乐，亦谓之五方师子舞。师子挚兽，出于西南夷天竺、师子等国。缀毛为衣，像其俯仰驯狎之容。二人持绳拂，为习弄之状。五狮子各依其方色，百四十人歌《太平乐》，舞抃以从之，服饰皆作昆仑象。"⑤ 最早记述狮子舞传入中原地区的则是《新唐书·音乐志》，其载："龟兹伎……设五方师子，高丈余，饰以方色。每师子有十二人，画衣，执红拂，首加红袜，谓之师子郎。"⑥ 这种舞蹈传入中原之后，无论是在宫廷还是民间，均得到了广泛流行。对此，唐代诗人白居易和元稹二人分别写作的两首《西凉

---

① 徐秋：《魔术探源（四）》，《杂技与魔术》2008年第1期。
② 杨衒之著，范祥雍校注：《洛阳伽蓝记校注》，上海古籍出版社1958年版，第43页。
③ 周泓：《古代汉地之部分西域文化考溯》，《湖北民族学院学报》2018年第6期。
④ 周泓：《古代汉地之部分西域文化考溯》，《湖北民族学院学报》2018年第6期。
⑤ 杜佑撰，王文锦等点校：《通典》，中华书局1988年版，第3718页。
⑥ 欧阳修、宋祁撰：《新唐书》，中华书局1975年版，第470页。

伎》诗均可以作为佐证。白诗《西凉伎·刺封疆之臣也》中云："西凉伎，假面胡人假狮子。刻木为头丝作尾，金镀眼睛银帖齿。奋迅毛衣摆双耳，如从流沙来万里。紫髯深目两胡儿，鼓舞跳梁前致辞。"①元诗《西凉伎》中亦云："前头百戏竞撩乱，丸剑跳踯霜雪浮。狮子摇光毛彩竖，胡腾醉舞筋骨柔。"②另外，"吞刀吐火"等幻术，最初也是由西域诸国的"眩人"带来的。《汉书·张骞李广利传》载："（元封三年）……大宛诸国发使随汉使来，观汉广大，以大鸟卵及黎轩眩人献于汉。"③所谓"眩人"，颜师古在校注《汉书》时解释道："眩读与幻同。即今吞刀吐火，植瓜种树，屠人截马之术皆是也。本从西域来。"④张衡在《西京赋》中同样也提到了"吞刀吐火，云雾杳冥"的幻术表演。⑤

同样是在"行像"之日，《洛阳伽蓝记》卷一"昭仪尼寺"条也记述了昭仪尼寺表演百戏的景象："四月七日，常出诣景明，景明三像恒出迎之，伎乐之盛，与刘腾相比。"⑥卷二"宗圣寺"条亦载："此像一出，市井皆空，炎光腾辉，赫赫独绝世表。妙伎杂乐，亚于刘腾，城东士女多来此寺观看也。"⑦城东"景兴尼寺"，则是"有金像辇，去地三丈……像出之日，常诏羽林一百人举此像，丝竹杂技，皆由旨给。"⑧在以上三条记录中，对于"昭仪尼寺"和"宗圣寺"活动规模的描述，虽不涉及正面记载，但均与刘腾所建的长秋寺进行了对比。无论是"与刘腾相比"还是"亚于刘腾"，都是对于演出规模的描述，其中的重要意义实际上在于可以通过这种规模的对比判断，来说明在当时的庙会上确实同时存在着寺院佛会与百戏表演两种相互融合的文化因素，并且其中的百戏表演规模较为宏大。城东景兴尼寺

---

① 彭定求等编：《全唐诗》，中华书局1960年版，第4701—4702页。
② 彭定求等编：《全唐诗》，中华书局1960年版，第4616页。
③ 班固撰：《汉书》，中华书局1962年版，第2696页。
④ 班固撰：《汉书》，中华书局1962年版，第2696页。
⑤ 萧统编，李善注：《文选》，中华书局1977年版，第48页。
⑥ 杨衒之著，范祥雍校注：《洛阳伽蓝记校注》，上海古籍出版社1958年版，第54页。
⑦ 杨衒之著，范祥雍校注：《洛阳伽蓝记校注》，上海古籍出版社1958年版，第79页。
⑧ 杨衒之著，范祥雍校注：《洛阳伽蓝记校注》，上海古籍出版社1958年版，第88页。

"像出之日"亦有"丝竹杂技"一点也可以作为佐证。

在"大斋"之日,也有散乐百戏的表演。《洛阳伽蓝记》卷一"景乐寺"条载:

> 至于大斋,常设女乐,歌声绕梁,舞袖徐转,丝管寥亮,谐妙入神……召诸音乐,逞伎寺内。奇禽怪兽,舞抃殿廷。飞空幻惑,世所未睹。异端奇术,总萃其中。剥驴、投井、植枣、种瓜,须臾之间皆得食。士女观看,目乱睛迷。[1]

文中所提到的"女乐""舞袖"属于一般的乐舞类型,"奇禽怪兽"应为传统的假形扮饰类杂技,"剥驴""投井""植枣""种瓜"则是南北朝时期新出现的幻术种类。从中不难看出,南北朝时期庙会上表演的乐舞百戏规模之大、种类之丰、技艺之精。

相较于以寺院为中心的庙会,戏场的分布则更为开放,它不只局限于寺院周边,城门两旁,甚至是广场空地,均可以作为表演的戏场。如张衡在《西京赋》中就写道:

> 临迥望之广场,程角抵之妙戏。乌获扛鼎,都卢寻橦。冲狭燕濯,胸突铦锋。跳丸剑之挥霍,走索上而相逢。……总会仙倡,戏豹舞罴。白虎鼓瑟,苍龙吹篪。女娥坐而长歌,声清畅而蜲蛇。洪涯立而指麾,被毛羽之襳襹。度曲未终,云起雪飞。初若飘飘,后遂霏霏。复陆重阁,转石成雷。礔砺激而增响,磅礴象乎天威。巨兽百寻,是为曼延。神山崔巍,欻从背见。熊虎升而挐攫,猿狖超而高援。怪兽陆梁,大雀踆踆。白象行孕,垂鼻磷囷。海鳞变而成龙,状蜿蜿以蝹蝹。含利颬颬,化为仙车,骊驾四鹿,芝盖九葩。蟾蜍与龟,水人弄蛇。奇幻倏忽,易貌分形。吞刀吐火,云雾杳冥。画地成川,流渭通泾。东海黄公,赤刀粤祝。冀厌白虎,卒

---

[1] 杨衒之著,范祥雍校注:《洛阳伽蓝记校注》,上海古籍出版社1958年版,第52—53页。

不能救。挟邪作蛊，于是不售。尔乃建戏车，树修旃。侲僮程材，上下翩翻。突倒投而跟絓，譬陨绝而复联。百马同辔，骋足并驰。橦末之伎，态不可弥。弯弓射乎西羌，又顾发乎鲜卑。①

这段关于百戏演艺的记录生动反映了当时长安戏场的热闹程度。其中所表演的百戏几乎囊括了当时所能见到的各种类型，既有难度较大的竿伎"寻橦"，也有叹为观止的幻术，如"乌获扛鼎""吞刀吐火""画地成川"等，还有传统的假形扮饰，如"白虎""白象"，以及格斗类的角抵等，艺人的精湛技艺可见一斑。

《隋书·音乐志》中也有过关于隋炀帝在城门两旁以百戏招待各国使者的记载：

> 每岁正月，万国来朝，留至十五日，于端门外，建国门内，绵亘八里列为戏场。百官起棚夹路，从昏达旦，以纵观之。至晦而罢。伎人皆衣锦绣缯彩。其歌舞者，多为妇人服，鸣环佩，饰以花毦者，殆三万人。②

从这段文字中可以得知，隋炀帝在每年元宵节时均要于城门之间设置大型戏场以观乐舞百戏、宴请使者，并且"从昏达旦"，纵情观看。在戏场中表演的乐舞艺人更是"锦绣缯彩""饰以花毦"，相较市井戏场，其规模有过之而无不及。

唐朝时期，来自西南的僧人术士也时常来唐表演幻术，《酉阳杂俎》中就记载了一次由"南来术士"在荆州陟屺寺进行的"怪术"表演：

> 大历中，荆州有术士从南来，止于陟屺寺。好酒，少有醒时。因寺中大斋会，人众数千，术士忽曰："余有一伎，可代抃瓦盝珠之欢也。"乃合彩色于一器中，步抓目，徐祝数十言，方欲水再

---

① 萧统编，李善注：《文选》，中华书局1977年版，第48—49页。
② 魏徵、令狐德棻撰：《隋书》，中华书局1973年版，第381页。

三噢壁上，成维摩问疾变相，五色相宣如新写，逮半日余，色渐薄，至暮都灭。唯金粟纶巾鸳子衣上一花，经两日犹在。成式见寺僧惟肃说，忘其姓名。①

前文主要讨论的游艺场所大多分布于"丝绸之路"东端的长安、洛阳等地，而在"丝绸之路"西端的敦煌、伊州、沙州等地区，人们的游艺活动也与寺院有着密不可分的关系。如《沙州伊州地志》记载：当时一个名叫翟槃陁的祆主，自"丝绸之路"来到唐朝，在敦煌郡北伊州伊吾县祆庙举行"下祆神"仪式，翟槃陁"以利刀刺腹，左右通过，出腹外，截弃其余，以髮繫其本，手执刀两头，高下绞转，说国家所举百事，皆顺天心，神灵助，无不征验。神没之后，僵仆而倒，气息奄，七日即平复如旧"。②

《燃灯文》中亦有记载：

> 每岁元初，灵岩建福；灯燃合境，食献倾城；福事已圆，众善遐集。其灯乃神光晃耀，炯皎而空里星攒；圣烛耀明，朗映而灵山遍晓。银灯焰焰，香油注玉盏霞开；宝火炜炜，素草至金瓶雾散，千龛会座，傥然创砌琉璃；五阁仙层，忽蒙共成卞壁。遂使铁围山内，竟日月而通祥；黑暗城中，迎光明而离苦。③

可见，在上元节的夜晚，敦煌地区的人们会通过前往寺院、佛窟燃灯的方式来祈愿，文中"灯燃合境""空里星攒"的描述虽有一定的夸张色彩，但也可以反映出敦煌地区的人们对于燃灯这种祈福方式有着很高的认同度和参与度。不过，出于物质条件的限制，普通百姓很多自身无法负担燃灯活动所需要的费用，这时，民间自行组织燃灯

---

① 段成式撰，曹中孚校点：《酉阳杂俎》，上海古籍出版社2012年版，第31页。
② 唐耕耦、陆宏基编：《敦煌社会经济文献真迹释录》第1辑，书目文献出版社1986年版，第40—41页。
③ 黄征、吴伟编校：《敦煌愿文集》，岳麓书社1995年版，第528页。

社便成为普通群众与寺院进行协作的一种重要方式。

燃灯社属于佛教结社的一种，其历史最早也可以追溯到南北朝时期，由出家和在家的两部分佛教信徒组成。这种社会群体最初并未以"社"为名，而是称作"邑"，也可称为邑义、邑会等。唐代以后，随着佛教活动的推广和深入，出现了"邑""社"并存的局面，不过，二者虽称呼不同但实际上已经没有了实质上的区别，在研究时也一般合称为"佛社"。①

佛社的规模不等、名目繁多，人数较少的，从十几人到几十人不等，较多的则由一百至几百甚至千人组成，按照所从事的活动也可以分为"行像社""燃灯社""修窟社"等不同的类型。敦煌地区的燃灯社则是佛社中较为重要的一种，主要负责为寺院提供燃灯所需的粮油并且执行佛窟燃灯的任务。《净土寺直岁保护牒》对此有着较为详细的记载，如"麦叁斗，正月燃灯社入。""粟叁斗，正月燃灯社入。""麦壹斗，卧酒，正月十五日窟上燃灯顿定用。""面贰斗伍胜（升），正月十五日上窟燃灯，僧食用。"此三条文献即为燃灯社向净土寺提供粮食的记录，"油叁胜（升），正月十五日夜燃灯用"则为燃灯社提供灯油的证明。②

二　官衙类游艺场所

本部分所要讨论的官衙类游艺场所，并不只是狭义的局限在官衙这一空间范围内，本章探寻游艺文化交流场所的目的是将游艺文化交流场所作为一个单独的研究客体来进行分析探讨，而并非如以往那样作为游艺文化交流活动的附属而进行简要的介绍。将游艺文化交流场所作为一个单独的客体进行研究有利于进一步清晰、深刻地分析、探讨游艺文化的交流，同时也有利于弥补以往因为附属于游艺文化活动

---

① 郝春文：《隋唐五代宋初佛社与寺院的关系》，《敦煌学辑刊》1990年第1期。
② 上海古籍出版社、法国国家图书馆编：《法藏敦煌西域文献》第3册，上海古籍出版社2002年版，第245、246、248、251、252页。

而被忽略的游艺文化交流场所的空白。本部分所将要探讨的官衙类游艺场所恰恰是以往有关于游艺场所探讨中所被忽略的空白部分。

本部分所指的官衙类游艺场所，常常被从属于上一部分所论述的特权阶层游艺文化交流场所，但是，值得注意的是，官衙类游艺场所并非只是服务于特权阶层，它也在一定程度上承担着满足社会大众娱乐需求的责任。并且从组织性质来看，它也同上一节所讨论的民间性质突出的寺院类游艺活动交流场所不同，官衙类游艺场所的主体是管理和负责游艺活动演出的具有官方或半官方性质的社会公共组织，其举办的游艺活动在一定程度上满足了社会大众的娱乐需求。其中较为突出的并具有代表性的是唐代的教坊。

教坊是唐代重要的乐舞管理机构，是唐代教习与演出乐舞，管理歌舞艺人的乐舞管理机构，然而，这一管理百戏俗乐的政府机构的正式设立却已到了开元二年（714）。究其原因，则是因为初唐时期，无论是正统礼乐还是百戏俗乐都是由太常寺统一管理，但是随着唐代经济的发展和国势的日渐强盛，到了开元年间前后，唐代社会上热衷百戏俗乐的风气逐渐成为主流，随之带来的则是百戏乐工人数的膨胀，太常寺为了更好地经营百戏俗乐和乐师，在人力、物力、财力上每年都消耗巨大，这使得太常寺机构臃肿、人员冗杂且效率不高。唐玄宗继位以后，出于自身要安置潜邸时的乐工旧人和满足自己对百戏俗乐的享受的直接原因，如《大唐新语》所记："开元中，天下无事。玄宗听政之后，从禽自娱。又于蓬莱宫侧立教坊，以习倡优蓴衍之戏。"[1]将百戏俗乐的管理职责从太常寺中剔除，正如《资治通鉴》载："上精晓音律，以太常礼乐之司，不应典倡优杂伎；乃更置左右教坊以教俗乐，命右骁卫将军范及为之使。"[2] 由此道出教坊设立的由来。

教坊在设置上分为内教坊和外教坊，内教坊下设云韶院和宜春院。内教坊所服务的对象是皇帝及其所代表的特权阶层，其专供宫廷表演。外教坊则设置在宫廷外，由左右教坊构成。"西京：右教坊在光宅坊，

---

[1] 刘肃撰，许德楠、李鼎霞点校：《大唐新语》，中华书局1984年版，第151页。
[2] 司马光编著，胡三省音注：《资治通鉴》，中华书局1956年版，第6694页。

左教坊在延政坊，右多善歌，左多工舞，盖相因成习。东京：两教坊俱在明义坊，而右在南，左在北也。坊南西门外，即苑之东也。坊南西门外，即苑之东也。其间有顷余水泊，俗谓之'月陂'，形似偃月，故以名之。"① 在机构设置上，外教坊更像是对内教坊的补充。

事实上，唐代教坊这种较为成熟的乐舞管理机构并不是突然出现的，而是有着一定的源流与发展脉络。如在此之前的北魏时期，就曾设置类似教坊的"太乐、总章、鼓吹"诸部以统一管理宫中的休闲游艺。《魏书·乐志》载：

> （北魏道武帝天兴）六年冬，诏太乐、总章、鼓吹增修杂伎，造五兵、角抵、麒麟、凤皇、仙人、长蛇、白象、白虎及诸畏兽、鱼龙、辟邪、鹿马仙车、高絙百尺、长趫、缘橦、跳丸、五案以备百戏。大飨设之于殿庭，如汉晋之旧也。太宗初，又增修之，撰合大曲，更为钟鼓之节。②

此后，太武帝"破赫连昌，获古雅乐……后通西域，又以悦般国鼓舞设于乐署"。③ 北魏宫廷中的游艺管理机构获得了进一步发展。

前文所述之诸如教坊等专门的管理、演出机构主要是对上服务，大众往往只有在遇到皇帝下诏举国欢庆的时候才能够观赏到来自宫廷的百戏演出，但这一情况在安史之乱后发生了改变。安史之乱后，大批原属于宫廷的百戏乐工流入民间，这不仅使得民间百姓可以观赏到宫廷的百戏演出，同时在表演中也对百戏这一游艺文化活动的交流起到了促进的作用。不过，民间的百戏表演并非是在安史之乱后才开始兴起的，唐代国势强盛，"丝绸之路"畅通无阻，唐都长安成为国际大都市和国际贸易中心，其商业经济逐渐繁荣，长安城中设有东西两市，其所占面积均为两坊，据《长安志》记载：

---

① 崔令钦撰，吴企明点校：《教坊记（外三种）》，中华书局 2012 年版，第 11 页。
② 魏收撰：《魏书》，中华书局 1974 年版，第 2828 页。
③ 魏收撰：《魏书》，中华书局 1974 年版，第 2828 页。

市内货财二百二十行，四面立邸，四方珍奇皆所积集。万年县户口减于长安。又公卿以下居止多在朱雀街东，第宅所占略尽，由是商贾所凑，多归西市。东市有口马牛驴行，自此之外，繁杂稍劣于西市矣。①

从中可以了解到东市的繁华，但如此繁华的东市却繁杂稍劣于西市。宿白曾经对西市的商家组成进行过考证，西市"有卖钱贯人、应募的善射人、酒肆、胡姬酒肆、卜者、卖药人、卖引子药家、药行、油靛店、法烛店、煎饼团子店、秤行、柜坊、食店张家楼、贩膏者、帛肆、绢行、鼓行、衣肆、凶肆、寄附铺、烧炭曝布商，还有收宝物的胡商和波斯邸等"，② 如此繁华的东西市自然吸引了无数市民流连于其中，而人群会聚的地方便是民间百戏演出的最佳场所。贞观二十年，便有五名西域婆罗门僧在长安西市表演"祝术、杂戏、截舌、抽肠、走绳、续断"③ 等百戏，《杨太真外传》也有"召两市杂戏以娱贵妃"的记载。④

市民阶层也是本部分所探讨的官衙类游艺活动场所的重要组成与影响部分。它包括中小手工业者，城镇居民等。这一群体具有一定的资产与社会地位，难以进入特权阶层的游艺活动场所，但他们亦有其娱乐需求，在这种需求的驱动下，再加上传统的祭祀、庙会等大型社会活动所提供的契机，民间游艺活动迅速发展起来，这正与玄宗开元二年八月七日所下达的"广场角抵，长袖从风，聚而观之，浸以成俗"的敕令所述相同。⑤

在古代少数称得上城市的人类文明聚落中，乐工表演游艺活动的理想场所是这些城市中的广场空地和街头巷尾。这些场所具有场地开

---

① 宋敏求、李好文撰，辛德勇、郎洁点校：《长安志·长安志图》，三秦出版社 2013 年版，第 291 页。
② 宿白：《隋唐长安城和洛阳城》，《考古》1978 年第 6 期。
③ 释道世著，周叔迦、苏晋仁注：《法苑珠林校注》，中华书局 2003 年版，第 254 页。
④ 王仁裕撰，丁如明辑校：《开元天宝遗事十种》，上海古籍出版社 1985 年版，第 135 页。
⑤ 王溥撰：《唐会要》，中华书局 1955 年版，第 627 页。

阔与人流量大等特点。在这些场所进行表演的游艺活动表演者被称为"街边艺人",而"街边艺人"古已有之,在先秦时期便有韩娥"鬻歌假食"的故事。只是先秦时期生产力相对低下,未能形成后世的市民阶级,从而使得成规模的"街边艺人"未能形成,其相应的市场亦未能形成。到了唐代,街头演艺现象已蔚然成风,有唐一代上万余名乐工,能被《教坊记》记录在册而流传至今者寥寥无几,庞三娘便为其中一例。这也侧面印证了此人技艺之高超,同时也充分体现出民间演出市场的巨大吸引力,并且这种民间演出就连权贵人士也渴望前去观之,大司徒杜佑便是其中一例。在等级森严的封建社会,游艺活动也区分观赏者的等级。但是,这种区分却并非如封建时代所常见的那种位高者占据优质资源那样,有些观赏性极强的游艺活动反而是中下层的独享。如盘铃傀儡,这便是一种属于市民阶级的游艺活动,它的观赏者大多都是普通百姓。而高官显贵则很难光明正大地观赏这项游艺活动,因为有着"三公不合入市"的规定,高官显贵和普通百姓一起在场所内观看表演会受到非议,因此,历史上著名的史学家,曾担任宰相的杜佑在退休之后才敢前往观赏。据此也可以看到,像杜佑这样在当时有一定社会地位和身份的人,在潜意识里也期盼着能去欣赏一场傀儡戏,足以说明此类游艺表演水平之高。

"街边艺人"们所进行的街头游艺活动的内容与种类复杂多样。歌舞戏作为其中一种常见的民间百戏游艺活动,其已然有着较为成熟的表演模式。它有着较为严谨的故事梗概,明确的角色分工与扮演,其较为直接的感官冲击使得歌舞戏在当时为人所追捧。《太平广记》记蓝采和"每行歌于城市乞索,持大拍板,长三尺余,常醉踏歌。老少皆随看之。机捷谐虐,人问,应声答之,笑皆绝倒。似狂非狂,行则振靴唱踏歌"。[①] 民众对于杂技等游艺活动有着天然的猎奇心理与高昂兴趣。中古时期生产力低下,娱乐活动匮乏,中古时期,人们为了满足自己的精神娱乐需求,往往对游艺活动报以极大的热情。蓝采和

---

① 李昉等编:《太平广记》,中华书局1961年版,第151页。

的演出颇受时人追捧，他的演出以插科打诨和戏谑调笑为主要表现形式，观看者从中得到了精神娱乐需求的满足，也得到了放松。

　　唐贞元年间，长安戏场有百戏艺人解如海求乞的演出。同一时期，扬州市井中也有类似表演："忽有一妓术丐乞者，不知所从来。自称姓胡，名媚儿，所为颇甚怪异。旬日之后，观者稍稍云集。其所丐求，日获千万。"① 通常来讲，在关于游艺活动演出的收入方面，人们总会陷入一个误区，即民间游艺活动演出的收入是远低于统治阶级游艺活动的。但事实上并非如此，胡媚儿能在表演中赚取千金，而她的游艺受众群体是市井中的普通民众，观众本身便是普通百姓，一般而言，他们的消费水平也应是低下的。但胡媚儿的收入却不逊于统治阶级游艺活动的演出收入。这个例子不得不说明只要游艺活动表演者的水平高超、演出精湛，即使受众群体是普通百姓其收入也是极为可观的。

　　民间演出市场规模的不断壮大，民间游艺活动表演者收入的可观性促进了民间游艺活动的繁荣，同时也衍生出了更多的表演形式。"热戏"这一以分朋竞演为表演形式的演出因此而兴起，"凡戏辄分两朋，以判优劣，则人心竞勇，谓之'热戏'。"② 此种游艺是竞争促进游艺活动发展的典型案例，将竞争机制引入游艺活动表演起源于玄宗朝。玄宗朝的太常寺和藩邸乐工分为两队进行表演，双方全力以赴，争取胜利。在这种氛围下，游艺活动演出的精彩程度不断提高。在这股潮流下，街边艺人为了吸引观众也引入了竞争与合作机制。街边艺人在街头的游艺活动表演，其受众群体是不稳定的，并且伴随着游艺活动表演者的增多和表演内容与种类的增多，观众们的要求也不断提高。为了增强竞争力以更好地吸引观众，原本以单独表演为主的表演形式转变为团体性表演。唐代著名诗人杜甫的《观公孙大娘弟子舞剑器行》一文便记载了教坊艺伎公孙大娘和她的弟子在今河南郾城的街头进行游艺活动演出的故事："昔有佳人公孙氏，一舞剑器动四方。

---

① 李昉等编：《太平广记》，中华书局1961年版，第2278页。
② 崔令钦撰，吴企明点校：《教坊记（外三种）》，中华书局2012年版，第9页。

观者如山色沮丧，天地为之久低昂。"① 刘采春班社是当时最负盛名的班社。从班社成员的组成便可看出，这是一个家庭性质的班社。它的成员以刘采春为核心，包括刘采春的丈夫周季南、女儿周德华、小叔子周季崇。这个班社的足迹遍布淮甸、浙东等地。采春开口唱曲，闺妇行人都泣涕涟涟，元稹观演后亦赠诗赞赏。刘采春班社的演出足迹遍布城市与乡野，虽然道路艰难，但是，刘采春班社凭借着一技之长还是生存了下来。但有的班社却并不这么幸运，为了吸引眼球，部分班社进行了不合法律的表演，最终结果自是被官方禁罢。前文中列举的女伎石火胡因演出高难度的竿伎而遭禁即是一例。武宗时期，蜀地有俳优五人聚伙逐戏，以此乞食，惨遭杖责：

    成都乞儿严七师，幽陋凡贱，涂垢臭秽不可近，言语无度，往往应于未兆。居西市悲田坊，尝有帖衙俳儿干满川、白迦、叶珪、张美、张翱等五人为火。七师遇于途，各与十五文，勤勤若相别为赠之意。后数日，监军院宴满川等为戏以求衣粮。少师李相怒，各杖十五，递出界。②

  简言之，百戏游艺的受众身份呈现出明显的变化，普通民众代替王公贵族成为主体，一方面，这与百戏游艺不断地下行密切相关；另一方面，其也与底层民众较低的经济消费能力直接挂钩。百戏散乐等民间盛行的游艺活动已然成为普通百姓所钟爱的休闲娱乐方式。这为从事民间游艺活动演出的艺人群体提供了赖以生存和继续发展的物质基础和受众群体。

  唐代以后，各种类型的市场逐渐发展起来，成为市民平日休闲娱乐的重要场所，而这种人群聚集的市场也给幻术表演提供了现成的"戏场"。《西湖老人繁胜录》中记载的一次宋时的"残断手足"幻术如下："扑赏并路岐人在内作场，行七圣法，切人头下，卖符，少间

---

① 彭定求等编：《全唐诗》，中华书局1960年版，第2356页。
② 段成式撰，曹中孚校点：《西阳杂俎》，上海古籍出版社2012年版，第140—141页。

依元接上,沓子、吞剑、取眼睛。"① 其中的"路岐人"便是宋元时期对这种流动的民间卖艺人的专门称呼。

　　直到清代,幻术仍然是广受人们喜爱的演出方式。清时的扬州瘦西湖虹桥边就表演着各式幻术:如"长剑直插喉噤"的"饮剑"、"广筵长席,灭烛罨火,一口吹之,千碗皆明"的"壁上取火,席上反灯"、"以巾覆地上,变化什物"的"撮戏法"、"以大碗水覆巾下,令隐去"的"飞水"、"置五红豆于掌上,令其自去"的"摘豆"以及"以钱十枚,呼之成五色"的"大变金钱",还有"取断臂小儿,令吹笙,工尺俱合"的"仙人吹笙"。② 此刻的瘦西湖畔俨然成了一个大型的文化市场。

　　不难看出,民间游艺活动的表演者竭尽全力地迎合普通百姓的娱乐需求,使出浑身解数,不断促进游艺活动的发展,游艺活动的发展甚至使得乡野中也常有"散乐巡村"的盛况。到目前为止,笔者梳理了贵族与民间两个市场的游艺活动演出状况,很明显,便能得出的一个结论是两个阶层的观者审美差异是十分明显的。贵族的游艺活动演出更加高雅尊贵,而民间的游艺活动演出则呈现出了热闹非凡的特点。普通民众因其日常娱乐活动匮乏,故对游艺活动的要求多集中于强烈的感官刺激,即热闹喧哗。因此,为迎合数量庞大的观众需求,街头巷尾的游艺活动表演呈现出来内容种类多样化、表演形式喧闹化的特征。但有时,过于迎合大众的需求而使得游艺活动表演流于低俗,便会因此而遭受官方禁止。

三　社会公共组织游艺文化交流场所特征

　　无论是寺院类游艺场所还是官衙类游艺场所,社会公共组织游艺文化交流场所最明显的特点就是开放性,具体来说,这种开放性既包括场地的开放性,也包括人员的开放性。从空间的角度来讲,这类游

---

① 西湖老人:《西湖老人繁胜录》,中国商业出版社1982年版,第12页。
② 李斗撰,汪北平、涂雨公点校:《扬州画舫录》,中华书局1960年版,第264页。

艺文化场所，包括在此进行的游艺活动，均不像第一节所介绍的宫廷类游艺场所那般具有明显的界限和区域，在这里进行的游艺文化交流往往会突破建筑范围的限制，延伸到建筑周边和附近街道等邻近区域。从人员的角度来看，这类社会公共组织游艺场所面向的群体极其广泛，既包括官员和教职人员，也包括游艺项目的从业者和一般群众，同时，这种广泛的受众群体也拥有着自由的身份，可以在组织者与参与者之间进行自由的切换。总体来说，本节所讨论的这类社会公共组织游艺场所，无论是在场所自身的形制演变还是参与人员的人文交流上都有着鲜明的特征。

寺院类游艺场所以寺院这种建筑形式自身为中心，如前文提到的长秋寺、龙兴寺等。这一类游艺场所的主要特征是其建筑形制的演变深受游艺文化交流的影响。以《洛阳伽蓝记》中洛阳城内各个寺院的建造为例，正是由于"丝绸之路"游艺文化的交流与融合，西域独有的"塔"这种建筑类型和木构佛塔的建筑方式才得以传入，中国本土的建筑模式才得以丰富，从而形成了具有多种文化因素的游艺场所。反之，这种融贯中西建筑艺术的特色场所也成为"丝绸之路"两端的人们尽情展示、交流特色游艺文化的舞台。

官衙类游艺场所则以官方统一组织并管理的乐舞机构为基础，如前文提到的教坊与太常寺。不过，虽诞生于官方机构，其中主要的演艺场所却不在宫廷或地方官府之内，而是外延到城市中的主要道路、街头巷尾、戏场空地甚至田野乡村，这便是本节官衙类游艺场所相对于第一节中宫廷类游艺场所最大的特点。得益于官方对艺人集中管理的放松，原来教坊中的一部分百戏艺人得以走向民间，从而带来了游艺文化的下移，在这个过程中，大众由于接受到原来只有特权阶级才能享受的游艺文化，审美水平也逐渐上升，并且在这种"上"与"下"的交流之中产生了新的娱乐需求。总之，无论是寺院类游艺场所还是官衙类游艺场所，自诞生之日起就具有深厚的群众基础，在漫漫的"丝绸之路"上发挥着促进游艺文化交流、下移与普及的独特作用。

第三节 非正式游艺文化交流场所

非正式私人场所游艺，不同于节令性的大型游艺活动，其更多的则是不受时间、地点、条件制约的随意方便的自娱自乐活动，这一类场所具有最纯粹的民间游艺活动。其中有继承性较强，规则性严格的竞技对抗性活动，比如围棋、弹棋、樗蒲等各类博戏；有的则是无拘无束、自娱自乐的娱乐性活动，比如跳绳、放风筝、荡秋千等小型活动；有的则是与采集和捕捉密切联系的农业性活动，比如打弹弓、黄鼠狼吃鸡等。[①] 对比于统治阶层及社会公共组织的大型场所游艺活动，非正式私人场所游艺更有其规模小、耗费人力物力少等优点。该部分选取了三处具有鲜明代表性的非正式私人场所游艺类型来系统地介绍该场所的交流情况。

一 瓦舍类游艺场所

宋元时期，伴随着社会经济的繁荣，在一些繁华的城市出现了商业性的游艺场所，称为"瓦舍"，又称"瓦子""瓦肆"，而在瓦舍中演出的场所又叫"勾栏"，也称"勾肆""邀棚"，[②] 勾栏内设戏台、戏房、腰棚、神楼等。很多勾栏都起有诸如夜叉棚、牡丹棚、象棚之类的具有自己代表性以及个性化的名号。据记载："每座瓦舍中都有勾栏，临安北瓦有勾栏十三座。而小瓦子恐怕就只有一个勾栏撑持场面，故而勾栏有时也与瓦舍互为同义词。勾栏的原意是栏杆，由于大型瓦子内有不止一个游艺场所，各个场子四周以栏杆圈围起来，成为一个演出的场子，另一层用意则不外乎防止有人趁机看白戏。"[③] 随着

[①] 朱宁虹主编：《节日娱乐》，中国物资出版社2005年版，第380页。
[②] 范国辉：《从意识形态演进看中国古代演艺场所交往空间的嬗变》，《四川戏剧》2015年第6期。
[③] 虞云国：《水浒寻宋》，上海人民出版社2020年版，第227页。

生产力的不断提高，城市经济不断地发展，与之相伴随的是市民阶级的发展壮大。生活水平不断提高的市民阶级对于精神娱乐的需求也不断提高，并且不同的群体乃至于个体对于游艺活动有着不同的需求，这都促使了对固定的、集中的游艺活动场所的需求。只有这样，才能更好地为大众提供更加丰富的游艺活动演出，以满足大众的精神娱乐需求。瓦舍勾栏这种综合性游艺中心的出现，正迎合了这种需要。

勾栏作为瓦舍主要的演出场所，其演出的主要内容自然是以音乐、歌舞等内容为主，像宋朝红极一时的"诸宫调"。据史料记载，诸宫调是北宋熙宁、元丰、元佑年间（1068—1094）的一种乐曲形式，发源于山西泽州，在汴京一带盛行，相传是民间艺人孔三传所创造。诸宫调的音乐形式"是将唐宋以来的大曲、词调、缠令、缠达、唱赚、传奇以及北方流传的民间乐曲按声律高低，归入各个不同的宫调，敷衍成文而人曲说唱"①。诸宫调在北宋瓦肆中的盛行和传播是颇具历史性的，孔三传作为杰出艺术家，确实在诸宫调的成熟上做了很大的贡献，但像诸宫调这种音乐的形成，经过严格的考究应该是出现在宋之前。"经比较，宋、金、元代流传的诸调其性质与体裁同唐代变文相似，发展到以琵琶等乐器伴奏的'弹词'，又与胡曲发生一定的关系。无独有偶，在中国西部地区敦煌遗书中也发现了可称为诸宫调的3个写卷，以及黑城佛教遗址问世的《刘知远诸宫调》。"②这则史料证明早在唐代，东西方的音乐艺术交流便已经渐趋形成了诸宫调的雏形。而瓦肆作为其演出的主要场所，也承担了文明交流的重要作用。

当然，除音乐歌舞之外，瓦肆还有许多其他的娱乐活动亦起源于"丝绸之路"上的游艺交流，据考，我国广为流传的傀儡戏和皮影戏，与西域有着十分密切的联系。③在《生经》卷三中记载，应国王之约，

---

① 王洁慧：《丝绸之路上的音乐艺术研究》，中国商务出版社2020年版，第33页。
② 王洁慧：《丝绸之路上的音乐艺术研究》，中国商务出版社2020年版，第34页。
③ 傀儡戏，是宋代瓦舍知名度较高的游艺类型之一，且现代所流传的皮影戏作为其变种，在中国非物质文化遗产传承中有着巨大的价值，因此本文作为重点加以介述。参见刘琳琳《宋代傀儡戏研究》，博士学位论文，首都师范大学，2007年，第3页；侯莉《中国古代木偶戏史考述》，硕士学位论文，中国艺术研究院，2005年，第7—9页。

第四章 "丝绸之路"游艺文化交流场所研究

"即以材木作机关木人，形貌端正，生人无异；衣服颜色，黠慧无比；能工歌舞，举动如人"①。此处指印度与西域流行的木傀儡。在我国唐代，西域各地已盛演"傀儡戏"，于新疆吐鲁番阿斯塔那二十六号墓中曾清理出彩绘木俑和绢衣木俑七十多件，另外还有木马残腿、木俑手脚两百件。这充分证明在唐代东西方"丝绸之路"的文化交流上，傀儡戏这一游艺在西域各地饱受关注。到了宋代，皮影戏的表现形式上有了更加多样的发展，除了前代的木傀儡，更有其他新奇的样式，宋耐得翁《都城纪胜》有载："弄悬丝傀儡、杖头傀儡、水傀儡、肉傀儡。"② 另外，宋孟元老《东京梦华录》卷五载："崇、观以来，在京瓦肆技艺……药发傀儡……影戏……弄乔影戏……不以风雨寒暑。诸棚看人，日日如是。"③ 此"影戏"即以平面傀儡取影，亦为傀儡的一种主要演艺形式。

各种新奇的傀儡戏表演在瓦肆亦是广受人们的喜爱，除了表演形式上的独特之外，在表演内容上也有创新之处，现在的皮影戏即是这种傀儡戏的变种之一。同时，皮影戏的来源也与文化交流密切相关，"影戏"在印度梵语为"车耶那吒迦"，意为"阴影游戏"。据史料载，古代印度常用影戏的手法进行表演，当中最古老的戏剧名讲述了罗摩与西多的故事，叫作"都墨伽陀"。除此之外，还擅长表演猴王"安家陀"的故事，因此，在古印度影戏也常被称为"皮猴戏"。此故事当从印度《罗摩衍那》史诗中的猴王"哈努曼"蜕变而出。④ 胡适曾在《〈西游记〉考证》一文中提及："有一部专记哈奴曼奇迹的戏剧，风行民间。中国同印度有一千多年的文化上的密切交通，印度人来中国的不计其数，这样一桩'伟大的哈奴曼故事'是不会不传进中国的。所以，我假定哈奴曼是反映中印及周边国家猴行者的根本。"⑤ 据此可知，中国的游艺文化在同其他国家交流的路上，不断地兼收并蓄，

---

① 李强、柯琳：《民族戏剧学》，民族出版社2003年版，第532页。
② 耐得翁：《都城纪胜》，中国商业出版社1982年版，第11页。
③ 孟元老：《东京梦华录》，中国商业出版社1982年版，第31—32页。
④ 黎羌、柯琳：《东方乐舞戏剧史论》，中国戏剧出版社2019年版，第130页。
⑤ 胡适：《胡适古典文学研究论集》，上海古籍出版社1988年版，第889页。

取长补短，瓦舍的出现和快速发展不仅吸收了他国的优秀游艺文化，更衍生出属于自己的文化产品。

相扑是宋代瓦舍中最为受人欢迎，且观赏性极大的游艺，其文化来源悠久，早在春秋战国时期便已经出现，当时将其称之为"角力"。到魏晋南北朝时期，受北方少数民族匈奴、鲜卑、羯、氐、羌等的入侵影响，"角力"作为一项单独的体育活动而广为流传。至于隋唐五代，涌现出许多角抵名手。《续高僧传》载：隋文帝时，有番人善相扑，无人能胜。文帝后诏来法通和尚与之角力，西番人大败。当时摔跤的称谓除"角抵""相扑"外，又有"手搏"之称。唐代摔跤形式如何，其说法不一。但敦煌藏经洞里，藏有唐代壁画相扑图，图中人物赤身裸背，光腿腆足，形象十分生动，与如今的日本"大相扑"酷似，而日本"大相扑"也正是从唐代传去的。[①] 由此可见当时"丝绸之路"的繁盛，带动了双方文化的交流。到了宋代，这一运动更是大受关注，以民间结社组织的民间练武活动怦然兴起，各种摔跤赛事不断。北宋瓦舍已有"小儿相扑"和"女子相扑"。河南博物院中就藏有一件宋代绿釉相扑俑，俑为双人互抱状，居上者"昂首张口，皱眉瞠目，右手扒着对方的臀部，左手抱腰，力决胜负。居下者也不甘示弱，面部向内，双手紧紧扒着对方，奋力挣脱"。南宋时的瓦肆更是出现了"角抵舍"和"相扑社"，宋时的《梦粱录》记载：

> 瓦市相扑者，乃路岐人聚集一等伴侣，以图標手之资。先以女颭数对打套子，令人观睹，然后以膂力者争交。若论扣国寺南高峰露台争交，须择诸道州郡膂力高强、天下无对者，方可夺其赏。如头赏者，旗帐、银杯、彩段、锦袄、官会、马匹而芭。顷于景定年间，贾秋壑秉政时，曾有温州子韩福者，胜得头赏，曾补军佐之职。杭城有周急快、董急快、王急快、赛关索、赤毛朱

---

① 胡玉玺、陈胜利主编，王跃、余省威、蔡海生副主编，凡博、杨泽生、崔乃伦编：《中国式摔跤教程》，西安交通大学出版社2014年版，第3页。

超、周忙憧、郑伯大、铁稍工韩通住、杨长脚等,及女占赛关索、嚣王娘、黑四姐女众,俱瓦市诸郡争胜,以为雄伟耳。①

上述材料较为详细地叙述了有宋一代相扑比赛的参与者、奖赏举措等信息,不难看出,相扑这一游艺在瓦舍的受欢迎程度之高,在瓦舍中,相比于其他游艺是难能可贵的。同时,相扑的传播不仅仅局限于民众的日常生活中,甚至在一些佛经中也有所涉及,《大般涅槃经集解》中有云:"相扑者,互有倚伏之喻也。"② 这也说明了相扑比赛中借力使力的特征。莫高窟壁画佛教故事中保存有相扑比赛的场景,更是能与佛教文献中有关相扑的记载相吻合。这也证明了瓦舍之中的相扑在其巨大的影响力下,为东西方的文化交流发挥其自身的作用。

瓦舍,作为宋代城市的市井文化中心,其繁盛与宋代商业的繁荣、市井文化的发达、游艺文化的发展以及市民阶层的崛起息息相关。其作为文娱中心,不仅仅是满足于宋代人民日益增长的精神文化需要,更重要的是,其承担了宋代与其他地区文化交流的功能。这不仅是游艺活动的相互沟通,更是中华文化自身兼收并蓄,取长补短的过程,对于丰富、传承和发展中华民族优秀传统文化具有重要意义。

二 酒肆类游艺场所

酒肆,又别称酒家、酒舍、酒店、旗亭等,是中国古代制售酒水,并为人们提供宴饮服务的商业设施。酒肆产生于人们日常生活的娱乐消遣需求,随着人们精神需求的多元化,需要的不仅仅是一个买酒的场所,更是一个可以聊天聚会,排解苦恼的地点。正因如此,作为市

---

① 吴自牧:《梦粱录》,中国商业出版社1982年版,第180—181页。
② 高楠顺次郎、渡边海旭发起,小野玄妙等编辑校勘:《大正新修大藏经》第37册,台北佛陀教育基金会出版部1990年版,第451页。

民、商人、官僚、文士等各层次人群休闲社交的重要场所，酒肆业也成为经济浪潮中的佼佼者。①

唐代，作为中国古代文化发展的黄金时期，以其强大的国力为支撑，中原地区和西域地区交流日益频繁，同时，经历了魏晋南北朝时期的民族大融合，为其酒肆文化的蓬勃发展提供了大量充足条件。唐代的大型酒肆，以其豪华的装饰，热闹的歌舞，高档的宴饮酒水带给人的不仅是饮酒欲望的满足，更有心灵上的沉醉。唐代诗人韦应物曾作诗《酒肆行》描绘酒肆繁荣的景象：

> 豪家沽酒长安陌，一旦起楼高百尺。碧疏玲珑含春风，银题彩帜邀上客。回瞻丹凤阙，直视乐游苑。四方称赏名已高，五陵车马无近远。晴景悠扬三月天，桃花飘俎柳垂筵。繁丝急管一时合，他垆邻肆何寂然。主人无厌且专利，百斛须臾一壶费。初醲后薄为大偷，饮者知名不知味。深门潜酝客来稀，终岁醇醲味不移。长安酒徒空扰扰，路傍过去那得知。②

唐代发达的社会环境以及自由繁荣的风气吸引了大批西域胡人进入中原地区，巨大的商业利益促使他们在此地经营商业，唐代有较多的诗文和笔记记录了西域商人在中原进行的商业活动。据薛用弱《集异记》记载："司徒李勉，开元初作尉浚仪……勉哀之，因命登舻，仍给饘粥。胡人极怀惭愧，因曰：'我本王贵种也，商贩于此……'不日舟止泗上，其人疾亟，因屏人告勉曰：'吾国内顷亡传国宝珠，募能获者，世家公相……不幸遇疾，今将死矣。感公恩义，敬以相奉。'"③可见，胡人在中原地区经营商业目的的复杂性。而在一种胡人开设的店铺中，胡姬酒肆，更是其中最具特色的产业之一。"唐代

---

① 于帅帅：《唐代酒肆与唐诗发展之关系》，硕士学位论文，河北大学，2018年，第1页。
② 彭定求等编：《全唐诗》，中华书局1960年版，第1999页。
③ 郑还谷、薛用弱撰，金文明选译：《博异志·集异记》，浙江古籍出版社1984年版，第177—178页。

经济文化开放繁荣,东西两市酒肆以妙龄少女当垆卖酒是十分常见的促销手段。"① 此种场景在陆龟蒙《酒垆》诗中有云:"锦里多佳人,当垆自沽酒。"② 由此可以探知,当时长安街头,酒旗招展处,胡姬与美酒已经成为一大特色景致。慕大唐繁华而来的外邦胡人,入乡随俗,他们经营的酒肆里,也以胡人美女充当酒肆招待,俗称"胡姬当垆"。"汉族女子受礼教束缚,纵然当垆卖酒,也不好大声喧哗和招揽客人。胡姬没有这么多顾虑,她们言笑晏晏、浪漫多情,与客人们打情骂俏八面玲珑,着实具有很大的吸引力。"③ 仅有酒肆远远不够,下文将讨论胡酒、胡姬和游艺这三个酒肆中的最佳组合。

胡姬酒肆中最吸引人的第一点莫过于美味新鲜的胡酒,丰富多样的胡酒迎合了不同人的口味,李白在《客中行》中写道:"兰陵美酒郁金香,玉碗盛来琥珀光。但使主人能醉客,不知何处是他乡。"④ 这首诗中的郁金香、琥珀杯是典型的西域特产,郁金香可以用来香酒,以西域之香料香酒就足以让人沉醉,胡姬酒肆中丰富多样的胡酒更足以让人开怀畅饮了。正因为如此,无论是文人墨客,抑或是山野村夫,都能在胡姬酒肆中寻觅到他们的踪影。李白在《少年行》中所载:"五陵年少金市东,银鞍白马度春风。落花踏尽游何处,笑入胡姬酒肆中。"⑤ 岑参亦是在《青门歌送东台张判官》中道:"胡姬酒垆日未午,丝绳玉缸酒如乳。"⑥ 据此可见,酒肆和美酒让一些中原士人为之迷醉,频繁出入。

除了香醇的美酒,第二个最吸引人的莫过于能歌善舞、年轻貌美的西域胡姬。这些胡姬多是长相貌美的西域女子,她们的存在与胡人酒肆的生意是否兴隆有着极为密切的关系。作为胡人酒肆形象的重要代言人,她们在酒肆中所起的作用甚至比丰富新鲜的胡酒更为关键,

---

① 徐玲玲:《风物雅致》,陕西师范大学出版社2014年版,第92页。
② 彭定求等编:《全唐诗》,中华书局1960年版,第7141页。
③ 徐玲玲:《风物雅致》,陕西师范大学出版社2014年版,第92页。
④ 彭定求等编:《全唐诗》,中华书局1960年版,第1842页。
⑤ 彭定求等编:《全唐诗》,中华书局1960年版,第1709页。
⑥ 岑参著,陈铁民、侯忠义校注:《岑参集校注》,上海古籍出版社1981年版,第121页。

她们是延揽顾客的有力保障。① 唐代不少大诗人写诗称赞胡姬的美貌，比如李白在《送裴十八图南归嵩山二首》中写道："何处可为别，长安青绮门。胡姬招素手，延客醉金樽。"② 杨巨源《胡姬词》："妍艳照江头，春风好客留。当垆知妾慢，送酒为郎羞。香渡传蕉扇，妆成上竹楼。数钱怜皓腕，非是不能留。"③ 韩偓《北齐二首》："后主猎回初按乐，胡姬酒醒更新妆。绮罗堆里春风畔，年少多情一帝王。"④ 可以说很多唐朝人不仅是为了美酒而去酒肆，同时也是去欣赏来自异域的胡姬。这些貌美如花的胡姬在酒肆中陪侍顾客饮酒，并表演西域歌舞，弹奏胡地乐器，游艺文化的传播和交流也由此产生。胡姬酒肆在传播西域酒文化的同时，也将富有异域色彩的游艺文化传播至中原，成为传播游艺文化的重要平台，无论是胡酒、胡姬亦是胡服，都对中原文化的发展产生了极为重大的影响，让东西方文化得以融合和发展。

酒肆饮酒，自然要以游艺相配，古人没有现代的各种娱乐设施，他们喝酒一般以行酒令相配，类似于当今社会大众所熟知的划拳酒令，以拳博戏，通过较量猜拳技艺之高低，增进饮酒之趣。所谓划拳，又称之为"豁拳"，唐代文献中提到"豁拳"的不多。倒是敦煌文献中提到了"喧拳"，"社内不谏大小，无格在席上喧拳，不听上人言教者，便仰众社，就门罚醴腻一筵"⑤。可见，在当时豁拳也算是一种较为通俗且流传较广的酒令。酒令猜拳的具体游戏规则，"酒令猜拳，多以两人为一组，或一桌人分为两组，互为对抗，也有每人轮流与在座其他人依次行令，称为过圈或打通关。双方每划出一拳，必说出一数，同时要伸出手指比划一个数。如若喊出数而没有出拳，或者已伸出拳而没有喊出数，均称为失拳。……酒拳之数，从口喊表示则从一

---

① 于帅帅：《唐代酒肆与唐诗发展之关系》，硕士学位论文，河北大学，2018 年，第 63 页。
② 彭定求等编：《全唐诗》，中华书局 1960 年版，第 1797 页。
③ 彭定求等编：《全唐诗》，中华书局 1960 年版，第 3718 页。
④ 彭定求等编：《全唐诗》，中华书局 1960 年版，第 7821 页。
⑤ 唐耕耦、陆宏整编：《敦煌社会经济文献真迹释录》第 1 辑，书目文献出版社 1986 年版，第 274 页。

到十。早年分别为：敬你、二兄弟、桃园三、四喜财、五魁首、六高升、七个巧、八仙飞、九到了、十圆满。后演变为：一点通、哥俩好、三星照、四喜财、五魁首、六高升、七个巧、人马双、九连环、全来到。亦俗作一点点、二好好、三星照、四喜财、魁五首、六六六、七巧巧、八马跑、快喝酒（九）、全到了。"① 这也是现在在电视剧中最为常见的"划拳"，在古代最受欢迎的行酒令之一，这一酒令游艺蕴含着的强烈的对抗性和智慧性也让喜爱饮酒的人们沉迷其中，流连忘返。

唐朝人尤其喜欢在酒宴中行令，除了中原地区特有的酒令之外，从西域地区传入的特色酒令也令人爱不释手。对此，尚宝珠曾讨论过一种名为酒胡子的行酒器具，并认为，其形状构造来源于西域胡人的相貌。② 对此，卢注在《酒胡子》中曾描绘："鼻何尖，眼何碧。仪形本非天地力，雕镂匠意苦多端，翠帽朱衫巧妆饰。"③ 这首诗对酒胡子的特征进行了生动形象的叙述，对于其游艺的方式，徐夤在其《酒胡子·红筵丝竹合》中有云："红筵丝竹合，用尔作欢娱。直指宁偏党，无私绝觊觎。当歌谁摆袖，应节渐轻躯。恰与真相似，毡裘满颔须。"④ 这首诗里描述了酒胡子的酒令方式，"它可以旋转，但不会倒，非常类似于今天所见的不倒翁。当酒胡子停止旋转时，它指向谁就轮到谁饮酒"⑤。从古诗记载和今人的解读中可知，酒胡子酒令简单易学，行令中又带有很强的偶然性和趣味性，故而在酒肆中广为流行。可以说，这一酒肆游艺的传播，不仅丰富了中原地区行酒令的种类，更为人们提供了满足精神需求的娱乐活动。酒肆，作为古代人们社交的重要空间，成为反映达官贵人抑或是平民百姓世俗生活的一面

---

① 朱宁虹主编：《节日娱乐》，中国物资出版社2005年版，第384—385页。
② 尚宝珠：《唐代胡姬文艺性解读》，载丁伟、樊英峰《乾陵文化研究》，三秦出版社2018年版，第252页。
③ 彭定求等编：《全唐诗》，中华书局1960年版，第8721页。
④ 彭定求等编：《全唐诗》，中华书局1960年版，第8141页。
⑤ 尚宝珠：《唐代胡姬文艺性解读》，载丁伟、樊英峰《乾陵文化研究》，三秦出版社2018年版，第252页。

镜子，其不仅是满足中原人民精神生活的重要场所，更影响着人民的日常生活方式，酒肆游艺文化，不仅是一种物质文化，更是一种精神文化的象征。

三　"丝绸之路"沿途

上文章节中探讨了酒肆、赌场、瓦舍等部分非正式场所，实际上，漫长的"丝绸之路"沿途才是游艺文化交流最频繁和最真实的场所。对于"丝绸之路"沿途的界定，不能仅仅只是将视野局限在沿途的字面意义上——在到达目的地或终点的路上，而应当将思路打开并扩展放宽，通常来讲，"丝绸之路"沿途场所应当包含"丝绸之路"上的所有场地，但因为前文中已经讨论过部分场地，因此本部分主要讨论荒郊野外、田间地头、街头巷尾等自然场所。这些自然场所密集在"丝绸之路"上的路旁、河边、湖畔树下和田间等这些地方。

"丝绸之路"沿途的自然场所能最大限度满足进行游艺活动的需求，同时实现游艺文化的有效交流。以击壤这项古老的游艺活动为例，[①] 晋代皇甫谧在《帝王世纪》中记载："帝尧之世，天下大和，百姓无事，有八九十老人击壤而歌。"[②] 这则史料说明了击壤这项活动，在道路旁就可以进行。为了能够更生动地体会到当时击壤这项活动在自然场地旁进行的方式，可以将目光聚焦在明人所绘的《击壤图》上：田地之旁，树荫之下，人们三五成群地进行击壤活动，道路和田间这种场地暴露于众人眼光之下，而前面提到的记载下"击壤于道"的皇甫谧，是当时的安定朝那人，而朝那就是现在的甘肃灵台，是"丝绸之路"的途经之地。因此不难想象，在各国使者、商队和不同民族往来的"丝绸之路"的道路上，连古稀老人都进行击壤这一类的

[①] 击壤这项游艺活动在隋唐时期尤为流行，本文在此不过多赘述。对于击壤这项游艺活动具体的发展过程和游戏行为，以下学者的研究比较具有代表性：崔海明、崔雪梅：《击壤的演进》，《体育文化导刊》2009 年第 8 期；韩丹：《天下第一游戏——击壤考述》，《体育与科学》2008 年第 2 期；肖玉峰：《"击壤"到底是不是游戏?》，《成都体育学院学报》2009 年第 2 期。

[②] 郭茂倩编撰：《乐府诗集》，中华书局 1979 年版，第 1165 页。

游艺活动,由此可见游艺活动已经嵌入了普通百姓的生活之中,元稹曾经就以"尧民不自知有尧,但见安闲聊击壤",①对百姓在自然条件下进行的击壤游艺做出了生动的评价,用中国古代的贤明君主代表的"尧舜之治"同击壤这个游艺活动进行了古代和现代的一个文化碰撞,实现了古代文化与当时文化的一种交流,如果击壤不能够在诸如田间树下这种简易的场地展开,那么击壤本身就不会有这么大的传播力和影响力,元稹可能就不会选择这样一种游艺来作为百姓安居乐业下的一个例证。

这种对场地要求简单且处于自然的游艺活动不仅仅有击壤这一个活动,唐代诗人路德延所写的《小儿诗》里面就提供了很多的生动例子,"嫩竹乘为马,新蒲折作鞭""帘拂鱼钩动,筝推雁柱偏""棋图添路画,笛管欠声镌""抛果忙开口,藏钩乱出拳""夜分围榾柮,朝聚打秋千""折竹装泥燕,添丝放纸鸢""远铺张鸽网,低控射蝇弦""斗草当春径,争球出晚田""等鹊前篱畔,听蛩伏砌边""傍枝粘舞蝶,隈树捉鸣蝉""垒柴为屋木,和土作盘筵"。②在这首《小儿诗》的字里行间蕴藏着许多在自然场所下就可以进行的游艺活动,如上文诗句提到过的骑竹马、围棋、放纸鸢、斗草、秋千、捕鸟、扑蝶等。值得注意的是,孩童是占据自然游艺场所的一个重要力量,儿童在自然场所进行的游艺可谓是"肆游于天地,享艺于山水",诗中提到的诸多游艺活动,孩童是参与这类活动的主力,但若作为一个少年或者成人去参与竹马和扑蝶这样的活动那肯定是不合适的,也会遭到来自社会层面的嘲讽,《吴书》中记载了这样一件事情:

> 陶谦父,故余姚长。谦少孤,始以不羁闻于县中。年十四,犹缀帛为幡,乘竹马而戏,邑中儿童皆随之。故仓梧太守同县甘公出遇之,见其容貌,异而呼之,与语甚欢,许妻以女,甘夫人

---

① 彭定求等编:《全唐诗》,中华书局1960年版,第4617页。
② 彭定求等编:《全唐诗》,中华书局1960年版,第8255—8256页。

怒曰："陶家儿遨戏无度，于何以女许之？"①

这则史料就记载了一名少年因为玩了不符合自己年龄段的竹马游戏导致自己被嫌弃的故事。通过材料中"乘竹马而戏，邑中儿童皆随之"的表述，也侧面反映出骑竹马是最适宜在自然场所开展的儿童游艺，《后汉书》卷31《郭伋传》记载："始至行部，到西河美稷，有童儿数百，各骑竹马，道次迎拜。"② 郭伋作为当时地方上能够安民除贼的一名官吏，受到了百姓们的爱戴，有数百名孩童选择在道路边骑着竹马用自己的方式来迎接这位新上任的良吏。材料中的"河西美稷"位于今天的内蒙古准格尔旗北部地区，已经处于"丝绸之路"的边缘地带，但竹马游戏依然能够在那里盛行并成为人们欢迎他人和与他人交流的方式，便利的玩耍方式本身是一个重要原因，但是竹马这项游艺活动本身场地的自然性更是它能够广泛传播的一个重要因素，在一定程度上是场地的自然性促进了竹马游艺的传播和他人的交流。

不仅仅是竹马，其他的一些自然场所内可进行的游艺活动也是通过这种方式开展并实现交流的，此处以纸鸢为例进行进一步论述。纸鸢，今又名风筝，以竹篾为架，糊以纸或绢，以细长线系之，线一端在手，纸鸢乘风而飞。③ 纸鸢最初是作为军事意义上的一个存在，据《新唐书》载，田悦谋反，叛兵围攻临洺，有马燧、李芃等带兵营救，临洺守将张伾"以纸为风鸢，高百余丈，过悦营上，悦使善射者射之，不能及。燧营噪迎之，得书言'三日不解，临洺士且为悦食'"，于是马燧挺军破之。④ 在一场平叛的战役里，纸鸢起到了重要的传播信息的作用，使得援军能够成功击败叛军解决城内的守军。类似有关的记载频繁存在于唐代的军事历史上，由于纸鸢游艺只需要在有风的

---

① 范晔撰，李贤等注：《后汉书》，中华书局1965年版，第2366页。
② 范晔撰，李贤等注：《后汉书》，中华书局1965年版，第1093页。
③ 王赟馨：《唐代游艺与诗歌》，博士学位论文，吉林大学，2012年，第143页。
④ 欧阳修、宋祁撰：《新唐书》，中华书局1975年版，第5928页。

自然场地就可以开展，故而"代有游童，乐事末工，饰素纸以成鸟，象飞鸢之戾空。"① 得益于此，这种游艺活动很快就成为儿童所钟爱的一种游戏娱乐。元稹曾云："有鸟有鸟群纸鸢，因风假势童子牵。去地渐高人眼乱，世人为尔羽毛全。"② 正是由于"因风"和"去地"这样的场地条件，纸鸢这项游艺活动才能在军事活动和游艺活动之间交流碰撞，换言之，如果纸鸢像严格的军事训练一样复杂和需要大量的其他条件支撑，那么纸鸢是不能够轻易完成从"军用"到"民用"的转变的。可见，游艺活动本身不需要太复杂的场地条件，仅仅需要在正常的自然场地下便能够进行，这使这项游艺活动能够更广泛地进行，从而促进了"丝绸之路"上游艺文化的传播和交流，不仅仅是竹马和纸鸢，包括玩沙土、捉迷藏和斗草等都是能够遵照这个规律进行的。

这种野外的自然性的游艺场地不仅仅限于游艺文化在平民阶层内的交流，有时也是不同民族和政权之间交流的重要平台。有些平常权贵阶层的游艺场地是应当有指定位置和特殊布置的，但由于他们的一时兴起，这些满足进行某项游艺活动条件的场地可以立刻转变为他们试图进行游艺的场地，这种随机的转变其实往往是进行交流的一种内在需求所产生的。

作为流行于少数民族地区和风靡中原王朝的射箭游艺是场地能够进行随机转变的一个代表性游艺活动，根据《新唐书·吐蕃传》记载："其宴大宾客，必驱牦牛，使客自射，乃敢馈。"③ 在当时的吐蕃这是一种用于接待贵宾的礼节，在正处在宴会之上的时候，吐蕃人通过这种方式将宴会场地转化为了进行射艺的场地，当宾客接受了这样的礼节自然就能够在这种转化性的场地进行游艺文化交流，牦牛这种动物在中原王朝的统治区域是没有分布的，但是，吐蕃治下的区域却有牦牛并且让外客自己用弓箭射杀猎物然后赠予外客的行为也必然能够影响到外客的心理，当时在这种转化性场地下进行射猎必然促进了

---

① 董诰等编：《全唐文》，中华书局1983年版，第9898页。
② 彭定求等编：《全唐诗》，中华书局1960年版，第4621页。
③ 欧阳修、宋祁撰：《新唐书》，中华书局1975年版，第6072页。

吐蕃与其他政权尤其是中原王朝之间的交流。

中原王朝本身也会利用这种转化性场地来进行游艺活动的交流。从《韩擒虎话本》中广为流传的韩擒虎一箭折服吐蕃使臣和"蕃家界首"一箭双雕的两个故事中，也可以看到转化型游艺场地对游艺文化交流的促进。根据《隋书·贺若弼传》中的记载："尝遇突厥入朝，上赐之射，突厥一发中的。上曰：'非贺若弼无能当此。'于是命弼。弼再拜祝曰：臣若赤诚奉国者，当一发破的。如其不然，发不中也。'既射，一发而中。上大悦，顾谓突厥曰：此人，天赐我也！"[1] 突厥使臣入朝后隋文帝便很快将大殿变成了射艺的场所，并且让自己的将军来达到宣扬自己国威的目的，然后向突厥的使臣表达了人才是上天赐予他的，以此来暗示突厥使臣自己的天子身份，如果没有这种场地的快速转化，隋文帝的外交目的是很难达到的。

从《隋书·长孙晟传》中的一段记载中也能够看出快速转化的游艺场地为"丝绸之路"上游艺文化的交流所带来的便利：

> 宣帝时，突厥摄图请婚于周，以赵王招女妻之……因遣晟副汝南公宇文神庆送千金公主至其牙。前后使人数十辈，摄图多不礼，见晟而独爱焉，每共游猎，留之竟岁。尝有二雕，飞而争肉，因以两箭与晟曰："请射取之。"晟乃弯弓驰往，遇雕相攫，遂一发而双贯焉。摄图喜，命诸子弟贵人皆相亲友，冀昵近之，以学弹射。[2]

突厥首领摄图与长孙晟交好，在送千金公主到突厥领地的时候看到两只雕时摄图将"丝绸之路"沿途变为了射猎场，伴随着长孙晟的一箭双雕，两国的友谊得到了进一步的升华，并且摄图让自己的亲信亲近长孙晟从而向他学习射箭的功夫，这也预示着未来中原的射艺能够影响到突厥部落，这个交流不仅仅是两国之间的政治和友谊的交流，

---

[1] 魏徵、令狐德棻撰：《隋书》，中华书局1973年版，第1345—1346页。
[2] 魏徵、令狐德棻撰：《隋书》，中华书局1973年版，第1329—1330页。

第四章 "丝绸之路"游艺文化交流场所研究

也是"丝绸之路"上游艺文化交流通过场地得到了促进的一个证明。

"丝绸之路"沿途上的另一种自然场地便是街头巷尾，游艺活动不断地"飞入寻常百姓家"，在居家周围和小巷街头展开游艺活动，实现游艺文化交流。以具有代表性的蹴鞠游艺为例，蹴鞠在汉代就已经十分流行，值得一提的是，蹴鞠最初流行的地方便是在军营及其周边地区，根据《文献通考》记载："蹋鞠之戏，盖古兵势也。汉兵家有蹴鞠二十五篇。李尤《鞠室铭》曰：'员鞠方墙，放象阴阳，法月衡对，二六相当'，霍去病在塞外穿域蹋鞠，亦其事也。"① 能够看到的是，最初的蹴鞠场地是被称为"鞠室"的。蹴鞠在街头巷尾的流行和对人交流影响之深，可以通过下文这段有关刘邦父亲的史料来了解：

>　　太上皇徙长安，居深宫，凄怆不乐。高祖窃因左右问其故。以生平所好，皆屠贩少年，酤酒卖饼，斗鸡蹴鞠，以此为欢，今皆无此，故以不乐。高祖乃作新丰，移诸故人实之，太上皇乃悦。②

史料提及的太上皇是刘邦的父亲，他喜欢的人和事物皆是在市井之中，尤其是流行于街头巷尾的蹴鞠游艺，况且以刘邦父亲的年龄尚能继续参与到蹴鞠这项运动来，也足以说明蹴鞠在市井街头受人欢迎的程度，由此也可以推测蹴鞠场地的简易化。据相关史料记载，蹴鞠的玩法其实是比较复杂的，并且需要专门的运动场地。而为了摆脱场地的限制，蹴鞠在其发展过程中衍生出了其他的玩法，"白打"就是其中之一，"白打"的意思就是没有打，并非真的不打而是在强调没有对抗性，因此，"白打"不需要球门，游艺的内容是谁能够把球踢得更高或者踢出花样。白打最大的好处在于没有场地和人数的限制，因此白打蹴鞠最受底层民众的欢迎。

敏锐的诗人总是处在"丝绸之路"游艺文化交流的重要位置，遍布于街头巷尾的蹴鞠运动很快引起了他们的注意，并实现了在文化上

---

① 马端临撰：《文献通考》，中华书局1986年版，第1288页。
② 葛洪撰，周天游校注：《西京杂记》，三秦出版社2006年版，第88页。

的交流。温庭筠在《寒食节日寄楚望二首（其二）》中写有："彩索拂庭柯，轻球落邻圃。"① 此句生动形象地描写了当时农家生活怡然自得的场面，在这样的场面中，诗人看到了一家小孩在家附近玩蹴鞠时，不小心把球踢到了邻居家的圃园里。在封建社会最基础的单位——小农家庭中，诗人的思想跳跃在村落的蹴鞠游艺中，留下了优美的诗篇。作为在当时经济发展程度较高的"丝绸之路"，这样的交流绝对不在少数，薛能的《寒食有怀》记载有："村球高过索，坟树绿和花。"② 韦应物的《寒食》有云："彩绳拂花去，轻球度阁来。"③ 王维的《寒食城东即事》亦云："蹴鞠屡过飞鸟上，秋千竞出垂杨里。"④ 这三首诗都体现出了蹴鞠游艺场地的简易化，也通过在简易场所进行的蹴鞠游艺反映出唐诗和市井文化的完美结合。

　　百戏游艺也能够在简易的场所进行，《隋书》记载："丁丑，角抵大戏于端门街，天下奇伎异艺毕集，终月而罢。"⑤ 端门街作为非正式的游艺场所，"街头艺人"能够聚集在集市街道等场所进行表演，给市民带来了一场视觉盛宴，累计达到一个月的时间，很容易深入观众的内心世界，丰富了普通民众的游艺生活。这些在街头小巷经年累月的游艺活动，在很大程度上拓展了"丝绸之路"游艺文化交流的广度和深度，让一般民众能够观赏到带有强烈异域色彩的游艺表演，这是在权贵阶层专用场地下进行游艺活动所难以做到的。

　　根据上述论证，显而易见的是非正式场所缺乏的是专门性，产生这种非专门性的一部分原因是下层民众缺乏足够的资源来建造维护。以马球场为例，根据考古发掘的马球场遗址，结合部分史料可以了解马球场的场地要求。陆游诗言"打球筑场一千步"，按照一步50厘米的标准来看，一个马球场的周长要达到500米，对于封建社会的普通

---

① 彭定求等编：《全唐诗》，中华书局1960年版，第6763页。
② 彭定求等编：《全唐诗》，中华书局1960年版，第6475页。
③ 彭定求等编：《全唐诗》，中华书局1960年版，第1990页。
④ 彭定求等编：《全唐诗》，中华书局1960年版，第1259页。
⑤ 魏徵、令狐德棻撰：《隋书》，中华书局1973年版，第74页。

百姓而言太过奢侈、望而却步。杨巨源《观打球有作》中记载："亲扫球场如砥平，龙骧骤马晓光晴。"① 马球场的土地平整是十分重要的，另外，平整也是需要维护的，《隋唐嘉话》中记载："景龙中，妃主家竞为奢侈，驸马杨慎交、武崇训，至油洒地，以筑球场。"② 马球的面积按照 500 米周长的标准进行计算，大概有 20000 平方米，在这种面积的球场用油来浇筑球场是寻常百姓家难以想象的。但恰恰是这种非专门性，让游艺文化在其他场地的交流有了更多可能。例如角抵游艺就是在非专门性的场地下产生的交流，《续高僧传·感通篇》中记有："有西蕃贡一人云大壮，在北门试相扑。"③ 大壮作为一个朝贡使臣，想进行摔跤却没有在摔跤场上进行，反而是选择了在城楼的北门进行。一个外来的使臣在大唐的城楼北门同别人比试摔跤，城楼门前作为人群聚集的地方观者甚多，大壮此举不仅是同他摔跤的人本身进行了摔跤技艺上的交流，对经过城楼北门驻足的人来说也是一种同异域文化进行的交流。

四 游艺文化交流非正式场所特征

"丝绸之路"沿途的非正式游艺场地最大的特征便是自然性，大部分场地是处在天地山水之间，很多游艺活动甚至是与自然融为一体不可分割。这些在野外开展的游艺活动有很多是需要借助自然界的力量的，如狩猎和放风筝等，失去了自然界提供的动物和风力，这两项游艺活动便不能顺利开展。很多游艺活动在大自然的意境中便能够进行，如古人在弹琴和围棋时塑造的高山流水的那种画面。可以说，处在自然环境中，人们只要愿意到户外便能够接触到此种游艺活动，产生游艺文化交流自然也就顺理成章了。

---

① 彭定求等编：《全唐诗》，中华书局 1960 年版，第 3726 页。
② 刘餗、张鹭撰，程毅中、赵守俨点校：《隋唐嘉话·朝野佥载》，中华书局 1979 年版，《隋唐嘉话》，第 42 页。
③ 道宣撰，郭绍林点校：《续高僧传》，中华书局 2014 年版，第 1061 页。

游艺项目的随机性和自由转化性也是"丝绸之路"沿途非正式游艺场地的重要特征。非正式场所的游艺活动可以在任何地点和任何时间进行，几乎不受任何的限制，这类的游艺交流是最为广泛的一种，这样的游艺活动包括大部分博弈类游艺、儿童类游艺和踏青、郊游等杂艺类游艺。与此同时，此类游艺场地还能实现游艺项目的快速转换。当一些场地暂时无法全部满足进行一种游艺活动的条件时，可以对这种场地进行快速改造，实现场地的一种转变，这样一种转变满足于外交上进行交流的需要。百戏游艺中的诸多类型的表演正是如此，例如在街头进行完角抵展演，快速布置场地之后紧接着便可以进行杂技表演，这种游艺活动的转化性特征为"丝绸之路"上非正式游艺场地带来了利好。

统治阶层游艺文化交流场所中，宫廷类游艺活动场所和苑林类游艺活动场所在内部结构的构成上具有多元和单一相结合的特征，它们是统治阶层借助于其自身的特权，调动运用大量人力、物力、财力修建起来的占地广、耗资大且归统治阶层独享的游艺活动场所。社会公共组织类游艺场所的核心功能就是满足除特权统治阶层之外的普通社会大众的游艺需求与文化需要，实际上就是伴随着人们寄托情感、休闲娱乐的需要应运而生的一种世俗的、大众的、普遍的游艺场所。非正式游艺文化交流场所研究在场地的宏伟、游艺活动的高贵上乃至于参与人数的规模上都不能与前两类相比，在某种程度上可以说是前两类场所的次一级衍生品。但是，就是这些在规模、人数、档次上显得较为廉价的游艺文化交流场所及活动却是普通民众所能真正享受和进行娱乐的游艺文化场所。对各个阶层、不同社会群体的游艺文化交流场所的系统论述与研究是本章的主要内容，将游艺文化交流场所作为一个单独的研究对象与客观主体可以从另一个角度来展示更为立体、饱满的"丝绸之路"游艺文化形象，可以更加深入地了解"丝绸之路"这一伟大的历史之路。

第五章 "丝绸之路"游艺文化交流特征研究

"丝绸之路"促成了东西方文明的直接对话和交流。"中原和西域的传统文化各随其身的需要而摄取对方的相应成分,这是当时文化交流的特征之一。"[①] 由此而推知,"丝绸之路"游艺文化交流的特征亦是如此,中原和西域的游艺项目在漫长的"丝绸之路"上持续地碰撞、借鉴和融合。本书将"丝绸之路"游艺作为一个整体进行研读,在其发展演变过程中,形成了游艺项目的外来化与本土化、参与者的专业化与大众化、场地的专门化与简易化等交流的本体特征,娱乐至上与忘忧清乐、宗教信仰与世俗娱乐、地域特色与民族融合的属性特征,偶发性与功利性、社会化与生活化、程式化与等级化的社交特征。需要指出的是,本章节所讨论的游艺文化交流的特征是建立在前面章节的基础之上,尤其是对"丝绸之路"游艺文化交流的项目、人物和空间的论述,对应了此处本体、属性和社交三个方面的特征。同时,因为本章节带有总结色彩,故而在阐述观点时所使用的史料难免和上文章节内容有所重复,特此进行说明。

第一节 "丝绸之路"游艺文化交流的本体特征

一 游艺项目的外来化与本土化

"丝绸之路"上的游艺项目,其自身即是"丝绸之路"游艺文化

[①] 张广达:《论隋唐时期中原与西域文化交流的几个特点》,《北京大学学报》1985年第4期。

交流的载体与产物。同理,"丝绸之路"上的游艺文化交流,其本身即为一个动静结合的发展过程,意即随着"丝绸之路"东西两端不同文化、不同游艺项目的双向交流,游艺项目在内容与形式上呈现出了动态的变化过程。而当这一变化过程结束,形成了新的具有双方特色的相对稳定的游艺项目时,其交流与传播则呈现出了相对静态稳定的状态,在此后的交流传播中,游艺项目的本质并未再进行变化。

如果再具体而言,即可以理解为,在"丝绸之路"游艺文化交流的动静结合的过程中,游艺项目中的外来化特征与本土化特征进行更深一步的交流与融合,并在传播过程中不断进行完善、变化与融合,最终完成了其相对稳定的新的本土化过程,形成了新的本土化的特征。当然,"丝绸之路"游艺文化交流的外来化与本土化是一个相对概念,为了更清晰地说明这个动态过程和静态结果,本书中所谓游艺项目的外来化立足点为中原游艺项目,即有明确史实记载与史料支持,可确定的由"丝绸之路"而传入中原的游艺项目。虽然许多游艺项目难以确定其起源,但是,其外来化的特征却是毋庸置疑的。

以第二章所提到的幻术游艺为例,幻术的起源众说纷纭,不过其外来化特征却是较为明显的。唐代杜佑所著的《通典》曾记载:"大抵散乐杂戏多幻术,皆出西域,始于善幻人至中国……自是历代有之。"[①] 杜佑在《通典》中所持观点是幻术皆是来自西域,此观点虽过于绝对,有失偏颇,但却可以从侧面印证在唐代人心中,幻术的外来化特征至少是一部分人所认可的。按照《通典》"始于善幻人至中国"的记载可见,幻术应并非完全是本土产物,其主要表演内容包括"吞刀、吐火、殖瓜、种树、屠人、截马"[②] 等。

有关本土幻术的情况,张衡所写之《西京赋》曾记载:"巨兽百寻,是为曼延,神仙崔巍,欻从背见……海鳞变而成龙,状蜿蜿以蝹蝹……云雾杳冥,画地成川,流渭通泾。"[③] 张衡在此处描写的便是中

[①] 刘昫等撰:《旧唐书》,中华书局 1975 年版,第 1073 页。
[②] 班固撰:《汉书》,中华书局 1962 年版,第 2696 页。
[③] 萧统编,李善注:《文选》,中华书局 1977 年版,第 48—49 页。

第五章 "丝绸之路"游艺文化交流特征研究

原本土幻术"鱼龙曼延"和"画地成川"。将两段记载对比，便可发现本土幻术，其自身更加注重营造带有仙蕴的意境，展示出中原对于仙人仙境的崇拜，并以此表现超自然的力量，能够"立兴云雾，坐成山河"，具有较强的观赏性，而外来化特征，则较为直接立体，虽很形象却反衬出残酷性，相较而言，虽然同样是能人所不能，但却缺少了本土的那种玄妙意境与文化底蕴。

游艺项目的本土化，即发源于中原，且在对外交流的过程中仍然保有本土特征的游艺项目。例如第二章中所提到的角抵游艺，即可以理解为此类具有本土化特征的游艺项目。角抵，是一种具有较强表演性的格斗游艺，角抵这项游艺活动的产生，离不开曾在商周时期民间所一度盛行的兽角文化。角抵自春秋战国开始便经历了漫长的发展历程，隋唐时期，外国使者便常常在长安或洛阳观赏皇帝举行的角抵表演，如《北史》："丁丑，角抵大戏于端门街，天下奇伎异艺毕集，终月而罢。（隋炀）帝数微服往观之。"[1] 而角抵的中原风格这一本土化特征，也借由观赏的域外使臣，通过"丝绸之路"传播到中原以外。

敦煌莫高窟第175窟唐代壁画，这幅壁画就描绘了唐代角抵的场景：图上的二人几近赤裸，仅穿着短裤，摆出将要进行角抵格斗的架势，旁边另有一人打扮与二人类似，应该也是角抵参与者。[2] 敦煌作为"丝绸之路"上的重要城市，大量的商人、僧侣、使者往来于此。敦煌莫高窟壁画对角抵游艺的描绘，则透露出发源于中原的角抵游艺随着"丝绸之路"的交流活动也来到了位于边陲的敦煌地，且在这一传播过程中，保持着其自身的本土化特征。

正如前文所言，游艺项目在其双向的交流与传播的过程中，其外来化与本土化特征会相互融合，从而形成具有新本土化特征的游艺项目。所谓的新本土化特征，即可以理解为，此游艺项目本身，无论是从其展现形式抑或是内容来看，皆掺杂着本土与外来的元素。且本土与外来的元素你中有我、我中有你，形成了虽有不同却浑然一体的结

---

[1] 李延寿撰：《北史》，中华书局1974年版，第454页。
[2] 李金梅、李重申：《丝绸之路体育图录》，甘肃教育出版社2008年版，第121页。

合实体。

  关中地区民间仍然盛行着的"血社火",便是在游艺文化交流过程中外来元素与本土元素相结合的,从而产生了新本土化特征的一个例证。社火是关中地区的传统民俗,相传起源于唐朝,是一场大型的民间游艺活动大会。而"血社火"则是融合祆教信仰的一种游艺活动。粟特人是"丝绸之路"上数量庞大的商人群体,他们在"丝绸之路"上充当着贸易中介的作用,促进东西方的货物互相流通。粟特人信仰祆教,即琐罗亚斯德教。唐代时期,因为唐代国力鼎盛,"丝绸之路"畅通无阻,大量粟特人涌入中国,甚至有一部分人身居高位,唐玄宗最宠信的大将安禄山祖籍是昭武九姓中的康国人,即粟特人。随着粟特人在唐朝的数量增多,祆教的信仰也愈发兴盛。但是随着安史之乱的爆发,祆教信仰在中国遭受了重大打击。祆教信仰中有很大一部分被抹除痕迹,但仍有一小部分融入了中原本土文化,"血社火"便是例子。"血社火"指的是用刀剑等锋利恐怖的武器,刺入人体,呈现出鲜血淋漓的景象,以血腥、恐怖、逼真为其特征。[①] 但值得注意的是,虽然"血社火"以血腥恐怖为特征,但其表演目的仍是以惩恶扬善为主,并且表演中的宗教色彩浓厚,是结合了中国本土民间集会表演的本土化特征与祆教宗教信仰的新本土化特征的代表。

  除此之外,灯戏这一游艺活动中的燃灯,亦可以作为新本土化特征的一个代表。燃灯习俗在"丝绸之路"上的传播与交流情况在唐宋古籍中有相关的文字记录,同时也为灯树由西域传入这一说法提供了较为有力的史料支撑。《佛祖统纪校注》卷四十一载:"(睿宗)先天元年,西天沙门婆罗请燃灯供佛,帝御延喜门临观,灯轮高二十丈,点金、银灯五百盏,望之如花树。"[②] 有关燃灯的更多分析与史料例证,在第二章中已有详细论述,便不在此重复,不过这些史料充分说明了灯树是中西文化交流的产物,也证实了上元燃灯习俗确实受到了

[①] 周鸣勇、张利亚:《粟特赛祆仪式在关中地区民间社火中的遗存——以陕西宝鸡赤沙镇"血社火"为例》,《敦煌学辑刊》2020年第4期。

[②] 志磐撰,释道法校注:《佛祖统纪校注》,上海古籍出版社2012年版,第942页。

西域佛教社会燃灯礼俗的影响。在"丝绸之路"的两个重要城市节点敦煌和吐鲁番，同样也是灯戏游艺的重要举办地。敦煌文献和敦煌、吐鲁番等地所遗存的壁画中有较为丰富的灯戏游艺材料，从这些文献资料和出土文物等多元信息来看，上元燃灯的习俗在敦煌等地的节日活动中所诵读的经文和使用的物品中得到了明显体现。有关上元节燃灯习俗的起源，学界比较流行的观点有"汉武帝祭祀太一说""道教祀三元说"及"佛教燃灯礼佛说"等。虽然上元节灯戏的起源尚无定论，但是灯戏在敦煌地区的流行，充分表明了儒佛道三种文化的相互影响与融合，体现了"丝绸之路"上中西游艺文化的交流，也同样体现了游艺活动的外来化与本土化相结合而形成的新本土化特征。

由此可见，游艺项目的外来化与本土化并非一成不变，泾渭分明的。在"丝绸之路"这条伟大的连接东西的贸易与文化之路上，游艺文化进行着连续性的、非静止的交流过程中，游艺项目的外来化特征与本土化特征亦互相交流与融合，并形成了新的本土化特征。新本土化特征既非完全的本土，亦非完全的外来，它是将两者融合在了一起，成为二者的桥梁，正如伟大的"丝绸之路"一样，它亦是东西方文化互相交流与融合的伟大桥梁。

二 游艺参与者的专业化与大众化

"丝绸之路"上的游艺文化，其在交流过程中的客观实体是游艺项目的表现形式与表现内容。而除表现形式与表现内容这种客观实体以外，"丝绸之路"游艺文化的交流亦有客观主体的存在，即游艺项目的表演者与参与者。

游艺参与者具有明显的专业化与大众化特征。所谓专业化，指的是在最初的游艺文化交流中，这种游艺文化交流是只局限于统治阶级上层的，且统治阶级上层仅仅只是作为观赏者，真正展示游艺项目的是这些游艺项目的表演者，故游艺参与者具备专业化这一特征。《新唐书·西域下》载:"开元十五年,君忽必多献舞女、文豹。"① 此处的"舞女"便是专业的乐舞表演者。这些表演者因为政治因素来到中原,向中原王朝的统治者表演游艺项目,以达到表示臣服的政治目的。在表演的同时也促成了游艺文化的交流。

除了政治目的外,因"丝绸之路"本身的贸易属性,因经济因素而带来的游艺文化交流,以及随之而促成的游艺文化交流与游艺参与者的专业化的数量也是极为庞大的。粟特人是"丝绸之路"上庞大而且著名的商人群体,《近事会元》记载,开元六年"康居国贡胡旋舞女",②《新唐书》记载尸弃尼国"开元中,献胡旋舞女",③《唐会要》中记载了康国作为朝贡国还曾进献了"越诺侏儒人、胡旋女子"。④ 这些由粟特人运输贸易,从西域输入中原的伎人、艺人,其专业化的特征亦是毋庸置疑的。她们在来到中原王朝以后,或被编入皇家艺术团体,或被赐予王公大臣。同样地,中原移民到边塞地区,移民中亦有熟练于游艺的参与者。如1972年在新疆吐鲁番阿斯塔那第187号墓出土的著名绢画《贵妇弈棋图》,画中的女子"发束高髻、阔眉、额间描心形花钿,手戴镯,身穿绯色大袖裙襦",⑤ 是典型的唐代汉家贵妇人装扮,面部表情仿佛在思考棋局。当地的汉民族移民也常常游玩围棋、樗蒲等中原传统游艺,敦煌文献《大佛名忏悔文》中记载有:"或放逸自恣,无记散乱,樗蒲围棋,群会屯聚,饮酒食肉",⑥ 正是普通百姓在饮宴狂欢中参加游艺的真实写照。

除了单纯的具有政治或经济目的的表演者以外,具有宗教色彩的专业化游艺参与者亦是存在的。中古时期,印度有大量经"丝绸之路"来到中国表演百戏幻术的表演者,这些表演者所表演的幻术大多匪夷所思,被收录在各种志怪笔记之中。这些幻术表演者在很多情况

---

① 欧阳修、宋祁撰:《新唐书》,中华书局1975年版,第6248页。
② 李上交:《近事会元》,中华书局1991年版,第27页。
③ 欧阳修、宋祁撰:《新唐书》,中华书局1975年版,第6255页。
④ 王溥撰:《唐会要》,中华书局1955年版,第1775页。
⑤ 胡同庆、王义芝:《敦煌古代游戏》,甘肃少年儿童出版社2012年版,第97页。
⑥ 黄永武主编:《敦煌宝藏》第130册,台北新文丰出版公司1986年版,第99页。

下都是以僧人的形象出现在文献记载之中。古印度作为佛教的发源地，在东汉明帝"遣使天竺，问佛道法"之后，① 大量的僧人往来于"丝绸之路"之间，《高僧传》与《续高僧传》中有明确记载来自天竺的高僧就有30人之多。这些僧人宣讲教义，翻译经文，部分僧人甚至成为当地统治者的座上宾，对"丝绸之路"沿线地区的中外文化交流做出重要的贡献。而这些僧人中，不乏身怀幻术之人，他们在游历途中时有表演或展示所习幻术。魏晋南北朝时期的佛图澄、康僧会两位天竺高僧表演幻术皆是在游历期间，路遇当地的当权者，通过表演幻术来达到自己劝诫当权者或传道的目的。但是，无论其本身目的究竟如何，其专业化的游艺参与者身份是无可指摘的。

此后，随着游艺文化的交流，以及游艺文化本身的繁荣多样，专业化的游艺参与者的范围不断扩大。具有专业化特征的游艺参与者的范围首先扩大到了统治阶级内部，首先便是皇帝这一处于封建社会顶层的人物。最具代表性的如唐敬宗李湛因狩猎而丧命一事，《新唐书》对此有如下记述：

> 帝夜艾自捕狐狸为乐，谓之"打夜狐"。中人许遂振、李少端、鱼志弘侍从不及，皆削秩。帝猎夜还，与克明、田务澄、许文端、石定宽、苏佐明、王嘉宪、阎惟直等二十有八人群饮，既酣，帝更衣，烛忽灭，克明与佐明、定宽弑帝更衣室。②

除了皇帝以外，统治阶级内部的文臣武将也逐渐成为游艺参与者。武将除了喜欢射艺这一游艺活动以外，还有人也曾为谋求军事胜利而策划参与过幻术的表演。《旧唐书》便记载过一次为谋求军事胜利而进行的一场幻术表演："将发，与诸将宴集，命取水，忽变为血，在座者皆失色，孝恭举止自若……碗中之血，乃公祏授首之后征。"③ 这

---

① 范晔撰，李贤等注：《后汉书》，中华书局1965年版，第2922页。
② 欧阳修、宋祁撰：《新唐书》，中华书局1975年版，第5884页。
③ 刘昫等撰：《旧唐书》，中华书局1975年版，第2348页。

里所提及的史实是唐高祖武德六年（623），辅公祏反唐，河间王李孝恭奉命出兵征讨，在大军即将出征前与军中诸将宴饮时，所表演的一场幻术。李孝恭以碗中血酒比喻为叛贼的首级，以此稳定军心，其后果然大胜而归。这里的李孝恭以藩王之尊进行幻术表演，亦成为游艺参与者。

文臣以岑参为例，岑参是唐代著名的边塞诗人，他西行敦煌时，曾参加敦煌太守之酒宴，在酒宴上有感而发作《敦煌太守后庭歌》一诗，诗中写道："城头月出星满天，曲房置酒张锦筵。美人红妆色正鲜，侧垂高髻插金钿。醉坐藏钩红烛前，不知钩在若个边。"[①] 诗中所描写的敦煌太守于饮宴中，酒醉微醺，身旁相伴美人，通过参与藏钩这一游艺活动以助酒兴。这是统治阶级内部的文臣为满足自己的私欲，使自身得到快乐而成为游艺参与者。

游艺参与者除专业化这一特征外，其同时还具有大众化这一特征，且大众化这一特征是相对的，与时俱进的。相较于最初的表演者，后续最先参与其中的皇帝与文臣武将可以看作大众化的一个表现。但是这种大众化仅仅只是狭义的大众化，真正的大众化应是游艺文化交流真正深入到了广大中下层的人民群众去，这才应是广义上的大众化。

因史料话语权的偏差问题，哪怕是如围棋、双陆等参与成本较低的游艺项目都并不一定能够最大限度地概括与解释游艺参与者的大众化，故笔者在此处解释游艺参与者的大众化这一特征时，不可忽略女性这一重要群体，尽可能地展示出广义上的游艺参与者的大众化。虽然在中国古代，女性的地位相对低下，但是，女性仍然有着可供消遣的游艺活动。以斗草游艺为例，斗草也被称为斗百草，是中古时期在女性、孩童之间较为流行的一项游艺。《隋唐嘉话》中有关于斗草的记载：

---

① 彭定求等编：《全唐诗》，中华书局1960年版，第2056页。

晋谢灵运须美，临刑，施为南海祇洹寺维摩诘须，寺人宝惜，初不亏损。中宗朝，安乐公主五日斗百草，欲广其物色，令驰驿取之。又恐为他人所得，因剪弃其余，遂绝。①

这段史料记载的内容表现出了古代女性对斗草这一游艺活动的喜爱，唐代的安乐公主为了赢得斗草游艺的胜利，甚至为此打上了维摩诘的像上胡须的主意。除文献史料外，斗草亦有图画史料。丰富的文献与图画史料，恰恰说明了斗草这一游艺活动在女性群体中的受欢迎程度，广大女性群体在斗草时，便成为游艺参与者，女性群体的加入使得游艺参与者的大众化真正成为广义上的大众化。

值得注意的是，游艺参与者的专业化与大众化并不冲突。在"丝绸之路"这条横贯东西的贸易与文化之路上，有上层独享的游艺项目，也有人民群众喜闻乐见参与其中的游艺项目。无论是哪种游艺项目，它都属于"丝绸之路"游艺文化交流的一部分，无分高低，不论贵贱。游艺参与者的专业化与大众化同样是无论高低与贵贱，而是相辅相成，共同发展。

三 游艺场地的专门化与简易化

游艺场地作为游艺文化交流过程中承载游艺项目的空间基础，亦是游艺参与者所处的现实范围。在"丝绸之路"上的游艺文化交流过程中，游艺场地呈现出了专门化与简易化的特征。

游艺场地的专门化，可以从两部分来理解，首先是专属于统治阶级的、耗费大量人力物力的，特用于某种专门游艺活动的场地。以马球这一风靡一时的游艺活动来讲，马球场这一马球的游艺场地即具有明显的专门化特征。根据考古对唐代"麟德殿复原的研究"论证，当时宫廷马球场一般长120米、宽50米。② 无独有偶，因"丝绸之路"

---

① 张鷟撰，赵守俨点校：《朝野佥载》，中华书局1979年版，第52页。
② 郑志刚、李重申：《丝绸之路古代游戏、娱乐与竞技场地空间分布考研》，《敦煌学辑刊》2016年第4期。

上游艺文化交流的双向性，马球这一运动也传播到了边塞。在塔什库尔干自治县城北发现的马球场可谓之石头城马球场，其长150米、宽60米。单纯从数据来看，马球场和古代其他诸多建筑相比，虽也算是耗费人力物力，但又似乎并非太过奢靡。且如此庞大的空地，也可利用为广场、校场，其专门化特征似不是太过明显。然则，统治阶级的马球场在地面上有所不同。其地面并非寻常可见的草地，亦不是容易令人受伤的砖石地，而是泥地。这种泥地球场需采用经过细筛的泥土，再加以反复地夯打、滚压才最终形成使用的泥地球场。更有考究者，则在精筛泥土中加入适量牛油，再细心地夯打滚压，反复拍磨，最后造成"平望若砥，下看犹镜，微露滴而必闻，纤尘飞而不映"的效果，[①] 唐代的统治阶级成员如杨慎交、武崇训等都是这种"洒油以筑毬场"的著名代表人物。

从另一部分来理解游艺场地的专门化，则可以单从游艺活动专属这一概念入手，其场地制造成本并不高昂。这种专门化特征是随着游艺文化交流的深入，以及游艺活动的普及而深入民间，由此而出现的专门供某一个或某一类游艺活动的游艺场地。酒肆，又别称酒家、酒舍、酒店、旗亭等，是中国古代制售酒水，并为人们提供宴饮服务的商业设施。酒肆产生于人们日常生活的娱乐消遣需求，随着人们精神需求的多元化，需要的不仅仅是一个买酒的场所，更是一个可以聊天聚会，排解苦恼的地点。正因为如此，作为市民、商人、官僚、文士等各层次人群休闲社交的重要场所，酒肆行业也成为经济浪潮中的佼佼者。[②]

酒肆作为门槛较低乃至于接近无门槛的游艺场地，其所承载的游艺活动，并不是单纯的可以以游艺活动的本身属性来划分区别的，而是以游艺活动的普及性与参与性来划分的。酒肆中常见的游艺活动以划拳为例，所谓划拳，又称为"豁拳"，敦煌文献中提道"喧拳"，《后周显德六年（959）正月三日女人社再立条件》中记载有：

[①] 李昉等编：《文苑英华》，中华书局1966年版，第265页。
[②] 于帅帅：《唐代酒肆与唐诗发展之关系》，硕士学位论文，河北大学，2018年，第1页。

"或有社内不谏大小，无格在席上喧拳，不听上人言教者，便仰众社，就门罚酿腻一筵，众社破用。"① 可见，在当时豁拳也算是一种较为通俗且流传较广的酒令。有人考证划拳不是正统的中原酒令，推测是唐代时从西域传来的一种酒令。敦煌文献中多次提到喧拳，清人姚莹也说："唐代佛教盛行，以五指屈伸作手势，盖佛经所谓手诀也，唐人戏效之为酒令耳。"② 这种认为划拳来自佛教手印的猜测固然只是一家之言，但划拳这种酒令来源于西域的说法应是可靠的。

游艺场地的简易化特征是较为特殊的。常人所言的简易化，大多是先入为主地认为是场地建造成本低，此后开展游艺活动的耗费也低，这便是简易化。但笔者此处所列的简易化概念却并非如此。常人所言的简易化，已被笔者列入专门化的第二部分，即以酒肆为例的场地成本不高的那一部分中去。而笔者所想要单独拿出来论述分析的具备简易化特征的游艺场地，其范围主要是自然场景。因为游艺活动种类繁多，范围广大，在诸多难以细数的游艺活动中，有不少游艺活动，其游艺场地并不需要人为的、专门的建设场地，其场地为天生之自然。故笔者所论述的游艺场地的专门化与简易化，其区别便在于是否由人为建造场地，而非建造成本之高低。

在"丝绸之路"游艺文化交流过程中，有为数不少的只需要借助于自然场地便可进行的游艺活动。以击壤为例，汉代著名思想家王充在其所著的《论衡》中记载道："传曰：有年五十击壤于路者，观者曰：'大哉，尧德乎！'击壤者曰：'吾日出而作，日入而息，凿井而饮，耕田而食，尧何等力。'"③ 从这段记载可以知道的是击壤这项运动不仅不限制场地，更不限制年龄。可以击壤于路，说明了击壤这项游艺活动

---

① 唐耕耦、陆宏整编：《敦煌社会经济文献真迹释录》第 1 辑，书目文献出版社 1986 年版，第 274 页。
② 王洪波：《千年酒风》，河南大学出版社 2019 年版，第 397 页。
③ 黄晖撰：《论衡校释》，中华书局 1990 年版，第 388 页。

所需要的游艺场地并不需要人为建造，在自然的、普通的路旁便可以进行游艺。年五十击壤于路，说明了击壤这项运动并不限制年龄，在人均寿命低下的先秦，连年过半百的老人都可以参与这项游艺活动。除此之外，击壤这项游艺活动并非只是单单局限于中原王朝，通过相关史料记载，击壤这项不受场地限制的具有简易化特征的游艺活动，通过"丝绸之路"传播到我国现如今的西北部。西晋的著名学者皇甫谧曾在其所著的《帝王世纪》中记载了击壤的事例。皇甫谧是安定朝那人，即现如今的甘肃省平凉市灵台县朝那镇人。甘肃省是当时"丝绸之路"的主要经过地之一，生于斯长于斯的皇甫谧对于击壤这一游艺活动同样尊崇有加，这不得不说明击壤这项运动因其成本低、参与性高等优点，借助"丝绸之路"传播到了西部。这恰恰是"丝绸之路"游艺文化交流活动中，有关简易化的游艺场地及游艺活动的一个鲜明事例。

射艺也是具有简易化特征的游艺活动，在被统治阶级的人物游乐时，或是配合着苑林类游艺场地，以狩猎的方式进行；或是在重大场合作为礼仪性的活动在宫廷殿宇进行。但是，射艺这一游艺活动的场地并非必须要依赖于宫廷苑林，在随意一处空地，只要有弓有箭便可以参与其中。《战国策》中便记载了成人在随意一处空地，不使用靶子等人造物品，只是射树叶的事件：

楚有养由基者，善射；去柳叶者百步而射之，百发百中。左右皆曰善。有一人过曰："善射，可教射也矣。"养由基曰："人皆曰善，子乃曰可教射，子何不代我射之也？"

客曰："我不能教子支左屈右。夫射柳叶者，百发百中，而不以善息，少焉，弓拨矢钩，一发不中，前功尽矣！"[①]

这段记载引出了一个成语那就是前功尽弃，虽然这段话的原意

[①] 刘向：《战国策》，上海古籍出版社 1985 年版，第 56 页。

是苏厉劝秦国的武安君白起不要率军继续进攻魏国的国都大梁,但是其所举的这个例子必然有其现实基础与原型。从这个角度来理解这段史料,可以分析出早在春秋战国的时候,便有成人在自然场地参与射艺这项游艺活动,这段记载也可以作为简易化游艺场地的一个有力的证据。

综合而言,"丝绸之路"游艺文化交流是以游艺项目为主要表现形式,以游艺参与者为客观主体,以游艺场地为空间载体的客观实在。其本体特征是集游艺项目的外来化与本土化、游艺参与者的专业化与大众化、游艺场地的专门化与简易化于一身的集合体。这种复杂多元的本体特征,亦是"丝绸之路"绵延万里、连接东西、延续千年的一个反应与外显。

第二节 "丝绸之路"游艺文化交流的属性特征

从中原到西域,"丝绸之路"沿线各地的出土文献史料、石窟壁画图像资料、碑刻墓葬文物遗存等诸多考古实物中蕴含着丰富的古代游艺文化遗产资源。从秦汉画像砖(石)游艺图像至隋唐五代异彩纷呈的敦煌民俗游艺壁画,再到宋元时期东西民族文化的密切交融,"丝绸之路"尤其是河西走廊至西域间的游艺文化交流从未中断过。这些种类繁多的古代游艺活动,今日已无缘目睹其盛状,但从精美的石窟壁画和珍贵的出土文献中可以窥见,融于日常生活、社会交往、礼仪风俗、宗教活动等方面的"丝绸之路"游艺文化渗透着中华民族古人丰富的想象力和创造力,已然不再仅仅是漫漫"丝绸之路"古道上排忧解乏的放松方式而已。不同历史时期、不同民族商旅、不同娱乐活动形式都揭示了"丝绸之路"游艺文化在特定时代背景下的不同属性特征,为当今认识了解"一带一路"沿线不同文化类型的社会风俗习惯提供了有益参考史证。

一　游艺交流中的娱乐至上与忘情忧乐

　　我国近代著名学者梁启超认为"趣味"是人类社会生活中不可缺少的，梁公还曾把"游艺、学问、艺术、劳作"称之为"趣味主体"，"我以为凡人必须常常生活于趣味之中，生活才有价值。若哭丧着脸活过几十年，那么，生活便成沙漠，要他何用？"① 梁启超提出的"趣味主义"，诠释了华夏千余年游艺活动，他从精神需求和体质健康角度，指出了无拘无束的游艺活动是人类社会文明、精神文化需求不可或缺的，轻快愉悦的游艺活动是人性的自然表露，是古人技艺展示和精神活动的自然共鸣，在一定程度上愉悦了古人心情、陶冶情操。闲暇之余的游艺活动种类繁多，按性质可分武功技艺游艺、岁时节日游艺、博弈类游艺、儿童游戏类游艺等。"故食必常饱，然后求美；衣必常暖，然后求丽；居必常安，然后求乐。"② 此句话表明，满足基本生存需求后，充满趣味的游艺活动丰富了古人的日常生活，激发出人的聪明才智，使三维、逻辑、抽象能力得以锻炼。游艺活动以独特而鲜明的视角呈现了民族的起承转合、朝代的更迭流转、人类文明的璀璨时光，它的发展适应了人类健康的需求，它的演变体现了西域多种文明的交流融合。这种娱乐至上的情感需求在岁时节日游艺活动中体现得淋漓尽致，尚秉和在《历代社会风俗事物考》一书中对此论证道：

　　　　凡历代岁首，皆为令节，士民和会，古今如一。兹编不论，论岁首以外时节之沿革。盖无论士农工商，终岁勤劳，无娱乐之时，则精神不活泼，古之人于是假事以为娱乐。原以节民劳，和民气，亦即所谓张弛也，此其义也。乃执者往往以时节酒食欢愉，祭赛迷信，谓为无理而欲删除之。岂知古人用意，乃假时节以为娱乐，非

---

① 梁启超：《为学与做人》，古吴轩出版社 2016 年版，第 12 页。
② 孙诒让撰，孙启志点校：《墨子閒诂》，中华书局 2001 年版，第 656 页。

娱乐之义在时节也。时节者乃人为，故自古及今有沿革，有转移，有风俗习惯，习惯既久，便视为当然，不能究其所以然。①

尚氏所言"假时节以为娱乐，非娱乐之义在时节"，一语道出了游艺的娱乐本质，时节只是娱乐的幌子，它真正的内涵在于娱乐，人们借助游艺来调适心情、休养生息，这是人性的自然表现，也是古人在生活上的智慧体现。游艺的本质特征即是它的娱乐性。游艺活动吸引着不同身份的人参与其中而乐此不疲，"上堂相娱乐，中外奉时珍"觥筹交错、把酒言欢，也是百无聊赖、深感寂寞之时，手下宾客斗鸡观闲，而游艺活动的魅力使古人在参与过程中获得了精神满足和情绪上的愉悦之感，追溯其原因最根本的就在于其娱乐属性。

自古以来，人们皆忘情山水，渴望放松疲惫身心于青山绿水之间。自孔子"智者乐水，仁者乐山"始，中国的知识分子似乎对佳山秀水有一种特别的钟爱。《论语·先进》篇："（曾点）曰：'莫春者，春服既成，冠者五六人，童子六七人，浴乎沂，风乎舞雩，咏而归。'夫子喟然叹曰：'吾与点也。'"② 这种思想体现出儒家理念对心性之乐的追求，通过融合于大自然的审美情趣，从而达到天人合一的境界。

"丝绸之路"上的敦煌地区有着美丽的景色，敦煌《沙州都督府图经卷》载："其山流动无定，峰岫不恒，俄然深谷为陵，高崖为谷，或峰危似削，孤岫如画。"③ 敦煌文献《西州图经》载：

揆巘疏阶雁塔飞空，虹梁饮汉，岩蛮（峦）纷纠，丛薄纤眠，既切烟云，亦亏星月，上则危峰迢遰，下（则）轻溜潺湲，实仙居之胜地，谅栖灵之秘域，见有名额僧徒居焉……峭巘三成，临危而结，极会蛮（峦）四绝架迥而开轩，既庇之以崇岩，亦环

---

① 尚秉和著，母庚才、刘瑞玲校点：《历代社会风俗事物考》，中国书店 2001 年版，第 418 页。
② 杨伯峻译注：《论语译注》，中华书局 1980 年版，第 119 页。
③ 上海古籍出版社、法国国家图书馆编：《法藏敦煌西域文献》第 1 册，上海古籍出版社 1995 年版，第 43 页。

之以清濑，云蒸霞郁，草木蒙笼（朦胧）。①

正是因为有着得天独厚的条件，"丝绸之路"，尤其是敦煌游艺中有很多亲近大自然的野外出游活动。②敦煌出土文献中关于岁时节日民俗活动的记载颇多，逢年过节的庆祝活动中，人们在休闲和游乐活动中追求快乐，享受生活。以清明、寒食节为例，这一时节正是春暖花开、大地回暖之时，人们纷纷走出室内，亲近自然，进行诸如春游、宴饮、踏舞、蹴鞠、击鞠、斗鸡等一系列的游艺活动。施萍婷对此曾说："寒食节期间，百姓'踏歌'，军人'蹴球'，敦煌非常热闹。"③敦煌文献《新集书仪》之《寒食相迎屈上坟书》详细记载有寒食节出游：

景色新花，春阳满路。节名寒食，冷饭三晨（辰）。为古人之绝烟，除盛夏之炎障。空携渌酒，野外散烦。愿屈同飨先灵，已假寂寞。不宣。谨状。《答书》：喜逢嘉（佳）节，得遇芳春。路听莺啼，花开似锦。林间百鸟，啭弄新声。渌水游鱼，跃鳞腾鼍。千般景媚，万种芳菲。蕊绽红娇，百花竞发。欲拟游赏，独步悇之。忽奉来书，喜当难述，更不推延。寻当面睹，不宣。谨状。④

这则材料虽以寒食扫墓为名相邀，但实则是以外出春游娱乐为目的，说明了人们亲近自然的精神追求，也反映了游艺中寄情山水的休闲娱乐功能。

参与者在活动中的全身心投入也是"丝绸之路"游艺娱乐性的表现之一。游艺活动的目的为娱怀取乐、消闲遣兴，古人参与其中赋予

---

① 上海古籍出版社、法国国家图书馆编：《法藏敦煌西域文献》第1册，上海古籍出版社1995年版，第77页。
② 高国藩曾撰文对敦煌民间的游览风俗进行了讨论，参见高国藩《敦煌古俗与民俗流变》，河海大学出版社1990年版，第472—489页。
③ 施萍婷：《本所藏〈酒帐〉研究》，《敦煌研究》1983年创刊号。
④ 中国社会科学院历史研究所、中国敦煌吐鲁番学会敦煌古文献编辑委员会、英国国家图书馆、伦敦大学亚非学院合编：《英藏敦煌文献》第8卷，四川人民出版社1992年版，第197页。

其独特的民族文化性。这种文化性从人类古老而幽暗的深处蓬勃而出，在从事游艺活动时，自觉不自觉地将主观精神和价值取向融入游艺活动之中。如前文在论述博弈类游艺中提到的《藏钩篇》：

> 公等设名两扇，列位分朋。看上下以探筹，睹（赌）争胜负。或长行而远眺，望绝迹以无纵（踪）；远近劳藏，或度貌而难恻（测）。钩母怕情而战战，把钩者胆碎以兢兢。恐意度心，直擒断行。或因言而□（失）马，或因笑以输筹，或含笑而命钩，或缅鲜（腼腆）而落节。连翩九胜，踯躅十强。叫动天崩，声遥海沸。定强弱于两朋，建清斋于一会。①

这段文字对藏钩游戏者在参与过程中的内在心理和外在表现进行了形象的描述，也反映出他们完全进入了藏钩游戏中的角色，充分享受游戏带来的乐趣。总体来说，"丝绸之路"上的游艺活动在交流过程中，无论是博弈、儿童游戏等小规模活动，还是狩猎、观灯等大型活动，都是以放松休闲为主要目的，全面反映了游艺活动的娱乐属性。

二 游艺交流中的宗教信仰与世俗娱乐

自西汉张骞"凿空"西域打通"丝绸之路"以来，中原到中亚、西亚乃至欧洲沿途各国的政治、经济、文化交流就日益密切和频繁，尤其是文化交流方面，多种宗教思想的传播也是"丝绸之路"文化史的一个重要内容。佛教、琐罗亚斯德教、犹太教、景教、摩尼教、伊斯兰教和天主教等随着"丝绸之路"畅通的贸易交往进入了古代中国人的宗教视野。不少外来宗教与中国本土的儒家思想和道教文化相结合，为中华民族传统宗教文化注入了新鲜血液，经过文化回流传播的

---

① 中国社会科学院历史研究所、中国敦煌吐鲁番学会敦煌古文献编辑委员会、英国国家图书馆、伦敦大学亚非学院合编：《英藏敦煌文献》第6卷，四川人民出版社1992年版，第101页。

影响，"丝绸之路"上的各派宗教文化尤其是佛教、道教、伊斯兰教等在西域诸地拥有众多信徒，"丝绸之路"各地出土文献和石窟精美的宗教题材壁画即是明证。宗教信仰对"丝绸之路"上游艺文化的形成和发展起到了不可忽视的作用，同时也深深地影响着游艺文化的活动形式和内涵特征。

宗教传播是"丝绸之路"游艺文化盛行的重要推手，早期"丝绸之路"游艺文化的形成和传播与两汉时期西域胡人高僧传播佛教关系密切。大量来华胡人不仅热爱并吸收中原汉朝文化，而且也在积极传播着西方宗教信仰。西域胡人几乎全部都是佛教信徒，如史籍记载的"支楼迦谶，亦直云支谶，本月支人……汉灵帝时游于洛阳，以光和中平之间，传译梵文……后不知所终""又有沙门支曜、康巨、康孟详等，并以汉灵献之间，有慧学之誉，驰于京洛"[1]。支娄迦谶与竺法护、支谦、安世高等一样，都是当时活跃于汉代政治、宗教、文化各个领域的西域高僧。在中国历史上，很多西域来华僧人借用幻术、灵异神通等游艺百戏表演内容来招揽信徒，达到宣扬佛教的目的。如《凉州异物志》亦云："大秦之国，断首去躯，操刀屠人"，[2] 记载的即是来自大秦国的幻术表演，在印度，"幻术既是佛教宣传教义的一种方式，也是印度人认识世界的一种思维方式"[3]。各种宗教为了获取信众，都会不同程度地使用幻术，佛教、摩尼教、袄教等在"丝绸之路"沿线传播甚广，一般来说，其传播活动多少带有幻术因素。

在佛教入华之初，经典翻译不够充分，幻术等神异手段被外来传教僧大量使用，[4] 如早期来华的佛图澄就"志弘大法。善念神咒，能役使鬼物"。[5] 佛教最初传入中国常以黄老道术之一种自称，因为佛僧为在中土立足，常借方术（包括幻术、咒术）来赢得民众，进而获取统治者的信任。南北朝时，幻术逐步多见，在民间庙会上还常常与佛事活

---

[1] 释慧皎撰，汤用彤校注，汤一玄整理：《高僧传》，中华书局1992年版，第10—11页。
[2] 李昉等撰：《太平御览》，中华书局1960年版，第3689页。
[3] 蒋述卓：《佛教对艺术真实论的影响》，《文艺理论研究》1991年第1期。
[4] 尚永琪：《西域幻术与鸠摩罗什之传教》，《山西大学学报》2012年第5期。
[5] 李昉等编：《太平广记》，中华书局1961年版，第573页。

第五章 "丝绸之路"游艺文化交流特征研究

动相配合。兹后，龟兹僧人鸠摩罗什入中原，大开译经讲经之风，淡化了幻术在佛教传播中的作用，其实，鸠摩罗什同样也是一位幻术师，在新疆库车县城东北却勒塔格山南麓苏巴什佛寺遗址出土的龟兹文文献中即有幻术方面的内容，如 Mission Pelliot M 777（P. Koutchéen8）即为其例。[①] 唐代著名高僧僧伽大师（628—709），唐高宗时期自西域来我国传经，也会经常利用游艺活动形式辅助西域幻术，[②] 其传扬佛法的手段和鸠摩罗什如出一辙。

由于早期佛教传播的需要，不少胡僧充分利用此类表演艺术来宣传教理教义。有学者分析"佛教刚刚传入中国，传播的方式是极其曲折而艰难的，外来的佛教徒为了传教的需要，不得不当众玩弄一些西方的幻术，以吸引观众；而大量涌入的胡人商客——其中当有一些来自佛教国家——也可能在街市上排演一些他们所熟悉的本民族的杂技，以便贸买交易或以此作为谋生手段。那么，这些幻术和杂技演出就可能包含一些佛教内容。'白象行孕'或'舍利化为仙车'之类即是在这种背景下逐渐形成的，用于街头卖艺的保留节目"。[③] 这种神秘莫测的表演方式不仅迷惑了芸芸众生，同时也在一定程度上让当时的普通百姓对死后西方极乐世界的无限憧憬与向往，此种背景下客观上使得"丝绸之路"游艺活动夹杂在其仪式性的活动中得以生存和发展。

在"丝绸之路"游艺文化萌芽形成的早期，西域外来宗教人士异于中原人的外貌特征和神秘的幻术、杂技等游艺技巧，符合汉代权贵求仙、升仙思想的需要，故"丝绸之路"游艺文化在早期发展阶段就与宗教的传播有着千丝万缕的关系，备受皇家贵族和平民百姓的推崇。因此，两汉时期随着"丝绸之路"贸易兴盛，游艺文化迎来第一个繁荣发展阶段，"丝绸之路"沿线的河南、陕西、甘肃、新疆等地发现的不少汉画像石（砖）古代百戏图像就是当时宗教传播促进游艺文化

---

① Jean Filliozat, *Fragments de Textes Koutcheensde Medecine et de Magie*, Paris: Librairie d'Amerique et d'Orient Adrien-Maisonneuve, 1948, pp. 89–103.

② 杨富学、张田芳：《从粟特僧侣到中土至尊——僧伽大师信仰形成内在原因探析》，《世界宗教研究》2018年第3期。

③ 吴焯：《关中早期佛教传播史料钩稽》，《中国史研究》1994年第4期。

形成发展的最好例证。

宗教信仰与"丝绸之路"游艺文化的世俗化,"丝绸之路"上的游艺文化主要集中体现在各种节庆娱乐活动中。总体而言,古时候"丝绸之路"沿线的节庆民俗大致有以下几类:

第一,来源于佛教的纯佛俗。这类佛事是于佛教节日时在宗教场所举办的纯佛俗性质的活动,敦煌文献中有不少这样的记载,如从《四门转经文》、《新岁年旬上首于四城角结坛文》可知有四门结坛,从《置伞文》、《竖幢伞文》可知有安伞旋城,另外还有上元燃灯、赛天王、印沙脱佛脱塔、二月八日设道场讲经说法行像、释迦忌辰、四月八佛诞、盂兰盆节等。① 西域为东西文明的中继站,遑跞古今并鉴四大文明,佛教自两汉之际由印度经西域传入中国,在与世俗力量进行交流碰撞时而世俗化,而敦煌是传播路上的必经之地,佛教在此生根发芽,对敦煌地区产生了深远的影响,佛俗历经千年星辰流转,流传至今,如四月八、盂兰盆节已发展成为我国民间的节日。

这些佛俗有如下特点:一是和佛教信仰有关;二是具有禳灾、植福之功能,如白伞法事的神通、天王的护佑、印沙佛的积德等,和每个人的切身利害紧密相连;三是与中国传统的孝道观念吻合,延寿荐亡,深得民心。四是方法易行,便于普及,如印佛只需在近水之处,用泥团打印脱模即可。

第二,古代社会岁时节日民俗。岁时活动是古代民间常规性的活动,具有浓厚的民俗色彩,佛教传统与岁时相交融合演化为独特的岁时佛俗,如正月燃灯节(现为藏传佛教一年一度的传统宗教节日),敦煌的燃灯是由剜身燃灯供养佛以表至诚演变而来,经常由敦煌社邑组织进行,活动期间民众向神灵祈福。如敦煌文献社条中规定:"本社条件:每年正月十四各令纳油半升于普光寺上灯。"② 后周显德六年(959)社条:"社内正月建福一日,人各税粟一斗、灯油一盏"。③ 宋

---

① 罗华庆:《9至11世纪敦煌的行像和浴佛活动》,《敦煌研究》1988年第4期。
② 黄永武主编:《敦煌宝藏》第44册,新文丰出版公司1986年版,第496页。
③ 黄永武主编:《敦煌宝藏》第4册,新文丰出版公司1986年版,第299页。

太平兴国七年（982年）社条："新年建福一日，人各炉饼一双，粟一斗，燃灯一盏"。①《社司转帖》："右缘年支正月燃灯，人各油半升，幸请诸公等，帖至限今月廿一日卯时，于官楼兰若门前取齐"。② 由此，生活在"丝绸之路"重镇——敦煌的百姓对于燃灯仪式的重视程度可见一斑。此外，在敦煌地区，三月逢寒食、清明则踏歌设乐、添坟祭扫；五月适端午则有僧官向节度使赠献礼物；七月盂兰盆节时则要设置道场、修缮佛堂，还要进行祭祀造像、抄经破盆等仪式。季末之时则设罢四季道场借以消灾祈福。

第三，佛俗与日常民俗相融合的节庆之俗。这类节庆活动的特点是融合了佛俗和中原传统习俗，大多数是在宗教活动或岁时节日游艺活动基础上增加了娱神或娱人的内容。例如四季道场与岁末诸巷道场便是我国传统祭祀、傩戏与西域佛教道场、佛事融合而生的典型产物。藏钩初为我国传统的大众游戏，后佛教将其吸收并融入了清斋的元素。驱傩是唐宋时期流行于敦煌的一种在岁末新年举行的驱疫禳灾活动。是时，州、县二级，包括节度府在内，均设有官办的驱傩队，坊巷有民间自办的驱傩队，佛、道、祆各教亦有自己的驱傩队。无论何种队伍，均设有领队、部众及器乐班子。根据队伍主体的不同，领队的名称、头衔也有不同，仅敦煌文书所见便有"太常""钟馗""五道将军""安城大祆"等若干不同的名号。同样，部众也分而扮作佛、道、祆等不同教派的神兵神将。仪式进行时，器乐班子敲锣击鼓以充伴奏，公私学校的学郎作为"儿郎"随队歌唱呼叫。驱傩时的唱词称为"驱傩歌"，敦煌地区流行的驱傩歌《儿郎伟》为四六骈句，偶句押韵，两节之间伴有间奏，歌词多祈愿政通人和、物阜民康，最初驱鬼逐疫的性质已然淡化，这一特点也使得敦煌傩戏成为中国古代傩文化系统中独树一帜的存在。公元9—10世纪，每年的二月八日，即佛诞日，敦煌地区往往会举行盛大的踏悉磨遮舞表演，这种传自波斯的苏摩遮

---

① 图版见：国际敦煌项目：《Pelliot chinois 4525（11）》，http：//idp. nlc. cn/database/oo_scroll_h. a4d? uid=488122518411；recnum=61788；index=4，2023年1月19日。

② 黄永武主编：《敦煌宝藏》第128册，新文丰出版公司1986年版，第309页。

乐舞以士女踏歌为队、踏地以节、联袂而歌，踏者多戴面具或宝帕头冠，依曲填词，并将新词递衍传唱。悉磨遮舞本是佛俗内容，却在赞佛礼佛的同时娱乐了民众，也可作为当时的一项娱乐民俗活动。① 这些佛教习俗与民间节庆活动互相结合，群众在日常活动中能自然而非自觉地受到佛教文化的影响，这是佛教在中国广为流布并且加速本土化的重要原因，正是这种潜移默化的影响使得佛教能够在民间落地生根，融入寻常百姓日常生活。

宗教文化的传播与"丝绸之路"游艺文化的逐渐世俗化是相辅相成的。宗教节日尤其是佛、道二教中的宗教性节日娱乐风俗盛行，拓展了"丝绸之路"游艺活动的视野与领域，如佛教上元灯节（燃灯节）的赏灯活动和道家"降圣节"的作乐歌舞，可以说宗教节日的世俗化，大大丰富了游艺活动的内容。从另一个方面来说，宗教活动场所成为游艺活动开展的最佳地点，尤其是寺观庙会的出现，更是突出了寺院场所的娱乐功能，如"中元节"期间，佛道二教都要在佛寺和道观中举行杂耍、百戏等各种游艺活动。而游艺活动也吸引着一些宗教人士的参加，两者呈互动式发展。如在围棋、藏钩等博弈类游艺活动中就有僧人参与，吐鲁番文献《唐道俗藏钩文书》中就有僧人、道士参与藏钩游戏的记载。除此之外，一些武功类游艺也在宗教人士中有开展，如前文对佛教中相扑资料的讨论，说明相扑这种竞技性较强的游艺活动中就受到僧人的欢迎。佛教讲求善缘，对赌博类游艺活动的教化作用也十分凸显，这其中尤以讲经文为代表，如《父母恩重经讲经文》载："贪欢逐乐无时歇，打论樗蒲更不休"，又云："伴恶人，为恶迹，饮酒樗蒲难劝激。"② 可见，佛教认为，某些博弈类游艺活动是有危害的，并以讲经文的形式劝诫人们远离这些活动。

---

① 姜伯勤：《敦煌悉磨遮为苏摩遮乐舞考》，《敦煌研究》1996年第3期。
② 上海古籍出版社、法国国家图书馆编：《法藏敦煌西域文献》第13册，上海古籍出版社2000年版，第302、312页。

三 游艺交流中的地域特色与民族融合

"丝绸之路"自古以来就是中外各民族政治、经济、文化、宗教交往交流交融之路，敦煌作为中原沟通西域的门户重镇，古时候曾是多民族聚居的地区，还被称作各民族经济、文化交融的大都会。先后活动于敦煌的主要民族就有羌、塞种、月氏、乌孙、匈奴、鲜卑、退浑、粟特、吐蕃、回鹘、党项、蒙古及裕固族等。今敦煌地区现存的500余个洞窟中，除了汉人政权时代开凿的300余窟外，少数民族政权时代所开的洞窟也有170余个，约占洞窟总数的三分之一；在敦煌发现的50000多卷古代文献中，除汉文外，尚有吐蕃文写卷5000件左右，另有突厥文、回鹘文、于阗文、粟特文、西夏文、回鹘式蒙古文、八思巴文等多种文献，这些文献为研究历史上敦煌及"丝绸之路"诸多民族的社会活动、经济状况、语言文字、文化艺术和宗教信仰都提供了详细史料，[1]尤其是各民族之间的交流交往与交融提供了弥足珍贵的资料。

在漫长的历史长河中，诸民族间既有水火不容的利益冲突与争斗，也有和睦共处、友好往来的融融岁月，尤以后者为主，构成了历史上"丝绸之路"民族关系的主旋律。各民族沿着"丝绸之路"或游牧，或农耕，或农牧兼营，以不同的方式开发建设着祖国的边疆，共同创造了辉煌灿烂的古代"丝绸之路"文明，这在今存于世的敦煌石窟艺术和见藏于敦煌莫高窟藏经洞的敦煌文献中都可反映出来，中外史乘也不绝于书。

在"丝绸之路"漫长岁月的多民族文化交往过程中，游艺文化最能反映不同民族的精神面貌和文化性格。名目繁多精彩纷呈的游艺活

---

[1] 陆庆夫：《略论敦煌民族史料的价值》，《敦煌学辑刊》1991年第1—2期合刊；《敦煌民族文献与河西古代民族》，《敦煌学辑刊》1994年第2期；彭金章、王建军：《敦煌莫高窟北区洞窟所出多种民族文字文献和回鹘文木活字综述》，《敦煌研究》2000年第2期；杨富学：《少数民族对古代敦煌文化的贡献》，《敦煌学辑刊》2005年第2期。

动项目不仅是"丝绸之路"各民族人民共同智慧的结晶，同时也是中西文化交流的产物。在两汉、晚唐五代、蒙元等"丝绸之路"繁荣发展之时，"丝绸之路"在月氏、鲜卑、吐蕃、粟特、回鹘、西夏、蒙古等少数民族政权统辖下，各民族文化形成了"你中有我，我中有你"的关系，游艺文化也突出了鲜明的地域特色和民族特色。如晚唐五代时期的敦煌地区，汉人和吐蕃交往密切，无论是汉姓吐蕃人还是蕃名汉人，无不显示了当时吐蕃人和汉人经过长期生活交往，互相影响、互相融合的情形。河陇社会民众在受到吐蕃文化影响的同时，吐蕃民众也受到了来自当地汉文化甚至于其他文化的影响，正如王建在《凉州行》中言：

> 凉州四边沙浩浩，汉家无人开旧道。
> 边头州县尽胡兵，将军别筑防秋城。
> 万里征人皆已没，年年旌节发西京。
> 多来中国收妇女，一半生男为汉语。
> 蕃人旧日不耕犁，相学如今种禾黍。
> 驱羊亦著锦为衣，为惜毡裘防斗时。
> 养蚕缲茧成匹帛，那堪绕帐作旌旗。
> 城头山鸡鸣角角，洛阳家家学胡乐。[①]

"多来中国收妇女，一半生男为汉语"，此句说明虽然有时可能并非主动，但事实上汉人已经接受并吸收了来自吐蕃的文化，胡乐甚至成为汉地普通民众日常的一种娱乐形式，而移居凉州的吐蕃人也开始了解并学习汉地人民的农耕文化，而且开始使用丝绸制品。

在中原地区盛行的游艺活动项目围棋，在吐蕃地区也广受欢迎。《旧唐书·吐蕃传》记载"围棋陆博，吹蠡鸣鼓为戏，弓剑不离身"。[②]

[①] 彭定求等编：《全唐诗》，中华书局1960年版，第3374页。
[②] 刘昫等撰：《旧唐书》，中华书局1975年版，第5220页。

《新唐书·吐蕃传》亦有载"其戏，棋、六博。其乐，吹螺、击鼓"。①晚唐五代时期敦煌被吐蕃统治，《通典·食货》云："燉煌郡贡棋子二十具，石膏，今沙州。"② 现存于敦煌博物馆的唐代写本文献《唐地志》记载沙州当时"都四千六百九十，贡棋子"。可知当时的敦煌还有可能盛产棋子，将其当作贡品送往中原王朝。敦煌出土有《棋经》，石窟壁画里也有不少描绘古人下围棋的场景，这说明围棋在古代"丝绸之路"上曾广泛流行，上至行政官吏、敦煌大族，下至平民百姓都喜爱围棋，成为吐蕃民族与其他各民族之间交流的一种手段。

除了围棋，"丝绸之路"西段区域的吐蕃人还流行狩猎和打马球，如敦煌文书《敦煌古藏文医马经》残卷记载："骑马打猎或……奔跑间连人带马摔倒于鞍下治疗之方：若不能站立，偏倚而卧……秋季喂六七天青草后于尾根炙之即愈。"③ 狩猎是吐蕃民族的经常性活动，从长期的狩猎过程中，总结了医马的方法。汉文史籍中还记载了吐蕃人打马球风气之盛及其高超的马球技艺，马球也成为吐蕃与中原王朝的一种交流方式。《旧唐书·吐蕃传》记载："景龙三年十一月，又遣其大臣尚赞吐等来迎女，中宗宴之于苑内球场，命驸马都尉杨慎交与吐蕃使打球，中宗率侍臣观之。"④ 唐人编《封氏闻见记》对吐蕃人的马球之术记录更为详细，⑤ 此内容在前文中已有讨论，此处不再赘述。

"丝绸之路"游艺文化除了吸收中国古代各民族文化之外，西域入华的外来民族对"丝绸之路"的民俗游艺影响也颇大，这方面尤其是来华粟特人表现最为明显。中古时期大批入华的粟特人也并非全部居住在以本民族为主体的较为封闭的胡人聚落里，部分移民或进入漠北突厥汗国，或入仕北朝、隋唐的各级军政机构，其中尤以从军者居

---

① 欧阳修、宋祁撰：《新唐书》，中华书局 1975 年版，第 6073 页。
② 杜佑撰，王文锦等点校：《通典》，中华书局 1988 年版，第 119 页。
③ 王尧、陈践：《敦煌吐蕃写卷〈医马经〉〈驯马经〉残卷译释》，《西藏研究》1986 年第 4 期。
④ 刘昫等撰：《旧唐书》，中华书局 1975 年版，第 5226 页。
⑤ 封演撰，赵贞信校注：《封氏闻见记校注》，中华书局 2005 年版，第 53 页。

多。唐朝前期，由于国势强盛，社会稳定，民族政策宽容，吸引了许多周边部族从化内附。加之中西方交通大开，"丝绸之路"贸易繁盛，大批粟特人遂经"丝绸之路"涌入中国西域、河西，以至中原内地。他们或往返于中西之地经商、游历、传教，或沿"丝绸之路"定居、繁衍生息。当时有大量粟特人落居分别以吐鲁番、敦煌为中心的西域及河西一带，在其地形成粟特聚落，其后又不断向东扩散。唐代，集聚于安西、北庭、吐鲁番诸地的粟特商人，其活动不再局限于西北边地，唐朝政府对粟特商人前往京城从事贸易活动的政策，旨在吸引粟特商人进入中原，以促进中原和西域之间物质文化的交流。①敦煌吐鲁番文书中保存有大量粟特人从事农耕与手工业的资料，他们在西州拥有桑园、葡萄园，或者成为寺户，粟特人中有铜匠、皮匠，一些粟特人还当上了手工业团体的首领，称作"团头"。在地方行政机构中，也有粟特人担任驿长、令史等职。内地也有许多粟特工匠。一些粟特人沦为城市贫民，一些则加入军队。8世纪中期以后，"丝绸之路"沿线的长安、固原、获鹿等地仍有粟特人聚居，但更多的粟特人则是与汉族及其他少数民族杂居，并逐步文化融合。②

"丝绸之路"游艺民俗中，作为粟特人信仰的祆神崇拜逐渐走进各民族人们生活之中，进而形成的赛祆活动也成为当地一种民俗。所谓赛祆，是一种祭祀活动，有祈福、酒宴、歌舞、幻术、化装游行等盛大场面，类似中原地区的庙会。敦煌文书对此有丰富的记载，如《己未至辛酉年（899—901年）归义军衙内布纸破用历》记录了三年的赛祆支用情况：

  己未年（899）支出的有：七月廿五日，支赛祆画纸30张；十月五日，支赛祆画纸30张。庚申年（900）支出的有：正月十三日，支赛祆画纸30张；四月八日，支赛祆画纸30张；四月十六日，支赛祆画纸30张。辛酉年（901）支出的有：正月十一

---

① 荒川正晴著，陈海涛译：《唐帝国和粟特人的交易活动》，《敦煌研究》2002年第3期。
② 程越：《入华粟特人在唐代的商业与政治活动》，《西北民族研究》1994年第1期。

日,支赛祆画纸 30 张;二月二十一日,支赛祆画纸 30 张;三月三日,支赛祆用粗纸 1 帖;四月十三日,支赛祆画纸 30 张。①

由此可见,归义军时期的敦煌地区,除了中原和西域少数民族风俗的游艺活动之外,粟特人热衷的赛祆活动也是非常受欢迎的,不仅此类娱乐活动开设频繁,而且所用纸张酒食等,还由归义军衙门供应,说明这些游艺活动上至官方下至百姓都是十分喜爱并积极参与的。

总而言之,"丝绸之路"游艺文化是"丝绸之路"不同历史时期多民族多元文化"交往交流交融"的结果。在长期的互动交流下,人们忘却忧愁与旅途疲惫,愉悦了身心充实了自我,在不同宗教文化信仰和民间世俗娱乐中谋求精神放松,共享运动和欢乐的过程中,促进了中外多民族文化的碰撞与交融。在游艺活动强有力的亲和力与影响力下,不同地域不同民族的文化认同进一步加强,各民族文化包容多样、交互作用,和谐共存,为铸牢中华民族共同体意识提供了鲜活的"丝绸之路"史实和史证。

第三节 "丝绸之路"游艺文化交流的社交特征

一 "丝绸之路"游艺文化交流的偶发性与功利性

"丝绸之路"两千多年的发展过程中,贯穿始终的是沿线区域内各政权、各民族之间生生不息的紧密交织。根据系统理论可知,任何事物各要素之间的运动都不是孤立地存在,普通民众视野中构成这种交织的显性基础是各种商品和货物的不间断流通,需要更加注意的则是隐藏在背后的推动力量,这种推动力在本质上决定着"丝绸之路"商贸往来的繁盛,同时也影响着"丝绸之路"游艺文化交流的走向。通常认为,"古代陆上'丝绸之路'运行期间,社会结构较为封闭,

---

① 上海古籍出版社、法国国家图书馆编:《法藏敦煌西域文献》第 32 册,上海古籍出版社 2005 年版,第 261—267 页。

文化冲突尚不激烈，各国间的文化交往自然而平缓。"① 在"丝绸之路"如此长时期相对稳定的背景下，"丝绸之路"游艺文化频繁地交流，并实现了较为充分的实质性融合，这足以说明其背后的推动力量之强大。如何去认识和理解这种推动力量，并借此分析由此延伸出的"丝绸之路"游艺文化的社交特征，是此部分讨论的一个重要命题。

　　探讨"丝绸之路"游艺文化交流的推动力量，首先要分析其从属的"丝绸之路"商贸交流的影响因素。对此，学界借用现代经济学的理论提出"丝绸之路"商业往来中"政府和市场的作用缺一不可"，②既有"丝绸之路"沿线各政权间的官方行动，又是沿线区域一般民众间的自发行为，从而形成了官方自上而下和民间自下而上的合力推动。由此推及至"丝绸之路"游艺文化交流的推动力量，亦可以从官方和民间两个维度去解读，结合前文内容中所涉及的"丝绸之路"游艺文化交流的项目、人物和场地等实际参数和变量，本书将其总结归纳为偶发性和功利性两种推动力量。所谓的偶发性也就是自发性，是"丝绸之路"游艺文化交流的源动力，与"丝绸之路"沿线民众的积极参与密不可分；功利性力量的助推者有商人、政府官员等，③他们为利益所驱动，在客观上也促进了"丝绸之路"游艺文化的多元融合。

　　"丝绸之路"游艺文化是其沿线区域内农耕游艺文化、游牧游艺文化以及宗教游艺文化等相互交流而形成的一种文化形态，在相当长的一段时期内，这几种不同内涵的游艺文化呈现出相对独立、封闭和稳定的特征。这一相对平衡的态势随着"丝绸之路"的畅通和繁盛而被打破，沿线往来的商人、僧侣、游士等用各自熟悉的游艺活动缓解枯燥的行旅生活，这是促成不同区域游艺必须交流的原生态途径，更多地表现出自发性和自觉性，是"丝绸之路"沿线民众无意识的偶发

---

① 王景华、韩振丽：《丝绸之路经济带建设中的多元文化交往与民心相通研究》，《新疆社会科学》2015年第6期。
② 张二震主编：《新发展理念研究丛书·开放发展》，江苏人民出版社2016年版，第194页。
③ 这里的商人特指从事观赏性游艺经营、专业游艺表演者的培养与贩卖等与游艺活动密切相关的获利从业人员。

行为，同时也是最强劲的推动力量。

"丝绸之路"游艺文化交流的偶发性可以理解为"丝绸之路"沿线民众参与游艺活动仅仅是出于释放压力、放松身心和休闲娱乐的心理需要，与参与者的社会地位、身份职业、经济条件等关联度不高，开展游艺活动时受到器材、场地等客观因素的限制较少，更多的是主观意愿行为，极少有强制性要求等情况出现，这种特征在博弈类游艺项目和节日类游艺项目里体现得尤为明显。如前文提到的吐鲁番出土的《唐道俗藏钩文书》中所描述的情景，参与此次藏钩游艺的有道士张潼、僧人思惠和普通群众高五、翟都、高来、郭俨等人，从参加人员组成来看，既有宗教人士，又有世俗百姓；从使用的物品来看，使用了当时极为常见的简易器具藏钩；从游戏规则来看，采用了最简单易行的用"尚"字计数方式；从游艺场地来看，推测是在非正式场所，上述信息可以较为直接地反映出藏钩游艺参与者的这种偶发性和非功利性。与之类似的还有围棋、樗蒲和双陆等博弈类游艺项目，这类游艺的开展大多数没有受到各种利益的驱动，表现出鲜明的自发性特征。节日类游艺也是"丝绸之路"游艺文化交流偶发性的典型事例代表，在"丝绸之路"沿线的上巳节、寒食节、清明节、端午节、乞巧节等诸多岁时节日中，都能看到群体性的自发的游艺活动。以清明节为例，敦煌文献中有一篇名为《菩萨蛮·清明》的诗歌：

> 清明节近千山绿，轻盈士女腰如束。九陌正花芳，少年骑马郎。罗衫香袖薄，伴醉抛鞭落。何用更回头，漫添春夜愁。①

正如诗中所描述的情景，少男少女们在清明时节纷纷盛装出行，他们游走于青山绿水之间，尽享着青春年华，这样的集聚游乐是不掺杂任何利益成分的，也可以反映出寒食、清明时节的踏青郊游是"丝绸之路"一个重要的岁时娱乐，由此也客观上促进了游艺文化的传播

---

① 上海古籍出版社、法国国家图书馆编：《法藏敦煌西域文献》第22册，上海古籍出版社2001年版，第307页。

与共享。敦煌端午节的登高滑沙也能说明这一现象，一般意义上登高望远是"丝绸之路"东端，也就是中原地区重阳节所流行的游艺活动，耳熟能详的杜甫《登高》、王维《九月九日忆山东兄弟》等都是描写此类主题的诗歌。而在"丝绸之路"的西端，敦煌地区也有登高游艺，但是时间却是在端午节，除此之外，登高之后又增加了一项新的娱乐项目滑沙，敦煌文献《敦煌录》中对此有明确记载："风俗：端午日，城中士女，皆跻高峰，一齐蹙下，其沙声吼如雷。"[1] 由此可见，从重阳节到端午节，从登高到滑沙，两种游艺活动跨越时空和地区界限，浑然天成般融合在一起，也充分验证了"丝绸之路"游艺文化交流的偶发性。

"丝绸之路"游艺文化交流的功利性主要是统治阶层和以此为生意的商人倡导的，带有较强的目的性，与参与者的身份地位、经济基础等高度相关，对游艺举行的场地空间等因素要求也较高。例如，"丝绸之路"沿线不同地区的政权统治者及其附属阶层出于政治、军事和外交需要，相互之间开展的一些游艺活动交流。前文论及马球游艺时，曾使用了《封氏闻见记》中的一则史料，记叙的是唐中宗景云年间接待吐蕃使者时举行的一场马球比赛，凭借着临淄王李隆基的力挽狂澜，大唐反败为胜，这种交流的功利色彩显而易见。还有一些类似的案例，如日本藏敦煌文献《驿程记》中记有："廿四日，天德打球设沙州专使至。"[2] 敦煌文献《儿郎伟》中也记载有："朔方安下总了，沙州善使祗迎。比至正月十五，球场必见喜鼓声。"[3] 从上述两则材料可以推知，游艺活动作为官方接待活动的一种，并且礼制、场地等也都是有一定规格要求的，对此问题的相关解读将在下文中进一步讨论。除此之外，商人也是"丝绸之路"游艺文化功利性交流的推动

---

[1] 中国社会科学院历史研究所、中国敦煌吐鲁番学会敦煌古文献编辑委员会、英国国家图书馆、伦敦大学亚非学院合编：《英藏敦煌文献》第7卷，四川人民出版社1995年版，第93页。

[2] 高田時雄：《批評·紹介池田温编〈敦煌漢文文献〉(〈講座敦煌〉第五卷)》，《東洋史研究》1993年第52卷第1号。

[3] 上海古籍出版社、法国国家图书馆编：《法藏敦煌西域文献》第27册，上海古籍出版社2002年版，第1页。

者，汉代杂技中有名的"乌获扛鼎，都卢寻橦"，其中杆戏的表演者"寻橦"就是来自古代的夫甘都卢国，他们从小被培养此项技能，然后作为艺人被贩卖至中原地区。"丝绸之路"上的商业民族粟特人也精通于此道，在他们贩卖的人群中，亦有数量众多的具有游艺技能的奴隶和艺人。①

协同理论认为，系统内部各个部分相互影响、相互协同，共同促成事物整体的发展变化。显然，"丝绸之路"游艺文化交流的两种推动力量不是相互矛盾和对立的，而是相辅相成，缺一不可，并且是掺杂在一起共同发挥作用的。敦煌文献《赠清师诗三首并序》中记载了一则乞巧节活动的场景：

自到敦煌有多时，每无管领接括（话）希。寂莫（寞）如今不请说，苦乐如斯各自知。思量乡井我心悲，未曾一日展开眉。耐得清师频管领，似逢亲识是人知。

切以某乙家乡万里，涉歧路而长赊；羡爱龙沙，收心驻足。初听蛮吟于阶砌，乍闻产燥于高梧。是千门求富之辰，乃巧女七夕之夜。辄奉诸贤，宁无谁思，遂述七言，清法师勿令怪笑。

七月佳人喜夜情（晴），各将花果到中庭。为求织女专心座（坐），七（乞）窍（巧）楼前直到明。

《又述五言》：乞巧望天河，双双并绮罗。不犹（忧）针眼小，只要明月多。②

此诗的作者，据徐俊分析应为中原派到敦煌公差的政府人员，题目中的清师应是道清法师，是金光明寺的出家人。③诗歌开篇抒发了

---

① "丝绸之路"上艺人作为商品的现象在谢弗、杨瑾等学者的研究中有所涉及，参见［美］爱德华·谢弗《唐代的外来文明》，吴玉贵译，陕西师范大学出版社2005年版，第70—91页；杨瑾《汉唐文物与中外文化交流》，陕西人民出版社2018年版，第53—58页。

② 中国社会科学院历史研究所、中国敦煌吐鲁番学会敦煌古文献编辑委员会、英国国家图书馆、伦敦大学亚非学院合编：《英藏敦煌文献》第4卷，四川人民出版社1991年版，第87页。

③ 徐俊纂辑：《敦煌诗集残卷辑考》，中华书局2000年版，第867—868页。

作者客居边陲的孤单之情，进而描述七夕节被道清法师邀请参加观赏乞巧游艺的情景。据诗歌内容可知，参加此次乞巧游艺的既有外地官员，又有本地"诸贤"，可以看作一次功利性的礼仪接待活动；既有道清法师等出家人，又有普通百姓，亦可以作为一次偶发性的休闲娱乐。据此，可以认为，正是在偶发性和功利性两种力量的推动下，"丝绸之路"游艺文化得以广泛地交流和融合，成为"丝绸之路"沿线民众共同参与和维护的文化资源。

二 "丝绸之路"游艺文化交流的社会化与生活化

在稳定统一的政治环境下，经济贸易的往来促进各民族的迁徙融合，不同的民族文化在不断的冲击、抗争中最终实现相互交融。"丝绸之路"游艺文化交流从最初政治色彩浓厚的进奉朝贡等官方间活动，在传统游艺与外来特色游艺双重文化相互影响下，发展成为广大社会阶层参与的、形式多样的社会化精神娱乐活动。与此同时，一些外来的带有宗教色彩的祭祀仪式逐渐被中国化，它们中间的很多活动带有游艺的属性，受此影响，游艺活动逐渐成为百姓生活的必要调剂。汉唐时期，城市的"市"和"坊"是分别设立的，市是商业区，坊是居民区。唐代城内的商业活动限于白天，夜间实行宵禁，这样的规章制度，使得一些游艺文化交流活动的开展不得不考虑时间性和空间性。

"丝绸之路"游艺文化交流还表现在以时间为主导的社会化和生活化等方面。例如清明节举行蹴鞠，上元节燃灯。岁时游艺活动，彰显出古代人民对岁时节日的热爱。不同岁时节令、不同历史时期的岁时游艺活动传递不同文化的碰撞与交流的同时，特有的竞技性、观赏性、娱乐性、休闲性也使得交流活动呈现出社会化和生活化的特征。

岁时游艺活动是农耕社会人们的精神补给，这些活动的开展常常是祭祀仪式、宴饮娱乐等活动的重要组成部分。以中国古代参与度高的燃灯游艺为例，其有"上元燃灯""建福燃灯"两种形式，上元燃灯在前文已经进行了比较充分的讨论，其社会化进程与道教、佛教等宗教密切相关，并最终演化成为百姓的狂欢日，由原有的宗教色彩浓厚的祭祀仪式发展成为一种全民性的社会风俗。与上元燃灯相比，正月建福燃灯是普通民众自发的一种祈福活动。建福燃灯一般在正月或二月间举行，正与中国传统节日新年相一致，人们通过燃灯活动表达对佛祖的虔诚信仰，祈求得到佛的庇护。由于"燃灯活动的目的直指现实生活，以祈福、消灾免祸为主要意图"，① 贴近百姓生活而备受百姓喜爱，因此成为一种社会习俗传承下来。据此可知，"上元燃灯""建福燃灯"都是以儒道文化为主体的发展进程中，逐渐吸纳了"丝绸之路"上外来佛教礼俗，在政治、经济及社会文化环境的推动下，多元文化不断叠加融会，最终达成共识，成为全国性、社会性、大众性的岁时风俗。

"丝绸之路"游艺文化交流社会化和生活化的一个重要指标是各类游艺项目在民间的传播中打破了传统的时空限制，为其在中下层普通百姓中的传播提供了更为广阔的空间环境。此外，交易时间限制也同时被取消，一些外来游艺项目打破等级阶层的限制，逐渐成为社会各阶层喜闻乐见的娱乐活动，最终实现游艺文化交流的社会化。

"丝绸之路"上的童戏类游艺就非常有代表性，唐代诗人路德延所写的《小儿诗》里面就提供了很多的生动例子：

情态任天然，桃红两颊鲜。乍行人共看，初语客多怜。
臂膊肥如瓠，肌肤软胜绵。长头才覆额，分角渐垂肩。
散诞无尘虑，逍遥占地仙。排衙朱阁上，喝道画堂前。
合调歌杨柳，齐声踏采莲。走堤行细雨，奔巷趁轻烟。
嫩竹乘为马，新蒲折作鞭。莺雏金镞系，猫子彩丝牵。
拥鹤归晴岛，驱鹅入暖泉。杨花争弄雪，榆叶共收钱。
锡镜当胸挂，银珠对耳悬。头依苍鹘裹，袖学柘枝揎。

---

① 冀志刚：《燃灯与唐五代敦煌民众的佛教信仰》，《首都师范大学学报》2003年第5期。

酒殢丹砂暖，茶催小玉煎。频邀筹箸挣，时乞绣针穿。
宝箧挐红豆，妆奁拾翠钿。戏袍披按褥，劣帽戴靴毡。
展画趋三圣，开屏笑七贤。贮怀青杏小，垂额绿荷圆。
惊滴沾罗泪，娇流污锦涎。倦书饶娅姹，憎药巧迁延。
弄帐鸾绡映，藏衾凤绮缠。指敲迎使鼓，筋拨赛神弦。
帘拂鱼钩动，筝推雁柱偏。棋图添路画，笛管欠声镌。
恼客初酣睡，惊僧半入禅。寻蛛穷屋瓦，探雀遍楼椽。
抛果忙开口，藏钩乱出拳。夜分围榾柮，聚朝打秋千。
折竹装泥燕，添丝放纸鸢。互夸轮水碓，相教放风旋。
旗小裁红绢，书幽截碧笺。远铺张鸽网，低控射蝇弦。
詀语时时道，谣歌处处传。匿窗眉乍曲，遮路臂相连。
斗草当春径，争球出晚田。柳傍慵独坐，花底困横眠。
等鹊前篱畔，听虿伏砌边。傍枝粘舞蝶，隈树捉鸣蝉。
平岛夸蹗上，层崖逞捷缘。嫩苔车迹小，深雪履痕全。
竞指云生岫，齐呼月上天。蚁窠寻径蹶，蜂穴绕阶填。
樵唱回深岭，牛歌下远川。垒柴为屋木，和土作盘筵。
险砌高台石，危跳峻塔砖。忽升邻舍树，偷上后池船。
项橐称师日，甘罗作相年。明时方任德，劝尔减狂颠。①

　　游艺是儿童生活的主旋律，"大抵童子之情，乐嬉游而惮拘检，如草木之始萌芽，舒畅之则条达，摧挠之则衰萎。今教童子，必使其趋向鼓舞，中心喜悦，则其进自不能已"②。这首《小儿诗》勾画出了一幅丰富多彩的儿童游艺世界，人们耳熟能详的骑竹马、放风筝、荡秋千、斗百草等童戏活动都有迹可循。如诗中提到的放风筝，因其制作成本低廉以及技巧难度系数较低，在儿童游艺中相当流行。与此类似的还有骑竹马，其游玩形式为儿童将竹竿放在胯下当马骑，表现了

---

① 彭定求等编：《全唐诗》，中华书局1960年版，第8255—8256页。
② 王守仁撰，吴光、钱明、董平、姚延福编校：《王阳明全集》，上海古籍出版社2011年版，第99页。

儿童欢跃活泼、天真烂漫的本性，此游艺器具同样制作简单，以奔跑运动为主要形式，深受儿童喜爱，在浩瀚史料中常见其记载。"丝绸之路"上其他儿童类游艺活动在第二章节杂艺类游艺中已有论述，此处不再重复。总之，这些儿童游艺活动流传了上千年，到现在依然在儿童少年中得以开展，说明其强大的生命力，也更加反映了这些活动在当时已经深入到普通百姓的日常生活之中，成为他们生命中不可或缺的有机组成，影响着一代一代中华儿女的成长，同时也是"丝绸之路"游艺参与者大众化的一个侧面例证。

"丝绸之路"游艺交流活动还在时间性和空间性紧密依赖的基础上实现生活化。外来游艺项目为了迎合不同阶层的审美趣味、社会需求、观赏品味等，不可避免地受到原生本土文化的影响。本土游艺文化在与外来游艺文化交流的同时，对外来文化进行借鉴吸收的同时，经过不断的交往、摩擦、交流，一些游艺项目甚至演绎出更为多样的项目类型。如杂技作为古代社会的游艺活动，具有趣味性、观赏性、娱乐性特征。宋代以前的商业、文化娱乐市场要受"市坊分区制"的限制，无法自由地发展，因此，导致一些游艺交流活动需要在专门的空间场地进行。以"丝绸之路"百戏类游艺为例，汉代国力强盛、经济发达、文化繁荣、对外交流广泛，域外的各种奇技表演也随之传入中原，与中原的杂技融为一体，形成形式多样，内容丰富的百戏艺术。百戏既传承了中原本土原有的百戏艺术，也包含了外来民族带来的百戏艺术。西域、中东诸国的杂技艺术也开始渗透融入中华民族固有的杂技表演之中，开创了中国杂技兼收并蓄的先河，对中国杂技风格多样产生了积极的影响。[1] 百戏游艺传入后，与我国的角抵运动相结合形成了《西京赋》中记载的百戏运动，从而使我国百戏运动增加了爬杆、踩软索、钻圈、假面戏、马戏、幻术表演和驯兽表演等多种项目，促使我国百戏运动在汉代发展到一定高峰。[2] 汉代文献中记录的百戏种类繁多，画像砖石和墓室壁画上可见的样式更为丰富。从大量的汉

---

[1] 吴学忠：《浅析汉代百戏的起源及其影响》，《音乐天地》2007年第8期。
[2] 刘艳芹：《汉代丝绸之路中外体育文化互鉴》，硕士学位论文，中国矿业大学，2017年。

代百戏陶俑可知，汉代百戏游艺项目已经不再是以秦代模式化、庄重形式的歌舞表演为主，而是由体现现实生活、贴近百姓风俗的文化艺术形式。这些史料都在一定意义上说明百戏游艺在"丝绸之路"文化交流的影响下，已经从封建礼制与宗教祭祀中分离出来，成为贴近百姓生活的民俗艺术。整体来看，面对外来游艺项目，受众者和传播者也会根据不同的主客体条件、社会环境、空间场域等因素，从而对游艺项目进行适当选取，从这一角度来讲，外来游艺项目依据自身的价值逐渐实现了"社会化分工"。

三 "丝绸之路"游艺文化交流的程式化与等级化

"丝绸之路"游艺文化是中国古代社会民众原生态休闲娱乐生活的真实记录。通过前文对部分游艺史料的释读，可以探知游艺文化是当时"丝绸之路"沿线区域内社会生活，尤其是社交礼仪的重要组成部分，并且表现出强烈的程式化和等级化范式，这同时也是中国古代游艺文化的一个显著特征。

程式化是"丝绸之路"游艺文化交流中一个显著的特征，基本表现就是在开展游艺活动的时候要遵循相对固定的程序、套式和仪式，其形成和发挥作用与中国古代社会儒家思想和礼制观念息息相关。中国古代游艺早期阶段便带有程式化和仪式化特征，古代的礼射就是这方面的代表，原本是武艺类游艺活动，"在'礼'的外衣包装下就成为一种彰显威仪，明确等级身份，划分阶级的工具"[1]。正是在这种礼制思想的影响下，一些古代游艺活动"不仅直接参与了'等级有序式'理想社会的构建，还与当时的'争''德'等社会观念在哲学层面交互影响"[2]。这种程式化和仪式化的影响历久弥深，如唐代进士上

---

[1] 凌媛：《从礼射到投壶看中国古代体育的变迁特征》，《黔南民族师范学院学报》2015年第1期。

[2] 孙静、张波：《中国古代体育赛会的社会起源与文化意义研究——以先秦"射礼"赛会为例》，《山东体育学院学报》2018年第1期。

第五章 "丝绸之路"游艺文化交流特征研究

榜之后，官方会组织专门的打马球游艺以示庆祝，并且形成了惯例，历史上著名的"月灯阁球会"就是产生于此。在一些重要节日，官方还会例行举办游艺活动，如上元节灯戏、寒食节球戏灯，等等。敦煌文献《大唐新定吉凶书仪一部并序》中就记录有："寒食假花、绣毯、镂鸡鸭子、推饼、鞭、秋千、气球。"① 据此可见，游艺活动的程式化其实已经深入到"丝绸之路"普通百姓生活的方方面面，如敦煌文献《俗务要名林》中记录了这么一则材料："弓马武艺、垛埒习武、斗战战敌、猎射射猎、击球打戏、放鹰飞飞、奔犬走狗。"② 此卷文书如文中显示，词语有大小字体之分，其中小字词语是对大字词语的进一步阐释，比如垛埒在古代就是围墙、校场的意思，所以小字部分写的是习武，也就是用于习武操练的地方，其他的词语亦是如此，弓箭是武艺的一种，斗战是用来对敌的，狩猎是射猎的一种，击球是打戏游艺，放鹰和奔犬是让鹰和狗去捕猎，这些都是"丝绸之路"游艺文化中最为常见的活动和项目。

值得注意的是，记载这些游艺项目的《俗务要名林》是当时社会中最为普及的世俗生活用语，分门别类地记录了隋唐五代时期的俗语和名物，里面记载的这些游艺的词汇也最大限度地说明了"丝绸之路"游艺文化在那一时期流行的真实情况。与此类似的还有《记室备要》中的记载："送棋局、长行局、送弓箭、送球杖、送鹰鹞、送猎狗。"③《记室备要》是中古时期馈赠礼物的清单，把博弈游艺使用的棋局和长行局、射箭游艺使用的弓箭、马球游艺使用的球杖、狩猎游艺用的猎鹰和猎狗等作为送礼的必备物品，同时也与《俗务要名林》中的日常用语相吻合，这些事实都无一例外地证明了这些游艺活动的开展有着约定俗成的规范，也就是程式化的内容。

"丝绸之路"游艺文化交流中程式化的另一个表现是某些游艺活

---

① 中国社会科学院历史研究所、中国敦煌吐鲁番学会敦煌古文献编辑委员会、英国国家图书馆、伦敦大学亚非学院合编：《英藏敦煌文献》第11卷，四川人民出版社1994年版，第101页。
② 黄永武主编：《敦煌宝藏》第130册，台北新文丰出版公司1981年版，第548页。
③ 上海古籍出版社、法国国家图书馆编：《法藏敦煌西域文献》第27册，上海古籍出版社2002年版，第135页。

动的举行有固定的邀请格式，游艺参与的邀请者和受邀者之间有一套成熟的程序化的规范。敦煌文献《新集书仪》中有一则《打球会》的文书中记载：

> 数日言会，群公意集，朋流悦兴，无过击拂。优承畿（ji）官，骏卫爽明，每事华饰，终是球伯。美之难及，愿惭指拨，倍（陪）随仁德，便请降至。不宣。谨状。
> 《答书》：忽奉来书，优承诸贤并至，深谢眷厚。喜得倍（陪）随，便乃奔赴，不敢推延，谨还状不宣。谨状。①

前文中简要介绍过书仪是中古中国日常书信、典礼仪注的通名，此写本属于朋友书仪，记录了朋友之间相约一起进行马球游艺的书信往来。文书中邀请方认为朋友之间的聚会，没有比打马球更快乐的事情了，故而发出邀请。受邀方则在《答书》中表达了受到邀请的喜悦之情，并欣然同意。此类书仪还记录有《寒食相迎书》《端午相迎书》《冬至相迎书》《召蹴鞠书》《不赴打猎状》和《打猎迎司空状》等。这些文本中所记载的相邀共同游艺的书仪，虽然都是格式化的内容，但这也恰恰反衬出"丝绸之路"上游艺文化交流的程式化。

等级化是"丝绸之路"游艺文化交流中的另一个特征，是与程式化特征相伴而生，相依而存的。中国古代长期处于等级社会之中，统治阶级确立了等级森严的制度要求全社会遵从，尊卑有别的思想观念深入到古代社会生活的各个层面，游艺文化作为传统文化的组成部分，自然也具有等级化的特征。占据主导地位的儒家文化不断地用礼乐制度来约束和掌控民众的休闲游艺生活，在游艺项目进行的过程中过分强调伦理教化，而削弱了游艺活动本身的娱乐属性，这也是中国古代

---

① 中国社会科学院历史研究所、中国敦煌吐鲁番学会敦煌古文献编辑委员会、英国国家图书馆、伦敦大学亚非学院合编：《英藏敦煌文献》第8卷，四川人民出版社1992年版，第196—197页。

游艺活动，尤其是武艺类游艺活动没能实现竞技化的一个重要因素。等级性在诸多游艺活动中都有所体现，如在狩猎的时候，必须由皇帝先射出第一箭，整个活动才能开始；在打马球比赛的时候，只要有帝王参加，必须让他先拔得头筹才可以进行。《丸经》更是直接点明这个主旨："捶丸处虽若平等相近，而尊卑之序不可紊乱。"[①] 游艺活动中这种等级性的存在，客观上也促成了"丝绸之路"游艺文化交流中不与人争的温和、渐进式的融合。敦煌文献《新集书仪一卷》中的材料就是一个很好的例证：

《初入球场辞上马》："厶乙微贱，不敢对厶官同场上马。客将再三屈上马，则然始上马。"

《球乐散谢》："厶乙庸贱，伏蒙厶官特赐同场球乐。厶乙下情无任感恩惶惧。"[②]

这则史料描述了参与马球游艺开始与结束时的流程，通过"不敢对厶官同场上马""客将再三屈上马""伏蒙厶官特赐同场球乐"等语句的表述，可以明显看出主客双方因为身份地位的不同，使得等级低的参与者唯唯诺诺，唯恐失了礼节而不敢全身心投入活动，从而也使马球游艺失去了其应有的竞争性。

结合前面章节对"丝绸之路"游艺文化交流的项目、人物和场地等领域的阐述，本章节对"丝绸之路"游艺文化交流的特征进行了总结概括，认为"丝绸之路"游艺文化交流既具有由交流而产生的外来化与本土化等本体属性，又具有游艺项目自身的休闲娱乐等属性特征，还兼具游艺开展时所衍生出的程式烦琐、等级鲜明的社交特征。这些特征在"丝绸之路"游艺文化交流的过程中如影相随、贯穿始终，它们既是"丝绸之路"游艺文化交流的产物，形成了游艺活动固有的特

[①] 无名氏撰写：《丸经》，商务印书馆1936年版，第38页。
[②] 上海古籍出版社、法国国家图书馆编：《法藏敦煌西域文献》第26册，上海古籍出版社2002年版，第322页。

征，在这些特征相对定型和成熟后，又反过来在"丝绸之路"不同区域的游艺文化中发挥作用，在一定程度上影响和规范着游艺活动的行为准则，促成了独具特色的"丝绸之路"游艺文化，时至今日，在"一带一路"文化建设中仍发挥着重要的作用。

结　语

"丝绸之路"被视作东西方文化交往交流交融的典范，由此上升为不同文明之间互学互鉴的最为生动形象的代表符号，"成为亚欧大陆之间交往交流最广为人知和不可替代的概念。"[①] 也正是通过"丝绸之路"，中亚粟特人、南亚印支人、西亚波斯人和阿拉伯人与中国人一起完成了对世界的认知。[②] 在这条漫长的道路上，物品的流转使不同地区的人们感到新鲜和新奇，宗教的传播使不同信仰的人们相互理解、彼此接纳，游艺文化的交流则能使得不同背景的人们共享愉悦、增进认同。

"丝绸之路"上的游艺文化丰富多彩，体现了多民族游艺文化精神的结晶，传播了各民族游艺文化成就，这其中既有统治阶层的高雅游艺，亦有普通百姓的大众游艺，更多时候两者夹杂在一起，并行不悖。因此，本书认为"丝绸之路"游艺文化交流，一方面是"丝绸之路"不同地区、不同民族游艺文化的交流；另一方面亦是古代所谓的高雅游艺和民间游艺文化的融合。"丝绸之路"上这种带有双重属性的游艺文化交流，使不同文化背景、不同价值观念、不同阶级阶层、不同身份地位和不同年龄性别的"丝绸之路"沿线民族，在种类繁多的游艺项目中相互认识、共同娱乐、加深友谊、升华情感。

---

① 葛承雍：《胡汉中国与外来文明·绵亘万里长·交流卷》，生活·读书·新知三联书店2019年版，第28页。

② 麦高文：《中亚古国史》，章巽译，中华书局2004年版。

正是基于上述认识，本书对"丝绸之路"上多民族、多地区之间的游艺文化交流进行了较为充分和深入讨论，力图勾勒出中华民族游艺文化发展演变的脉络，以游艺文化交流这一个微观视角去认知和解读中华文明史的构建。因此，本书从"丝绸之路"游艺文化交流的背景为切入点，认为道路、驿站与城市等空间基础、岁时、假日与闲暇等时间基础、贸易、朝贡与冲突等物质基础、宗教、民族与使者等文化基础为"丝绸之路"游艺文化交流提供了多方面的保障，使交流成为可能，同时游艺项目也融入于这些载体和平台，成为它们的有机组成部分，丰富了它们的形式和内涵。对背景进行了阐述之后，"丝绸之路"游艺文化交流的项目、人物和场地是本书的核心内容。

为了更具有识别度，借鉴已有研究成果中游艺的分类标准，本书把项目分为技艺类、百戏类、博弈类和杂艺类四种主要形态，其中马球、蹴鞠、射艺和拔河等技艺类游艺对技术有一定要求，又兼具对抗性和竞技性，因而在统治阶层、军队中开展较多；杂技、兽戏、幻术等百戏类游艺在"丝绸之路"上广受欢迎，无论帝王将相还是普通百姓都有机会观赏此类游艺表演，丰富了古人的娱乐生活；博弈类游艺既是智慧型游艺的代表，同时也有一定的赌博成分，弹棋、樗蒲、双陆、围棋和藏钩游艺为"丝绸之路"上枯燥的生活提供了绝佳的缓解方式，从研究中使用的材料来看，"丝绸之路"僧俗各界人士都有参与此类游艺的记载，可见其流行程度之广；杂艺类游艺突出一个杂字，岁时节日的燃灯观灯游艺、各种儿童游艺、投壶、斗戏等都在此类游艺中进行了讨论，它们是"丝绸之路"受众最多的游艺项目，跨越了性别和年龄的界限，同样也是"丝绸之路"上普通民众参与最广泛的游艺项目。

"丝绸之路"游艺文化交流的人物和场地研究是本书的特色，相对于已有研究侧重对单个游艺项目讨论的情况，本书认为，对游艺交流的人物和场地的阐述能够最大限度地还原"丝绸之路"游艺文化交流的场景和盛况。根据在交流中发挥作用的形式和内容的不同，把交流的人物分成了主动倡导者、功利驱动者和游艺参与者三种类型，君主帝王、军事将领以及文官士人占有社会资源较多，他们因为个人喜

· 328 ·

结 语

好、对外交流等原因在一定程度积极推动"丝绸之路"上不同区域之间游艺的交流，唐王朝和吐蕃的马球竞赛即是其中的典型代表；往来于"丝绸之路"的商人从主动倡导者对游艺的喜好中寻觅到了商机，以粟特商人为主的胡商以及各区域政权的贡使们把游艺商品化，通过贩卖游艺的表演者、游艺的器具等进行牟利，他们是"丝绸之路"游艺交流的功利驱动者；广大的游艺参与者则是"丝绸之路"游艺文化交流最直接的推动力量，中原移民与艺人、粟特胡儿、吐蕃骑手、天竺僧人各色人等都参与其中，最大限度地扩大了游艺文化交流的融合半径，促使游艺文化在"丝绸之路"上的交流达到最大公约数。

场地场所是"丝绸之路"游艺文化交流的必备条件，本书对其进行分类的标准同人物的分类原则前后对照、保持一致，分为统治阶层、社会公共组织和非正式三类游艺文化交流的场所。君主帝王和王权贵族开展游艺活动的场所必定要和他们的身份相匹配，故而宫廷、苑林类的是他们进行游艺的重点领域，这类游艺场所大多数规模宏大、富丽堂皇，所举行的既有百戏类表演游艺，又有马球这类的技艺类游艺，尤其是马球场更是奢侈至极，甚至出现了用浇灌蜡烛油的方式来照明的灯光球场；社会公共组织类游艺场所介于统治阶层和非正式类游艺场所之间，其既带有一定的官方性质，又允许普通民众参与，寺院和衙署是此类游艺场地的代表，寺院在庙会等特定时间节点经常会举办一些活动，这其中就有游艺文化的踪影，这也为游艺文化的僧俗交流提供了机会，衙署场所亦是如此，在诸如上元节、乞巧节等岁时节日中，官府和组织一些游艺活动与民同乐，实现了官方和民间的游艺文化交流；游艺场地中影响最大、范围最广的当属"丝绸之路"沿途的各类非正式场所，其可以是瓦舍酒肆，也可以是荒郊野外、街头巷尾和田间地头，这类游艺场所参与的人群最多，受到的限制条件最少，几乎是随时随地即可进行，像樗蒲、双陆等博弈类游艺，骑竹马、放风筝等儿童类游艺，踏青郊游和斗花草等休闲类游艺都可以在此类游艺场所尽情开展。

在对"丝绸之路"游艺文化交流的背景、项目、人物和场地进行了较为详尽的解读之后，本书结合讨论过程中所使用的史料、图像等文献，提出"丝绸之路"游艺文化交流呈现三个主要特征。其本体特征是由交流而直接催生出来的，涉及游艺项目的外来化与本土化、参与者的专业化与大众化、场地的专门化与简易化等，此特征较为清晰地反映了游艺文化在"丝绸之路"上的交往交流交融；属性特征则更多与游艺项目本身直接关联，"丝绸之路"上游艺的开展是娱乐至上与忘忧清乐、宗教信仰与世俗娱乐、地域特色与民族融合的多重属性体现，是游艺文化得以在"丝绸之路"上交流的内在动力，决定着交流的频度和频率；社交特征是在本体和属性特征的基础之上而衍生出来的，包括"丝绸之路"游艺文化交流的偶发性与功利性、社会化与生活化、程式化与等级化等方面的内容，这种社交性特征是伴随着"丝绸之路"游艺文化交流自然而生的，上至统治阶层之间的外交需要，下至基层百姓之间的朋友交往，都把游艺作为一种重要且有效的社交手段，这一点在马球、蹴鞠、灯戏等游艺中有明显体现，尤其需要注意的是，受到中国古代礼乐制度和儒家思想的影响，"丝绸之路"游艺文化交流的社交特征中还表现出鲜明的程式化和等级化，这一点在写本时代的世家大族中尤为突出，在开展游艺活动时，要遵守规定的范式，包括游艺时的伴奏音乐、游艺时的先后顺序等都有明确规定，这也侧面反映出儒家文化和游艺文化在"丝绸之路"上的传播相互交融、相伴而行。

"丝绸之路"游艺文化是由不同类型的游戏项目组成的一个系统概念，本书在前辈学者已有成果的基础之上，竭尽全力搜集和整理"丝绸之路"上的游艺材料，但难免挂一漏万，有所遗漏。本书原计划对"丝绸之路"沿线保存下来的游艺场所遗迹、考古发掘现场等进行实地调查研究，以获取更多图像资料，但因种种原因只去了部分地区，其他大部分区域未能成行，后续将继续进行。鉴于资料因素，研究更多侧重中古时期陆上"丝绸之路"游艺文化的交流，其他时期以及海上"丝绸之路"、西南"丝绸之路"等涉及的较少，这也是需要进一步完善的工作。

参考文献

一 基本文献

班固撰:《汉书》,中华书局1962年版。
蔡节:《论语集说》,(台北)商务印书馆1983年版。
陈梦雷、蒋廷锡等辑:《古今图书集成》,中华书局、巴蜀书社1985年版。
陈寿撰,陈乃乾校点:《三国志》,中华书局1959年版。
陈元靓编:《岁时广记》,中华书局1985年版。
段成式撰,曹中孚校点:《酉阳杂俎》,上海古籍出版社2012年版。
段文杰主编:《甘肃藏敦煌文献》,甘肃人民出版社1999年版。
俄罗斯科学院东方研究所圣彼得堡分所、俄罗斯科学出版社东方文学部编:《俄藏敦煌文献》,上海古籍出版社1992—2001年版。
樊锦诗主编:《敦煌石窟全集》,商务印书馆有限公司1999—2005年版。
范晔撰,李贤等注:《后汉书》,中华书局1965年版。
房玄龄等撰:《晋书》,中华书局1974年版。
封演撰,赵贞信校注:《封氏闻见记校注》,中华书局2005年版。
葛洪撰,周天游校注:《西京杂记》,三秦出版社2006年版。
韩鄂撰:《岁华纪丽》,中华书局1985年版。
皇侃撰,高尚榘校点:《论语义疏》,中华书局2013年版。
黄征、吴伟编校:《敦煌愿文集》,岳麓书社1995年版。

黄征、张涌泉校注:《敦煌变文校注》,中华书局 1997 年版。
寇慎撰:《晚照山居参定四书酌言》,齐鲁书社 1997 年版。
李百药撰:《北齐书》,中华书局 1972 年版。
李昉等编:《太平广记》,中华书局 1961 年版。
李昉等撰:《太平御览》,中华书局 1960 年版。
李吉甫撰,贺次君点校:《元和郡县图志》,中华书局 1983 年版。
李濬、苏鹗、冯翔子撰:《松窗杂录·杜阳杂编·桂苑丛谈》,中华书局 1958 年版。
李林甫等撰,陈仲夫点校:《唐六典》,中华书局 1992 年版。
李希泌主编,毛华轩等编:《唐大诏令集补编》,上海古籍出版社 2003 年版。
李延寿撰:《北史》,中华书局 1974 年版。
李延寿撰:《南史》,中华书局 1975 年版。
令狐德棻等撰:《周书》,中华书局 1971 年版。
刘餗、张鷟撰,程毅中、赵守俨点校:《隋唐嘉话·朝野佥载》,中华书局 1979 年版。
刘昫等撰:《旧唐书》,中华书局 1975 年版。
刘珍等撰,吴树平校注:《东观汉记校注》,中州古籍出版社 1987 年版。
马端临撰:《文献通考》,中华书局 1986 年版。
欧阳修、宋祁撰:《新唐书》,中华书局 1975 年版。
欧阳修撰,徐无党注:《新五代史》,中华书局 1974 年版。
欧阳询撰,汪绍楹校:《艺文类聚》,上海古籍出版社 1982 年版。
任半塘编著:《敦煌歌辞总编》,上海古籍出版社 2006 年版。
荣新江、史睿编:《吐鲁番出土文献散录》,中华书局 2021 年版。
阮元校刻:《十三经注疏》,中华书局 1980 年版。
上海古籍出版社、法国国家图书馆编:《法藏敦煌西域文献》,上海古籍出版社 1994—2005 年版。
沈约撰:《宋书》,中华书局 1974 年版。
司马光编著,胡三省音注:《资治通鉴》,中华书局 1956 年版。

参考文献

司马迁撰：《史记》，中华书局1959年版。

宋濂撰：《元史》，中华书局1976年版。

宋敏求编：《唐大诏令集》，中华书局2008年版。

唐长孺主编，中国文物研究所等编：《吐鲁番出土文书〔肆〕》，文物出版社1992—1996年版。

唐耕耦、陆宏基编：《敦煌社会经济文献真迹释录》，书目文献出版社1986年版。

脱脱等撰：《金史》，中华书局1975年版。

脱脱等撰：《辽史》，中华书局1974年版。

脱脱等撰：《宋史》，中华书局1977年版。

王溥撰：《唐会要》，中华书局1955年版。

王圻、王思义编集：《三才图会》，上海古籍出版社1988年版。

王钦若等编：《册府元龟》，中华书局1960年版。

魏收撰：《魏书》，中华书局1974年版。

魏徵、令狐德棻撰：《隋书》，中华书局1973年版。

萧子显撰：《南齐书》，中华书局1972年版。

徐松撰，张穆校补，方严校点：《唐两京城坊考》，中华书局1985年版。

许慎撰，段玉裁注：《说文解字注》，上海古籍出版社1981年版。

薛居正等撰：《旧五代史》，中华书局1976年版。

严可均辑：《全上古三代秦汉三国六朝文》，中华书局1958年版。

杨伯峻译注：《论语译注》，中华书局1980年版。

杨衒之撰，范祥雍校注：《洛阳伽蓝记校注》，上海古籍出版社1958年版。

姚思廉撰：《陈书》，中华书局1972年版。

姚思廉撰：《梁书》，中华书局1973年版。

应劭著，王利器校注：《风俗通义校注》，中华书局1981年版。

张锡厚主编：《全敦煌诗》，作家出版社2006年版。

张彦远撰：《历代名画记》，中华书局1985年版。

郑炳林：《敦煌碑铭赞辑释》，甘肃教育出版社1992年版。

郑处海、裴庭裕撰，田廷柱点校：《明皇杂录·东关奏记》，中华书局1994年版。

中国社会科学院历史研究所、中国敦煌吐鲁番学会敦煌古文献编辑委员会、英国国家图书馆、伦敦大学亚非学院合编：《英藏敦煌文献》，四川人民出版社1990—2009年版。

朱熹集注，陈戍国标点：《四书集注》，岳麓书社2004年版。

朱熹撰，朱杰人、严佐之、刘永翔主编：《朱子全书》，上海古籍出版社、安徽教育出版社2002年版。

二　相关著作

[美]爱德华·谢弗（Edwaed Schafer）：《唐代的外来文明》，吴玉贵译，陕西师范大学出版社2005年版。

白鸟库吉：《西域史研究》，东京岩波书店1944年版。

蔡丰明：《游戏史》，上海文艺出版社1997年版。

蔡鸿生：《唐代九姓胡与突厥文化》，中华书局1998年版。

常任侠：《丝绸之路与西域文化艺术》，上海文艺出版社1984年版。

陈康编著：《敦煌体育研究》，中国社会科学出版社2012年版。

陈凌、马健：《丝绸之路的宗教遗存》，三秦出版社2015年版。

《大汉辉煌》编委会：《大汉辉煌：丝绸之路的盛大开拓》，电子科技大学出版社2018年版。

鄂尔多斯博物馆主编：《游戏竞技：历史上的北方少数民族体育》，内蒙古大学出版社2015年版。

樊保良：《中国古代少数民族与丝绸之路》，青海人民出版社1994年版。

樊锦诗、才让、杨富学主编：《丝绸之路民族文献与文化研究》，甘肃教育出版社2015年版。

方光华：《宗教与丝绸之路》，中国敦煌吐鲁番学会"丝绸之路"专业委员会、西安大唐西市历史文化研究中心编：《中国敦煌吐鲁番学会丝绸之路专业委员会文集》，陕西师范大学出版总社2015年版。

冯并：《丝绸之路文化史》，济南出版社 2022 年版。

冯国超：《中国传统体育》，首都师范大学出版社 2007 年版。

冯贺军主编：《古代陶俑》，紫禁城出版社 2007 年版。

［德］弗丽德里希·席勒：《审美教育书简》，冯至、范大灿译，上海人民出版社 2003 年版。

傅起凤、傅腾龙：《中国杂技史》，上海人民出版社 2004 年版。

戈春源：《中国社会民俗史丛书——赌博史》，上海文艺出版社 1995 年版。

葛乐耐：《驶向撒马尔罕的金色旅程》，毛铭译，漓江出版社 2016 年版。

顾鸣塘：《斗草藏钩》，上海古籍出版社 1994 年版。

郭泮溪：《中国民间游戏与竞技》，上海三联书店 1996 年版。

韩昇：《正仓院》，上海人民出版社 2007 年版。

胡同庆、王义芝：《敦煌古代游戏》，甘肃少年儿童出版社 2012 年版。

黄聪：《中国古代北方民族体育史考》，人民出版社 2010 年版。

姜伯勤：《敦煌艺术宗教与礼乐文明》，中国社会科学出版社 1996 年版。

康马泰：《唐风吹拂撒马尔罕·粟特艺术与中国、波斯、印度、拜占庭》，毛铭译，漓江出版社 2016 年版。

李斌城等：《隋唐五代社会生活史》，中国社会科学出版社 1998 年版。

李金梅、李重申：《丝绸之路体育图录》，甘肃教育出版社 2008 年版。

李金梅主编：《中国马球史研究》，甘肃人民出版社 2002 年版。

李进新：《丝绸之路宗教研究》，新疆人民出版社 2008 年版。

李明伟主编：《丝绸之路贸易史研究》，甘肃人民出版社 1991 年版。

李小唐、林春、李重申：《丝绸之路岁时节日民俗体育图录》，甘肃教育出版社 2017 年版。

李永平：《丝绸之路与文明交往》，陕西师范大学出版总社 2020 年版。

李重申、李金梅、夏阳：《中国马球史》，甘肃教育出版社 2009 年版。

刘安志主编：《吐鲁番出土文书新探》，武汉大学出版社 2019 年版。

刘秉果：《中国古代体育史话》，四川人民出版社 2007 年版。

刘善承主编：《中国围棋》，四川科学技术出版社、蜀蓉棋艺出版社 1985

年版。

刘焱：《儿童游戏通论》，北京师范大学出版社2004年版。

刘志远等：《四川汉代画像砖与汉代社会》，文物出版社1983年版。

刘宗周著，吴光主编，陈剩勇、蒋秋华审校：《刘宗周全集》，浙江古籍出版社2012年版。

吕一飞：《胡族习俗与隋唐风韵——魏晋北朝北方少数民族社会风俗及其对隋唐的影响》，书目文献出版社1994年版。

罗香林：《唐代文化史研究》，商务印书馆1946年版。

凝然撰：《梵网戒本疏日珠钞》，新文丰出版有限公司1983年版。

潘孝伟：《唐代体育》，西北大学出版社1995年版。

彭林：《中国古代礼仪文明》，中华书局2004年版。

彭卫、杨振红：《中国风俗通史·秦汉卷》，上海文艺出版社2002年版。

任半塘：《唐声诗》，上海古籍出版社2006年版。

任半塘：《唐戏弄》，上海古籍出版社2006年版。

荣新江：《中古中国与粟特文明》，生活·读书·新知三联书店2014年版。

尚秉和：《历代社会风俗事物考》，商务印书馆1941年影印本。

尚永琪：《莲花上的狮子：内陆欧亚的物种、图像与传说》，商务印书馆2014年版。

沈爱凤：《丝绸之路古代西域艺术》，四川美术出版社2021年版。

沈卫星主编：《外国文物里的丝绸之路》，光明日报出版社2021年版。

石云涛：《汉唐丝绸之路历史文化论丛》，人民出版社2021年版。

［瑞典］斯文·赫定：《丝绸之路》，江红、李佩娟译，新疆人民出版社2013年版。

宋兆麟、李露露：《中国古代节日文化》，文物出版社1991年版。

谭蝉雪：《敦煌民俗——"丝绸之路"明珠传风情》，甘肃教育出版社2006年版。

王宏凯：《益智愉心的中国古代游艺》，人民教育出版社1995年版。

王俊奇：《辽夏金元体育文化史》，人民出版社2011年版。

王昆吾：《唐代酒令艺术》，东方出版中心1995年版。

王永平：《唐代游艺》，西北大学出版社1995年版。

王永平：《游戏、竞技与娱乐：中古社会生活透视》，中华书局2010年版。

韦明铧：《动物表演史》，山东画报出版社2005年版。

乌丙安：《中国民俗学》，辽宁大学出版社1985年版。

吾斯曼江·亚库甫：《丝绸之路文献与文化》，陕西师范大学出版社2021年版。

吴广孝：《集安高句丽壁画》，山东画报出版社2006年版。

吴礽骧、李永良、马建华释校，甘肃省文物考古研究所编：《敦煌汉简释文》，甘肃人民出版社1991年版。

吴玉贵：《中国风俗通史·隋唐五代卷》，上海文艺出版社2001年版。

向达：《唐代长安与西域文明》，商务印书馆2015年版。

小南一郎：《射の儀礼化をめぐって》，《中国古代礼制研究》，东京京都大学人文科学研究所1995年版。

徐厚广：《博弈》，重庆出版社2006年版。

闫艺：《西北少数民族传统体育变迁与发展趋势研究》，厦门大学出版社2013年版。

杨铭、李锋：《丝绸之路与吐蕃文明》，商务印书馆2017年版。

叶大兵：《中国百戏史话》，浙江人民出版社1985年版。

喻忠杰：《敦煌写本戏剧发生研究》，甘肃文化出版社2021年版。

张承宗、魏向东：《中国风俗通史·魏晋南北朝卷》，上海文艺出版社2001年版。

张弓：《汉唐佛寺文化史》，中国社会科学出版社1997年版。

张仁善：《中国古代民间娱乐》，商务印书馆1996年版。

昭陵博物馆编：《昭陵唐墓壁画》，文物出版社2006年版。

中华文化通志编委会编，葛承雍撰：《中华文化通志：秦陇文化志》，上海人民出版社1998年版。

周菁葆、邱陵：《丝绸之路宗教文化》，新疆人民出版社1998年版。

周天游主编：《唐墓壁画研究文集》，三秦出版社2001年版。
朱云影：《中国文化对日韩越的影响》，广西师范大学出版社2007年版。

三　相关论文

E. Kageyama，"A Chinese way of depicting foreign delegates discerned in the painting of Afrasia"，in *Iran：Questions et connaissances. Actes du IVe congrès européen des études iraniennes*，Paris，6 - 10，1999，Vol. Ⅰ，cahier 25，études sur l'Iran ancien，éd. Ph. Huyse，Paris：Peeters Publishers，2002.

James T. Liu，"Polo and Cultural Change：From T'ang to Sung China"，*Harvard Journal of Asiatic Studies*，45，No. 1，1985.

［美］Tracy Miller，"Perfecting the Mountain：On the Morphology of Towering Temples in East Asia"，《中国建筑史论汇刊》2014年第2期。

卜键：《角抵考》，《文学遗产》2000年第2期。

蔡杰：《隋张盛墓出土双陆棋盘考辨》，《博物馆》2020年第6期。

常萍：《再论吐鲁番出土随葬衣物疏中的"踰麴囊"》，《敦煌学辑刊》2013年第2期。

陈斌：《文化哲学视域中的围棋与藏围棋》，《云南师范大学学报》2006年第2期。

陈丽娟、龙忠：《唐代敦煌马球的文化内涵研究》，《丝绸之路》2021年第4期。

陈粟裕：《〈安重荣出行图〉研究——一位五代粟特将领的"神化"》，《敦煌研究》2020年第4期。

陈小英、商执娜：《中国古代"拔河戏"考略》，《体育科技文献通报》2009年第11期。

陈雁杨、郑志刚、李重申：《汉代马球小考》，《体育学刊》2012年第4期。

陈正平：《唐诗所见游艺休闲生活之研究》，博士学位论文，台中东海大学，2006 年。

陈正权：《汉代丝绸之路上体育文化的传播与交流》，《"丝绸之路"视野》2016 年第 13 期。

程浩：《重塑尚武精神：汉代"角抵"画像砖赏析》，《文物鉴定与鉴赏》2011 年第 6 期。

揣静：《中国古代投壶游戏研究》，硕士学位论文，陕西师范大学，2010 年。

丛振：《西域"猧子"与唐代社会生活》，《新疆师范大学学报》2012 年第 6 期。

崔海明、崔雪梅：《击壤的演进》，《体育文化导刊》2009 年第 8 期。

崔乐泉：《〈随葬衣物疏〉与古代高昌地区的蹴鞠活动》，《体育文史》1995 年第 1 期。

戴伟谦、袁俞光：《中国古代马球运动起源论断的比较》，《体育学院论丛》2002 年第 1 期。

邓李娜、王兴茂：《佛教文化对丝绸之路体育的影响》，《东方收藏》2017 年第 12 期。

丁保玉、解乒乒：《舞狮文化解读》，《山东师范大学学报》2010 年第 6 期。

丁玲辉：《唐蕃文化交流对吐蕃体育的影响》，《中国藏学》2012 年第 2 期。

董莉莉：《丝绸之路与汉王朝的兴盛》，博士学位论文，山东大学，2021 年。

董永强：《敦煌吐鲁番写本所见唐人的藏钩》，《唐史论丛》2019 年第 2 期。

杜常顺：《民族贸易与西北地区城镇的发展》，《北方民族大学学报》2012 年第 5 期。

杜朝晖：《"双陆"考》，《中国典籍与文化》2006 年第 2 期。

杜莉莉：《唐代假日休闲研究》，硕士学位论文，东北师范大学，2011 年。

杜文玉：《唐代社会开放的特点与历史局限》，《河北学刊》2008 年第

3 期。

段小强、陈康：《从敦煌本〈杖前飞〉谈唐代马球运动》，《敦煌研究》2002 年第 6 期。

樊哲昀：《多元互动视域下公元 4—6 世纪丝绸之路体育文化的交融与嬗变》，博士学位论文，山西大学，2022 年。

范国辉：《从意识形态演进看中国古代演艺场所交往空间的嬗变》，《四川戏剧》2015 年第 6 期。

付善民：《弹棋盛衰史考》，《体育文化导刊》2014 年第 3 期。

高朝阳、曾玉华：《九姓胡对唐代体育的影响》，《西安体育学院学报》2003 年第 4 期。

高启安：《唐五代时期敦煌的宴饮"赌射"——敦煌文献 P.3272 卷"射羊"一词小解》，《甘肃社会科学》2011 年第 6 期。

高勇、陈康：《敦煌围棋史料述略》，《西北民族大学学报》2004 年第 6 期。

高原：《唐代马球运动考：兼述敦煌文献马球资料》，硕士学位论文，兰州大学，2006 年。

顾坤：《我国蹴鞠的起源与发展及消亡研究》，《体育科技文献通报》2019 年第 12 期。

顾颖：《试论秦汉角抵运动》，《南都学坛》2003 年第 5 期。

郭春阳：《"丝绸之路"文化背景下的古代中西武艺交流与分化》，《武汉体院学院学报》2015 年第 6 期。

郭海文、张平：《敦煌壁画所见中古女子体育游艺初探》，《丝绸之路研究集刊》2021 年第 1 期。

海梦楠：《跨区域体育文化的比较研究——以高句丽与敦煌壁画中的角抵、射猎为例》，《社会科学家》2020 年第 10 期。

韩丹：《马球运动起源于波斯考》，《山东体育学院学报》2010 年第 5 期。

韩丹：《天下第一游戏——击壤考述》，《体育与科学》2008 年第 2 期。

韩帅帅：《中国民俗体育拔河运动的竞技化和当代价值研究》，硕士学位论文，山西大学，2018 年。

韩顺发：《中国古代马戏考》，《中原文物》2004年第5期。

郝春文：《隋唐五代宋初佛社与寺院的关系》，《敦煌学辑刊》1990年第1期。

何玉红：《走向以"人"为中心的丝绸之路研究》，《西北师大学报》2020年第6期。

何志国：《东汉外来杂技幻术与佛像关系及影响》，《民族艺术》2016年第1期。

胡德生：《双陆棋》，《紫禁城》1990年第3期。

胡同庆、王义芝：《敦煌壁画中的儿童骑竹马图》，《寻根》2005年第4期。

黄二宁：《13—14世纪丝绸之路与东西方体育文化交流的内容、方式及影响》，《北京体育大学学报》2019年第12期。

黄萍：《马球文化：唐文化的潜流》，《武汉体育学院学报》2005年第11期。

霍巍：《西域风格与唐风染化——中古时期吐蕃与粟特人的棺板装饰传统试析》，《敦煌学辑刊》2007年第1期。

季春美、叶飞凤：《唐朝丝绸之路上的体育文化交流》，《体育文化导刊》2018年第10期。

冀志刚：《燃灯与唐五代敦煌民众的佛教信仰》，《首都师范大学学报》2003年第5期。

江婷：《唐代游艺赋研究》，硕士学位论文，江西师范大学，2014年。

姜虹：《女子益智游戏"斗草"中的植物名称与博物学文化》，《中国科技史杂志》2017年第2期。

姜柯易：《唐宋端午节敦煌与内地节俗之比较》，《甘肃广播电视大学学报》2017年第3期。

金青云、池龙浩、徐嘉璘：《中国古代蹴鞠在朝鲜半岛的传播研究》，《东疆学刊》2021年第4期。

金维诺、卫边：《唐代西州墓中的绢画》，《文物》1975年第10期。

考古研究所安阳发掘队：《安阳隋张盛墓发掘记》，《考古》1959年第

10 期。

赖骏玮：《唐代马球文化探微》，博士学位论文，中兴大学，2016 年。

乐锐峰：《"技""艺""戏""道"：魏晋南北朝围棋文化研究》，硕士学位论文，华中师范大学，2011 年。

雷力：《试论"丝绸之路"对我国古代体育发展的影响》，《西安体育学院学报》1988 年第 1 期。

李红雨：《关于休闲、休闲学以及中国古代休闲娱乐史》，《博览群书》2014 年第 3 期。

李洪岩：《樗蒲考略》，《体育文史》1989 年第 4 期。

李晖：《论"竹马"——唐诗民俗文化探源之十》，《合肥教育学院学报》2000 年第 3 期。

李金梅：《敦煌古代博弈文化考析》，《体育科学》1999 年第 5 期。

李金梅：《中国古代女子马球小考》，《成都体育学院学报》2009 年第 8 期。

李金梅、李重申：《论敦煌古代的游戏、竞技与娱乐》，《南方文物》2010 年第 3 期。

李金梅、李重申、路志俊：《敦煌古代百戏考述》，《敦煌研究》2001 年第 1 期。

李曼：《唐代上元节俗的历史考察》，硕士学位论文，陕西师范大学，2014 年。

李梅：《唐代马球、宋代蹴鞠盛行原因对比研究》，《文教资料》2022 年第 1 期。

李松福：《我国古代马球是唐初从波斯传来的吗？》，《体育文史》1983 年第 1 期。

李小唐：《丝绸之路民族传统体育考古研究》，郑炳林、花平宁主编：《麦积山石窟艺术文化论文集·2002 年麦积山石窟艺术与丝绸之路佛教文化国际学术研讨会论文集》，2004 年。

李小唐：《丝绸之路体育考古研究》，《体育文化导刊》2005 年第 10 期。

李晓春：《中国古代博戏文化研究》，硕士学位论文，北京大学，2013 年。

李绪稳：《唐代儿童体育骑竹马文化考析》，《体育文化导刊》2016年第2期。

李亚飞：《夷夏之辨与汉魏晋南北朝佛道论争——"老子化胡说"的缘起、演变及影响》，《当代中国价值观研究》2017年第3期。

李重申、韩佐生：《敦煌体育文物概述》，《体育文化导刊》1992年第1期。

李重申、李金梅、李小惠、李小唐：《敦煌莫高石窟与角抵》，《体育文化导刊》2002年第1期。

李宗俊：《唐敕使王玄策使印度事迹新探》，《西域研究》2010年第4期。

梁全录：《唐代"丝绸之路"上的围棋》，《体育文史》1988年第4期。

林琳：《拔河的起源和唐代拔河运动》，《文史杂志》2001年第5期。

林琳：《敦煌古代的马球运动》，《丝绸之路》2001年第3期。

林琳：《马球的起源和唐代的马球运动》，《贵州文史丛刊》2000年第6期。

林移刚：《论中原地区狮崇拜的起源及演变》，《求索》2008年第1期。

林友标、王颋：《汉代角抵考》，《体育文化导刊》2008年第5期。

刘耳：《中国古代休闲文化传统》，《自然辩证法研究》2001年第5期。

刘红：《东北亚地区的拔河游戏研究》，硕士学位论文，大连外国语大学，2017年。

刘佳：《吐蕃统治时期敦煌游艺史料研究》，硕士学位论文，西北民族大学，2017年。

刘金生、李旭天、朱梅新、熊飞：《古代西域体育活动与中原地区体育发展略考》，《体育成人教育学刊》2009年第1期。

刘军丽：《丝绸之路上的粟特、回鹘民族与茶叶在亚洲腹地的传播》，《农业考古》2021年第2期。

刘立云：《从"玉石之路"到"茶马古道"：论丝绸之路青海道的演变及其意义》，《西藏研究》2018年第1期。

刘向阳、肖存峰：《汉代丝绸之路上体育文化的传播与交流》，《兰台世界》2014年第36期。

刘欣：《我国古代双陆传播考述》，《体育文化导刊》2010年第7期。

刘艳芹：《汉代丝绸之路中外体育文化互鉴》，硕士学位论文，中国矿业大学，2017年。

刘阳、曾玉华：《龟兹文化对唐代长安体育的影响》，《体育文化导刊》2013年第1期。

刘毅：《唐代竹马发展演变史探究》，《兰台世界》2013年第15期。

刘玉芝：《职业化视角下宋代蹴鞠发展研究》，《商洛学院学报》2020年第1期。

刘玉芝、孙振民：《"东渐"与"西传"——丝绸之路上"狮子舞"回授现象的研究》，《黄河之声》2019年第10期。

刘玉忠：《临潭万人扯绳及文化探微》，《甘肃高师学报》2011年第4期。

卢长怀：《中国古代休闲思想研究》，博士学位论文，东北财经大学，2011年。

逯克胜：《从遣使朝贡舞马看吐谷浑与南北朝各政权的关系》，《青海师范大学学报》2018年第3期。

路志峻、张有：《中国角抵戏的本体发展与历史演进》，《敦煌研究》2008年第4期。

罗普云、罗普磷：《浅析丝绸之路体育对唐代马球运动的影响》，《西安体育学院学报》1999年第2期。

罗时铭：《古代棋戏——双陆》，《体育文史》1986年第5期。

罗帅呈、王兴怀：《高原丝绸之路吐蕃体育文化交流研究》，《西藏大学学报》2019年第4期。

马建春：《大食双陆棋弈的传入及其影响》，《回族研究》2001年第4期。

马志虎：《深思唐代马球运动的非民俗性》，《兰台世界》2014年第33期。

满珂、刘春艳：《民族文化交融的原因、途径探析——基于甘肃省临潭县的调查研究》，《云南民族大学学报》2020年第6期。

苗福盛、刘祥燕、李野、王兴臣：《唐宋蹴鞠对比研究》，《体育文化导刊》2010年第4期。

庞锦荣、刘志刚：《对丝绸之路体育文化三个问题的再认识》，《北京体育大学学报》1999年第4期。

彭华：《蹴鞠：足球在古代中国》，《江苏科技大学学报》2015年第4期。

蒲实、徐传明：《唐宋时期丝绸之路体育文化的发展嬗变》，《中华文化论坛》2017年第4期。

钱松、赵玉霞：《丝绸古道上的舞马与马舞艺术》，《新疆艺术学院学报》2004年第4期。

钱婉约：《汉唐"丝绸之路"文化"多元共生"特性探微——以"上元燃灯"习俗中儒佛道文化的共生融合为例》，《中国文化研究》2016年第4期。

乔孟杰：《唐代拔河考析》，《体育文化导刊》2015年第7期。

任浩：《中国古代贡狮研究》，硕士学位论文，西北农林科技大学，2016年。

尚永琪：《西域幻术与鸠摩罗什之传教》，《山西大学学报》2012年第5期。

石金亮：《地方因素与敦煌壁画文书中古代体育文化源考》，《兰台世界》2009年第23期。

帅培业：《谈谈中国古代的马球场地》，《体育文史》1987年第5期。

宋德金：《双陆与民族文化的交流和融合》，《历史研究》2003年第2期。

宋岚：《狮子图像的渊源探究》，硕士学位论文，南京艺术学院，2010年。

宋万政：《汉代蹴鞠比赛模式研究》，《文体用品与科技》2022年第3期。

宋志伟：《张骞"凿空"西域对汉代民族体育文化的影响》，《兰台世界》2013年第33期。

宿白：《隋唐长安城和洛阳城》，《考古》1978年第6期。

孙桂秋：《斗鸭小考》，《民俗研究》1988年第4期。

孙海鸥：《我国古代马球流变历程研究》，硕士学位论文，哈尔滨师范大学，2015年。

谭蝉雪：《敦煌婚嫁诗词》，《社科纵横》1994年第4期。

谭蝉雪：《敦煌马文化》，《敦煌研究》1996年第1期。

汤君：《敦煌燕乐歌舞考略》，《文艺研究》2002年第3期。

唐海：《唐代西域丝绸之路新北道体育文化区研究》，硕士学位论文，新疆师范大学，2010年。

田文林：《"波斯球"的传入对唐代体育运动的影响》，《兰台世界》2015年第9期。

田玉芳：《丝绸之路上的唐人边塞诗之甘肃书写》，《石家庄铁道大学学报》2022年第1期。

王建玲：《投壶——古代寓教于乐的博戏》，《文博》2008年第3期。

王俊奇、孔祥华：《唐代长安的马球文化》，《体育文化导刊》2004年第11期。

王克芬、苏祖谦：《日本史籍中唐乐舞考辨》，《中国典籍与文化论丛》2002年第5期。

王敏婷：《汉代传统舞狮产生的历史因素研究》，《兰台世界》2013年第3期。

王启涛：《古代丝绸之路的疾病防治及其对"一带一路"战略的启示》，《西南民族大学学报》2017年第4期。

王启涛、徐华：《吐鲁番出土疑难词语新诠》，《四川大学学报》2008年第1期。

王天军：《古代西域民族体育及其文化交流研究》，《西江月》2014年第3期。

王伟、谢智学：《敦煌岁时游艺的体育特征与当代价值》，《枣庄学院学报》2021年第4期。

王文森：《唐代丝绸之路上的粟特商人》，《中国民族博览》2018年第4期。

王小明：《〈元延二年日记〉所反映的西汉休沐制度》，《长治学院学报》2015年第3期。

王尧、陈践：《敦煌吐蕃写卷〈医马经〉〈驯马经〉残卷译释》，《西藏研究》1986年第4期。

王永富、郭涛：《中国古代蹴鞠与现代足球的关联》，《山东理工大学学报》2020年第3期。

王永平：《从〈嘉兴绳技〉看唐代中印文化交流》，《河北学刊》2012年第3期。

王永平：《王玄策使印与天竺幻术在唐朝的传播》，《河北学刊》2013年第6期。

王永平、孙岳：《马毬与唐代东西方文化交流》，《学习与探索》2008年第3期。

王禹浪、王俊铮、王天姿：《东北亚丝绸之路的形成与早期发展——兼论室韦"朝贡道"》，《河南师范大学学报》2019年第5期。

王赟馨：《唐代游艺与诗歌》，博士学位论文，吉林大学，2012年。

王占华：《从斗鸡和斗蟋蟀看唐代娱乐心态》，《兰台世界》2014年第34期。

文川：《安禄山祖籍为昭武九姓康国考》，《民族研究》1996年第3期。

吴国梁：《唐朝以后马球运动的发展》，《乐山师范学院学报》2007年第10期。

向柏松：《元宵灯节的起源及文化内涵新论》，《中南民族学院学报》2000年第2期。

萧巍：《浅论敦煌出土的唐代围棋子——兼谈围棋的发展历史》，《丝绸之路》2011年第12期。

肖玉峰：《"击壤"到底是不是游戏？》，《成都体育学院学报》2009年第2期。

徐超：《考证张骞"凿空"对西汉体育的影响》，《兰台世界》2014年第9期。

徐秋：《魔术探源（四）》，《杂技与魔术》2008年第1期。

徐卫民：《西汉上林苑宫殿台观考》，《文博》1991年第4期。

薛东前、石宁、段志勇、郭晶、李玲：《文化交流、传播与扩散的通道——以中国丝绸之路为例》，《西北大学学报》2013年第5期。

薛更新：《近三十年国内丝绸之路体育研究的回顾与展望》，《体育研究与教育》2020年第3期。

严鑫：《中国竹马游戏图像研究》，硕士学位论文，南京艺术学院，

2020年。

杨巨平：《亚历山大东征与丝绸之路开通》，《历史研究》2007年第4期。

杨绍华：《秦汉时期中国与"丝绸之路"沿线诸国体育文化的交流——以汉画像石为考察对象》，《西安体育学院学报》2017年第3期。

杨万娟、单文建：《拔河源自楚地考据》，《江汉考古》2006年第2期。

杨希义、唐莉芸：《唐代丝绸之路东段长安至敦煌间的馆驿》，《敦煌研究》1994年第4期。

杨秀清：《敦煌石窟壁画中的古代儿童生活（三）》，《敦煌学辑刊》2013年第3期。

杨絮飞、李国新：《从汉画像砖看汉代杂技艺术》，《杂技与魔术》2005年第3期。

杨扬、阳家鹏、孙玉峰：《舞狮运动发展历史演进及新时代社会价值研究》，《武术研究》2022年第5期。

杨洋：《敦煌纸鸢考略》，《当代体育科技》2018年第1期。

尹申平、邢福来、李明：《西安发现的北周安伽墓》，《文物》2001年第1期。

余日检：《草原丝绸之路马上体育运动岩画研究》，硕士学位论文，新疆师范大学，2022年。

岳永逸：《眼泪与欢笑：唐代教坊艺人的生活》，《民俗研究》2009年第3期。

臧振：《丝绸之路的前身——玉石之路》，《丝绸之路》1994年第2期。

曾玉华、许万林：《丝绸之路上的粟特人对唐代长安体育文化的影响》，《体育文化导刊》2004年第8期。

曾玉华、许万林：《唐代长安的城市发展与体育文化的嬗变》，《北京体育大学学报》2006年第10期。

曾智娟：《传统民俗对构建地方和谐民族关系的功能研究：以临潭万人拔河民俗为例》，硕士学位论文，兰州大学，2011年。

张弛：《尼雅95MNIM8随葬弓矢研究兼论东汉丧葬礼仪对古代尼雅的

影响》,《西域研究》2014年第3期。

张弛:《中国新石器时代的石叶技术——汉水中游仰韶文化石叶石镞》,《江汉考古》2021年第6期。

张固也:《唐代拔河新考》,《民俗研究》2010年第4期。

张国才、柴多茂:《唐代歌咏凉州诗歌中的粟特人形象》,《发展》2020年第10期。

张洪安:《我国古代斗戏研究》,《体育文化导刊》2011年第3期。

张黎明:《汉魏六朝外国幻人入华考辨》,《大连海事大学学报》2019年第4期。

张丽君:《魏晋南北朝赌博研究》,硕士学位论文,江西师范大学,2009年。

张仁善:《古代"藏钩"游戏的几种形式》,《文史知识》1995年第9期。

张小贵:《中古祆教半人半鸟形象考源》,《世界历史》2016年第1期。

张新清:《唐代的马球场》,《体育文化导刊》1994年第6期。

张旭红:《古代上元灯节》,《紫禁城》2004年第1期。

张晏行:《中国蹴鞠的演变——以汉、唐、宋为主》,硕士学位论文,东吴大学,2017年。

张有:《甘肃魏晋墓遗存的"博戏"图辨析》,《成都体育学院学报》2011年第3期。

张有:《丝绸之路河西地区魏晋墓彩绘砖画——六博新考》,《敦煌研究》2011年第2期。

张元:《马球——游牧文化与农耕文化"联姻"的宁馨儿》,《体育文化导刊》1993年第2期。

张远:《古代丝绸之路上的中印交流——以唐初六次遣使时间及唐使官阶为重心的回顾》,《甘肃社会科学》2016年第5期。

张兆才:《唐代马球兴盛与衰落的社会原因》,《成都体育学院学报》2003年第6期。

章舜娇、林友标:《藏钩游戏探微》,《体育文化导刊》2012年第12期。

赵杰、刘怀祥:《汉代时期丝绸之路的体育文化交流》,《南京体育学院学报》2000 年第 1 期。

赵来春：《〈梵网戒本疏日珠钞〉所载博戏新考》，硕士学位论文，华中师范大学，2017 年。

赵维平：《丝绸之路胡乐人现象研究》，《音乐研究》2021 年第 1 期。

赵子贤：《孔子"游于艺"思想研究》，硕士学位论文，河北师范大学，2017 年。

郑阳：《唐代儿童图像研究》，硕士学位论文，中央美术学院，2010 年。

郑志刚、李重申：《丝绸之路古代游戏、娱乐与竞技场地空间分布考研》，《敦煌学辑刊》2016 年第 4 期。

周泓：《古代汉地之部分西域文化考溯》，《湖北民族学院学报》2018 年第 6 期。

周吉：《西域百戏初考》，《西域研究》2008 年第 1 期。

周兰：《宋代蹴鞠简考》，《兰台世界》2012 年第 25 期。

周艳萍：《吐鲁番出土随葬衣物疏探索》，硕士学位论文，陕西师范大学，2009 年。

朱红：《唐代节日民俗与文学研究》，博士学位论文，复旦大学，2002 年。

朱红：《外来之风与本土习俗：唐代上元燃灯之源流及其嬗变》，《史林》2009 年第 3 期。

朱芸：《中国"狮"民俗探究》，硕士学位论文，黑龙江社会科学院，2017 年。

宗世昊、丛振：《唐代丝绸之路上的饮宴游艺与娱乐》，《云冈研究》2022 年第 1 期。

邹振环：《康熙朝西人贡狮与〈狮子说〉》，《紫禁城》2018 年第 10 期。

图版来源

图版序号	图版名称	图版来源	图版页码
图1-1	丝绸之路游艺文化交流的地理学解释框架	自制。	28
图2-1	唐 章怀太子墓 《马球图》（局部）	李小唐、林春、李重申：《丝绸之路岁时节日民俗体育图录》，甘肃教育出版社2017年版，第208页。	75
图2-2	《列王纪》插图	李小唐、林春、李重申：《丝绸之路岁时节日民俗体育图录》，甘肃教育出版社2017年版，第213页。	76
图2-3	金 腰圆白地黑花童子蹴鞠纹枕	李小唐、林春、李重申：《丝绸之路岁时节日民俗体育图录》，甘肃教育出版社2017年版，第198页。	85
图2-4	汉 蹴鞠画像石	李小唐、林春、李重申：《丝绸之路岁时节日民俗体育图录》，甘肃教育出版社2017年版，第194页。	88
图2-5	唐 莫高窟第85窟 《橦技图》	李金梅、李重申：《丝绸之路体育图录》，甘肃教育出版社2008年版，第131页。	103
图2-6	战国 角抵纹透雕铜饰	孙麒麟、毛丽娟、李重申：《中国古代体育图录》，甘肃教育出版社2015年版，第282页。	111

续表

图版序号	图版名称	图版来源	图版页码
图 2-7	金 相扑俑	李金梅、李重申：《丝绸之路体育图录》，甘肃教育出版社 2008 年版，第 117 页。	114
图 2-8	唐 莫高窟第 175 窟 相扑图	李金梅、李重申：《丝绸之路体育图录》，甘肃教育出版社 2008 年版，第 121 页。	115
图 2-9	古格王国庆典乐舞壁画（局部）	孙麒麟、毛丽娟、李重申：《中国古代体育图录》，甘肃教育出版社 2015 年版，第 94 页。	119
图 2-10	魏晋 许三湾壁画墓 《樗蒲图》	孙麒麟、毛丽娟、李重申：《中国古代体育图录》，甘肃教育出版社 2015 年版，第 122 页。	127
图 2-11	唐 阿斯塔那 206 号墓 双陆棋盘	李金梅、李重申：《丝绸之路体育图录》，甘肃教育出版社 2008 年版，第 268 页。	133
图 2-12	辽 法库叶茂台 7 号墓漆木双陆	笔者摄于辽宁省博物馆，2022 年 7 月 21 日。	135
图 2-13	榆林窟第 32 窟 弈棋图	李小唐、林春、李重申：《丝绸之路岁时民俗体育图录》，甘肃教育出版社 2017 年版，第 109 页。	142
图 2-14	五代 莫高窟第 61 窟 弈棋图	李小唐、林春、李重申：《丝绸之路岁时民俗体育图录》，甘肃教育出版社 2017 年版，第 109 页。	142
图 2-15	宋 莫高窟第 454 窟 弈棋图	李重申、李金梅、陈小蓉：《敦煌古代体育图录》，甘肃教育出版社 2011 年版，第 169 页。	143
图 2-16	汉 划拳藏钩画像石	李小唐、林春、李重申：《丝绸之路岁时节日民俗体育图录》，甘肃教育出版社 2017 年版，第 118 页。	146
图 2-17	唐 莫高窟第 9 窟 《投壶图》	李金梅、李重申：《丝绸之路体育图录》，甘肃教育出版社 2008 年版，第 340 页。	154

图版来源

续表

图版序号	图版名称	图版来源	图版页码
图 2-18	汉　斗鸡画像石	孙麒麟、毛丽娟、李重申：《中国古代体育图录》，甘肃教育出版社 2015 年版，第 76 页。	164
图 2-19	西魏　莫高窟第 285 窟　斗鸡图	李金梅、李重申：《丝绸之路体育图录》，甘肃教育出版社 2008 年版，第 362 页。	166
图 2-20	唐　阿斯塔那 187 号墓　《双童图》（局部）	孙麒麟、毛丽娟、李重申：《中国古代体育图录》，甘肃教育出版社 2015 年版，第 478 页。	170
图 2-21	清　汪恭　《婴戏图》	李小唐、林春、李重申：《丝绸之路岁时节日民俗体育图录》，甘肃教育出版社 2017 年版，第 177 页。	171
图 2-22	魏晋　佛爷庙 36 号墓　骑竹马砖画	孙麒麟、毛丽娟、李重申：《中国古代体育图录》，甘肃教育出版社 2015 年版，第 427 页。	175
图 2-23	唐　莫高窟第 9 窟　童子骑竹马图	孙麒麟、毛丽娟、李重申：《中国古代体育图录》，甘肃教育出版社 2015 年版，第 431 页。	176
图 2-24	唐　阿斯塔那 187 号墓　《双童图》（局部）	孙麒麟、毛丽娟、李重申：《中国古代体育图录》，甘肃教育出版社 2015 年版，第 478 页。	178
图 3-1	唐　章怀太子墓　《狩猎出行图》（局部）	李金梅、李重申：《丝绸之路体育图录》，甘肃教育出版社 2008 年版，第 78 页。	185
图 3-2	唐　阿斯塔那 187 号墓　《弈棋侍女图》（局部）	李金梅、李重申：《丝绸之路体育图录》，甘肃教育出版社 2008 年版，第 278 页。	217

后　记

　　目之所及皆是回忆，心之所向皆是过往。我于2017年获批国家社会科学基金青年项目"丝绸之路游艺文化交流研究"，自此在该领域上下求索，历时七载，研究成果恰逢我不惑之年得以出版，既有"长沟流月去无声"之幽思，亦有"也无风雨也无晴"之感慨。

　　早在做博士论文敦煌游艺文化研究时，我就对丝绸之路游艺文化进行了初步思考。如果把敦煌游艺文化看作一个点，那么丝绸之路游艺文化就是一条线，在这条线上能够较为清晰地审视不同地区和民族的游艺活动在古老的丝绸之路上盛行和传播的场景，故而我以此为题申报了国家社科基金并成功获批。后续的研究过程是痛并快乐着的，在卷帙浩繁的文献中进行大海捞针般的资料梳理一度让人感到焦虑甚至自我怀疑，但是每找到一则反映丝绸之路上中西游艺文化交流的史料或者图片又让人兴奋不已、重拾信心。星光不负赶路人，在这种"山穷水尽疑无路，柳暗花明又一村"的反反复复中，项目顺利完成并以"良好"结项，在此基础上修改打磨、几易其稿，终至出版。

　　生活就是这样，一边回忆，一边继续，从来不肯真正停留。回首过往岁月，更多的还是感恩和感谢。父母、岳父母和妻子的默默付出，让我安心于工作；两个孩子健康地成长，是我最大的动力。学界同仁的支持和鼓励，让我在迷茫中感到温暖并行而不辍，五位外审专家给出的十分中肯的意见和建议，让我受益颇多。书稿的很大一部分内容是在山东省委党校第三十四期中青年干部培训班期间完成的，感谢各

后　记

位老师和同学对我的鼓励和照顾。于我而言，种金顶下为期半年的封闭培训，白天上课系统学习理论，晚上在图书馆撰写论文，既丰富了理论知识，又收获了同窗友谊，日子简单、充实、快乐，永铭于心、念念不忘。

感谢聊城大学各位领导和师友，我从青年博士成长为副教授、教授，每一次进步都离不开他们的悉心指导和关心帮助。感谢吕德廷、樊丽沙、程德香、宗世昊、谷胤奇、韩安康、王森禾、李文清、徐广正、郑玉静、王心怡、于恒淼、刘雨晨、王博远、陈家驹、王滢、张悦、金天、孙令耀等老师和同学，他们在资料收集整理、文字校对等方面做出了诸多努力，使得书稿得以顺利完成。

感谢中国社会科学出版社陈肖静老师为本书出版所作出的大量努力，我们是第二次合作，陈老师的专业与严谨令人钦佩、让人放心。

拙作参考了大量前辈学者的研究成果，在此一并致谢。鉴于本人水平有限，书中难免存在不足之处，恳请各位读者拨冗指正，不胜感谢。

丛　振

2024 年 1 月于聊城大学